# 국제무역실무론

홍 승 린

형지사

# 머리글

세계적으로 무역여건이 악화되면서 각국에서는 다양한 대응책을 준비하고 있다. 무역은 상대적인 관계에서 이루어지는 경제활동이기 때문에 한 나라의 무역제도는 다른 나라에도 영향을 주면서 발전하여 왔다. 무역이 발전하면서 변하지 않았던 관습을 중요시하였다는 점이다. 금년부터 Incoterms® 2020이 개정되어 사용되기 시작함에 따라 이러한 점이 더욱 중요하게 부각되고 있다.

강단에서 무역실무를 강의하는 것은 무역업계의 종사자들이 이루어 놓은 업적을 배경으로 한다. 무역업계의 종사자들이 일생을 바쳐 이루어 놓은 경험과 지식들이 후진들에게 잘 전수되기를 바랄 뿐이다. 그러한 일들을 이행해야 하는 곳이 학계이다. 무역 관계 강의를 하시는 분들은 대부분 무역실무를 어떻게 강의하는 것이 올바른 것일까에 대해 많은 고민을 해 왔을 것이다. 본인으로서는 일생동안 오로지 무역에만 전념하신 그 분들의 열정을 과연 교육현장에서 올바르게 전달하는 수 있을 것인가에 대한 두려움을 느낀 경우가 많다.

또한 대학 강단에서 국제무역실무 분야의 강의를 하고 있지만 항상 부족함을 느끼고 있다. 무역업계의 현장에서는 어떤 인재를 원하는가, 그 분들을 만족시킬 수 있는 강의는 어디에 주안점을 두어야하는가 등이 항상 고민거리가 되었다. 나름대로 가장 기본적인 것에 주안점을 두는 것이 해답이라는 결론을 얻었다. 대학에서는 무역 현장에서 지킬 가장 기본적인 행동양식과 지식이라도 습득한다면 현장에서 종사하는 분들과 소통은 가능하다고 보았다. 즉 인간적인 측면의 교육이 우선되고 학문적인 토대가 쌓아져야 무역현장에서 적응할 가능성이 높을 것이다. 그래서 무역실무 교육에서 최소한 무역의 흐름만이라도 이해를 한다면 무역현장에 투입되었을 때에 나타나는 많은 도전들을 헤쳐 나가는 데에 도움을 줄 것으로 판단된다.

이러한 점을 고려하여 본 책을 저술하면서 핵심을 무역실무의 이행절차에 중점을 두었다. 무역계약의 준비과정, 무역계역의 조건에 대한 이해와 계약체결의 요건, 무역계약을 이행하는 과정을 설명하면서 관련성을 갖는 분야에 대해서도 언급을 하였다. 무역실무는 무역의 전반적인 사항을 다루는 종합적인 특성을 갖기 때문에 중요한 내용이 많다. 그렇지만 그 모든 것을 한정된 지면 속에서 설명할 수는 없었다. 그래서 무역계약의 이행과 관련한 모든 분야의 내용을 축약하여 전달함으로써 전체적인 흐름을 이해하는 데에 도움을 주고자 하였다. 그러나 학문적으로 아직 연구를 더 해야 하는 본인의 입장에서는 많은 내용들이 아직 부족하다고 생각한다. 향후 많은 이들의 지도를 받으면서 더 좋은 책이 될 수 있도록 노력하겠다. 본 책을 저술하면서 도움을 주신 학계의 선배 교수님과 출판사 관계자 분께 깊은 감사를 드린다. 아울러 본 책은 2019학년도 한성대학교 교내학술 연구비의 지원을 받아 출간하였음을 밝힌다.

2020. 8.

저 자 씀

# 차 례

# 제3부 국제상거래분쟁과 해결

제1부

# 무역계약 준비

# 제 1 장
# 무역업과 무역관리

## 제1절 무역업

### 1. 무역업

무역업은 무역을 업(業)으로 영위하는 것을 의미한다. 따라서 무역업자는 무역을 업으로 영위하는 자가 된다. 무역업은 직업상의 구분에 의한 것으로 보면 된다. 즉 무역에 관계되는 모든 업종은 무역업의 범위에 든다. 그러므로 반드시 수출입업무에 종사하는 직업을 한정하는 것이 아니라 수출입과 연관되어 조력하는 모든 업종을 망라한 개념으로 보아야 한다.

무역대리업은 외국의 수입업자나 수출업자의 위임을 받은 자가 국내에서 수출물품의 구매나 수입계약의 체결과 이들에 부대되는 행위를 업으로 영위하는 것을 의미한다. 외국의 수입업자나 수출업자의 위임을 받은 자는 외국의 수입업자 내지 수출업자의 지사 및 대리점을 포함한다.

그래서 대외무역법에서는 무역에 종사하는 모든 관계자의 개념에서 무역거래자라는 정의를 내리고 있다. 이는 무역거래에 직접 종사하는 자로 해석해야 한다.

## 2. 무역업 고유번호

무역업 고유번호제도는 과거의 무역업 신고제를 폐지하고 도입한 제도이다. 무역업을 영위하려는 모든 자에게 기회를 제공하고 무역통계의 작성에도 활용하기 위하여 도입하였다. 무역업 고유번호를 취득하기 위한 별도의 신청요건은 존재하지 않기 때문에 관할 세무서나 등기소에 사업자등록을 한 개인이나 법인이 한국무역협회에 신청을 하면 무역업 고유번호를 부여한다.

무역업 고유번호를 신청할 때는 우편, 팩스, E-Mail, EDI 등과 같은 통신수단을 이용하여 별지의 서식에 의해 무역업 고유번호를 신청하면 한국무역협회에서는 즉시 신청자에게 고유번호를 부여한다. 고유번호를 부여받은 무역업자는 상호, 대표자, 주소, 전화번호 등의 변동이 있는 경우에는 별지의 서식으로 변동사실을 신속히 한국무역협회장에게 통보해야 한다. 한국무역협회장은 고유번호를 부여한 경우나 변동사실을 통보받은 경우에는 무역업 고유번호 관리대장에 이를 기록하고 계속 관리해야 한다. 무역업자가 수출입신고를 할 때, 무역업 신고제도가 있었을 때 사용하던 무역업 신고번호를 가지고 있는 기존업체는 무역업 신고번호를 그대로 쓰면 된다.

# 제2절 무역관리의 주체

## 1. 무역 관련 법규

### 1) 대외무역법

대외무역법은 무역전반에 대한 정부의 조정, 간섭 및 규제 등 무역을 규율하는 기본법이다. 그리고 대외무역법의 시행을 위하여 대외무역법 시행령과 대외무역법 관리규정이 제정되어 있다. 대외무역법은 우리나라의 무역관리에 대한 방향과 목적을 제시하고 있다. 그러므로 무역업자는 무역업의 신청, 수출입거래의 원칙과 절차, 산업피해조사와 구제에 관한 사항, 수출입의 질서유지를 위한 각종 규제사항 등에 관한 사항들을 대외무역법에서 파악해야 한다.

### 2) 외국환거래법

외국환거래법은 외국환과 그 거래 기타 대외거래를 합리적으로 조정 또는 관리함으로써 대외거래의 원활화를 기하고 국제수지의 균형과 통화가치의 안정을 도모하여 국민경제의 건전한 발전에 이바지하는 것을 목적으로 하고 있다.

외국환거래법은 대한민국에서의 외국환과 대한민국에서 하는 외국환거래 및 그 밖에 이와 관련되는 행위, 대한민국과 외국 간의 거래 또는 지급·수령, 그 밖에 이와 관련되는 행위 및 외국에서 하는 행위로서 대한민국에서 그 효과가 발생하는 것을 포함한 행위, 외국에 주소 또는 거소를 둔 개인과 외국에 주된 사무소를 둔 법인이 하는 거래로서 대한민국 통화로 표시되거나 지급받을 수 있는 거래와 그 밖에 이와 관련되는 행위, 대한민국에 주소 또는 거소를 둔 개인 또는 그 대리인, 사용인, 그 밖의 종업원이 외국에서 그 개인의 재산 또는 업무에 관하여 한 행위 등에 적용한다.

### 3) 관세법

관세법은 관세의 부과, 징수 및 수출입 물품의 통관을 적정하게 하여 국민경제의 발전에 기여하고 관세수입의 확보를 기함을 목적으로 하고 있다. 이와 같은 목적을 달성하기 위하여 무역관세법에서는 관세부과와 징수 그리고 수출입 통관에 관련된 모든 사항이 포괄적으로 규정하고 있다. 그러므로 수출입 물품에 관한 관리는 관세법의 적용을 받게 된다. 관세법과 대외무역법과의 관계를 보면 대외무역법에 의해 먼저 수출입이 허용되고 그 이행되는 과정에서 발생하는 관세 등의 부과, 징수 및 통관절차는 관세법의 적용을 받게 된다. 따라서 관세법은 다음과 같이 복합적인 특성을 가지게 된다.

관세법에서는 관세의 부과, 징수, 감면에 관하여 규정하고, 징수의 확보를 위하여 보세제도, 운수기관에 대한 규제, 처벌 등을 규정하고 있기 때문에 조세법과 같은 특성을 지니고 있다.

관세법에서는 통관에 관한사항을 규정하고 있기 때문에 통관법과 같은 특성을 가지고 있다. 통관은 관세징수와 구별되는데 수입의 경우는 징수와 동시에 통관이 이루어지고 수출의 경우에는 관세의 징수가 없이 통관만 이루어진다.

관세법에서는 통관과 관련한 벌칙과 조사 및 처분에 관한 방대한 규정을 두고 있기 때문에 형사법과 같은 특성을 가지고 있다. 그래서 관세법을 관세형법이라고도 한다. 관세형법은 관세징수와 통관의 적정을 확보하기 위한 수단으로서의 규정으로 내국세분야의 처벌법규인 조세범처벌법이나 일반 형사법규인 형법 및 형사소송법과는 별도의 처벌관계 규정을 두고 있다.

### 4) 기타의 무역관련 법규

대외무역법에서 규정하고 있는 무역진흥을 위한 조치, 수출입거래에 관한 사항, 수입에 의한 산업피해에 관한 조사, 수출입의 질서유지에 관한 사항, 수출입관련조합 등과 같은 사항 등은 수출입주무기관의 단독적인 관리만으로 그 성과를 기대할 수는 없다. 따라서 각종의 제반 법규가 대외무역법의 시행을 지원한다. 수출품 품질향상에 관한 법, 수출보험법, 수출업자유지역설치법 등과 수출입규정에 관한 특별한 규정을 두어 그에 따라 규제를 하는 것이 이에 해당한다.

## 2. 무역관리기구

### 1) 산업통상자원부

산업통상자원부는 무역관리를 주 업무로 하는 관청이다. 산업통상자원부장관(이하 수출입주무기관의 장이라고 한다)은 통상을 담당하는 주무장관으로서 수출입에 관한 사항을 관장, 통괄하고 있다. 업무의 특성에 따라 무역관리에 관한 권한의 일부를 위임하여 수출입을 관리한다.

산업통상자원부는 상공부라는 명칭으로 시작하여 수출입에 대한 모든 업무를 관장하면서 무역역량강화를 통한 경제의 효율성과 세계화를 가속화하였다. 외국인투자 활성화를 통한 동북아경제 중심 실현에 주력하면서 신성장 동력 확충을 통한 산업강국 실현을 추구하면서 국내적으로는 광역경제권 위주의 지역발전정책 수립·추진을 하였다. 그리고 에너지 저소비형 환경친화적인 경제구조로의 전환 정책, 국익과 경제적 실리에 충실한 통상정책 등을 추진하였다. 그동안 정부조직법 변화에 따라 여러 명칭을 사용하다가 지금은 산업통상자원부라는 명칭으로 국제 무역안보 현안에 대한 대응능력을 강화시키고 있다.

대외무역의 신속하고 능률적인 운영을 도모하기 위하여 무역에 관한 권한의 일부를 위임 또는 위탁하고 있다. 무역관리에 관한 권한의 일부를 위임받는 기관들은 중앙행정관의 장, 특별시장, 광역시장과 시장 및 도지사, 기술표준원장 및 단체의장, 관세청장, 세관장, 한국은행총재, 한국수출입은행장, 외국환은행의 장, 기타 대통령령으로 정하는 법인 또는 단체 등이다. 수출입 주무기관의 장은 위임 또는 위탁한 사무에 관하여 그 위임 또는 위탁을 받은 자를 지휘 또는 감독할 수 있고 위탁을 받은 자에게 보고를 명할 수 있다.

## 2) 산업통상자원부의 권한 위임 및 위탁 기관

### (1) 중앙행정기관의 장

중앙행정기관의 장은 법령에 따라 수출입 주무기관의 장으로부터 위임 또는 위탁받은 방산물자의 수출에 대한 조정명령에 관한 권한, 외화획득용 원료 및 기재의 수입제한에 관한 권한, 외화획득용 원료나 기재의 기준소요량의 결정에 관한 권한, 외화획득 이행기간의 결정 및 그 연장에 관한 권한, 외화획득용 원료 및 기재 또는 그 원료 및 기재로 제조된 물품에 관한 권한, 각 조합의 정관변경 인가에 관한 권한, 각 조합에 대한 보고명령에 관한 권한, 전략물자 수입증명서의 발급에 관한 권한, 조정명령에 관한 권한, 특별시장과 광역시장 및 시장 그리고 도지사에게 위임한 사무에 대한 지휘 감독 및 보고에 관한 권한 등을 행사한다.

### (2) 특별시장 등

특별시장, 광역시장, 시장, 도지사는 법령에 따라 수출입 주무기관의 장으로부터 위임 또는 위탁받은 외화획득의 이행기간을 연장하는 권한, 사용목적의 변경승인에 관한 권한, 원산지 표시방법의 검사 권한 중 국내유통 중인 물품에 대한 권한, 과태료의 부과와 징수, 이의제기의 접수 및 통보에 관한 권한 등을 행사한다.

### (3) 관세청장과 세관장

관세청장과 세관장은 같은 업무를 취급하는 것으로 볼할 수 있으나 관세청장은 본청에서의 업무이고 세관장은 일선 현장에서 관세청장으로부터 위임 또는 위탁을 받은 업무를 취급하는 일선부서이다. 그러므로 본질적인 측면에서는 맥락을 같이하지만 세부적으로는 각각 다른 업무를 취급한다.

관세청장은 법령에 따라 수출입 주무기관의 장으로부터 위임 또는 위탁받은 원산지 표시의 사전 판정 및 이의제기의 처리에 관한 권한, 세관장에게 위탁된 사무에 대한 지휘와 감독 및 보고에 관한 권한, 원산지 표시방법의 범위 내에서 동 표시방법에 관한 세부적인 사항을 정하는 권한 등을 행사한다.

세관장은 법령에 따라 수출입 주무기관의 장으로부터 위임 또는 위탁받은 수출입 이행사항의 확인에 관한 권한, 수입물품의 원산지표시나 원산지의 확인에 대한 검사에 관한 권한, 원산지증명서의 제출명령에 관한 권한과 과징금 부과에 관한 권한, 과태료의 부과와 징수, 이의제기의 접수 및 통보에 관한 권한 등을 행사한다.

### (2) 기술표준원장

기술표준원장은 법령에 따라 수출입 주무기관의 장으로부터 위임 또는 위탁받은 외화획득용 원료 및 기재의 기준소요량의 결정에 관한 권한, 외화획득 이행여부에 대한 사후관리에 관한 권한, 관계행정기관 또는 단체에 위탁된 사무와 관련한 지휘, 감독 및 보고에 관한 권한, 시, 도지사에게 위임된 사무를 지휘, 감독 및 보고에 관한 권한 등을 행사한다.

### (3) 한국무역협회

한국무역협회는 법령에 따라 수출입 주무기관의 장으로부터 위임 또는 위탁받은 무역에 관한 권한을 행사한다. 무역업체에게 무역업자들에게 무역에 관한 국내외적인 정보를 제공하고, 무역업자들의 업무를 지원한다. 무역협회에서 위임을 받아 무역업 고유번호를 부여하는 것도 이에 해당한다.

### (4) 한국기계공업진흥회

한국기계공업진흥회는 법령에 따라 수출입 주무기관의 장으로부터 위임 또는 위탁받은 산업설비수출승인 및 변경승인에 관한 권한, 산업설비수출승인의 사후관리에 관한 권한, 국내기자재의 반출확인에 관한 권한 등을 행사한다. 그런데 한국기계공업진흥회가 법령에 따라 수출입 주무기관의 장으로부터 위임 또는 위탁받는 대상 중 연불금융지원의 경우와 일괄수주방식에 의한 수출로써 건설교통부장관과 노동부장관의 동의가 필요한 경우에는 제외한다.

### (5) 대한상사중재원

대한상사중재원은 법령에 따라 수출입 주무기관의 장으로부터 위임 또는 위탁받은 무역분쟁에 대한 의견조정 또는 알선에 관한 권한, 조정위원회의 구성, 운영 등에 관한 권한 등을 행사한다. 대한상사중재원은 1966년에 대한상공회의소의 국제상사중재위원회로 출범하였고, 1970년에 대한상사중재협회 독립하여 활동을 하다가 1980년에 현재의 명칭으로 개칭하여 그 기능을 수행하고 있다.

### (6) 전산관계 사업자

무역업무 자동화촉진에 관한 법에 의해 지정된 전산관계 사업자는 수출입 관련 법령에 따라 수출입 주무기관의 장으로부터 위임 또는 위탁받은 사업자에게 전산관리체제의 개발과 운영 중 수출입 주무기관의 장이 정한 사항에 관한 권한, 수출입거래에 관한 정보의 수집, 분석 중 수출입 주무기관의 장이 정하는 사항에 관한 권한 등을 행사한다.

#### (7) 관계 행정기관 및 단체의 장

관계 행정기관 및 단체의 장은 법령에 따라 수출입 주무기관의 장으로부터 위임 또는 위탁받은 수입의 승인, 변경승인 및 변경사항 신고의 수리에 관한 권한, 수출 또는 수입의 승인에 따른 사후관리에 관한 권한, 외화획득용 원료 및 기재의 수입승인에 관한 권한, 외화획득용 원료 및 기재에 대한 사후관리에 관한 권한 등을 행사한다.

### 3) 무역위원회

무역위원회는 특정한 물품의 수입증가, 무역, 유통서비스의 공급증가 또는 불공정한 수입으로 인한 국내산업의 피해를 구제하는데 필요한 각종 조사와 판정 및 구제조치의 건의 등을 수행하기 위하여 설치한 기관이다.

## 3. 수출입조합

### 1) 수출입조합의 설립

무역업자는 동종 또는 유사한 물품의 수출입의 질서유지와 조합원의 공동이익을 증진시키려는 경우에 주무관청에 신고를 하고 수출조합, 수입조합 또는 수출입조합을 설립할 수 있다.

대외무역법에 따르면 기존의 수출입 관련 조합은 그 지위와 승계에 관하여 총회의 의결을 거쳐 주무관청에 신고를 하면 민법 조항에 의해 설립된 사단법인으로 인정하도록 하고 있다. 또한 신고를 하고 설립된 수출입 관련 조합은 사단법인의 설립등기를 해야 하는데 수출입 관련 조합의 권리와 의무는 사단법인이 승계하도록 하고 있다.

### 2) 수출입조합의 사업

주무관청에 설립등기를 한 조합에서는 물품의 수출입의 질서유지를 목적으로 하는 사업, 불공정한 물품의 수출입행위의 방지를 목적으로 하는 사업, 물품의 수출입에 관한 홍보, 시장조사, 거래알선 및 애로처리에 관한 사업, 수출입하는 물품의 품질디자인 등의 개선에 관한 사업, 조합원의 공동이익을 증진하기 위한 공동시설의 설치 및 융자의 알선에 관한 사업, 조합원의 공동이익에 필요한 범위 내에서 물품의 수출입에 관한 사업, 수출입 주무기관의 장이 물품의 수출입의 질서유지를 위하여 위탁한 사업, 기타 각 조합이 정관으로 정한 사업 등을 한다.

# 제3절 무역관리의 대상

## 1. 수출입질서

### 1) 불공정한 수출입행위

#### (1) 불공정한 행위의 제재

무역업자는 국내의 법령 또는 교역상대국의 법령에 의해 보호되는 특허권, 실용신안권, 의장권, 상표권, 저작권, 프로그램저작권 및 반도체집적회로의 배치설계권 등과 같은 지적재산권을 침해하는 물품을 수출 또는 수입해서는 안 된다. 무역거래자 또는 물품의 판매업자는 그 물품의 원산지 표시와 관련하여 원산지를 허위로 표시하거나 이를 오인하게 하는 표시를 하는 행위를 해서는 안 된다. 소비자에게 원산지의 허위표시로 혼란을 초래해서는 안 된다.

수출입 질서를 저해할 우려가 있는 행위로서 대통령령으로 정하는 행위, 대외무역법에서 규정한 명령이나 처분에 위반하는 행위를 해서는 안 된다. 이는 수출입 질서의 유지를 위하여 절대적으로 필요한 것이다. 수출 또는 수입물품의 인도, 무역대금 결제 등을 무역계약내용대로 이행하지 않아 당해 지역에 대한 수출과 수입에 지장을 초래해서는 안 된다. 또 계약내용과 현저히 다른 물품을 수출 또는 수입하거나 수출입분쟁을 고의로 발생시켜 대외신용을 손상시키는 행위를 해서는 안 된다. 다만 화해 또는 중재에 의해 해결된 것은 제외한다. 수출과 수입으로 인하여 다른 사람의 영업비밀을 침해하는 행위를 해서는 안 된다. 수출입거래 이행과 관련한 선하증권 등과 같은 선적서류를 위조하거나 변조하여 시장질서를 교란하는 행위를 해서는 안 된다. 선하증권 원본이나 수입화물 선취보증서의 제출 등과 같은 정당한 절차에 의하지 않고 수입물품을 인수하는 행위를 해서는 안 된다.

#### (2) 불공정한 수출입행위의 시정

무역업자, 생산업자, 무역 관련 조합, 무역 관련 협회, 운송인 또는 보험업자는 당해 불공정 수출입행위가 발견되면 그 사실을 무역위원회에 서면으로 신고할 수 있다. 이에 의하여 무역위원회는 신고된 무역거래자가 실제의 무역거래에서 불공정 행위를 유발하는가에 대한 여부를 조사할 수 있다.

세관장은 수출입 물품이 통관되는 경우에 당해 물품이 불공정 수출입 행위에 의해 수출 또는 수입되는 물품인지의 여부를 확인해야 한다. 세관장은 불공정 수출입 행위에 의해 수출 또는 수입되는 물품이라고 의심이 되나 확정적 판단이 곤란하여 별도의 조사가 필요한 경우에는 그 의견을 첨부하여 무역위원회에 통보해야 한다. 무역위원회는 통보받은 내용에 대하여 불공정 수출입 행위에 대한 여부를 조사해야 한다.

무역위원회는 신고를 받거나 통보받은 내용에서 불공정 행위를 하였다고 판단한 경우에는 시정조치 명령 또는 과징금 부과를 수출입 주무기관의 장에게 건의할 수 있다. 건의를 받은 수출입 주무기관의 장은 시정조치를 명령하거나 과징금을 부과할 수 있다.

### 2) 수출입 물품가격의 조작 금지

무역거래자는 외화를 도피할 목적으로 물품의 수출 또는 수입의 가격을 조작해서는 안 된다. 수출입 물품의 가격을 조작하는 행위는 수출입 거래질서를 문란하게 하는 것이다. 더욱이 수출입 가격조작 등을 통하여 외화를 도피하는 경우에는 국내경제에도 심각한 피해를 주고 국제거래질서를 문란하게 만들게 된다. 또한 무역통계에 대한 정확한 집계에도 영향을 주게 된다.

### 3) 무역분쟁의 신속해결

#### (1) 분쟁해결에 대한 중재권고

수출입 주무기관의 장은 무역분쟁의 신속한 해결을 위해서 필요한 경우 무역거래자에게 중재계약의 체결을 권고할 수 있다.

#### (2) 분쟁해결 지연금지

무역거래자는 그 상호간이나 무역상대국의 무역거래자와 물품의 수출입과 관련하여 분쟁이 발생한 때에는 정당한 사유없이 그 분쟁의 해결을 지연시켜서는 안 된다. 분쟁해결이 지연되게 되면 무역업자 개인의 분쟁이 아니라 국제적인 분쟁으로 야기될 여지가 많다. 그러므로 무역분쟁은 신속하게 해결되어야 한다.

#### (3) 분쟁해결 자료의 제출 및 조사

수출입 주무기관의 장은 무역분쟁이 발생한 경우에는 무역거래자에게 분쟁의 해결에 관한 의견을 진술하게 하거나 그 분쟁에 관련되는 서류의 제출을 요구할 수 있다. 필요한 경우에는 진술을 근거로 분쟁에 관하여 사실조사를 할 수 있다.

## 2. 선적 전 검사의 분쟁 조정

### 1) 선적 전 검사의 의의

선적 전 검사는 수입국의 정부가 자국으로 수입되는 대상물품에 대하여 수출국내의 기관에 의뢰하거나 위임하여 선적 전에 검사를 하는 것이다. 그런데 선적 전 검사를 시행하면서 각종의 규제를 가하는 경우, 수출국의 수출을 규제하고 수입을 억제시키는 수단이 될 수 있다. 그러므로 선적 전 검사를 위임받은 기관의 선적 전 검사가 무역장벽으로 악용되는 행위는 세계무역기구의 선적 전 검사협정을 위반하는 것이다. 수입국 정부와의 계약체결 또는 수입국 정부의 위임에 의해 기업이 수출하는 물품에 대하여 국내에서 실시하는 선적 전 검사기관은 세계무역기구 선적 전 검사에 관한 사항을 준수해야 한다.

### 2) 선적 전 검사의 분쟁 조정

수출입 주무기관의 장은 선적 전 검사와 관련하여 수출업자와 선적 전 검사기관에 분쟁이 발생하였을 경우에는 그 해결을 위하여 필요한 조정을 할 수 있다. 수출입 주무기관의 장이 분쟁조정 신청을 받은 경우에는 3일 이내에 조정위원회를 구성하고 7일 이내에 조정안을 작성하여 당사자에게 제시한다. 당사자 사이에 합의가 있거나 조정신청을 철회하거나 당사자가 조정안을 거부한 경우에는 조정을 종료하고 당사자에게 통지한다.

## 3. 조정명령

### 1) 조정명령의 의미

조정명령은 정부 사이의 무역에 관한 협정의 체결 또는 체결된 협정의 준수를 위하여 필요한 경우에 행한다. 조정명령은 무역의 목적을 달성하기 위하여 산업설비수출을 수주할 때, 외국에서 행하는 국제입찰에 참가할 때, 방산물자의 수출과 수출입 주무기관의 장이 따로 범위를 정한 일반 군수물자를 수출할 때, 기타 물품의 수출입의 질서를 교란하거나 대외신용을 손상하는 행위를 방지하기 위하여 필요하다고 인정할 때 내리는 조치이다.

### 2) 조정명령의 조건과 대상

조정명령은 수출기반의 안정, 새로운 물품의 개발 또는 해외시장의 개척에 이바지하는 것이어야 하므로 정부의 조정명령은 무역업자에 대한 규제와 간섭이 되는 것이다. 수출입 질서유지를 위한 조정명령은 다른 무역거래자의 권익을 부당하게 침해하거나 차별하지 아니하는 것이어야 한다. 조정명령은 물품의 수출입의 질서유지를 위한 목적에 필요한 정도를 초과하지 아니하는 것이어야 한다. 수출입 주무기관의 장은 수출입질서 유지를 위하여 무역업자에게 수출 또는 수입하는 물품의 가격, 품질 기타 거래조건 또는 그 대상지역 등에 관하여 필요한 조정을 명할 수 있다.

## 4. 수출물품의 디자인 보호

디자인은 물품의 형상, 모양, 색채 또는 이들을 결합한 것이나 물품이 가지는 기능이 변화하는 경우에 있어서의 그 변화 상태로서 외관상 식별할 수 있는 것을 의미한다. 수출입 주무기관의 장은 무역거래자가 수출하는 물품 중 디자인 모방을 방지하여 그 개발의 촉진이 필요하다고 인정하는 경우에는 당해 물품을 디자인 지정품목으로 정할 수 있다. 디자인보호 지정품목을 지정한 경우에는 디자인을 보호 인정기관을 지정해야 한다. 디자인 인정기관에서는 당해 물품의 디자인의 등록과 인정에 관한 업무를 담당한다.

디자인 지정품목을 수출하고자 하는 자는 사전에 디자인 인정기관으로부터 당해 물품의 디자인이 규정에 의해 등록한 다른 사람의 디자인과 동일하거나 유사한 것이 아님을 인정받아야 한다.

# 제 2 장

# Incoterms® 2020

## 제1절 Incoterms® 2020의 개관

### 1. Incoterms의 정의와 활용

#### 1) 인코텀스의 정의

국제상업회의소(International Chamber of Commerce: ICC)에서는 세계 각국에서 사용되고 있는 무역조건의 용어나 약어를 잘못 해석함으로써 무역업자 사이에 발생하는 오해나 분쟁 및 마찰을 미연에 방지하기 위하여 국제적으로 통일된 무역거래규칙을 모색하게 되었다. 국제상업회의소(International Chamber of Commerce: ICC)에서는 1936년에 정형무역거래조건의 해석에 관한 ICC규칙(ICC Official Rules for the Interpretation of Trade Terms)을 제정하고 공표하였다. 무역업계에서는 이를 국제무역거래조건의 해석에 관한 국제규칙(International Rules for the Interpretation of Trade Terms), 즉 인코텀스(Incoterms)라 통칭하여 왔다. 그런데 인코텀스 2010 개정 때부터 국제거래로 국한하지 않고 국내거래에도 인코텀스가 사용되는 점을 반영하여 국내 및 국제무역거래조건의 사용에 관한 ICC규칙(ICC Rules for the use of domestic and International Trade Terms)으로 명칭을 수정하여 사용하고 있다. 인코텀스는 1936년 제정된이후 국제무역환경의 변화를 반영하면서 여러 차례의 개정을 거쳐 현재는 인코텀스 2020(Incoterms® 2020) 사용하고 있다.

### 2) 인코텀스의 변천

인코텀스는 1936년 제정 이후 시대적으로 나타난 국제운송 수단의 발달, 국제통신 수단의 발달, 무역거래 서류의 변화, 국제금융 거래질서의 변화, 무역관습의 변환 등과 같은 국제무역 환경의 변화를 반영하기 위하여 1953년, 1967년, 1976년, 1980년, 2000년과 2010년, 그리고 2020년에 각각 개정을 하였다. 그래서 개정 년도에 따라 인코텀스 1936, 인코텀스 1967, 인코텀스 1976, 인코텀스 1980, 인코텀스 2000, 인코텀스 2010 등으로 통칭하고 있다. 현재 국제무역거래에서 사용되고 있는 것은 2020년에 개정된 인코텀스 2020(Incoterms® 2020)이다. 인코텀스는 국제거래를 위한 정형화된 무역규칙이었으나 Incoterms® 2010 개정 때부터 국제거래로 국한하지 않고 국내거래에도 Incoterms가 사용되는 점을 반영하여 "ICC Rules for the use of domestic and International Trade Terms(국내 및 국제무역거래조건의 사용에 관한 ICC규칙)"으로 명칭을 수정하여 사용하고 있다. 그리고 인코텀스 2010에서는 그동안 사용하던 인도조건이라는 용어를 거래규칙이라고 변경하였다.

### 3) 인코텀스의 활용

인코텀스는 매매당사자들에게 공통적으로 적용될 수 있도록 중립적이고 합리적인 국제규칙을 제공함으로써 각국에 일반적으로 사용되고 있는 무역거래규칙에 대한 상이한 해석으로 인한 오해와 마찰, 예견치 못한 위험요인을 제거시키거나 경감시키는 데에 목적을 두고 있다. 그래서 인코텀스에서는 일반적으로 매도인과 매수인의 의무와 관련한 일반적 의무, 인도, 인도의 수령, 위험의 이전, 운송, 보험, 인도/운송서류, 수출/수입통관, 검사, 포장, 화인,, 비용의 분담, 통지 등 대한 사항을 규정하고 있다.

그러나 매매계약의 존부(存否), 매매물품의 성질과 상태, 대금지급과 관련된 사항, 매매계약 위반에 따른 구제수단, 의무위반에 대한 분쟁해결방법 등, 그리고 가장 중요한 매매물품에 대한 소유권 이전에 대한 사항은 규정하고 있지 않다. 즉 인코텀스는 매매계약 그 자체가 아니기 때문에, 매매계약을 대체하지도 않으며 매매계약과 관련한 매매물품의 소유권 또는 물권의 이전과는 관계가 없는 것이다. 그러므로 이와 같은 사항을 처리하기 위해서는 국제물품계약에 관한 국제협약을 참조하여야 한다. 그리고 인코텀스는 강제력을 갖는 것은 아니며 국제상업회의소에서 마련한 여러 무역거래조건의 국제적인 해석기준에 불과하다. 즉 인코텀스는 각국에서 공식적으로 채택하거나 법률에 의해 적용되는 것이 아니고, 오직 매매당사자들의 선택에 의해 임의로 적용되는 것이다.

## 2. Incoterms® 2020의 규정

### 1) 인코텀스 2020의 일반 의무규정

인코텀스에서는 매도인과 매수인 사이에 의무관계, 즉 물품의 운송과 보험에 대한 의무, 선적서류 제공의무 및 수출 또는 수입허가 취득 의무 등이 규정되어 있다. 위험의 이전과 관련하여 매도인이 언제, 어디서 물품을 인도하고 그로 인해 위험이 매도인에게서 매수인에게 언제, 어디서 이전되는가에 대해 규정하고 있다. 비용의 이전과 관련하여 운송비용, 보험비용, 포장비용, 적재 및 양하비용 등 관련 비용에 대한 부담이 매도인에게 있는가 또는 매수인에게 있는가에 대해 규정하고 있다.

그런데 인코텀스에서는 매매계약의 존부, 매매물품의 성질과 형태, 대금지급 관련 사항, 매매계약 위반에 따른 구제수단, 의무위반에 대한 분쟁해결방법 등, 그리고 매매물품에 대한 소유권 이전에 대한 사항은 규정되어 있지 않기 때문에 유의할 필요가 있다.

### 2) 인코텀스 2020의 개정 의무규정

#### (1) 일반내용 규정의 변경사항

① 사용자를 위한 설명문 명시

인코텀스 2010에서 개별 규칙의 첫머리에서 명시되어 있던 사용지침(Guidance Note)이 개정되어 인코텀스 2020에서는 사용자를 위한 설명문(Explanatory Notes for Users)이 되었다. 인코텀스 2020에서 명시된 사용자를 위한 설명문은 인코텀스 2020에 명시되어 있는 각 거래규칙이 어떤 경우에 사용되고, 위험은 언제 이전하며, 매매당사자 사이에 비용은 어떻게 분담하는가 등에 대해 인코텀스 2020의 각 거래규칙의 기초사항을 설명하고 있다. 즉 설명문은 인코텀스 2020의 사용에 대한 안내서라고 할 수 있다.

인코텀스 2020의 각 거래규칙의 설명문은 첫째, 사용자들이 거래에 적합한 인코텀스 규칙을 정확하고 효율적으로 찾도록 돕는 것, 둘째, 인코텀스 2020이 적용되는 분쟁이나 계약에 관하여 결정을 내리거나 조언하는 사람들에게 해석이 필요한 사항에 관한 지침을 제공하는 것이다. 물론 인코텀스 2020 규칙 전반을 관통하는 보다 기초적인 쟁점들에 관한 지침은 서문(Introduction)을 참조할 수 있다.

② 매도인과 매수인의 의무규정 정리

인코텀스 2020에서는 11개의 인도 거래규칙별로 매도인(A1-A10)과 매수인의 의무(B1-B10)에 대하여 10개항씩 규정하고 있다. 인코텀스 2020 에서는 기존의 인코텀스 2010에서 명시하였던 순서를 바꾸고 내용을 정리하여 개정하였다. 인코텀스 2020에서는 비용과 관련하여 A9/B9 비용분담(Allocation of costs)에서 매도인과 매수인의 비용 부담 내용을 모두 열거하여 사용자들에게 비용에 관한 일람표(one-stop list)를 제공하도록 개정되었다.

③ 보안 관련 요건 추가

인코텀스 2010에서는 보안 관련 우려가 확산된 후 첫 개정으로, 보안 관련 요건을 A2/B2 인도/인도수령(Delivery/taking delivery)내지 A10/B10 통지(Notices)에 걸쳐 삽입하였다. 그러나 보안 관련 우려가 어느 정도 국제운송 등의 관행에 정착됨에 따라서 인코텀스 2020에서는 보안 관련 의무를 명시적으로 A4/B4 운송(Carriage)에서는 운송 관련 보안 요건 준수의무, A7/B7 수출/수입통관(Export/import clearance)에서는 수출을 위한 보안 통관 관련 규정 등을 추가하였으며 관련 비용도 A9/B9  비용분담(Allocation of costs)에 명시하도록 하였다.

### (2) 각 거래규칙의 의무변경 사항

① 도착지 양하 인도 거래규칙(DPU) 신설

인코텀스 2020에서는 터미널 인도 거래규칙(DAT)을 도착지 양하 인도 거래규칙(DPU)로 변경하였다. 이것은 물품의 인도가 매매당사자가 합의한 인도 장소는 터미널뿐만 아니라 어떤 장소에서도 가능하다는 현실을 반영하여 터미널 인도 거래규칙(DAT)를 삭제하고 도착지 양하 인도 거래규칙(DPU)으로 변경한 것이다. 그리고 도착장소 인도 거래규칙(DAP)이 인코텀스 2020에서 명시한 개별 규칙 순서상 터미널 인도 거래규칙(DAT)이 삭제된 위치에 도착장소 인도 거래규칙(DAP)을 명시하고  도착지 양하 인도 거래규칙(DPU)을 그 다음의 순서에 명시하였다.

도착장소 인도 거래규칙(DAP)과 도착지 양하 인도 거래규칙(DPU)의 궁극적 차이점은 물품이 목적지에 도착한 후 운송수단으로부터 양하할 의무가 있는가의 여부에 있다. 도착장소 인도 거래규칙(DAP)에서는 도착한 운송수단으로부터 물품을 양하할 의무가 없으나 도착지 양하 인도 거래규칙(DPU)에서는 매도인에게 도착한 운송수단으로부터 물품을 양하할 의무가 있다.

② 운송인 인도 거래규칙(FCA)의 매수인 선적서류 제공의무 부과

인코텀스 2020 운송인 인도 거래규칙(FCA) A6/B6. 인도/운송서류(Delivery/transport document)에서는 매수인과 매도인은 매수인이 선적 후에 선적선하증권을 매도인에게 발행하도록 그의 운송인에게 지시할 것을 합의할 수 있다. 이에 따라 무역계약을 체결할 때에 매도인과 매수인 사이에 무역대금결제와 관련한 선적서류 제공에 대한 합의가 있으면 수출업자인 매도인은 무역대금 결제와 관련한 절차에 따라 은행들을 경유하여 매수인에게 선적 선하증권을 제공할 의무가 있다.

③ 운송비·보험료 포함 인도 거래규칙(CIP)의 담보범위 확대

인코텀스 2010에서는 운임·보험료포함 인도 거래규칙(CIF)과 운송비·보험료 포함 인도 거래규칙(CIP) 모두 보험과 관련하여 매도인의 최소담보제공 의무를 규정하고 있었다. 그런데 인코텀스 2020에서 운임·보험료포함 인도 거래규칙(CIF)은 협회적하약관 단독해손 부담보조건(FPA)이나 ICC (C)조건[(ICC 2009 (C)]과 같은 최소담보조건으로 부보하도록 하고 있다. 그런데 운송비·보험료 포함 인도 거래규칙(CIP)에서는 협회적하약관 전위험담보조건(All Risks)이나 ICC (A)조건과 같은 최대담보조건으로 부보할 수 있도록 매도인의 의무를 강화하였다. 매도인과 매수인은 합의에 따라 부보조건을 증가 또는 감소시킬 수 있다.

④ 매수인 자신의 운송수단에 의한 운송 허용

인코텀스 2010에서는 물품이 매도인에게서 매수인에게 운송되어야 하는 경우 매도인 또는 매수인이 운송을 위하여 제3자 운송인(third-party carrier)이 물품을 운송하는 것을 전제로 하였다. 인코텀스 2020에서는 운송인 인도 거래규칙(FCA), 도착장소 인도 거래규칙(DAP), 도착지 양하 인도 거래규칙(DPU), 관세지급 반입 인도 거래규칙(DDP) 등에서는 운송계약을 체결하도록 허용하는 것 외에도 단순히 필요한 운송을 마련하는 것, 즉 매수인 자신의 운송수단으로 스스로 운송하는 경우를 허용하고 있다.

⑤ 조달의 개념 명시대상 확대

조달(procure)의 개념에 대하여 인코텀스 2010에서는 해상운송과 내수로 운송방식 전용 거래규칙에서는 명시하였지만 전 운송방식 전용 거래규칙에서는 명시하지 않았다. 즉 해상운송과 내수로 운송방식 전용 거래규칙인 선측 인도 거래규칙(FAS) 본선 인도 거래규칙(FOB), 운임포함 인도 거래규칙(CFR), 운임·보험료포함 인도 거래규칙(CIF)에 처음으로 1차 산품의 연속매매를 전제로 하여 조달하여 인도한 때라는 개념을 도입하였다. 그러나 전 운송방식 전용 거래규칙에 명시한 각 거래규칙에서는 조달하여 인도한 때라는 내용이 없었다.

그래서 전 운송방식 전용 거래규칙을 적용하는 무역계약에서는 위험과 비용의 분기점에 대한 매도인과 매수인 사이의 이해관계로 인해 조달과 관련한 문제가 많이 발생하였다. 이와 같은 문제점을 해결하기 위하여 인코텀스 2020에서는 전 운송방식 전용 거래규칙인 운송인 인도 거래규칙(FCA), 운송비지급 인도 거래규칙( CPT), 운송비·보험료지급 인도 거래규칙(CIP), 도착장소 인도 거래규칙(DAP), 도착지 양하 인도 거래규칙(DPU), 관세지급 반입 인도 거래규칙(DDP) 등에 조달하여 인도한 때라는 개념을 도입하였다.

조달하여 인도한 때라는 것은 특히 일차산품 거래(sale of commodity)에서 보편적으로 사용되는 복수의 연속매매(string sales)에 대응하기 위한 조치이다. 일차산품 매매의 경우에는 화물을 운송하는 중에 연속적으로 여러 차례 전매되는 경우가 많다. 전매라는 것은 샀던 물건을 다시 다른 사람에게 이윤을 남기고 팔아 넘기는 행위이다. 그러므로 연속매매의 경우 그 연속거래의 중간에 개입하는 매매행위에서 중간매도인은 물품을 선적할 필요가 없는 상태가 된다. 왜냐하면 이미 매매대상인 물품은 그 연속거래의 차례에서 최초의 매도인에 의해 선적되었기 때문이다. 따라서 연속거래의 중간에 개입하는 중간매도인은 물품을 선적하는 대신에 그렇게 선적된 물품을 조달하여 매수인에게 인도하게 된다. 이것이 조달하여 인도한 때라는 개념이다.

# 제 2 절 Incoterms® 2020의 거래규칙

## 1. Incoterms® 2020의 거래규칙 구성

### 1) 인코텀스 2020의 거래규칙 구성

인코텀스 2020의 무역거래규칙은 전 운송방식 전용 거래규칙은 EXW, FCA, CPT, CIP, DAP, DPU, DDP 7개와 해상 및 내수로 운송방식 전용 거래규칙은 FAS, FOB, CFR, CIF 4개로 총 11개의 거래규칙이다. 전 운송방식 전용 거래규칙은 어떤 운송수단에도 가능한 규칙으로, 선택된 운송수단을 각각 이용할 수 있고 하나 또는 그 이상의 운송수단을 이용해도 관계없다. 해상운송수단이 전혀 없어도 적용할 수 있다. 이다. 해상 및 내수로 운송방식 전용 거래규칙은 물품이 배송되는 지점과 매수인에게 운반되는 장소가 둘 다 항구이다. 그래서 해상 및 내수로 조건의 표제가 붙어있는 거래규칙들이다.

〈표 2-1〉 인코텀스 2020의 거래규칙

<table>
<tr><th colspan="2" rowspan="2">인코텀스 2020 거래규칙</th><th colspan="3">구분기준</th></tr>
<tr><th>인도·인수 형태</th><th>인도·인수 장소</th><th>표현방식</th></tr>
<tr><td rowspan="7">Rules for any mode or modes of transport(전 운송방식 전용 거래규칙)</td><td>EXW(ex-works: 작업장 인도 거래규칙)</td><td rowspan="9">현실적 거래규칙</td><td rowspan="4">선적지 거래규칙</td><td rowspan="2">지정장소 거래규칙</td></tr>
<tr><td>FCA(free carrier: 운송인 인도 거래규칙)</td></tr>
<tr><td>CPT(carriage paid to: 운송비지급 인도 거래규칙)</td><td rowspan="2">특수비용 포함 거래규칙</td></tr>
<tr><td>CIP(carriage and insurance paid to: 운송비·보험료지급 인도 거래규칙)</td></tr>
<tr><td>DAP(delivered at place)l: 도착장소 인도 거래규칙)</td><td rowspan="3">양륙지 거래규칙</td><td rowspan="4">지정장소 거래규칙</td></tr>
<tr><td>DPU(Delivered at Place Unloaded) 도착지 양하 인도 거래규칙)</td></tr>
<tr><td>DDP(delivered duty paid: 관세지급 반입 인도 거래규칙)</td></tr>
<tr><td rowspan="4">Rules for sea and inland waterway transport (해상 및 내수로 운송방식 전용 거래규칙)</td><td>FAS(free alongside ship: 선측 인도 거래규칙)</td><td rowspan="4">선적지 거래규칙</td></tr>
<tr><td>FOB(free on board: 본선 인도 거래규칙)</td><td rowspan="3">특수비용 포함 거래규칙</td></tr>
<tr><td>CFR(cost and freight: 운임포함 인도 거래규칙)</td><td rowspan="2">상징적 거래규칙</td></tr>
<tr><td>CIF(cost, insurance and freight: 운임·보험료포함 인도 거래규칙)</td></tr>
</table>

## 2. Incoterms® 2020의 각 거래규칙

### 1) 전 운송방식 전용 거래규칙

#### (1) 작업장 인도 거래규칙 [Ex Works(insert named place of delivery): EXW]

① 작업장 인도 거래규칙의 의미

EXW 거래규칙은 라틴어로 Loco라고도 하며 매도인이 자신의 영업소 또는 기타 지정된 장소인 현장에서 인도하는 거래규칙이다. 그래서 EXW 거래규칙을 현장 인도 거래규칙이라고도 한다. EXW 거래규칙은 국내거래에 적합하고, FCA 거래규칙은 국제거래에서 적합하다. 매도인이 시설에서 물품을 인도할 때에 매도인에게 물품의 적재의무를 부담시키려면 FCA 거래규칙을 사용해야 한다.

EXW 거래규칙을 사용하는 경우 EXW 용어 뒤에 출하지의 지정장소 또는 매도인의 구내로 되었다면 지정된 인도장소인 공장(factory), 농장(plantation), 창고(warehouse) 등을 쓰고 Incoterms® 2020를 기재한다. 즉 EXW KIMPO factory, Seoul, Korea Incoterms® 2010 등과 같이 기재한다.

EXW 거래규칙에서 매수인이 매도인으로부터 물품을 구매한 후 그 물품을 수출하는 경우에는 매도인이 매수인의 수출에 필요한 협조해야 할 의무는 있지만 수출통관을 부담할 의무는 없다. 매수인이 물품을 수출하기 원하나 수출통관에 어려움이 예상되는 경우에, 매수인은 수출통관을 할 의무와 그에 관한 비용을 매도인이 부담하는 FCA 거래규칙을 선택하는 것이 바람직하다.

EXW 거래규칙에서 매도인은 지정된 장소에서 물품을 매수인이 임의로 처분할 수 있는 상태로 인도하거나 운송인에게 인도할 의무가 있다. 매수인은 매도인이 인도한 물품을 인수해야 한다. 매도인은 매매계약과 일치하는 물품 및 상업송장 또는 기타의 모든 일치되는 증거를 매수인에게 제공하고 매수인으로부터 물품수령증을 인수하는 것이 필요하다. 매매당사자들에게는 운송계약이나 보험계약을 체결할 의무가 없다. 매도인은 매수인이 물품을 수출하거나 타국을 통과하기 위하여 또는 수입통관을 위하여 서류가 필요한 경우에는 협조해야 한다. 수출통관에 관한 매도인의 참여는 물품수출을 위하여 매수인이 요청할 수 있는 서류와 정보를 취득하는데 협력을 제공하는 것에 한정한다.

EXW 거래규칙에서 매수인은 매도인에게 물품의 수출에 관한 일체의 정보를 제공하는 의무가 거의 없다. 그렇지만 매도인은 과세를 목적으로 하는 정보가 필요할 가능성이 있다. 매수인도 매도인에게 물품 보안정보 요건을 통지해야 할 의무가 있으며 물품대금은 물품을 인수할 때에 지급해야 한다. 물품의 인수는 매매계약상 합의된 인도기일 내에 이루어진 경우에 한한다. 물품의 인도가 합의된 인도기일 이후에 이루어지는 경우에는 인수를 거부하거나 손해배상청구 또는 계약의 해제가 가능하다. 그러므로 매도인은 매수인이 물품을 인수하는 데에 필요한 사항을 통지해야 한다.

② 작업장 인도 거래규칙의 위험 및 비용의 분기점

EXW 거래규칙에서 위험의 분기점은 매수인이 임의로 처분할 수 있도록 인도한 때이다. 인도장소가 비용의 분기점이 되기 때문에 위험의 분기점과 비용의 분기점이 일치한다. 물품의 적재에 있어서 매도인이 매수인보다 유리하다고 하더라도 매수인이 위험과 비용을 부담하는 조건으로 물품을 적재할 수 있지만 매도인은 물품의 적재에 대한 책임이 없다.

EXW 거래규칙에서 매수인이 지정장소 내의 물품 인수지점에서 물품의 적재와 관련한 책임 및 적재에 소요되는 비용과 위험을 매도인에게 부담시키려면 매매계약에서 이러한 취지의 문언을 명시하여 책임관계를 명확히 해야 한다. 매도인이 합의된 물품에 대한 인도의무를 완료하기 이전에 매수인에게 위험이 이전되는 경우는 매수인이 매도인에게 물품을 인도시킬 의무를 불이행한 경우이거나 매수인이 물품을 인수하지 않는 경우에 발생한다. 그러므로 매매계약상 매수인이 결정권한을 갖는 경우 합의된 기간 내의 시기 또는 지정장소 내에서 물품을 인수할 지점을 매도인에게 통지해야 한다. 실제적으로 매도인의 물품인도의무는 매수인의 물품인수의무가 이루어졌을 때에 성립하는 것이다.

EXW 거래규칙에서 매수인은 수출허가 및 수입허가를 취득하고 수출통관 및 수입통관 절차를 이행하는 데에 따르는 제세공과금 및 비용을 부담해야 한다. 매도인은 매수인이 수출입허가를 취득하는 데에 따르는 업무에 협조해야 한다. 매도인은 매수인이 위험과 비용을 부담하는 조건으로 수출입허가에 따르는 서류나 물품의 보안통관과 관련된 정보를 요청한다면 이를 제공하는 것이 의무이다.

EXW 거래규칙에서 매수인이 물품을 인수한 이후는 물론 물품을 인수하지 않은 경우, 그리고 매도인에게 인수와 관련한 적절한 통지를 하지 않은 경우에 발생하는 비용을 부담해야 한다. 매도인은 물품을 매수인에게 인도하기 위하여 실시하는 점검비용을 부담해야 한다. 매수인은 선적 전 검사비용 및 수출국 당국이 요구하는 모든 검사비용을 부담해야 한다. 매도인은 포장을 하는 경우에는 포장비용을 부담해야 한다.

#### (2) 운송인 인도 거래규칙 [Free Carrier(insert named place of delivery): FCA]

① 운송인 인도 거래규칙의 의미

FCA 거래규칙은 매도인이 물품을 매수인이 지정한 운송인 또는 그 밖의 당사자에게 그렇게 인도된 물품을 조달하여 인도하는 규칙이다. 매수인에 의해 지정된 인도장소가 매도인의 영업장 구내인 경우에는 매수인이 제공한 운송수단에 매도인이 물품을 적재해야 한다. 당사자들은 그 영업장의 주소를 지정인도장소로 명시해야 한다. 그 이외의 장소인 경우에는 물품을 매도인의 운송수단에 적재한 상태로 매수인이 지정한 운송인 또는 그 밖의 당사자가 처분할 수 있도록 하면 된다. 다른 어떤 장소에서 물품을 인도하는 경우 당사자들은 그러한 다른 인도장소를 명시해야 한다. 매수인이 지정된 장소에서의 인도지점에 대하여 통지하지 않은 경우, 인도가능지점이 다수인 경우에는 매도인은 인도장소에서 가장 적합한 장소를 선택할 수 있다.

FCA 거래규칙을 사용하는 경우 FCA 용어 뒤에 매도인 작업장구내 또는 매도인 작업장구내 또는 공항, 항만, 터미널, 역 등과 같이 운송인이 있는 장소인 선적지 지정장소를 쓰고 Incoterms® 2020를 기재한다. 즉 FCA Kimpo Airport, Korea Incoterms® 2010 등과 같이 기재한다.

FCA 거래규칙에서 매도인은 매매계약과 일치하는 물품 및 상업송장 또는 기타의 모든 일치되는 증거를 매수인에게 제공해야 한다. 매도인은 물품이 수출 또는 타국을 통과하기 위하여 또는 수입통관을 위하여 서류가 필요한 경우에는 매수인에게 협조해야 한다.

FCA 거래규칙 매수인은 운송계약을 체결해야 한다. 매매계약상에서 특약을 하는 경우에는 매수인의 요청에 의하거나 상관습이 있고 또한 관습상 매매계약서에 명시하는 것에 대하여 매수인이 반대지시를 하지 않는 경우 매도인이 매수인의 위험과 비용부담이라는 전제하에 대리인 자격으로 운송계약을 체결할 수 있다. 그렇지만 매도인은 이에 대하여 거부할 수 있고 거부하는 경우에는 그 사실을 매수인에게 즉시 통지해야 한다. 매도인에게는 보험계약을 체결할 의무가 없다. 매수인이 위험과 비용을 부담하는 조건으로 보험계약을 체결하는 데에 필요한 정보를 요청하면 이를 제공해 주어야 한다. 매수인이 약정된 장소에서 매도인으로부터 물품을 수령한 후 물품을 운송하기 위한 운송계약을 체결하는 것은 매수인의 의무이다. 매도인은 물품이 운송인에게 인도되었다는 사실도 통지해야 하지만 매수인이 지정한 운송인이나 기타의 당사자가 합의된 기간 내에 물품을 수령하지 하지 않는 경우에는 그러한 의무 불이행 사실을 통지해야 한다.

② 운송인 인도 거래규칙의 위험 및 비용의 분기점

FCA 거래규칙에서 매도인이 물품을 합의된 기일이나 합의된 기간 내에 자신의 영업장구내 또는 기타 지정장소에서 매수인이 지정한 운송인이나 제3자에게 인도한 때 위험과 비용이 함께 매도인에게서 매수인에게 이전된다. FCA 거래규칙에서 매도인과 매수인 사이의 위험 및 비용의 분기점이 일치하는 것이다. 보다 구체적으로 지정장소가 매도인의 영업장구내인 경우 물품이 매수인이 제공한 운송수단에 적재되는 때에 이전되고 기타의 경우에는 물품이 매도인의 운송수단에 실린 채 양하 준비된 상태로 매수인이 지정한 운송인이나 제3자의 처분하에 놓인 때 이전된다.

FCA 거래규칙에서 비용의 이전과 관련하여 지정장소가 매도인의 영업장 구내인 경우 내륙반출비용을 매수인이 부담하게 되지만 기타의 장소 즉, 일반적으로 운송인이 있는 버스터미널, 역, 공항, 항만 등의 경우 내륙반출비용을 매도인이 부담하게 된다.

FCA 거래규칙에서 매도인이 합의된 물품에 대한 인도의무를 완료하기 이전에 매수인에게 위험이 이전되는 경우는 매수인이 매도인에게 물품을 인도시킬 의무를 불이행한 경우이거나 매수인이 물품을 인수하지 않는 경우에 발생한다. 그러므로 매도인이 물품을 인도할 수 있는 충분한 시간적 여유를 가지고 운송인 또는 기타 당사자의 성명, 인도기일, 운송방식, 지정장소 내의 인수지점을 통지해야 한다.

FCA 거래규칙에서 매도인은 수출허가를 취득하고 수출통관절차를 이행하는 데에 따르는 제세공과금 및 비용을 부담해야 한다. 매수인은 수입허가를 취득하고 수입통관절차를 이행하는 데에 따르는 제세공과금 및 비용을 부담해야 한다. 매도인은 매수인이 수출입허가를 취득하는 데에 따르는 업무에 협조해야 한다. 매매당사자는 상대방이 위험 및 비용을 부담하는 조건으로 상대방이 수출입통관 등 수출입을 하는 데에 필요한 서류와 물품 보안 및 안전에 관련된 정보를 취득하는 데에 협조를 요청하면 이에 협조해야 매매당사자가 협조를 하는 경우에는 요청한 측이 비용을 부담하는 조건으로 하는 것이다. 그러므로 업무협조에 관한 요청이 있는 경우 그로 인해 발생하는 비용을 부담하는 문제가 선결되어야 한다.

FCA 거래규칙에서 매수인은 운송인 또는 기타 당사자를 지정하지 않은 경우, 지정한 자가 물품을 인수하지 않은 경우, 매도인에게 인수와 관련한 이러한 사항들에 대해 적절한 통지를 하지 않은 경우에 발생하는 비용을 부담해야 한다. 매도인이 매수인에게 인도의 증거가 되는 서류를 제공해야 하는데 인도서류 중 부두수취증도 가능하다. 매도인은 물품을 매수인에게 인도하기 위하여 실시하는 점검비용을 부담해야 한다. 매수인은 수출국 당국이 요구하는 검사비용을 제외하고 선적 전 검사비용을 부담해야 한다. 매도인은 포장을 하는 경우에는 포장비용을 부담해야 한다.

#### (3) 운송비지급 인도 거래규칙 [Carriage Paid to(insert named place of destination): CPT]

① 운송비지급 인도 거래규칙의 의미

CPT 거래규칙은 매도인이 물품을 출하지에서 당사자 사이에 이러한 장소의 합의가 있다면 합의된 장소에서 자신이 지정한 운송인 또는 그렇게 인도된 물품을 조달하여 인도하는 규칙이다. CPT 거래규칙에서 매도인은 기타 당사자에게 수출통관된 물품을 인도하는 동시에 그 물품을 지정목적지까지 운송하기 위한 통상의 운송경로와 관습적인 방법에 따라 운송계약을 체결하고 운송비를 지급해야 한다. 매도인이 FCA 거래규칙에 지정 목적지까지의 운송비를 추가 부담하는 거래규칙이다. CPT 거래규칙에서는 매도인은 물품이 목적지에 도착한 때가 아니라 운송인에게 물품을 교부하는 때에 자신의 화물인도의무가 완료된다.

CPT 거래규칙을 사용하는 경우 CPT 용어 뒤에 항구, 공항, 철도역, 부두터미널, 창고 등과 같은 지정목적지를 쓰고 Incoterms® 2020을 기재한다. 즉 항공운송의 경우에는 CPT Kennedy Airport, U.S.A. Incoterms® 2020 등과 같이 기재한다, 해상운송의 경우에는 CPT Kennedy Container Terminal, New York, U.S.A. Incoterms® 2020 등과 같이 기재한다, 철도운송의 경우에는 CPT Kennedy Station, U.S.A. Incoterms® 2020 등과 같이 기재한다. 어떠한 운송수단을 선택하더라도 기재하는 방식은 동일하다.

CPT 거래규칙은 위험과 비용이 상이하게 분기된다. 합의된 목적지까지 운송하는데 여러 운송인이 개입되고 당사자들이 특정한 인도지점에 관하여 합의하지 않은 경우 전적으로 매도인에 의해 선택되어 매수인으로서는 아무런 통제도 할 수 없는 지점에서 물품이 최초운송인에게 인도되는 때에 이전되는 것이 기본규칙이다. 그 이후 항구 또는 공항 등과 같은 어느 단계에서 위험이 이전되기를 원하는 경우, 당사자들은 이를 매매계약에 명시해야 한다.

CPT 거래규칙에서 매도인은 적용가능한 경우 물품에 대한 수출통관 의무를 부담한다. 매도인이 보험계약을 체결할 의무가 없다. 매수인은 매매계약상의 운송계약을 체결할 의무가 없다. 매수인은 매도인이 인도한 물품을 인수할 때에 물품대금을 지급해야 한다. 물품의 인수는 매매계약상 합의된 인도기일 내에 이루어진 경우에 한한다. 물품의 인도가 합의된 인도기일 이후에 이루어지는 경우에는 인수를 거부하거나 손해배상청구 또는 계약의 해제가 가능하다. 운송계약에 따라 운송인이 물품을 매수인이 인수를 거부하는 경우를 대비하여 매수인에게 인수의무를 부과하고 있다. 매도인은 물품이 인도되었다는 사실, 매수인이 물품을 수령하는 데에 필요한 사항을 통지해야 한다. 매도인은 관습이 있거나 매수인이 요청하는 경우 통상적인 운송서류를 제공해야 한다.

### ② 운송비지급 거래규칙의 위험 및 비용의 분기점

CPT 거래규칙에서 위험의 분기점은 합의된 기일이나 합의된 기간 내에 매도인이 당사자간에 이러한 장소의 합의가 있는 경우 선적지의 합의된 장소에서 물품을 자신이 지정한 운송인에게 인도한 때 또는 그렇게 인도된 물품을 조달하여 인도한 때이다. 그러나 비용은 매도인이 양륙지의 지정된 장소로 이동하는 주운임까지 추가로 부담하게 되며 매수인은 주운송구간의 보험료 및 그 이후에 발생하는 비용을 부담하게 된다. 따라서 위험은 선적지에서 이전되지만 비용은 목적지의 지정된 장소까지 확대되어 이전하게 된다. 위험 및 비용의 분기점이 일치하지 않기 때문에 매도인이 운송비를 부담해야 하는 목적지에서의 지점과 매수인이 위험을 부담하는 인수장소를 명확하게 표시해야 한다.

CPT 거래규칙에서 매도인이 물품에 대한 인도의무를 완료하기 이전에 매수인에게 위험이 이전되는 경우는 매수인이 매도인에게 물품을 인도시킬 의무를 불이행하거나 매수인이 물품을 인수하지 않는 때이다. 매수인이 매매계약상 결정권한을 갖는 경우 발송시기, 지정 목적지 또는 그 목적지 내에서의 물품 인수지점을 통지해야 한다.

CPT 거래규칙에서 매도인은 수출허가를 취득하고 수출통관절차를 이행하는 데에 따르는 제세공과금 및 비용을 부담해야 한다. 매수인은 수입허가를 취득하고 수입통관절차를 이행하는 데에 따르는 제세공과금 및 비용을 부담해야 한다. 매도인은 매수인이 수출입허가를 취득하는 데에 따르는 업무에 협조해야 한다. 즉 매매당사자는 상대방이 위험 및 비용을 부담하는 조건으로 상대방이 수출입통관 등 수출입을 하는 데에 필요한 서류와 물품 보안 및 안전에 관련된 정보를 취득하는 데에 협조를 요청하면 이에 협조해야 한다.

CPT 거래규칙에서 매수인은 매도인에게 인수와 관련한 적절한 통지를 하지 않은 경우에 발생하는 비용을 부담해야 한다. 매도인은 물품을 매수인에게 인도하기 위하여 실시하는 점검비용을 부담해야 한다. 매수인은 수출국 당국이 요구하는 검사비용을 제외하고 선적 전 검사비용을 부담해야 한다. 매도인은 포장을 하는 경우에는 포장비용을 부담해야 한다. 매수인은 물품을 운송인이 인수한 때부터 그 물품에 관련하여 발생하는 추가적인 비용을 부담해야 한다.

#### (4) 운송비 · 보험료지급 거래규칙 [Carriage and Insurance Paid to(insert named place of destination): CIP]

① 운송비 · 보험료지급 거래규칙의 의미

CIP 거래규칙은 매도인이 당사자 사이에 이러한 장소의 합의가 있는 경우 합의된 장소에 물품을 자신이 지정한 운송인에게 인도하거나 또는 그렇게 인도된 물품을 조달하여 인도하는 규칙이다.

CPT 거래규칙에서 운송 중에 발생할 수 있는 위험을 대비하여 적하보험계약을 체결하여 보험료를 지급하는 것을 매도인에게 추가시키는 거래규칙이다. 매도인은 운송 중의 물품의 멸실 또는 손상의 위험에 대해서 보험을 수배해야 한다. 매수인은 물품을 인수한 이후에 발생하는 모든 위험과 추가비용을 부담해야 한다.

CIP 거래규칙을 사용하는 경우 CIP 용어 뒤에 항구, 공항, 철도역, 부두터미널, 창고 등과 같이 지정목적지를 쓰고 Incoterms® 2020을 기재한다. 즉 CIP Kimpo Airport, Korea Incoterms® 2010 등과 같이 기재한다.

CIP 거래규칙에서 매도인은 물품의 수출통관을 이행해야 한다. CIP 거래규칙에서 매도인은 사용된 운송수단에 적합한 방법으로 그에 적합한 장소에서 운송인에게 물품의 물리적 점유를 이전함으로써 물품을 인도할 수 있다. 매도인이 물품을 지정목적지까지 운송하는 데 필요한 계약을 체결하고 그 운송비용을 부담해야 한다. 또한 매도인은 운송 중 매수인의 물품 멸실 또는 손상의 위험을 대비하여 보험계약을 체결한다.

CIP 거래규칙에서 물품의 인수는 매매계약상 합의된 인도기일 내에 이루어진 경우에 한한다. 물품의 인도가 합의된 인도기일 이후에 이루어지는 경우에는 인수를 거부하거나 손해배상청구 또는 계약의 해제가 가능하다. 운송계약에 따라 운송인이 물품을 매수인이 인수를 거부하는 경우를 대비하여 매수인에게 인수의무를 부과하고 있다. 매도인은 물품이 인도되었다는 사실, 매수인이 물품을 수령하는 데에 필요한 사항을 통지해야 한다.

CIP 거래규칙에서 매수인은 물품을 인수할 때에 물품대금을 지급해야 한다. 매도인은 관습이 있거나 매수인이 요청하는 경우 통상적인 운송서류를 제공해야 한다. 매도인은 보험계약을 체결해야 한다. 매도인은 매수인을 위하여 보험계약을 체결할 때에 로이즈 시장협회(Lloyd's Market Association: LMA)와 런던 국제보험인수협회(International Underwriting Association of London: IUA)가 제정한 협회적하약관 2009(C)[Institute Cargo Clause(C) 2009: ICC 2009(C)]또는 이와 유사한 약관상의 최저담보조건으로 부보해야 한다. 이때의 보험기간은 물품의 출하지에서 운송업자에게 인도한 때로부터 최소한 지정목적지까지이어야 하며 보험부보금액은 계약가격의 예상이익 10%를 포함한 110% 한도까지 무역계약상의 통화단위로 보험에 부보해야 한다. 매수인이 LMA와 IUA가 제정한 협회적하약관(A)[Institute Cargo Clause(A): ICC(A)], 협회적하약관(B)[Institute Cargo Clause(B): ICC(B)], 협회전쟁약관(Institute War Clauses: IWC) 그리고 협회동맹파업약관(Institute Strike Clauses: ISC) 또는 이와 유사한 약관으로 부보를 요구하는 경우에는 매도인이 할 수 있는 한 매수인이 보험료를 부담하는 조건으로 보험을 수배해야 한다.

② 운송비 · 보험료지급 거래규칙의 위험 및 비용의 분기점

CIP 거래규칙은 위험과 비용이 상이하게 분기된다. 위험의 분기는 합의된 기일이나 합의된 기간 내에 매도인이 당사자 사이에 이러한 장소의 합의가 있는 경우 선적지의 합의된 장소에서 물품을 자신이 지정한 운송인에게 인도한 때 또는 그렇게 인도된 물품을 조달하여 인도한 때 이전된다. 그러나 비용은 매도인이 양륙지의 지정된 장소로 이동하는 주운임과 보험료까지 추가로 부담하게 되며 매수인은 그 이후에 발생하는 비용을 부담하게 된다.

CIP 거래규칙에서 위험은 선적지에서 이전되지만 비용은 목적지의 지정된 장소까지 확대되어 이전하게 된다. 즉 위험의 분기점은 매도인이 물품을 본선 갑판 위에서 인도하였을 때이다. 그런데 매도인은 인도장소까지의 비용을 부담할 뿐만 아니라 목적항 또는 목적지까지의 운송비와 보험료를 부담한다. 이에 따라 CIP 거래규칙에서는 위험의 분기점과 비용의 분기점이 다르게 된다. 즉 위험의 분기점은 인도장소가 되지만 비용의 분기점은 목적항 또는 목적지가 된다. 그 비용은 매도인의 운송계약 체결과 관련한 운송비 및 기타의 비용, 그리고 보험계약 체결과 관련된 보험료 및 기타의 비용이다. 위험이 이전된 이후에 발생하는 비용은 매수인의 부담이다.

CIP 거래규칙에서 매도인이 합의된 물품에 대한 인도의무를 완료하기 이전에 매수인에게 위험이 이전되는 경우는 매수인이 매도인에게 물품을 인도시킬 의무를 불이행한 경우이거나 매수인이 물품을 인수하지 않는 경우에 발생한다. 그러므로 매수인이 매매계약에 따라 결정권한을 갖는 경우 발송시기, 지정 목적지 또는 그 목적지 내에서의 물품 인수지점을 통지해야 한다.

CIP 거래규칙에서 매도인은 수출허가를 취득하고 수출통관절차를 이행하는 데에 따르는 제세공과금 및 비용을 부담해야 한다. 매수인은 수입허가를 취득하고 수입통관절차를 이행하는 데에 따르는 제세공과금 및 비용을 부담해야 한다. 매도인은 매수인이 수출입허가를 취득하는 데에 따르는 업무에 협조해야 한다. 즉 매매당사자는 상대방이 위험 및 비용을 부담하는 조건으로 상대방이 수출입통관 등 수출입을 하는 데에 필요한 서류와 물품 보안 및 안전에 관련된 정보를 취득하는 데에 협조를 요청하면 이에 협조해야 한다.

CIP 거래규칙에서 매수인은 매도인에게 인수와 관련한 적절한 통지를 하지 않은 경우에 발생하는 비용을 부담해야 한다. 매도인은 물품을 매수인에게 인도하기 위하여 실시하는 점검비용을 부담해야 한다. 매수인은 수출국 당국이 요구하는 검사비용을 제외하고 선적 전 검사비용을 부담해야 한다. 매도인은 포장을 하는 경우에는 포장비용을 부담해야 한다.

### (5) 도착장소 인도 거래규칙 [Delivered at Place(insert named place of destination): DAP]

#### ① 도착장소 인도 거래규칙의 의미

DAP 거래규칙은 매도인이 지정 목적지 또는 합의된 경우 지정된 목적지 내의 어떠한 지점에서 수입통관을 하지 않은 물품을 도착된 운송수단에서 양하하지 않은 채 매수인이 임의로 처분할 수 있는 상태로 인도 또는 그렇게 인도된 물품을 조달하여 인도하는 규칙이다. 도착장소라는 용어는 도착비 보다는 협소한 개념으로 사용된다.

DAP 거래규칙에서 당사자들은 매도인이 위험을 부담해야 하는 지정 목적지 또는 지정 목적지의 특정 지점을 합의하지 않았거나 관습에 의해 결정하지 않은 경우 매도인은 지정 목적지에서 매도인의 목적에 가장 적합한 지점을 선택할 수 있다. 매매당사자가 합의를 하였다면 지정된 목적지 내의 어떠한 지점에서 매도인은 지정된 장소까지 화물을 가져오는데 포함된 모든 위험을 부담한다. 관계당사자들은 합의된 도착지의 장소내의 지점을 명확하게 해야한다. 매도인이 목적지의 장소에서 양하와 관련한 비용을 운송계약에 따라 지불하는 경우 매도인은 양당사자 사이에 합의가 없으면 매수인에게 그러한 비용을 구상할 수 없다.

DAP 거래규칙에서 매수인이 매도인에게 화물의 수입통관, 수입관세, 또는 어떤 수입에 대한 세관절차까지 수행하기를 바란다면 DDP 거래규칙을 사용해야 한다. DAP 거래규칙을 사용하는 경우 DAP 용어 뒤에 목적지의 지정된 장소를 쓰고 Incoterms® 2020을 기재한다. 즉 DAP Brown Warehouse, New York, U.S.A. Incoterms® 2010 등과 같이 기재한다.

DAP 거래규칙에서 매도인이 수출 통관해야 한다. 매도인이 물품의 수입통관 이행의무와 수입관세 또는 일체의 통관절차 비용을 지급할 의무가 없는 거래규칙이다. 또한 매도인은 보험계약을 체결할 의무가 없지만 운송계약을 체결할 의무가 있고 매수인은 운송계약과 보험계약을 체결할 의무가 없다.

DAP 거래규칙에서 매수인은 매도인이 인도한 물품을 인수하고, 인수할 때에 물품대금을 지급해야 한다. 물품의 인수는 매매계약상 합의된 인도기일 내에 이루어진 경우에 한한다. 물품의 인도가 합의된 인도기일 이후에 이루어지는 경우에는 인수를 거부하거나 손해배상청구 또는 계약의 해제가 가능하다. 운송계약에 따라 운송인이 물품을 매수인이 인수를 거부하는 경우를 대비하여 매수인에게 인수의무를 부과하고 있다. 매도인은 매수인이 물품을 인수하는 데에 필요한 사항을 통지하고, 필요한 서류를 제공해야 하는데 매도인이 매수인에게 제공하는 서류에는 화물인도지시서도 포함할 수 있다. 이러한 경우에는 매매당사자가 매매계약을 체결할 때에 서류제공에 관한 세부적인 내용과 부수 등을 정확하게 명시하여야 문제가 발생하지 않는다.

② 목적지 인도 거래규칙의 위험 및 비용의 분기점

DAP 거래규칙에서 위험의 분기점은 매도인이 지정목적지의 합의된 지점에 도착한 운송수단에서 양하하지 않은 채 매수인이 임의로 처분할 수 있는 상태로 인도한 때에 위험이 이전되며 비용도 같이 분기되나 수입통관 관련 비용은 매수인이 부담한다. 매수인은 물품을 인수한 이후에 발생하는 위험과 비용을 부담한다.

DAP 거래규칙에서 매도인이 합의된 물품에 대한 인도의무를 완료하기 이전에 매수인에게 위험이 이전되는 경우는 매수인이 매도인에게 물품을 인도시킬 의무를 불이행한 경우이거나 매수인이 물품을 인수하지 않는 경우에 발생한다. 그러므로 매매계약상 매수인이 결정권한을 갖는 경우 합의된 기간 내의 시기 또는 지정목적지에서 물품을 인수할 지점을 통지해야 한다.

DAP 거래규칙에서 매도인인과 매수인은 수출입허가를 취득하고 수출입통관절차를 이행하는 데에 따르는 제세공과금 및 비용을 부담해야 한다. 매매당사자는 상대방이 위험 및 비용을 부담하는 조건으로 상대방이 수출입통관 등 수출입을 하는 데에 필요한 서류와 물품 보안 및 안전에 관련된 정보를 취득하는 데에 협조해야 한다.

DAP 거래규칙에서 매수인은 수입허가, 보안 및 안전 확인 협조 등과 관련한 의무를 이행하지 않은 경우와 매도인에게 인수와 관련한 적절한 통지를 하지 않은 경우에 발생하는 비용을 부담해야 한다. 매도인은 물품을 매수인에게 인도하기 위하여 실시하는 점검비용을 부담해야 한다. 매수인은 수출국 당국이 요구하는 검사비용을 제외하고 선적 전 검사비용을 부담해야 한다. 매도인은 포장을 하는 경우에는 포장비용을 부담해야 한다.

#### (6) 도착지 양하 인도 거래규칙[Delivered at Place Unloaded (named place of destination) : DPU]

① 주요 내용

DPU 거래규칙은 매도인이 지정목적지 또는 합의된 경우 지정목적지 내의 어떠한 지점에서 도착운송수단으로부터 양하한 채 매수인이 임의로 처분할 수 있는 상태로 인도 또는 그렇게 인도된 물품을 조달하여 인도하는 규칙이다.

DPU 거래규칙을 사용하는 경우 DPU 용어 뒤에 목적지의 지정된 장소를 쓰고 Incoterms® 2020을 기재한다. 즉 DPU Brown Warehouse, New York, U.S.A. Incoterms® 2010 등과 같이 기재한다.

DPU 거래규칙에서 매도인은 물품을 지정목적지까지 가져가서 그곳에서 물품을 양하하기까지 수반되는 모든 위험을 부담한다. 매수인은 그 이후의 위험과 비용을 부담한다. DPU 거래규칙은 매도인이 목적지에서 물품을 양하하도록 하는 유일한 규칙이다. 따라서 매도인은 그러한 지정장소에서 도착운송수단으로부터 양하할 수 있는 입장에 있는가를 확실하게 결정해야 한다. 매도인이 도착운송수단으로부터 양하하는 위험과 비용을 부담하기를 원하지 않는 경우에는 DPU 거래규칙 대신에 DAP 거래규칙을 사용해야 한다. DPU 거래규칙에서 매도인은 물품에 대한 수출통관 의무를 부담한다.

② 위험과 비용의 분기점

DPU 거래규칙에서 합의된 기일이나 합의된 기간 내에 물품이 지정목적지에서 도착운송수단으로부터 양하한 채 물품을 매수인이 임의처분할 수 있도록 놓을 때에 위험과 비용이 함께 이전된다. 매수인은 수입과 관련된 수입허가 비용과 수입통관비용 등을 부담해야 한다. 매도인은 물품을 매수인에게 인도하기 위하여 실시하는 점검비용을 부담해야 한다. 매수인은 수출국 당국이 요구하는 검사비용을 제외하고 선적 전 검사비용을 부담해야 한다. 매도인은 포장을 하는 경우에는 포장비용을 부담해야 한다.

#### (7) 관세지급반입 거래규칙 [Delivered Duty Paid(insert named place of destination): DDP]

① 관세지급반입 거래규칙의 의미 조달

DDP 거래규칙은 매도인이 지정된 목적지에서 수입통관을 이행하고 도착된 운송수단으로부터 양륙되지 않은 채 매수인이 임의 처분할 수 있는 상태로 물품을 인도하는, 또는 그렇게 인도된 물품을 조달하여 인도하는 거래규칙이다. 매도인이 수입허가를 취득할 수 있는 경우에 이 거래규칙이 사용된다. DDP 거래규칙을 사용하는 경우 DDP 용어 뒤에 목적지의 지정된 장소를 쓰고 Incoterms® 2020을 기재한다. 즉 DDP Brown Warehouse, New York, U.S.A. Incoterms® 2010 등과 같이 기재한다.

DDP 거래규칙에서 매도인은 그러한 목적지까지 물품을 운송하는데 수반되는 모든 위험을 부담하고 또한 물품의 수출통관 및 수입통관을 모두 해야 하고, 수출관세 및 수입관세를 모두 부담해야 하며 모든 통관절차를 수행할 의무를 부담한다. 매매당사자들이 매매계약을 체결할 때에 수입통관과 관련한 위험과 비용을 매수인에게 전가시키려는 경우에는 DAP 거래규칙이나 DPU 거래규칙을 사용해야 한다. 매도인은 물품을 매매계약상 합의된 지정 목적항 또는 지정 목적지까지 운송해야 하며, 이를 위한 운송계약을 체결할 의무가 있다.

DDP 거래규칙은 매도인의 최대의무를 부과하는 규칙이다. 당사자들은 합의된 목적지 내의 지점을 가능한 명확하게 하는 것이 바람직하다. 그러한 지점까지의 위험은 매도인이 부담하기 때문이다. 매도인은 이러한 선택을 정확하게 만족하는 내용으로 운송계약을 체결하는 것이 좋다. 매도인이 자신의 운송계약에 따라 목적지에서 양하에 관한 비용을 지출한 경우, 매수인에게 청구할 수도 있다. 그렇지만 무역계약을 체결할 때에 매매계약 당사자 사이에 합의한 것이 없다면 매도인은 이를 매수인에게 구상할 수 없다. 그러므로 매도인은 매매계약을 체결할 때 이러한 사항을 명확하게 합의 하여 명시할 필요가 있다.

DDP 거래규칙에서 매도인에게 보험계약을 체결할 의무는 없다. 매수인에게도 보험계약을 체결할 의무는 없다. 필요한 쪽에서 보험계약을 체결하면 된다. 매수인은 매도인이 인도한 물품을 인수해야 하며, 물품을 인수할 때에 물품대금을 지급해야 한다. 물품의 인수는 매매계약상 합의된 인도기일 내에 이루어진 경우에 한한다. 물품의 인도가 합의된 인도기일 이후에 이루어지는 경우에는 인수를 거부하거나 손해배상청구 또는 계약의 해제가 가능하다. 매도인은 매수인이 물품을 수령하는 데에 필요한 사항을 통지해야 한다. 매도인은 매수인이 물품을 인수하는 데에 필요한 서류를 제공해야 한다.

② 관세지급반입 거래규칙의 위험 및 비용의 분기점

DDP 거래규칙에서 위험의 분기점은 매도인이 지정목적지의 합의된 지점에 도착한 운송수단에서 양륙하지 않은 상태로 매수인이 임의로 처분할 수 있는 상태로 인도한 때이다. 이후에 방생하는 위험에 대해서는 매수인이 책임을 부담해야 한다.

DDP 거래규칙에서 매도인이 운송계약을 체결할 때에 매매계약에서 합의한 지정 목적지에서 양륙 또는 물품의 취급에 따르는 비용을 지급하였다고 하더라도, 매매당사자가 매매계약을 체결할 때에 별도의 합의가 없었다면 매도인이 모두 부담해야 한다. 만약 매도인이 물품을 수입할 때에 지불해야 하는 비용의 일부를 부담하지 않으려고 하는 경우에는 매매계약에서 이러한 취지를 명확하게 해야 한다.

DDP 거래규칙에서 매수인은 물품을 인수한 이후에 발생하는 위험과 비용을 부담한다. 매도인이 합의된 물품에 대한 인도의무를 완료하기 이전에 매수인에게 위험이 이전되는 경우는 매수인이 매도인에게 물품을 인도시킬 의무를 불이행한 경우이거나 매수인이 물품을 인수하지 않는 경우에 발생한다. 그러므로 매매계약상 매수인이 결정권한을 갖는 경우 합의된 기간 내의 시기 또는 지정목적지에서 물품을 인수할 지점을 통지해야 한다. 이러한 통지의무를 이행하지 않은 경우에는 그 책임을 부담해야 한다.

DDP 거래규칙에서 매도인은 목적지 국가에서 수입허가를 취득하고 수입통관절차를 이행하는 데에 따르는 관세를 포함하여, 그 곳까지의 물품의 운송에 따른 모든 비용 및 위험을 부담해야 한다. 매수인은 매도인이 수출입허가를 취득하는 데에 따르는 업무에 협조해야 한다. 매수인은 매도인의 요청과 위험 및 비용부담으로 물품의 보안 및 안전 확인을 위한 정보를 제공해야 한다. 즉 매매당사자는 상대방이 위험 및 비용을 부담하는 조건으로 상대방이 수출입통관 등 수출입을 하는 데에 필요한 서류와 물품 보안 및 안전에 관련된 정보를 취득하는 데에 협조를 요청하면 이에 협조해야 한다.

DDP 거래규칙에서 매수인은 수입허가, 보안 및 안전 확인 협조 등과 관련한 의무를 이행하지 않은 경우와 매도인에게 인수와 관련한 적절한 통지를 하지 않은 경우에 발생하는 비용을 부담해야 한다. 매도인은 물품을 매수인에게 인도하기 위하여 실시하는 점검비용을 부담해야 한다. 매수인은 수출국 당국이 요구하는 검사비용을 제외하고 선적 전 검사비용을 부담해야 한다. 매도인은 포장을 하는 경우에는 포장비용을 부담해야 한다.

### 2) 해상 및 내수로 운송방식 전용 거래규칙

#### (1) 선측 거래규칙 [Free Alongside Ship(insert port of shipment): FAS]

① 선측 거래규칙의 의미

FAS 거래규칙은 매도인이 지정선적항에서 매수인이 지정한 선박의 선측, 즉, 부두 또는 부선에 수출통관한 물품을 놓은 때, 또는 이미 그렇게 인도된 물품을 조달한 때 매도인이 매수인에게 인도하는 규칙이다. 따라서 해상운송인이 본선의 선측에서 물품을 인수하기 때문에 수취 선하증권(received B/L)이 발행된다. 이후 물품이 운송인에 의해 선적되면 본선에 선적되면 선적 선하증권(on board B/L)이 발행된다.

FAS 거래규칙을 사용하는 경우 FAS 용어 뒤에 선적항(sea port) 또는 내수로 (harbour)를 쓰고 Incoterms® 2020을 기재한다. 즉 FAS Pusan, Korea Incoterms® 2020 등과 같이 기재한다.

FAS 거래규칙에서 매수인은 선박을 수배하고 선박명, 선적장소, 선적시기 등을 매도인에게 통지해야 한다. 매도인은 매수인이 특정 선적지점을 통지하지 않은 경우 지정 선적항에서 매도인의 목적에 가장 적합한 지점을 선택할 수 있다. 매도인이 물품을 컨테이너에 적부하는 경우, 본선의 선측이 아니라 내륙터미널에서 운송인에게 물품을 인도하는 것이 일반적이다. 그러한 물품을 거래하는 경우에는 FAS 거래규칙이 대신에 FCA 거래규칙을 사용해야 한다.

FAS 거래규칙에서 매도인은 매수인이 위험과 비용을 부담하는 조건으로 요청을 하면 대리인 자격으로 운송계약을 체결할 수 있다. 그렇지만 매도인은 이에 대하여 거부를 할 수 있고 거부하는 경우에는 그 사실을 매수인에게 즉시 통지해야 한다. 매도인은 보험계약을 체결할 의무가 없다. 매수인이 약정된 장소에서 매도인으로부터 물품을 수령한 후 물품을 운송하기 위한 운송계약을 체결해야 한다. 매도인은 물품이 인도되었다는 사실, 매수인이 물품을 수령하는 데에 필요한 사항을 통지해야 한다. 매도인이 매수인에게 인도의 증거가 되는 서류를 제공해야 한다.

② 선측 거래규칙의 위험 및 비용의 분기점

FAS 거래규칙에서 위험의 분기점은 지정 선적항에서 매수인이 지정한 본선의 선측에 인도하거나 그렇게 인도된 물품을 조달한 때이다. 매도인이 합의된 물품에 대한 인도의무를 완료하기 이전에 매수인에게 위험이 이전되는 경우는 매수인이 매도인에게 물품을 인도시킬 의무를 불이행한 경우이거나 매수인이 물품을 인수하지 않는 경우에 발생한다. 그러므로 매수인은 본선 선명, 선적 지점 및 합의된 기간 내의 인수지점을 통지해야 한다. 실제적으로 선측에 도착한 매수인 또는 그 지정 대리인이 물품에 대한 수입가격의 하락으로 수입에 대한 필요성이 감소하여 인수를 고의적으로 회피하는 경우가 있다.

FAS 거래규칙에서 지정 선적항의 선측까지의 비용 및 관련 화물취급비용이 당해 항구의 관행에 따라 다양하기 때문에 당사자들은 지정 선적항 내의 적재지점을 가급적 명확하게 명시하는 것이 바람직하다. 왜냐하면 그러한 지점까지의 비용과 위험을 매도인이 부담하기 때문이다. 실제적으로 선박이 부두에 접안을 하였을 경우에는 선측이 부두 위가 될 수 있지만 선박이 부두에 접안을 못하고 외항에 정박하는 경우에는 물품을 선박까지 부선으로 운송하는 경우에는 부선 내가 선측이 되기 때문이다.

FAS 거래규칙에서 매도인은 수출허가를 취득하고 수출통관절차를 이행하는 데에 따르는 제세공과금 및 비용을 부담해야 한다. 매수인은 수입허가를 취득하고 수입통관절차를 이행하는 데에 따르는 제세공과금 및 비용을 부담해야 한다. 매도인은 매수인이 수출입허가를 취득하는 데에 따르는 업무에 협조해야 한다. 매수인이 위험과 비용을 부담하는 조건으로 보험계약을 체결하는 데에 필요한 정보를 요청하면 제공해 주어야 한다. 매도인이 제공하는 인도 증거서류가 운송서류가 아닌 경우, 매수인이 위험과 비용을 부담하는 조건으로 운송서류를 요청하면 협조해야 한다. 즉 매매당사자는 상대방이 위험 및 비용을 부담하는 조건으로 상대방이 수출입통관 등 수출입을 하는 데에 필요한 서류와 물품 보안 및 안전에 관련된 정보를 취득하는 데에 협조를 요청하면 이에 협조해야 한다.

FAS 거래규칙에서 매수인이 매도인에게 인수와 관련한 적절한 통지를 하지 않은 경우와 매수인이 지정한 선박이 지정된 시점에 도착하지 않거나 그 선박이 물품을 수령할 수 없거나 매도인에게 통지한 인수시점보다 조기에 선적이 완료된 경우에 발생하는 비용을 부담해야 한다. 매도인은 물품을 매수인에게 인도하기 위하여 실시하는 점검비용을 부담해야 한다. 매수인은 수출국 당국이 요구하는 검사비용을 제외하고 선적 전 검사비용을 부담해야 한다. 매도인은 포장을 하는 경우에는 포장비용을 부담해야 한다.

### (2) 본선 거래규칙 [Free on Board(insert named port of shipment): FOB]

① 본선 거래규칙의 의미

FOB 거래규칙은 매도인이 물품을 자기의 위험과 비용으로 약정된 기간 내에 지정 선적항에서 매수인이 지정한 선박의 본선 갑판 위에서 수출통관한 물품을 인도하거나 선적을 위하여 인도된 물품을 조달하는 규칙이다. 이에 따라 FOB 거래규칙은 현실적 인도라고 하며 선적 선하증권(on board B/L)이 발행된다.

FOB 거래규칙을 사용하는 경우 FOB 용어 뒤에 선적항(sea port) 또는 내수로 (harbour)를 쓰고 Incoterms® 2020을 기재한다. 즉 FOB Pusan, Korea Incoterms® 2020 등과 같이 기재한다. 물품이 본선에 적재되기 전에 내륙터미널에서 인도되는 컨테이너에 적재되는 물품 또는 roll-on/roll-off 또는 LASH 선박에 적재되는 경우에는 FCA 거래규칙을 사용해야 한다.

FOB 거래규칙에서 매도인은 적용가능한 경우 물품을 수출통관할 의무를 부담한다. 매수인은 운송계약을 체결해야 한다. 매도인은 매매계약을 체결할 때에 특약을 하는 경우에는 상관습이 있고 또한 관습상 매매계약서에 명시하는 것에 대하여 매수인이 반대지시를 않는다면 매수인이 위험과 비용을 부담하는 조건으로 요청을 하면 대리인 자격으로 운송계약을 체결할 수 있다. 그렇지만 매도인은 이에 대하여 거부를 할 수 있고 거부하는 경우에는 그 사실을 매수인에게 즉시 통지해야 한다. 매도인에게는 운송계약과 보험계약을 체결할 의무가 없다. 매수인이 운송계약을 체결하지만 보험계약을 체결할 의무가 없는 것은 매도인과 마찬가지이다. 필요한 쪽에서 보험계약을 체결하면 된다.

FOB 거래규칙에서 매수인이 약정된 장소에서 매도인으로부터 물품을 수령한 후 물품을 운송하기 위하여 운송계약을 체결하는 것은 매수인의 의무이다. 매도인은 물품이 인도되었다는 사실, 매수인이 물품을 수령하는 데에 필요한 사항을 통지해야 한다. 매도인이 매수인에게 인도의 증거가 되는 서류를 제공해야 한다. 매도인은 매매계약에 일치함을 입증하는 상업송장과 운송서류 등을 제공해야 한다.

② 본선 거래규칙의 위험 및 비용의 분기점

FOB 거래규칙에서 물품을 지정선적항에서 매수인에 의해 지정된 본선에 적재하여 인도하거나 이미 그렇게 인도된 물품을 조달하여 인도한 때 위험과 비용이 함께 매도인에게서 매수인에게 이전된다. 만약 용선계약에서 본선적재비가 운임에 포함되어 있지 않다면 매도인은 항구의 관행에 따라 적재 및 하역비용을 지급해야 한다.

FOB 거래규칙에서 매도인이 합의된 물품에 대한 인도의무를 완료하기 이전에 매수인에게 위험이 이전되는 경우는 매수인이 매도인에게 물품을 인도시킬 의무를 불이행한 경우이거나 매수인이 물품을 인수하지 않는 경우에 발생한다. 그러므로 매수인은 본선 선명, 선적 지점 및 합의된 기간 내의 인수지점을 통지해야 한다.

FOB 거래규칙에서 매수인이 위험과 비용을 부담한다는 조건으로 매수인이 보험계약을 체결하는 데에 필요한 정보를 요청하면 제공해 주어야 한다. 매도인이 제공하는 인도 증거서류가 운송서류가 아닌 경우, 매수인이 위험과 비용을 부담하는 조건으로 운송서류를 요청하면 협조해야 한다. 즉 매매당사자는 상대방이 위험 및 비용을 부담하는 조건으로 상대방이 수출입통관 등 수출입을 하는 데에 필요한 서류와 물품 보안 및 안전에 관련된 정보를 취득하는 데에 협조를 요청하면 이에 협조해야 한다. 매매당사자는 수출입허가를 취득하고 수출입통관 절차를 이행하는 데에 따르는 수출세 등과 같은 제세공과금 및 요금과 같은 비용을 부담해야 한다. 매도인은 매수인이 수출입허가를 취득하는 데에 따르는 업무에 협조해야 한다.

FOB 거래규칙에서 매수인이 매도인에게 인수와 관련한 적절한 통지를 하지 않은 경우와 매수인이 지정한 선박이 지정된 시점에 도착하지 않거나 그 선박이 물품을 수령할 수 없거나 매도인에게 통지한 인수시점보다 조기에 선적이 완료된 경우에 발생하는 비용을 부담해야 한다. 매도인은 물품을 매수인에게 인도하기 위하여 실시하는 점검비용을 부담해야 한다. 매수인은 수출국 당국이 요구하는 검사비용을 제외하고 선적 전 검사비용을 부담해야 한다. 매도인은 포장을 하는 경우에는 포장비용을 부담해야 한다.

FOB 거래규칙에서 매수인은 지정 선적항의 본선 갑판 위에 물품이 적치된 이후부터 물품의 취급과 관련하여 추가적으로 발생하는 모든 비용과 물품에 발생하는 멸실 또는 손상 등을 부담해야 한다. 필요한 경우 매수인은 매수인의 부담으로 해상보험계약을 체결해야 한다.

### 3) 운임포함 거래규칙 [Cost and Freight(insert named port of destination): CFR]

#### ① 운임포함 거래규칙의 의미

CFR 거래규칙은 매도인이 물품을 본선에 적재하여 인도하거나 이미 그렇게 인도된 물품을 조달하는 규칙이다. 매도인이 물품을 자기의 위험과 비용으로 약정된 기간 내에 지정 선적항에서 매수인이 지정한 본선 갑판 위에서 인도할 때까지의 원가, 즉 FOB 가격에 지정 목적항까지 물품을 운송하기 위한 해상운임을 가산한 거래규칙이다. 매도인은 지정 선적항에서 매수인이 지정한 본선 갑판 위에서 수출통관한 물품을 인도하거나 선적을 위하여 인도된 물품을 조달하면 된다.

CFR 거래규칙을 사용하는 경우 CFR 용어 뒤에 지정 목적항인 선적항(sea port) 또는 내수로 (harbour)를 쓰고 Incoterms® 2020을 기재한다. 즉 CFR Pusan, Korea Incoterms® 2020 등과 같이 기재한다. 무역거래에서 CPT 거래규칙, CIP 거래규칙, CFR 거래규칙, CIF 거래규칙 등이 사용되는 경우, 매도인은 물품이 목적지에 도착한 때가 아니라 선택된 당해 거래규칙에 명시된 방법으로 운송인에게 물품을 인도하는 때에 매도인의 화물인도의무가 완료되는 것으로 본다.

CFR 거래규칙에서 매도인은 지정 선적항으로부터 목적항까지 물품을 운송하는 데에 통상 사용되는 유형의 선박에 통상의 항로 및 조건으로 운송계약을 체결하고 그 비용을 부담한다. 그러므로 매수인은 매매계약상의 운송계약을 체결할 의무가 없다. 매도인은 물품을 수출 통관해야 하고 이에 따르는 비용을 부담해야 한다. 매도인은 매매계약에 일치함을 입증하는 상업송장과 운송서류 등을 제공해야 한다. 매도인은 물품의 매매계약과 관련한 보험계약을 체결할 의무가 없다.

CFR 거래규칙에서 매수인은 매도인이 인도한 물품을 인수해야 하며, 물품을 인수할 때에 물품대금을 지급해야 한다. 물품의 인수는 매매계약상 합의된 인도기일 내에 이루어진 경우에 한한다. 물품의 인도가 합의된 인도기일 이후에 이루어지는 경우에는 인수를 거부하거나 손해배상청구 또는 계약의 해제가 가능하다. 운송계약에 따라 운송인이 물품을 매수인이 인수를 거부하는 경우를 대비하여 매수인에게 인수의무를 부과하고 있다. 매도인은 매수인이 물품을 수령하는 데에 필요한 사항을 통지해야 한다.

CFR 거래규칙에서 매도인은 매수인에게 운송서류를 제공해야 한다. 매매계약을 체결하고 물품을 운송하는 과정 중에 물품이 본선에 적재되기 전에 내륙터미널에서 인도되는 컨테이너에 적재되는 물품인 경우 또는 roll-on/roll-off 또는 LASH 선박에 적재되는 경우에는 CPT 거래규칙을 사용해야 한다.

② 운임포함 거래규칙의 위험 및 비용의 분기점

CFR 거래규칙에서 위험의 분기점은 본선의 갑판 위에서 인도하거나 그렇게 인도된 물품을 조달한 때이다. 그렇지만 매도인은 위험의 분기점인 인도장소까지의 비용을 부담할 뿐만 아니라 인도장소 이후의 목적항 또는 목적지까지의 운송비를 부담한다. 이에 따라 CFR 거래규칙에서는 위험의 분기점과 비용의 분기점이 다르다. 그래서 당사자들은 합의된 목적항 내의 지점을 가급적 정확하게 정하는 것이 위험의 분기점과 비용의 분기점을 결정하는데에 도움을 받을 수 있다.

CFR 거래규칙에서 매수인은 본선의 갑판 위에서 물품을 인수한 이후부터 발생하는 물품의 멸실 또는 손상의 위험 등을 부담해야 한다. 매도인은 합의된 목적항까지의 비용을 부담하기 때문에 당사자는 합의된 목적항 내의 특정 지점을 확인하고 이를 반영하여 운송계약을 체결해야 한다. 매도인은 당사자 사이에 별도의 합의가 없었다면 운송계약을 체결하고 매매계약에서 합의된 지정 목적지에서 양륙 또는 취급과 관련된 비용을 지급해야 한다. 매도인이 운송계약을 체결하고 목적항 내의 명시된 지점에서 양륙비용을 지출한 경우에, 매매당사자 사이에 양륙비용에 대한 합의가 없었다면 이를 매수인에게 구상할 수 없다. 그러므로 매매당사자가 무역계약을 체결할 때에 양륙비용에 대한 부담 문제를 명확하게 해야 한다.

CFR 거래규칙에서 매도인이 합의된 물품에 대한 인도의무를 완료하기 이전에 매수인에게 위험이 이전되는 경우는 매수인이 매도인에게 물품을 인도시킬 의무를 불이행한 경우이거나 매수인이 물품을 인수하지 않는 때이다. 그러므로 매매계약상 매수인이 결정권한을 갖는 경우 선적시기 또는 지정 목적항에서 물품을 인수할 지점을 통지해야 한다. 매수인은 매도인에게 인수와 관련한 적절한 통지를 하지 않은 경우에 발생하는 비용을 부담해야 한다.

CFR 거래규칙에서 매도인은 수출허가를 취득하는 데에 협조하고 수출통관절차를 이행하는 데에 따르는 제세공과금 및 비용을 부담해야 한다. 매수인은 수입허가를 취득하고 수입통관절차를 이행하는 데에 따르는 제세공과금 및 비용을 부담해야 한다. 즉 매매당사자는 상대방이 위험 및 비용을 부담하는 조건으로 상대방이 수출입통관 등 수출입을 하는 데에 필요한 서류와 안전에 관련된 정보를 취득하는 데에 협조를 요청하면 이에 협조해야 한다.

CFR 거래규칙에서 매도인은 물품을 매수인에게 인도하기 위하여 실시하는 점검비용을 부담해야 한다. 매수인은 수출국 당국이 요구하는 검사비용을 제외하고 선적 전 검사비용을 부담해야 한다. 매도인은 포장을 하는 경우에는 포장비용을 부담해야 한다.

#### 4) 운임·보험료포함 거래규칙[Cost, Insurance and Freight(insert named port of destination): CIF]

##### ① 운임·보험료포함 거래규칙의 의미

CIF 거래규칙은 매도인이 수출원가에 도착항까지의 운임 및 보험료를 포함하여 물품을 본선에 적재하여 매수인에게 인도하거나 이미 그렇게 인도된 물품을 조달하는 규칙이다. CIF 거래규칙은 FOB 가격에 지정 목적항까지 물품을 운송하기 위한 해상운임과 보험료를 가산한 거래규칙이다. CFR 거래규칙에 보험료를 가산한 거래규칙이기도 하다. 매도인이 선적항에서 본선에 선적하여 인도한다는 의미와 소유권을 추상화한 선적서류의 제공에 의한 인도라는 복잡성을 띠게 된다. 이러한 관계로 서류에 의한 상징적 인도라는 특성을 갖는다.

CIF 거래규칙을 사용하는 경우 CIF 용어 뒤에 지정 목적항인 선적항(sea port) 또는 내수로 (harbour)를 쓰고 Incoterms® 2020을 기재한다. 즉 CIF Pusan, Korea Incoterms® 2020 등과 같이 기재한다.

CIF 거래규칙에서 매도인은 물품 수출통관 의무를 부담한다. 매도인은 지정 선적항에서 목적항까지 물품을 운송하는 데에 통상 사용되는 유형의 선박에 통상의 항로 및 조건으로 운송계약을 체결하고 그 비용을 부담한다.

CIF 거래규칙에서 매수인은 매도인이 인도한 물품을 인수해야 한다. 물품을 인수할 때에 물품대금을 지급해야 한다. 물품의 인수는 매매계약상 합의된 인도기일 내에 이루어진 경우에 한한다. 물품의 인도가 합의된 인도기일 이후에 이루어지는 경우에는 인수를 거부하거나 손해배상청구 또는 계약의 해제가 가능하다. 운송계약에 따라 운송인이 물품을 매수인이 인수를 거부하는 경우를 대비하여 매수인에게 인수의무를 부과하고 있다. 매도인은 매수인이 물품을 수령하는 데에 필요한 사항을 통지해야 한다. 매도인은 매수인에게 운송서류를 제공해야 한다.

CIF 거래규칙에서 매도인은 보험계약을 체결해야 한다. 매도인이 매수인을 위하여 보험계약을 체결할 때의 유의사항은 수송비·보험료지급 인도 거래규칙(CIP)에서 설명한 내용과 같다. 매도인은 매매계약에 일치함을 입증하는 상업송장과 운송서류 등을 제공해야 한다. 물품이 본선에 적재되기 전에 내륙터미널에서 인도되는 컨테이너에 적재되는 물품 또는 roll-on/roll- off 또는 LASH 선박에 적재되는 경우에는 CIP 거래규칙을 사용해야 한다.

② 운임·보험료포함 거래규칙의 위험 및 비용의 분기점

CIF 거래규칙에서 매도인은 위험의 분기점인 인도장소까지의 비용을 부담할 뿐만 아니라 목적항 또는 목적지까지의 운송비와 보험료를 부담하기 때문에 위험의 분기점과 비용의 분기점이 다르게 된다. 매도인은 물품을 지정목적항까지 운송하는 데 필요한 운송계약을 체결하고 그에 따른 비용과 운임을 부담해야 한다. 매도인은 합의된 목적항까지 물품을 운송하는 데에 따르는 비용을 부담하기 때문에 당사자는 합의된 목적항내의 특정 지점을 확인하고 이를 운송계약에 반영하여 계약을 체결해야 한다. 매도인은 당사자 사이에 별도의 합의가 없었다면 매매계약에서 합의된 지정 목적지에서 양륙 또는 취급과 관련된 비용을 지급해야 한다.

CIF 거래규칙에서 매도인은 보험계약을 체결한다. CIF 거래규칙에서 매도인은 협회적하약관(I.C.C.) (C)약관이나 그와 유사한 약관의 제한적인 담보조건으로 부보해야 한다. 매수인이 보험부보 범위를 확장하려면 매도인과 합의를 하거나 직접 추가보험계약을 체결해야 한다.

CIF 거래규칙에서 매도인이 합의된 물품에 대한 인도의무를 완료하기 이전에 매수인에게 위험이 이전되는 경우는 매수인이 매도인에게 물품을 인도시킬 의무를 불이행한 경우이거나 매수인이 물품을 인수하지 않는 때이다. 매매계약상 매수인이 결정권한을 갖는 경우 선적시기 또는 지정 목적항에서 물품을 인수할 지점을 통지해야 한다. 매수인이 매도인에게 인수와 관련한 적절한 통지를 하지 않은 경우에 발생하는 비용을 부담해야 한다.

CIF 거래규칙에서 매도인은 수출허가를 취득하고 수출통관절차를 이행하는 데에 따르는 제세공과금 및 비용을 부담해야 한다. 매수인은 수입허가를 취득하고 수입통관절차를 이행하는 데에 따르는 제세공과금 및 비용을 부담해야 한다. 매도인은 매수인이 수출입허가를 취득하는 데에 따르는 업무에 협조해야 한다. 매매당사자는 상대방이 위험 및 비용을 부담하는 조건으로 상대방이 수출입통관 등 수출입을 하는 데에 필요한 서류와 물품 보안 및 안전에 관련된 정보를 취득하는 데에 협조를 요청하면 이에 협조해야 한다. 매도인은 물품을 매수인에게 인도하기 위하여 실시하는 점검비용을 부담해야 한다. 매수인은 수출국 당국이 요구하는 검사비용을 제외하고 선적 전 검사비용을 부담해야 한다. 매도인은 포장을 하는 경우에는 포장비용을 부담해야 한다.

# 제 3 장

# 해외시장조사

## 제 1 절 해외시장조사

### 1. 해외시장조사의 의의

무역업자가 물품을 수출 또는 수입하려면 가장 적합한 무역시장을 찾아야 한다. 해외시장조사(foreign market research)는 무역시장을 물색하고 선정된 무역시장에서 물품에 대한 매매가능성을 조사하는 것을 의미한다. 즉 해외시장조사는 물품을 가장 효율적으로 수출할 수 있는 시장을 탐색하거나 수입대상 물품에 대한 시장정보를 수집하기 위하여 행하는 일련의 절차를 의미한다.

### 2. 해외시장조사의 필요성

무역업자는 해외시장에서 기존 물품의 판로를 유지하거나 확대시키기 위하여 많은 노력이 필요하게 된다. 무역업자가 신제품을 개발하는 경우에도 판로를 개척하는 일은 무엇보다도 중요하게 된다. 그리고 무역업자는 개발한 신제품에 대한 수요자의 기호에 대한 어떠한 정보도 없기 때문에 생산량, 판매시기 등을 결정하는 데에 어려움을 겪게 된다. 그러므로 해외시장조사는 이러한 상황에 놓인 무역업자의 의사결정을 돕기 위한 활동이다.

### 3. 해외시장조사의 유의점

해외시장조사는 신중하게 실시해야 한다. 해외시장조사 대상국가에 대한 정치, 경제, 문화, 사회 등 전반에 걸친 사항들은 무역업자에게 중요한 정보가 된다. 그렇지만 국가마다 상이한 정치, 경제, 사회, 문화적 배경을 가지고 있는 데다 현존하는 모든 사회구조들이 상이하기 때문에 신중성이 요구되는 것이다.

해외시장조사는 종합적인 계획을 수립하여 실시해야 한다. 해외시장조사는 사전에 목표시장과 관련된 모든 사항을 종합적으로 조사하여 체계적이고도 과학적인 분석을 통하여 계획성 있게 이루어져야 한다. 해외시장조사의 정확성을 높이고 그 효율성을 극대화하는 것이 중요하기 때문이다. 이를 위해서는 해외시장조사의 실시단계를 예비조사 단계와 본 조사 단계 등과 같이 단계적인 절차에 따라 실시해야 한다.

## 제2절 해외시장조사의 방법

### 1. 직접조사방법

#### 1) 해외지점, 출장소, 주재소 등에 의한 조사

해외지점, 출장소, 주재소 등에 의한 조사방법은 무역업자나 제조업자가 해외에 지점이나 출장소를 갖고 있는 경우에 주재국의 신문이나 잡지 등에서 정보를 입수하거나 거래 상대방과 꾸준히 접촉함으로써 신속하고도 정확한 정보를 얻을 수 있다.

#### 2) 직접출장에 의한 조사

직접출장에 의한 조사방법은 조사비용이 많이 든다는 단점이 있음에도 불구하고 주관적이지만 감각적인 시장정보를 얻기 위해서는 가장 좋은 방법이라고 할 수 있다. 출장조사는 한 회사만의 단독출장으로 이루어지는 출장조사방법, 동종업계에서 파견되는 시장조사단에 참가하여 조사하는 공동출장조사방법, 해외에서 개최되는 국제적인 전시회 등에 참가하는 출장조사방법 등이 있다.

### 3) 거래처를 통한 시장조사

무역거래는 상호이익 의존관계에서 성립되는 것이기 때문에 좋은 거래상대방은 유리한 정보의 제공자이기도 하다. 물론 이쪽에서도 상대방에 대하여 좋은 상대로써 정보제공자가 되어야 한다. 거래처를 통하여 정보자료를 수집하면 거래관계에 있는 동종의 물품 및 시장이나 소비자에 대한 보다 명확하고 정확한 정보를 기대할 수 있다. 그렇지만 거래처가 조사 자료의 수집에 틀림없이 협력한다고 하는 보장이 없기 때문에 완전한 방법이라고는 할 수 없다.

## 2. 간접조사방법

### 1) 해외공관을 통한 조사

해외공관을 통한 조사는 우리나라에 주재하는 외국의 대사관, 공사관 및 영사관을 통하여 조사를 하거나 또는 외국에 주재하는 우리나라의 해외공관을 통하여 목적시장에 대한 정보를 조사하는 해외시장조사방법이다. 특히 국내에 주재하는 외국공관에서는 문화원 등을 운영하면서 자국의 사회문화와 관련한 정보를 제공하고 있기 때문에 직접조사방법보다는 시간과 경비를 절약할 수 있다는 장점이 있다.

### 2) 무역관련 유관기관을 통한 조사

무역관련 유관기관을 통한 조사는 우리나라에 주재하는 외국의 상업회의소 또는 우리나라의 대한상공회의소나 한국무역협회 등을 통하여 목적시장에 대하여 정보를 조사하는 해외시장조사방법이다. 무역관련 유관기관에서는 자료실을 설치하여 놓고 자료를 공개하거나 자문에 응하고 있기 때문에 많은 도움을 받을 수 있다.

### 3) 자료나 통계에 의한 조사

자료나 통계에 의한 조사는 해외시장조사를 할 때에 무역관련기관이 발간한 자료나 통계를 보고 조사하는 방법이다. 즉 한국무역협회 및 KOTRA 자료실에 비치된 『무역통계』, 지역별로 조사된 정보를 제공하는 『무역동향』, 국가별로 정치, 경제, 사회, 문화 등에 관한 자료 등을 수집하여 제공하는 『국별시리즈』, 국가별 무역업체들의 주소 등이 기재된 『수출입업자총람』 등을 활용하여 목적시장에 대한 정보를 조사하는 것이 이에 해당한다.

이외에도 UN의 UN통계연보(Yearbook of International Statistics), IMF의 발행연보(International Financial Statistics), OECD, IBRD 등 국제경제협력기관에서 발표하고 있는 일반경제통계 등을 활용하여 목적시장에 대한 정보를 조사할 수도 있다.

#### 4) 해외의 광고대리점을 통한 조사

해외의 광고대리점을 통한 조사는 조사대상지역의 광고회사가 국내의 광고회사와 업무가 제휴되어 있는 경우 국내의 광고회사의 협조를 얻어 해외의 광고대리점에게 목적시장에 대한 조사를 의뢰하는 해외시장조사방법이다.

#### 5) 위탁조사

위탁조사는 무역업자가 국내외에 있는 해외시장조사 전문기관에 해외시장조사에 대한 의뢰분야 및 내용을 제시하고, 해외시장조사 과정 중에 발생하는 비용을 의뢰인이 부담하는 조건으로 해외시장조사를 하는 방법이다. 위탁조사를 통하여 해외시장조사를 하는 경우에는 특정시장이나 특정물품에 대하여 전문적이고 철저하며 상세한 시장조사를 기대할 수 있다. 해외시장에 대한 조사전문기관으로는 Booz Allen and Hamilton, Mckinsey and Company, Dun and Bradstreet 등이 있다.

# 제 4 장

# 무역계약 제의

## 제 1 절 거래처의 선정

### 1. 직접 선정

#### 1) 현지조사에 의한 선정

현지조사에 의한 선정은 무역업자가 직접 현지에서 조사를 하여 거래처를 선정하는 것이다. 현지에서의 직접조사에 따라 거래처를 선정하는 경우에는 거래처를 확인할 수 있다는 장점이 있다. 그러나 현지사정에 해박하지 않은 경우에는 오히려 불확실한 거래처를 선정할 우려가 있다.

#### 2) 국내외의 견본시장과 상설전시장에 의한 선정

무역업자가 국내외의 견본시장이나 상설전시장, 해외전시회 등에 참가하여 현지에서 거래처를 선정하는 것이다. 이러한 경우에는 현장에서 제품을 확인하고 거래상대자와 직접 상담을 할 수 있다는 장점이 있다. 그러나 그 업자가 신뢰할만한 업자인가에 대해서는 확신할 수 없기 때문에 다각적인 접촉을 통한 세밀한 조사가 있어야 한다. 무역전시회의 참가나 무역사절단의 일원이 되어 참가하면 거래처의 제품을 살펴보고 거래처와 직접 접촉한 후에 거래처를 선정할 수 있으며 대한무역투자진흥공사 등으로부터 지원을 받을 수도 있어 유리하다.

## 2. 간접 선정

### 1) 소개에 의한 선정

무역업자가 소개를 받아 거래처를 선정하는 경우에는 소개를 하는 당사자에 대한 신뢰도가 높아야 한다. 무역업자가 소개자에게만 의존하는 경우에는 위험도가 높다. 따라서 무역업자 자신이 무역에 대한 정보와 경험을 풍부한 경우에 소개를 받아 거래처를 선정하는 것이 가장 바람직한 방법이다. 그런데 무역에 대한 풍부한 경험은 단시간 내에 이루어지는 것이 아니기 때문에 무역업을 처음 시작하려는 사람들이 소개에 의해 거래처를 선정하는 쉬운 방법을 선택하기도 하는데 유의해야 한다.

### 2) 무역알선기관에 의한 선정

무역알선기관인 무역협회, 대한무역투자진흥공사, 재외공관, 해외무역관, 상공회의소 등을 이용하여 거래처를 선정할 수 있다. 주한 외국대사관, 영사관 및 각국의 공관, 대한상공회의소, 한국무역협회, 대한무역투자진흥공사 등의 알선에 의해 거래처를 선정할 수도 있다. 즉 각국의 상공회의소, 각국의 수출입관련기관을 통하여 거래처를 소개받을 수도 있다.

### 3) 상공인명록에 의한 선정

상공인명록(directory)을 활용하여 거래처를 선정할 수 있다. 상공인명록은 각국의 무역업자, 해운업자, 해상보험업자, 은행 등에 관한 명칭, 주소, 취급영업종목 등을 수록한 것이다. 상공인명록은 국내의 공공기관에서도 쉽게 이용할 수가 있다.

각 지역을 대표하는 신뢰할만한 상공인명록으로는 다음과 같은 것이 있다. 첫째, 세계적으로 명성이 있는 상공인명록으로는 Kelly's Directory of Merchants, Manufacturers and Shippers of the World, World Marketing Guide 등이 있다. 둘째, 미주지역을 주로 나타내고 있는 상공인명록으로는 Thomas Register of American Manufacturers, Directory of United States Importers, Directory of United States Exporters/U.S. Buying Guide, Latin American Sales Index 등이 있다. 셋째, 유럽지역을 나타내고 있는 상공인명록으로는 British Standard Exporters, International Dictionary of European Importers, Bottin International 등이 있다. 넷째, 기타 아프리카지역, 중동, 아시아 지역의 상공인명록 등도 있다.

#### 4) 홍보매체를 통한 선정

국내외에서 발간되는 홍보매체를 이용하거나 해외의 광고지와 업계지 그리고 광고대리점 등과 접촉하여 거래처를 선정할 수 있다. 국내에서 발간되는 홍보매체로는 Korea Export, Korea Trading Post, Korea Exhibition, Korea Trading & Business, Korea Trade 등이 있다. 해외에서 발간되는 홍보매체는 국가별, 상품별로 다양하기 때문에 선택의 폭이 넓다고 할 수 있다. 특히 일정한 종류의 상품에 대해서는 국제적으로 명성이 높아 인지도가 있는 거래처 등이 많기 때문에 선정하기가 쉬울 수도 있다.

## 제2절 신용조사

### 1. 신용조사의 필요성

무역에서 신용(credit)이라고 할 때는 유체적인 신용 및 무체적인 신용을 포함한다. 따라서 신용은 현재의 가치를 가지고 미래의 어떠한 가능성과 교환할 때 중간 매개체로 활용할 수 있는 수단으로서 중요한 의미를 갖는다. 그러므로 무역에서 신용조사(credit inquiry)라고 하는 것은 신용을 제공받는 자가 신용을 제공하는 자에 대하여 대가를 지급할 수 있는 능력을 사전에 알아보는 것 또한 무역거래에 대한 신뢰도가 높아 거래에 대한 약속을 반드시 지킬 수 있는가의 여부에 대해 사전에 알아보는 것도 신용조사이다. 그리고 무역거래와 관련한 무역대금 결제 능력 및 일반적 경영상태 등을 사전에 조사하여 무역대금 결제에 대한 확실성을 추정하는 절차도 신용조사인 것이다.

그래서 무역업자는 거래처를 선정한 후 상대방에 대한 신용을 조사해야 한다. 거래처를 선정한 방법이 직접적인 방법이건 간접적인 방법이건 어떤 방법이었더라도 거래처를 선정하기 위한 수단이었지 거래처의 신용까지 포함한 것은 아니기 때문이다. 신용조사를 하는 것은 그 거래가능성을 알아보고 위험요소들을 사전에 차단시킨다는 면에서 필요한 것이다. 만약 신용조사가 제대로 이루어지지 않으면 상대방의 악의적인 행위에 의해 불의의 손해를 보는 등 예기지 않은 상황을 맞을 수 있다. 그러므로 상대방에 대한 신용조사를 한 후에 거래제의를 함으로써 만약의 사태에 대비하는 것이 바람직하다.

## 2. 신용조사의 내용

### 1) 신용조사의 일반내용

무역업자가 상대방에 대한 신용조사를 할 때의 내용은 거래목적에 따라 다양한 조사가 이루어질 수 있다. 일반적으로 무역에서 활용하는 신용조사의 일반내용은 거래처의 성격(character), 자본(capital), 거래능력(capacity) 등에 관한 것인데 무역에서는 이를 Three C's라고 한다. Three C's 이외에 기업환경(conditions), 담보력(collateral), 거래통화(currency), 소속국가(country) 등을 추가하는 경우 그 요건에 따라 Four C's, Five C's, Six C's, Seven C's 등으로 부른다.

### 2) 신용조사의 기본내용

#### 1) 거래처의 성격

거래처의 성격(character)은 거래처의 성실성, 업무태도, 업계의 평판 등에 대하여 파악하는 신용조사이다. 거래처의 성격을 조사하여 보면 채무이행이나 무역거래의 이행을 성실하게 수행할 수 있는 상대인지를 판가름할 수 있다. 거래처의 성격이 원만한 경우에는 무역거래 중에 어려운 일이 발생하였을 때 무역당사자 사이에 상호이해를 통하여 해결방법을 찾을 수도 있기 때문에 거래처의 성격에 대한 조사를 하는 것이다.

#### 2) 거래처의 자본

거래처의 자본(capital)은 거래처의 재정상태를 분석하는 신용조사이다. 거래처의 자본정도를 알면 거래처의 지급능력 등을 파악할 수 있다. 거래처의 재정상태가 좋은 경우에는 무역대금 결제의 불이행이나 지연을 시키는 경우가 극히 드물기 때문에 거래처의 자본에 대한 조사를 하는 것이다.

#### 3) 거래처의 능력

거래처의 능력(capacity)은 거래처의 영업상태를 파악하는 신용조사이다. 거래처의 능력을 조사하는 것은 거래처의 거래실적, 취급물품, 주 거래처 등을 조사함으로써 거래처의 영업활동 능력과 영업내용을 판단하려는 것이다.

## 3. 신용조사의 방법

### 1) 환거래은행 조회처에 의한 조사

환거래은행 조회처(bank reference)에 의한 조사는 환거래계약은행에 신용조사를 의뢰하는 것이다. 그런데 환거래계약은행은 신용조사를 전문으로 하는 업체가 아니기 때문에 정확한 조사를 기대하기 어렵다. 만약 거래상대자가 신용조사를 의뢰한 환거래은행과 고객의 관계에 있다면 환거래은행측의 신용조사가 객관적으로 이루어졌다고 기대하기 어렵게 된다.

### 2) 동업자 조회처에 의한 조사

동업자 조회처(trade reference)에 의한 조사는 자사의 단골거래처에 의뢰하여 조사하는 방법이다. 그런데 단골거래처는 신용조사를 전문으로 하는 업체가 아니기 때문에 정확한 조사를 기대하기 어렵다. 신용조사내용의 분석도 자의적인 분석이 있을 수 있다. 또한 기업의 영업방침도 누설될 가능성이 있기 때문에 일상적인 내용에 대한 신용조사에만 활용하는 것이 바람직하다.

### 3) 상업흥신소에 의한 조사

상업흥신소(mercantile agency)에 의한 조사는 신용조사를 전문으로 하는 업체에 조사를 의뢰하는 것이다. 신규 거래처의 신용조사를 하는 경우에는 상업흥신소를 이용하는 것이 바람직하다. 세계적으로 유명한 상업흥신소로는 Dun and Bradstreet, Bradstreet British, Auskunft W. Schimmelpfung, Tokyo Mercantile Agency 등을 들 수 있다.

### 4) 무역관련 기관에 의한 조사

무역관련 기관에 의한 조사는 수출보험공사, 한국수출입은행, 대한무역투자진흥공사 등을 통하여 신용조사를 하는 방법이다. 수출보험공사에서는 수출보험인수업무 이외에 해외시장조사의 업무도 병행하고 있다. 이와 같은 업무는 수출입은행의 세계시장 정보 제공, 대한무역투자진흥공사의 무역지원 업무와 연관을 갖는다. 또한 해외신용조사기관인 신용보증기금(Korea Credit Guarantee Fund: KCGF)이 세계적 상업흥신소인 Dun and Bradstreet를 비롯한 31개국 71개 회사와 신용조사를 제휴하고 있기 때문에 이를 활용하는 것도 한 방법이다.

# 제3절 거래장 작성과 송부

## 1. 거래제의장의 의의

거래제의장(circular letter)은 거래처를 선정하고 신용조사가 종료된 후에 상대방과 거래를 하겠다는 확신이 있을 때 거래를 제의하는 서신이다. 거래제의장은 상대방에게 자신을 알리고 거래의도를 밝히는 최초의 서신이기 때문에 중요하다. 거래를 제의할 때 보내는 서신은 거래제의장이고 무역거래에서 사용되는 각종의 서신을 통괄하여 무역서신 또는 상업서신이라고 한다. 따라서 거래제의장은 무역서신의 한 유형인 것이다.

## 2. 거래제의장의 작성과 송부

### 1) 거래제의장의 작성기준

무역업자가 거래제의장을 작성할 때는 완전성, 명확성, 간결성, 예절성 등을 갖추어야 한다. 완전한 문장(correctness sentences)은 형식면에서 일반관습을 준수하고 정보의 내용이 정확하며, 철자, 구두점, 어법, 문법, 관용구 등의 사용에 있어서 일관성 및 표준성을 갖추고 있는 문장을 의미한다. 명확한 문장(clearness sentences)은 무역서신을 작성하는 사람의 의도를 상대방에게 정확하게 전달시킬 수 있는 내용을 표현한 문장을 의미한다. 간결한 문장(conciseness sentences)은 무역서신을 작성할 때에 거래를 유인하는 데에 필요한 내용만을 최대한 간단하게 표현한 문장을 의미한다. 예의를 갖춘 문장(courtesy sentences)은 무역서신을 구성하고 있는 표현상의 예절뿐만 아니라 무역서신 작성자의 진실한 마음이 우러나오는 문장을 의미한다.

무역서신은 장황한 설명이나 미사여구의 용어를 사용함이 없이 완전한 문장을 갖추고 정확한 용어를 사용하여 의사를 정확하게 전달해야 한다. 무역서신은 상대방을 배려하는 친절, 관용, 선의에 입각한 문장으로 표현해야 한다. 상대방을 배려한다는 것이 일정한 도를 지나치면 상대방에게 오히려 부담을 주는 결과를 초래할 수 있기 때문에 주의해야 한다.

## 2) 거래제의장의 형식

### 1) 거래제의장의 구성요소

무역서신을 구성하는 요소는 서두(letterhead), 발신일자(date), 참조번호(reference Number), 수신자 주소(inside address), 특정 수신인명(attention line), 첫인사(salutation), 제목(subject), 본문(body of letter), 끝인사(complimentary close), 서명(signature), 관련자 약호(identification marks), 동봉물 표시(enclosure notation), 사본 배부처(carbon copy notation), 추신(post script) 등이다. 그중 기본요소는 서두, 발신일자, 수신인명 및 수신인 주소, 서두인사, 본문, 끝인사, 서명 등이고 그 외의 사항은 보조요소에 해당한다.

### 2) 거래제의장의 작성형식

무역서신의 형식은 구성요소의 작성양식에 따라 수직식, 완전 수직식, 반 수직식, 사선식, 간이식, 현수식 등으로 구분된다.

① 수직식

수직식(block style)은 발신일자, 끝인사, 서명란을 제외한 모든 구성요소를 좌측 가장자리에 맞추어 배열하는 형식이다.

② 완전 수직식

완전 수직식(full block style)은 인쇄된 서두를 제외하고 서신의 모든 구성요소를 좌측 여백에 수직으로 배열하는 형식인데 미국에서 가장 많이 사용하는 형식이다.

③ 반 수직식

반 수직식(semi-block style)은 발신일자, 끝인사, 서명, 본문 각 단락의 첫 행을 제외한 모든 구성요소를 좌측 가장자리에 맞추어 배열하는 형식인데 본문은 사선식으로 쓰고 기타는 수직식으로 작성한다.

④ 사선식

사선식(intended style)은 수신인명 및 수신인 주소를 첫 행의 좌측여백에 맞추어 작성하고 이후의 행부터는 순차적으로 앞의 행보다 알파벳으로 5자 정도씩 들여 쓰기를 하는 작성하는 형식이다. 본문의 경우 첫 행만 좌측에서 5자 정도 띄어서 기재하고 서명의 첫 행은 끝인사와 수직으로 작성하되 둘째 행부터는 수신인 성명 및 수신인 주소를 기술하는 형식으로 영연방에서 주로 사용한다.

⑤ 간이식

간이식(simplified style)은 완전 수직식과 같은 형식으로 구성되는데 첫인사와 끝인사가 생략되는 형식이다.

⑥ 현수식

현수식(hanging style)은 수직식과 같은 형식으로 작성되는데 본문에서는 첫 행을 좌측 가장자리에 맞추고 둘째 행부터는 5자 정도씩 들여 쓰기를 하는 형식이다.

### 3) 거래제의장의 내용

거래제의장의 내용은 계약체결에 중요한 영향을 주게 된다. 그러므로 무역업자가 거래제의장을 작성할 때에는 다음과 같은 내용으로 구성하는 것이 바람직하다.

첫째, 상대방을 알게 된 경로와 동기를 밝힌다. 상대방에게 광고지를 보았거나 상공인명록 등을 활용하였다거나 등의 내용을 밝힌다.

둘째, 거래의사를 제의하면서 매매희망 물품과 자사의 취급물품 등을 알려 준다. 수출업자는 매도할 물품에 대해서, 수입업자는 매입할 물품에 대하여 알려 준다.

셋째, 자사의 소개를 한다. 상대방이 신뢰할 수 있는 내용을 기술하는 것이 좋다.

넷째, 거래조건 및 거래형태의 개요를 제시한다. 관심 품목에 대하여 가격 및 품질, 대금결제 등에 관한 사항 등을 제시한다.

다섯째, 자사의 영업상태를 알리고 자사의 신용조회처(credit reference)도 제시한다. 처음 서신을 발송하는 경우에는 상대방이 관심을 갖도록 노력해야 한다.

여섯째, 끝맺음이다. 일정한 거래관행상 사용하는 용어가 있으므로 이를 사용하는 것이 바람직하다. 그리고 필요한 경우에는 물품과 관련한 물품목록과 가격표, 회사에 관한 광고내용 등을 첨부하는 것도 바람직하다.

### 4) 거래제의장의 송부

무역업자가 거래제의장을 발송할 때는 서신 및 팩스 등을 사용하지만 오늘날에는 EDI나 전자메일 등으로 보내는 추세이다. 거래제의장을 송부할 때는 1지역에 1거래처 선정이라는 원칙을 준수하여 송부하는 것이 바람직하다. 왜냐하면 거래대상이 한 지역에 밀집되어 있는 경우에는 수신자들이 동시에 여러 업체에 거래제의장이 발송되었다는 사실을 알게 될 때, 불쾌하게 여기고 회신을 하지 않을 것이기 때문이다.

제2부

# 무역계약 조건과 체결

# 제 5 장

# 무역계약 청약과 승낙

## 제1절 무역계약의 개관

### 1. 무역계약의 의의와 특성

#### 1) 무역계약의 의의

무역계약은 수출업자인 매도인이 계약에서 약정한 무역매매물품을 제공하기로 약속하고 수입업자인 매수인이 그 무역매매물품을 받는 대가로 대금을 지불할 것을 약속함으로써 성립되는 국제적인 매매계약이다. 무역계약은 무역계약 당사자 사이의 합의에 의해 성립된다. 일방이 무역거래에 대한 의사표시를 하고 상대방이 이에 대하여 무조건적인 승낙을 함으로써 성립된다. 무역계약은 2인 이상의 당사자 사이에 법에 의해 이루어진 합의이다.

무역계약에서 무역계약 당사자는 유효한 무역계약을 체결할 능력, 즉 행위능력 또는 계약능력을 가지고 있어야 하기 때문에, 무역계약을 체결할 당시에 무역계약에 참여한 당사자가 미성년자이거나 파산한 자나 정신이상자 또는 금치산자가 체결한 계약이라면 그 계약은 무효이다.

### 2) 무역계약의 특성

#### (1) 낙성계약

무역계약은 일방의 청약에 의해 타방이 승낙하면 성립되는 낙성계약(consensual contract)이다. 그러므로 무역계약 당사자 사이에 합의만 있으면 계약이 성립된다.

무역계약은 문서작성이나 문서의 교부를 계약의 성립조건으로 하는 것이 아니다. 실무에서는 원격지 사이에 통신에 의해 의견이 교환된 후 무역계약이 성립되기 때문에 무역계약서와 같은 문서를 작성하여 서로의 의견을 확인하는 절차를 거치게 된다.

#### (2) 쌍무계약

무역계약은 무역계약의 성립과 동시에 무역계약 당사자 사이에 채무가 존재하는 쌍무계약(bilateral contract)이다. 무역계약은 일방에게 대금지급의무가 있고 그에 대하여 무역매매물품을 제공해야 하는 의무가 있는 계약이다. 수출업자가 무역매매물품을 인도할 것을 약속함과 동시에 수입업자도 그 대가를 이루는 대금을 지급할 것을 약속하는 계약이다. 이러한 관점에서 쌍무계약상 당사자 일방이 채무를 부담하는 것은 타방 당사자가 채무를 부담하기 때문이라는 것으로 채무부담의 교환성을 원인관계로 보는 것이다.

그런데 편무계약(unilateral contract)은 당사자 일방에서만 채무를 부담하는 계약으로 당사자가 서로 채무를 부담한다고 하여도 그 채무를 부담하는 상호 사이에는 대가적 의미가 없는 계약도 포함한다. 대표적인 편무계약은 무상증여, 소비대차, 사용대차 등이 있다.

#### (3) 유상계약

무역계약은 당사자 쌍방이 상호 대가관계에서 급부가 있는 유상계약(remunerative contract, compensatory contract)이다. 즉 무역계약은 당사자의 일방이 제공한 대가에 대하여 급부하고 상대방은 급부받은 대가에 대하여 급부를 할 것을 목적으로 하는 보상계약(contract of consideration)이다.

무역계약에서는 급부가 서로 대가를 이루는 것이기 때문에 무역계약 당사자 사이에 채무를 이행해야 한다. 수출업자는 무역매매물품을 급부해야 하고 수입업자는 그 대가로 금전을 지급해야 한다. 즉 무역계약은 수출업자가 무역매매물품을 인도하거나 소유권을 이전하면 수입업자가 대금을 지급해야 하는 계약이기 때문에 무역매매물품의 인도와 대금지급은 상호 대가의 의미를 가지는 급부와 반대급부라고 할 수 있다.

#### (4) 불요식계약

무역계약은 무역계약을 체결하고 그 내용을 기록하는 데에 있어서 일정한 형식이 결정되어 있지 않은 불요식계약(single contract, informal contract)이다. 반면에 무역계약서를 작성하는 데에 있어서 법적 요건이 존재하는 계약은 요식계약(substantial contract)이다. 따라서 불요식 계약은 구두 또는 서류 등 어떠한 형식을 사용하여서라도 계약에 대한 의사를 전달하거나 표시하면 계약이 성립되는 것을 의미한다. 즉 무역계약을 체결하는 데에 있어서 어떠한 방식도 요구하지 않기 때문에 법에서 요구하는 법적요식이 필요없이 구두계약 또는 서면계약 내지 일부는 구두로 일부는 서면으로 하는 계약체결도 가능한 것이다.

## 2. 무역계약의 유형

### 1) 개별계약

개별계약(case by case contract)은 거래를 할 때마다 수출업자와 수입업자가 무역계약을 체결하는 계약이다. 개별계약에서는 수출업자와 수입업자가 어떤 품목에 대한 거래를 하기로 결정하면 품목별로 이루어지는 매매거래마다 무역계약서를 작성하고 그 무역계약과 관련한 거래가 이행되고 무역대금 결제가 이루어지면 그것으로써 무역계약이 종료된다. 무역거래에서는 개별계약을 체결하는 것이 대부분이다.

### 2) 장기계약 또는 포괄계약

장기계약 또는 포괄계약(master contract)은 수출업자와 수입업자 당사자 사이에 장기간동안 거래를 하거나 동일한 물품을 계속적으로 거래할 때, 매 거래마다 개별적으로 계약을 체결하는 것이 수출업자와 수입업자가 서로 불편하기 때문에 연간 또는 장기간을 기준으로 하여 무역계약을 체결하여 놓고, 그 계약기간 중에 무역거래가 이루어질 때는 매번 무역계약서를 작성하지 않는 것을 전제로 체결하는 무역계약이다.

즉 동일한 당사자 사이에 동일한 물품을 장기간에 걸쳐 계속 거래하는 경우에 하나의 무역계약서를 작성하고 거래를 하기로 약속하고 체결하는 무역계약이다. 따라서 장기계약 또는 포괄계약은 거래가 있을 때마다 계약서를 작성하는 개별계약보다는 시간과 경비를 절약할 수 있다.

### 3) 독점계약

독점계약(exclusive contract)은 특정물품의 수출과 수입에 있어 수출업자는 수입국가의 지정업자 외에는 동일한 물품을 수출하지 않으며, 수입업자 역시 수출국의 다른 수출업자로부터는 동일품목을 수입하지 않겠다는 조건으로 체결하는 계약이다.

수입업자가 독점수입을 하여 독점판매를 하거나 수출업자가 독점수출을 하려는 경우에 체결하는 무역계약의 형태이다. 독점계약은 무역매매를 하려는 물품이 한정된 경우에 이루어지기도 하지만 판매시장을 독점하여 경쟁업체를 배척하고 기업의 이익을 극대화 하려는 의도에서 비롯되는 것이 대부분이다.

# 제 2 절 무역계약의 청약과 승낙

## 1. 청약

### 1) 청약의 의미

청약(offer)은 청약자(offeror)가 피청약자(offeree)와 일정한 조건하에서 계약을 체결하겠다는 뜻을 나타낸 의사표시이다. 즉 계약을 요청하는 의사표시를 의미한다. 청약은 원칙적으로 별도의 형식을 필요로 하지 않는다.

### 2) 청약의 효력

청약은 그 의사가 상대방에게 전달됨으로써 그 효력이 발생한다. 따라서 청약의사가 도달하기 이전에 철회하면 그 청약은 무효가 된다.

〈표 5-1〉 청약의 효력발생시기

| 구 분 | | 한국법 | 영미법 | 독일법 | UN협약 |
|---|---|---|---|---|---|
| 청약의 의사표시 | 대화자 사이 | 도달주의 | 도달주의 | 도달주의 | 도달주의 |
| | 격지자 사이 | 발신주의 | 도달주의 | 도달주의 | 도달주의 |

### 3) 청약의 유효기간

청약의 효력의 유효기간은 당사자가 자유로이 임의로 결정할 수 있으나, 무역거래에서 많이 활용되는 확정청약은 유효기간이 청약과 동시에 확정되는 것이 일반적이다.

### 4) 청약의 내용

#### (1) 품명

품명(commodity)은 일반물품에 대해서는 별 문제가 없으나 비슷한 종류가 다양하게 존재하는 물품이나 물품명이 유사한 것은 혼동을 일으키지 않도록 명확하고도 완전하게 기재한다.

#### (2) 등급

등급(grade or specification)은 동일한 품목에 대하여 품질에 격차를 두어 구분하는 것이다. 동일한 품목이라도 그 등급에 따라 가격차이가 있어 때문에 품명과 함께 그 등급을 표시한다.

#### (3) 원산지

원산지(origin)는 물품이 생산된 산지이다. 같은 품목이더라도 원산지에 따라 가격이 틀리게 된다. 즉 물품명은 동일하나 실질적인 품질에서 전혀 상이한 물품이 될 수 있기 때문에 원산지의 표시가 매우 중요하다.

#### (4) 선적일

선적일(shipping date, delivery date)은 청약에 반드시 표시해야 한다. 즉 언제까지 계약물품을 선적해 줄 수 있다는 선적일이 표시되어야 한다. 선적일은 무역거래 당사자 사이에 결정할 일이지만 수입업자가 적기에 판매하거나 보관료를 절약할 목적으로 언제부터 언제 사이에(not earlier than, not later than) 선적일자를 지정하여 선적하여 줄 것을 요구하는 경우도 있다. 이런 경우에는 정확한 선적기일을 제시해야 한다.

#### (5) 포장방법

포장방법(packing method)은 물품의 포장에 관한 사항이다. 포장에 사용되는 재료와 포장단위, 포장과 관련한 사항 등을 기재해야 한다. 산화물인 경우에는 포장되지 않는 상황을 알 수 있도록 기재해야 한다. 산화물인 경우에는 그 물품의 특성에 따라 적용하는 포장유형을 적용하도록 한다.

〈서식 5-1〉 Offer Sheet

Phone # :
Fax # :

# KOUNG Mon CORPORATION

Please reply to :

Messrs. ______________________________

______________

Gentlemen :

Offer No. : ______________
Date : ______________
Reg. No. : ______________

## OFFER SHEET

In compliance with your esteemed enquiry ______________________
We are pleased to submit you this offer under the following terms and conditions.

| Hs No. | Commodity & Specification | Quantity | Unit Price | Amount |
|---|---|---|---|---|
| | | | | |
| | | | Total Amount | |

Payment :
Origin :
Packing :
Shipment :
Shipping Port :
Offer Validity :
Remarks :

We will appreciate your kind attention upon this offer and are hoping to hear from you soon.

Accepted Date:

Accepted by:

______________________ ______________________
Buyer Seller

#### (6) 수량

수량(quantity)은 물품의 수량, 중량, 용적 등과 관련된 기재사항이다. 청약 물품의 수량은 일정기간 내에 공급할 수 있는 수량만 청약해야 한다. 또한 도량단위에 대한 국가와 국가 사이의 차이를 인식하여 정확한 도량단위를 기재해야 한다.

#### (7) 단가

단가(unit price)는 청약에서 중요한 기재사항이다. 단가를 기재할 때는 어느 국가의 통화로 할 것인가를 결정해야 한다. 같은 통화일지라도 각국의 통화가치가 다르기 때문에 어느 나라의 통화인가를 분명하게 명시해야 한다. 통화를 결정할 때는 그 통화의 안정성, 교환성, 유통성을 고려한 후, 결정해야 한다.

#### (8) 대금 결제방법

대금 결제방법(payment condition)은 물품에 대한 대금 결제를 어떠한 방법으로 할 것인가에 대한 내용이다. 그래서 대금 결제방식, 대금 결제기간, 대금 결제통화, 대금 결제수단 등을 기재한다.

#### (9) 기타

청약의 기재사항은 이외에도 분할선적 또는 환적 등과 같은 선적에 관한 사항, 검사에 관한 사항, 상거래분쟁에 관한 사항 등 여러 가지가 있다.

### 5) 청약의 종류

#### (1) 매도청약과 매수청약

매도청약(selling offer)은 청약서의 발행인이 수출업자이다. 수출업자가 특정물품을 수입업자에게 매도를 하겠다는 의사표시의 청약이다. 매수청약(buying offer)은 청약서의 발행인이 수입업자이다. 수입업자가 특정물품을 수출업자로부터 구입하겠다는 의사표시의 청약이다. 무역거래에서 일반적으로 사용하는 오퍼(offer)라는 용어는 매도청약을 의미한다.

#### (2) 국내청약과 국외청약

국내청약(domestic offer)은 매매당사자 또는 그의 대리인이 청약서를 국내에서 발행한 것이고 국외청약(foreign offer)은 청약서를 해외에서 발행한 것이다.

### (3) 확정청약

확정청약(firm offer)은 청약자가 유효기간을 정한 후 그 기간 내에 회답하여 줄 것을 조건으로 하는 청약이다. 확정청약은 청약의 내용이 어떠한 사항을 확정하거나 어떠한 사항에 대해서 구속력을 가지는 청약이다. 확정청약에서는 상대방에게 일정한 조건으로 계약을 체결할 것을 청약하고 유효기간 내에 상대방이 수락하면 의무를 이행해야 할 책임이 발생한다. 확정청약에서는 청약자가 자신이 통보한 내용에 대하여 유효기간 내에는 일방적으로 청약내용을 변경하거나 취소할 수 없다. 확정청약에서는 유효기간을 명시하는 이외에도 어떠한 내용에 대하여 확정적이거나 취소불능을 표시하는 문구가 있어야 하는데 일반적으로 가격이나 수량, 선적, 대금 결제 등과 같은 거래조건 등을 확정하는 경우가 대부분이다.

### (4) 불확정청약

불확정청약(free offer)은 청약자가 유효기간을 정하지 않고 발행하는 청약이다. 불확정청약은 청약의 내용이 어떠한 사항을 확정하거나 어떠한 사항에 대해서 구속력을 지니지 않는 청약이다. 상당한 기간이 경과하는 동안 상대방의 승낙이 없는 경우에는 일방적으로 내용을 변경하거나 취소할 수 있다.

### (5) 반대청약

반대청약(counter offer)은 청약자가 제시한 조건의 일부를 변경하거나 추가하여 상대방이 역으로 제시해 오는 청약이다. 반대청약의 상대적인 개념이 원청약(original offer, 최초청약)이다. 실제의 거래에서는 반대청약이 여러 번 반복해서 오고 간 후에 계약이 성립된다.

### (6) 유효기간연장청약

유효기간연장청약(extension of validity of offer)은 유효기간 내에 청약인의 자유의사 또는 상대방의 요청에 따라 그 유효기간을 연장할 수 있는 청약이다. 유효기간연장청약은 유효기간에 대한 상대방의 의견을 수용하였다는 측면에서 보면 반대청약의 범위에 포함된다.

### (7) 변경청약

정정청약(renewed offer) 또는 변경청약(amended offer)청약의 유효기간 내에 상대방으로부터 청약에 대한 승낙여부의 통지가 오기 전에 청약조건의 일부를 변경하거나 정정할 수 있는 청약이다. 정정청약이나 변경청약은 청약조건에 대하여 상대방의 의사표시가 반영된 것이기 때문에 반대청약의 범위에 포함된다.

### (8) 조건부 청약

① 최종확인조건부 청약

최종확인조건부 청약(offer subject to final confirmation)은 승낙이 있는 경우 무조건적으로 계약이 성립하는 것이 아니라 청약자의 최종 확인이 있는 경우에만 계약이 성립하는 청약이다. 유사한 것으로 당사확인조건부 청약(subject to our final offer)과 불확정매도청약(offer without engagement)이 있다.

② 선착순매도조건부 청약

선착순매도조건부 청약(offer subject to prior sale)은 재고가 있는 경우에만 승낙이 도착한 순서에 의해 매도를 하겠다는 조건부 청약이다.

즉 승낙의 의사표시가 청약자에게 도달했을 때 또는 발신되었을 때 판매되지 않은 재고가 남아 있는 분에 한해 유효하다는 조건으로 발행된 청약이다. 한정된 물량을 다수인에게 청약한 경우 또는 매기가 활발한 물품의 경우에 발행된다. 이와 유사한 것으로 재고보유조건부 청약(offer subject to being unsold)이 있다.

③ 반품허용조건부 청약

반품허용조건부 청약(offer on sale or return)은 수입업자가 물품에 대한 판매를 하다가 재고가 남는 경우 재고품을 반품할 수 있도록 하는 조건부 청약이다.

④ 사용조건부 청약

사용조건부 청약(offer on approval)은 승인조건부 청약이라고도 한다. 매수의도가 있는 사람이 일정기간 점검을 하거나 시용을 해보아 만족하여 승낙하는 경우에 계약이 성립하는 것을 조건으로 하는 청약이다. 이러한 청약에는 'You can keep it for two week. If you like it, send US $15, if not, you may return it to us without any obligation on your part.'라는 문구가 기재된다.

⑤ 수출승인조건부 청약

수출승인조건부 청약(offer subject to export licence)은 청약자인 수출업자가 수출승인을 획득하는 경우에만 계약이 승낙하는 조건으로 하는 청약이다.

⑥ 수입승인조건부 청약

수입승인조건부 청약(offer subject to import licence)은 수입승인을 받는 경우에만 계약을 승낙하는 조건부로 하는 청약이다.

## 2. 승낙

### 1) 승낙의 의미

승낙(acceptance)은 청약을 받은 자가 청약에 응하여 무역계약을 성립시킬 목적으로 하는 의사표시이다. 승낙의 내용은 정확히 청약의 내용과 일치해야 한다. 피청약자는 승낙을 할 때 신중을 기해야 한다. 일단 승낙이 이루어지면 무역계약은 성립하는 것으로 보기 때문에 신중한 승낙이 국제상거래분쟁을 예방하는 데에 도움을 준다.

### 2) 승낙의 효력

승낙은 청약자가 승낙기간을 정한 경우에는 유효기간 내에 승낙이 도착해야 한다. 승낙이 효력을 갖고 매매계약이 성립하는 것으로 인정하는 데에는 발신주의, 착신주의, 예지주의에 의한 기준에 따르게 된다.

발신주의는 승낙한다는 의사표시가 발송될 때 계약이 성립하는 것으로 보는 입장이다. 발신주의에 의하면 원격지 사이에서의 승낙은 우편이나 전보에 의해 통지하면 발신할 때에 효력이 발생한다. 우리나라는 발신주의를 채택하고 있다.

도달주의는 승낙한다는 의사표시가 청약자에게 도달한 때에 계약이 성립하는 것으로 보는 입장이다. 이를 착신주의라고도 한다.

예지주의는 승낙의 의사표시가 도달할 뿐만 아니라 현실적으로 청약자가 그 사실을 알았을 때 계약이 성립하는 것으로 보는 입장이다.

〈표 5-2〉 승낙의 효력발생시기

<table>
<tr><th colspan="3">통신수단 / 준거법</th><th>한국법</th><th>일본법</th><th>영미법</th><th>독일법</th><th>ULFCIS</th><th>UNCCIS</th></tr>
<tr><td colspan="3">의사표시에 대한 일반원칙</td><td>도달주의</td><td>도달주의</td><td>도달주의</td><td>도달주의</td><td>도달주의</td><td>도달주의</td></tr>
<tr><td rowspan="5">승낙의 의사 표시</td><td rowspan="3">대화자 사이</td><td>대 화</td><td>도달주의</td><td>도달주의</td><td>도달주의</td><td>도달주의</td><td>도달주의</td><td>도달주의</td></tr>
<tr><td>전 화<br>FAX,<br>EDI</td><td>도달주의</td><td>도달주의</td><td>도달주의</td><td>도달주의</td><td>도달주의</td><td>도달주의</td></tr>
<tr><td>텔렉스</td><td>도달주의</td><td>도달주의</td><td>도달주의</td><td>도달주의</td><td>도달주의</td><td>도달주의</td></tr>
<tr><td rowspan="2">격지자 사이</td><td>우 편</td><td>발신주의</td><td>발신주의</td><td>발신주의</td><td>도달주의</td><td>도달주의</td><td>도달주의</td></tr>
<tr><td>전 보</td><td>발신주의</td><td>발신주의</td><td>발신주의</td><td>도달주의</td><td>도달주의</td><td>도달주의</td></tr>
</table>

### 3) 승낙의 방법

#### (1) 승낙방법이 지정된 경우

청약에 그 승낙방법이 지정되어 있는 경우에는 그 방법을 따라야 한다. 즉 청약자가 청약에 회답은 팩스로 부탁한다고 지정을 하면 반드시 팩스로 승낙을 표시해야 유효한 계약이 성립된다. 이 경우 다른 방법으로 승낙을 한다면 이는 반대청약이 되어 계약이 성립되지 않을 수 있다.

#### (2) 승낙방법이 지정되지 않은 경우

청약에 승낙의 방법이 지정되어 있지 아니한 경우에는 합리적인 방법으로 승낙하면 된다. 즉 청약이 전보로 된 경우에는 전보로, 팩스로 된 경우에는 팩스로 승낙의 방법을 표시하면 된다.

### 4) 승낙과 거절의 결정

#### (1) 승낙의 결정

수출업자의 확정청약에 대하여 수입업자가 그대로 승낙하면 무역계약은 성립한다. 그러나 현실적으로 수출경쟁이 치열한 해외시장에서 노련한 수출업자가 제시한 조건을 그대로 조건없이 승낙하는 것은 드물다. 수입업자의 청약에 대하여 수출업자가 신중하게 접근하는 것도 마찬가지이다. 따라서 최초의 청약이 있게 되면 그 청약에 대하여 상대방이 조건을 수정한 청약을 제시하게 된다. 그러면 처음에 청약을 했던 무역업자는 상대방의 반대청약에 대하여 다시 조건을 제시하는 청약을 보내게 된다.

그러므로 청약에 대한 청약이 반복된 후에 최종적으로 누군가가 상대측의 반대청약을 무조건 승낙함으로써 무역계약이 성립된다. 결국 청약의 조건에 대하여 무역업자 사이에 흥정을 하고 그 흥정결과에 대하여 만족해야 승낙을 결정하는 것이다.

#### (2) 거절의 결정

승낙의 여부에 대한 침묵(acceptance by silence)은 청약에 대하여 피청약자가 적극적인 행위나 회신을 하지 않은 것을 의미한다. 따라서 승낙에 대한 어떠한 표시도 없는 상대방의 침묵은 청약자에 대하여 청약의 내용에 대하여 승낙할 의사가 없는 것으로 간주하여 거절로 판단한다.

# 제 6 장
# 무역계약조건 합의 및 계약 체결

## 제1절 품질에 관한 조건

### 1. 품질조건의 결정

무역계약을 체결하려는 매매당사자는 무역매매의 대상이 되는 물품의 품질(quality)에 관한 조건을 합의해야 한다. 물품의 품명에 따라 품질에 대한 사항을 사전에 알 수 있는 것도 있지만 대개의 물품에 대해서는 모르는 경우도 있다. 물품의 품질에 대해 알고 있는가의 여부를 떠나 무역계약을 체결하려는 당사자는 품질을 확인하고 그와 관련한 조건에 합의 하는 것이 좋다. 품질은 무역매매물품을 선택하는 기준이 된다. 동종의 품목일지라도 품질은 상이하기 때문에 무역거래에서는 중요한 요소가 된다. 그러므로 품질을 결정하는 방법과 품질을 결정하는 시기, 즉 매도시점의 품질을 인도와 인수의 기본조건으로 하는 것인지 아니면 매수시점의 품질을 인도와 인수의 기본조건으로 하는지에 대하여 결정해야 한다.

## 2. 품질결정방법

### 1) 견본매매

#### (1) 견본매매의 의미

견본매매(sale by sample)는 무역계약 당사자가 매매를 할 물품의 품질이 견본의 품질과 동일할 것을 전제로 하여 품질을 결정하는 방법이다.

#### (2) 견본매매의 유형

무역계약을 체결할 때 물품의 품질을 견본에 의해 결정하기로 한 경우에는 명문규정의 존재여부를 불문하고 인도인수한 무역매매물품의 품질, 규격, 형상 등이 견본과 동일해야 한다.

견본은 발송하는 방향에서 매수인 견본, 매도인 견본, 유사견본, 반대견본 등으로 구분한다. 매수인 견본(buyer's sample)은 수입업자가 보내는 견본이다. 매도인 견본(seller's sample)은 수출업자가 보내는 견본이다. 유사견본(similar sample)은 수출업자가 수입업자의 견본을 보고 유사하게 제작한 견본이다. 반대견본(counter sample)은 견본을 받은 측에서 견본의 일부를 변형하거나 보완을 하여 상대방에게 역으로 제시하는 견본이다.

견본은 제시요건을 기준으로 품질견본, 색상견본, 유형견본, 견질견본 등으로 구분한다. 품질견본(quality sample)은 동종의 물품에 대한 품질등급을 비교할 수 있도록 제시한 견본이다. 색상견본(colour sample)은 같은 재질에 다양한 색의 채도, 명도 등을 다르게 하여 제시하는 견본이다. 유형견본(pattern sample)은 외형적인 틀, 즉 다양한 모형 디자인을 제시하는 견본이다. 견질견본(advance sample)은 새로운 제품의 개발과 관련하여 제작을 전제로 하고 제시하는 견본이다. 임시적으로 보내는 견본이기 때문에 참고적인 설명을 듣거나 보고 견본의 내용을 수정하려는 의도로 보내는 견본이다.

견본은 제시되는 순서를 기준으로 하면 원견본(original sample), 제2견본(duplicate sample, keep sample, file sample), 제3견본(triplicate sample) 등으로 구분한다. 원견본은 최초에 보내온 견본이다. 이후에 보내온 견본에 대하여 발송하거나 되어 온 순서대로 제2견본, 제3견본으로 부른다.

## 2) 표준품매매

### (1) 표준품매매의 의미

표준품매매(sale by standard)는 무역계약 당사자가 특정 또는 특약의 표준물품에 나타난 품질을 기준으로 하고 실제 무역매매물품의 품질이 표준품의 품질과 동일할 것을 전제로 하여 무역매매물품의 품질을 결정하는 방법이다.

농산물, 축산물, 광산물 등은 같은 물품이라도 품종이나 산지에 따라 품질이 다르게 된다. 그러므로 집하중심지에서 공인기관이 규정한 표준품질 결정조건에 의해 품위 또는 등급을 결정하여 생산량이나 거래량이 가장 많은 중등품질을 가지고 동종 물품의 표준물품으로 정하게 된다. 표준품매매에서 사용되는 품질의 결정방법은 평균중등품질조건, 판매적격품질조건, 보통품질조건 등으로 구분된다.

### (2) 표준품매매의 품질결정방법

① 평균중등품질조건

평균중등품질조건(fair average quality terms: FAQ)은 무역계약 당사자가 매매를 할 물품의 품질을 각 항구의 품질보증기관이 비치하고 있는 표준물품을 기준으로 하고 실제 무역매매물품의 품질이 표준품의 품질과 동일할 것을 전제로 하여 무역매매물품의 품질을 결정하는 방법이다. 표준물품은 선적지 또는 도착지의 품질보증기관이 동종 물품에 대한 그 계절의 출하물품을 발췌하여 혼합한 것을 평균중등품질로 대표할 수 있도록 조제하여 보관한 물품이다. 평균중등품질조건은 주로 곡물류의 선물매매에 이용된다.

② 판매적격품질조건

판매적격품질조건(good merchantable quality terms: GMQ)은 무역계약 당사자가 매매를 할 물품의 품질이 인수시점에서 판매에 적격할 것임을 전제로 하여 무역매매물품의 품질을 결정하는 방법이다. 무역계약을 체결할 당시는 매매를 할 물품의 품질에 이상이 없었지만 그 물품 고유의 특성 때문에 운송도중에 변질이 되어 도착하면 수입업자는 판매를 할 수 없는 경우가 발생한다. 이와 같은 점을 우려하여 물품이 수입지에 도착하여 수입업자가 인수하기 전의 시점에서 실제 무역매매물품의 품질이 판매하기에 적합한 상태 또는 신선한 상태를 유지할 것을 수출업자가 보증하는 것을 전제로 하여 무역매매물품의 품질을 결정하는 방법이 판매적격품질조건이다.

즉 양륙지에서 무역매매물품의 품질을 검사한 결과, 물품의 품질에 변질 또는 이상이 발생하여 판매를 할 수 없게 되면 무역매매계약에서 수출업자가 그 손해를 부담하기로 하였다면 수출업자의 책임부담이 높아지게 된다. 판매적격품질조건은 목재류나 냉동수산물 등과 같이 신선도의 유지가 요구되는 무역매매에서 이용되는 것으로 견본의 이용이 곤란한 물품은 이 조건을 사용할 수 없다.

③ 보통품질조건

보통품질조건(usual standard quality terms: USQ)은 무역계약 당사자가 매매를 할 물품의 품질을 공인검사기관이나 공인표준기준으로 인정한 표준물품을 기준으로 하고 실제 무역매매물품의 품질이 표준품의 품질과 동일할 것을 전제로 하여 무역매매물품의 품질을 결정하는 방법이다. 물품을 인도인수한 시점에서 공인검사기관이나 공인표준기준으로 인정한 표준물품과 무역매매물품의 품질을 비교하여 나타난 그 품질의 등급격차 정도에 따라 무역대금 결제를 하게 된다.

### 3) 명세서매매

명세서매매(sale by specification or dimensions)는 무역계약 당사자가 매매를 할 물품의 품질이 명세서와 일치할 것을 조건으로 하는 품질결정방법이다. 선박이나 기계류 등과 같이 구조가 크고 성능이 복잡한 물품을 거래할 때에는 물품을 제시하고 확인하여 품질을 결정할 수가 없다. 그래서 기계, 선박 등과 같은 물품을 거래할 경우에는 그 물품의 재료나 구조 및 성능 등에 관한 사항을 기록한 명세서를 기준으로 물품의 품질조건을 결정하게 된다. 명세서 이외에 품질을 설명하기 위하여 필요한 경우에는 영상물, 사진, 청사진, 카탈로그 등을 첨부하는 경우도 있다.

### 4) 상표 또는 통명매매

상표 또는 통명매매(sale by trade mark or brand)는 상표가 널리 알려져서 인지도가 높거나 업계 또는 시장에서 지명도가 높은 경우에 무역계약 당사자가 상표 또는 그 명칭에 의해 품질조건을 결정하고 매매를 하는 방법이다. 따라서 상표매매나 통명매매에서는 견본이나 표준물품을 제시할 필요가 없다. 물품의 품질을 상표나 통명에 의해서 결정할 수 있는 것은 업계 또는 시장에서 제조업체의 신용을 나타내고 그 품질에 대하여 모두가 인정을 하고 있다는 묵시적인 통념이 존재하기 때문이다.

#### 5) 규격매매

규격매매(sale by grade)는 국제적으로 규격이 통일된 물품의 경우 무역계약 당사자가 공인된 규격을 매매기준으로 결정하는 방법이다. 매매를 할 물품에 대하여 공식적인 기관이나 규정에 의해 규격이 정해져 있는 경우에 이용할 수 있다. 일부 국가에서는 정부가 인정한 표준규격을 설정하고 이에 적합한 제품에 인증마크를 부착하는 경우도 있기 때문에 이를 활용할 수도 있다.

#### 6) 점검매매

점검매매(sale by inspection)는 수입업자가 직접 수출업자가 보내온 물품의 품질을 점검하고 매매를 하는 방법이다. 수출업자의 물품을 검사하고 매매가 이루어지는 형태이기 때문에 수출업자는 철저하게 품질을 관리해야 한다. 수입업자로서는 현장에서 물품을 확인하고 구입할 수 있기 때문에 물품의 품질에 대한 불안감을 해소할 수 있다. 점검매매는 소규모의 무역거래 등에서 사용할 수 있다.

## 3. 품질결정시기

### 1) 선적품질조건

#### (1) 선적품질조건의 의미

선적품질조건(shipped quality terms)은 선적할 때의 무역거래 물품에 대한 품질이, 무역계약을 체결할 때 결정한 품질과 동일할 것을 전제로 하여 수입업자에게 인도하기로 하는 품질결정조건이다.

선적품질조건에서는 수출업자가 무역계약을 체결할 때 당사자가 합의한 검사기관으로부터 선적할 때의 무역물품에 대하여 품질검사를 하고 품질증명서를 받아 수입업자에게 발송해야 한다. 이에 따라 선적품질조건에서는 수입업자가 무역물품을 목적지에서 양륙하여 무역물품에 대한 상거래분쟁을 제기하였을 때에 선적할 때에 발급받은 품질증명서를 제시하면 선적이후 품질에 발생하는 문제를 해결할 수 있다.

#### (2) 선적품질조건의 유형

① Tale Quale

Tale Quale(T.Q.)은 수출업자가 무역계약을 체결할 때에 매매하기로 결정한 물품에 대하여 선적할 때의 물품에 대한 품질은 보증하나, 양륙할 때의 물품의 품질에 대해서는 책임을 지지 않는 곡물의 선적품질조건이다. 따라서 수출업자가 무역물품의 품질에 대하여 선적할 때의 품질을 보증하는 방법이기 때문에 운송하는 중에 발생한 물품의 품질 상이(相異)에 대해서는 책임을 부담하지 않는다. 무역물품을 운송하는 선박이 물품을 안전하게 목적항까지 운송할 수 있는 여건을 충족시켜야 하는 데에도 불구하고 선박의 감항능력이 없어서 발생하는 물품의 품질 상이, 물품을 해상운송 도중에 해상운송인의 주의의무 불이행으로 인하여 발생한 물품의 품질 상이에 대해서는 해상운송계약과 관계를 갖는 사항이기 때문에 수입업자가 수출업자 또는 해상운송업자에게 상거래분쟁을 제기할 수 있다.

② Sea Damaged

Sea Damaged(S.D.)는 수출업자가 선적할 때의 무역물품에 대한 품질이, 무역계약을 체결할 때 결정한 품질과 동일할 것을 전제로 하고 해상운송 중에 오로지 해수(海水)의 침수 등으로 인하여 발생한 물품의 품질 상이에 대해서만 수출업자가 책임을 부담하는 선적품질조건이다.

### 2) 양륙품질조건

#### (1) 양륙품질조건의 의미

양륙품질조건(landed quality terms)은 양륙할 때의 무역거래 물품에 대한 품질이, 무역계약을 체결할 때 결정한 품질과 동일할 것을 전제로 하여 수입업자에게 인도하기로 하는 품질결정조건이다. 즉 수출업자가 양륙할 때의 물품에 대한 품질을 보장해야 하는 품질결정조건이다.

양륙품질조건에서는 수입업자가 양륙지에서 물품을 인수할 때 품질에 상이한 점이 있는 것으로 판명되면 무역계약을 체결할 때 당사자 사이에 합의한 검사기관에 물품의 품질에 대한 검사를 의뢰해야 한다. 수입업자는 수입물품의 품질에 대한 검사가 종료된 후에는 검사기관에서 발행한 검사보고서(report survey)를 받아 수출업자에게 발송하고 검사결과에 따른 상거래분쟁을 제기해야 한다.

#### 2) 양륙품질조건의 유형

Rye Term(R.T.)은 수출업자가 물품이 양륙되었을 때의 품질을 보증하는 양륙품질조건이다. 양륙품질조건은 국제무역에서 신선도의 유지가 필요한 곡물의 거래에 주로 이용된다. 수출업자가 선적한 곡물이 해상운송 도중에 발생한 위험, 또는 그 밖의 원인 등에 의해 물품의 품질이 선적할 때의 품질과 상이한 것으로 판명되었을 경우에 수입업자가 상거래분쟁을 제기할 수 있는 조건이다.

### 4. 품질증명방법

물품의 품질을 증명하는 방법과 품질검사기관에 대해서는 무역계약서나 일반거래협정서에 명시해야 한다. 선적품질조건의 경우에는 수출업자가 물품의 품질에 대하여 증명해야 한다. 양륙품질조건의 경우에는 수입업자가 물품의 품질에 대하여 증명해야 한다. 품질검사기관에서는 수출업자 또는 수입업자의 의뢰를 받고 품질을 증명해 준다. 품질검사기관에서는 세계의 주요 항구에 상주하는 전문감정인에게 의뢰하여 검사의뢰를 받은 물품에 대한 품질을 검사한다. 품질검사기관에서는 품질검사에 대한 결과에 대하여 작성한 보고서를 의뢰자에게 송부하거나 검사증명서를 발급한다.

## 제2절 수량에 관한 조건

### 1. 수량조건의 결정

무역계약 당사자는 무역계약을 체결할 때에 무역매매물품의 수량(quantity)에 관한 조건을 결정하게 된다. 수량은 무역매매물품의 가격을 계산하는 기초가 된다. 그런데 국가마다 수량이나 중량 그리고 용적을 산출하는 도량단위가 서로 틀리기 때문에 무역계약 당사자 사이에 적용할 도량단위의 기준에 대한 내용을 합의해야 한다. 또한 국가마다 수량을 표시하는 고유한 용어가 존재하고 같은 수량 단위인데도 불구하고 기준치가 틀리는 경우도 있기 때문에 유의해야 한다.

## 2. 수량조건의 결정단위

### 1) 중량

#### (1) 중량의 단위

중량(weight)을 표시하는 단위로는 중량톤(weight ton : W/T), 파운드(Lbs), 킬로그램(kg), 톤(ton) 등이 있다. 영국계통의 톤은 long ton 또는 gross ton이라 하는데 1 톤은 2,240 파운드에 해당한다. 미국 및 중남미 계통의 톤은 short ton 또는 net ton이라고도 하는데 1 톤은 2,000 파운드에 해당한다. 프랑스와 유럽에서 사용하는 톤은 metric ton 또는 kilo ton이라고 하는데 1 톤은 2,204파운드 또는 1,000 킬로그램에 해당한다.

#### (2) 중량계산방법

① 총중량조건

총중량조건(gross weight)은 포장용기(tare)나 함유잡물(dust)이 일정한 경우에 물품을 포장한 상태로 총중량을 측정하여 무역거래의 중량기준으로 하는 조건이다. 이 조건은 포장용기 및 함유잡물이 일정한 면화, 소맥, 가루 등에 한하여 사용되는 조건이다.

② 순중량조건

순중량조건(net weight)은 총중량에서 포장용기나 함유잡물의 무게를 공제한 순중량을 측정하여 무역거래의 중량기준으로 하는 방법이다.

### 2) 용적

용적(measurement)을 표시하는 단위로는 용적톤(measurement ton: M/T, 40 cubic feet), 평방피트(square feet), 슈퍼피트(super feet), 배럴(barrel), 갤론(gallon), 킬로리터(kilo liter), 버셸(bushel) 등이 있다. 40 입방피트(cubic feet) 또는 1입방미터(cubic meter)는 1톤이다.

목재의 용적을 계산하는 경우에는 1평방피트(square feet) × 1인치(inch)를 슈퍼 피트(super feet)라 한다. 그런데 목재거래의 경우 필리핀에서는 1,000B/M(board measure =super feet)을, 인도네시아에서는 1입방미터(㎥) 등과 같은 단위를 사용한다.

### 3) 개수

개수를 표시하는 수량단위로는 개(piece), 타(dozen: 12개) 등이 사용된다. Gross는 12 × 12 = 144 개이다. Great Gross는 12 × 12 × 12 = 1,728 개이다. Small Gross는 12 × 10 = 120 개다. 개수는 잡화물품 등을 거래할 때 수량단위로 사용한다.

### 4) 포장

포장을 표시하는 단위로는 작은 통(keg), 대(bag), 목상자(case), 곤포(거적, bale), 마분지 상자(carton), 다발(bundle), 드럼통(drum), 함석통(can), 발(bomb), 채롱에 넣은 유리병(carboy) 등이 있다. 포장을 단위로 거래하는 물품에는 면화, 시멘트, 통조림, 유류 등이 있다.

### 5) 길이

길이(length)를 표시하는 단위로는 미터(m), 야드(yard) 등이 있다. 길이를 단위로 거래하는 물품에는 섬유제품 등이 있다.

### 6) 면적

면적(square)을 표시하는 단위로는 평방피트(square foot) 등이 있다. 면적을 단위로 거래하는 물품에는 합판이나 유리 등이 있다.

## 3. 수량조건의 결정시기

### 1) 선적수량조건

#### (1) 선적수량조건의 의미

선적수량조건(shipped quantity terms, shipped weight terms)은 대금계산의 기준이 되는 수량을 선적할 때에 계산한 수량으로 결정하여 무역매매물품의 인도와 인수가 이루어지는 조건이다. 선적수량조건은 수출업자가 선적할 때의 수량을 상업송장에 표시하여 이를 기초로 대금계산을 하는 방법으로 수출업자에게 유리한 조건이다. 무역거래규칙 중에서 특약이 없는 한 FOB 거래규칙이나 CIF 거래규칙은 선적수량조건이다.

#### (2) 선적수량의 입증

무역을 할 때 감량률이 없거나 적은 무역매매물물품의 선적수량조건에서는 물품의 수량에 대해 수출업자의 신용에 맡겨도 될 수 있다면 선적수량에 대해 걱정할 필요가 없다. 혹시 검량이 필요한 경우에도 수출업자가 지명한 검량인이 무역매매물품의 수량을 검량한 후 작성한 중량증명서(weight note) 또는 용적・중량증명서(measurement and weight list) 등에 수출업자가 서명하는 방법을 사용하여 선적수량을 입증하여도 된다. 그런데 무역을 할 때 감량률이 많은 무역매매물품의 선적수량조건에서 검량과 입증이 필요한 경우에는 수출업자가 지명한 검량인에게 검량을 하도록 하지 말고 수입업자가 지명 또는 합의한 검량인이 무역매매물품의 수량을 검량한 후 발행한 중량증명서(certificate of weight)를 송장에 첨부하여 선적수량을 입증하는 것이 바람직하다.

### 2) 양륙수량조건

#### (1) 양륙수량조건의 의미

양륙수량조건(landed quantity terms, landed weight terms)은 양륙할 때에 산정한 무역매매물품의 수량을 인도와 인수의 기준수량으로 결정하는 조건이다. 즉 양륙수량조건은 도착수량을 인도와 인수의 기준으로 하는 조건이다. 양륙수량조건은 운송 중의 감량이나 누손 등과 같은 손실이 발생하면 수출업자가 책임을 부담하는 조건이기 때문에 수입업자에게 유리하다. 일반적으로 곡물류, 청과류, 농수산물 및 화공약품 등과 같은 산화물(bulk cargo)은 양륙수량조건으로 거래한다. 무역거래규칙 중에서 특약이 없는 한 DPU 거래규칙과 DAP 거래규칙은 양륙수량조건이다.

#### (2) 양륙수량의 입증

양륙수량조건에서는 무역매매물품이 양륙된 도착지의 특정장소에서 수입업자에게 인도할 때 검사기관이 물품에 대한 실제 수량을 산정하게 된다. 따라서 수입업자가 지명한 공인검량인(public weighter) 또는 검정인(surveyor)의 중량증명서(certificate of weight)에 의해 양륙수량을 조사한다. 양륙수량조건에서는 선적할 때의 수량과 양륙할 때의 수량에 차이가 발생하는 경우가 많기 때문에 계약을 체결할 때 과부족에 대한 해결방법을 협정하여 놓는 것이 좋다. 따라서 양륙수량의 조사결과 수량에 과부족이 발생하였다면 그 원인을 보상책을 강구해야 한다.

## 4. 수량의 과부족

### 1) 과부족 용인조건의 의미

과부족 용인조건(more or less terms)은 무역계약에 의해 선적한 물품의 용량과 양륙할 때의 용량 사이에 발생한 과부족을 허용하는 조건이다. 과부족 용인조항은 과부족 허용조항(allowance clause)이라고도 한다. 물품에 따라 과부족이 발생하는 정도의 차이가 있기 때문에 각국에서 인정하고 있는 물품의 과부족에 대해 사전에 점검할 필요가 있다.

### 2) 과부족 용인의 허용범위

#### (1) 과부족 용인규정이 없는 경우

신용장에 과부족 용인조건에 대한 금지규정이 없는 경우에는 환어음발행 총액이 신용장 금액을 초과하지 않는 한 5% 미만의 과부족은 인정한다. 신용장에 낱개의 포장 단위(packing units) 또는 낱개 품목(individual items)으로 기재된 경우는 과부족이 인정되지 않는다.

#### (2) 과부족 용인규정이 있는 경우

과부족 용인조건이 명시되어 있는 경우에는 허용된 범위 내에서만 과부족을 허용한다. 무역계약을 체결할 때 선적수량조건이든 양륙수량조건이든, 또한 수량 계산단위의 여하를 불문하고 그 수량 앞에 about, circa 또는 approximately 등과 같은 문자를 붙이는 경우 신용장 통일규칙에서는 ±10%를 초과하지 않는 범위 내에서 그 과부족을 인정한다. 영국의 화학제품협회에서는 about의 경우 ±5%의 한도를 허용하고 있다.

#### (3) 과부족 수량의 가격

무역계약서에 매도인 선택에 의한 3% 과부족용인(3% more or less at seller's option)이라고 표시되고 가격에 대해서 언급한 사항이 없을 때에는 과부족을 계약가격으로 계산하는 것이 원칙이다. 그렇지만 용인된 범위 이외의 것에 대해서는 계산의 원칙이 없기 때문에 분쟁이 발생할 수 있다. 즉 3%의 허용범위를 벗어나 7%의 과부족이 발생한 경우 4% 초과분에 대하여 적용할 계산 원칙이 없으면 분쟁이 발생하게 된다. 그러므로 무역계약을 체결할 때에 이와 같은 사항을 결정하여 놓는 것이 바람직하다.

# 제3절 물품가격에 관한 조건

## 1. 물품가격조건의 결정

### 1) 물품가격조건의 결정요인

물품의 가격은 물품의 제조원가에 이윤을 합한 금액이다. 물품의 가격을 결정한다는 것은 물품의 단가를 조정하여 결정하는 일이다. 그러므로 수출업자가 추정하는 수출경쟁가격과 수입업자가 추정하는 수입경쟁가격이 가격을 결정하는 중요한 요소가 될 것이다. 수출물품의 가격을 결정하는 데에는 물품의 공급과 수요에 대한 현황 및 예측도 중요하지만 환율변동이나 관세, 상대국의 무역장벽 제한요소 등과 같은 요소를 감안하여 결정해야 한다.

### 2) 물품가격조건의 결정방식

물품가격의 결정방식에는 원가기준 결정방식, 수요기준 결정방식, 경쟁기준 결정방식 등이 있다. 원가기준 결정방식은 원가를 기준으로 적정이윤 등을 감안하여 무역계약을 체결할 때에 결정하는 방식이다. 수요기준 결정방식은 가격탄력성이 높은 물품을 대상으로 무역계약을 체결할 때에 적용하는 결정방식이다. 경쟁기준 가격결정방식은 무역계약을 체결할 때에 가격을 동종 물품에 대하여 경쟁업자가 제시하는 가격을 기준으로 저가격이나 고가격 또는 특정가격 등을 적용하는 방식이다.

## 2. 물품가격의 구성

### 1) 물품가격의 표시

물품가격을 표시를 매매당사국 중, 아니면 제3국 중 어느 나라의 통화로 할 것인가를 당사자가 협의해 일반거래 협정서에 명시해야 한다. 물품의 가격을 어느 나라의 통화로 표시할 것인가에 따라 환율의 영향도 다르게 나타난다. 물품의 가격을 제3국의 통화로 표시하는 것은 수출입 양국의 통화가치의 변동이 격심하여 거래의 안정성이 결여된 경우이다.

### 2) 물품가격의 구성요소

물품의 가격을 구성하는 요소는 무역계약이행에 따른 경비의 지출과도 관계가 깊다. 일반적인 물품의 가격을 산출하는 경우에는 단위당 원가, 수출포장비, 수출검사료, 화인비용, 국내운임 및 국외운임, 부선사용료, 선내인부임, 보험비용, 창고료, 금리, 외환비용, 수수료, 전신료, 수출통관비용, 수입통관비용, 양륙비용, 선적비용 등을 계산에 포함하게 된다. 따라서 무역계약이행조건을 어떻게 결정하는가에 따라, 그리고 운송수단의 보유여부 또는 창고의 소유여부 등이 물품의 가격을 결정하는 데에 중요한 영향을 주게 된다.

# 제4절 무역거래규칙에 관한 조건

## 1. Incoterms® 2020의 거래규칙 조건의 결정

인코텀스 2020의 거래규칙은 무역거래에서 관습적으로 사용되는 규칙이다. 인코텀스 2020의 거래규칙은 전 운송방식 전용 거래규칙은 EXW, FCA, CPT, CIP, DAP, DPU, DDP 등 7가지와 해상 및 내수로 운송방식 전용 거래규칙은 FAS, FOB, CFR, CIF 등 4가지이다.

이를 다른 기준으로 다음과 같이 구분하는 것도 가능하다. 현실적 거래규칙과 상징적 거래규칙, 선적지 거래규칙과 양륙지 거래규칙, 지정장소 거래규칙과 특수비용포함 거래규칙 등으로 구분할 수 있다. 현실적 거래 규칙은 EXW, FCA, CPT, CIP, DAP, DPU, DDP, FAS, FOB 등으로 9가지이다, 상징적 거래규칙은 CFR, CIF 등으로 2가지이다. 선적지 거래규칙은 EXW, FCA, CPT, CIP, FAS, FOB, CFR, CIF 등으로 8가지이다. 양륙지 거래규칙은 DAP, DPU, DDP 등으로 3가지이다. 지정장소 거래규칙은 EXW, FCA, DAP, DPU, DDP, FAS, FOB 등으로 7가지이다. 특수비용포함 거래규칙은 CPT, CIP, CFR, CIF 등으로 4가지이다.

인코텀스 2020의 거래규칙에서 중요하게 다루는 것은 매매당사자의 의무와 관련된 매도인과 매수인의 위험의 분기점(division of risk), 비용의 분기점(division of cost) 등이다. 그러므로 매매당사자는 무역계약을 체결하면서 거래규칙을 결정할 때에 이를 참고로 하여 결정하여야 한다.

## 2. Incoterms® 2020의 거래규칙 조건의 결정 요건

### 1) 인코텀스 2020 거래규칙의 매도인과 매수인 의무 규정

인코텀스 2020에서 명시하고 있는 매도인과 매수인의 의무규정은 다음과 같은 내용으로 구성되어 있다.

매도인의 의무(A. Seller's obligation)는 A1. 매도인의 일반적 의무(General obligation of the seller), A2. 인도(Delivery), A3. 위험의 이전(Transfer of risks), A4. 운송(Carriage), A5. 보험(Insurance), A6. 인도/운송서류(Delivery/transport document) A7. 수출/수입통관(Export/import clearance), A8, 검사, 포장, 화인(Checking-packing-marking), A9. 비용의 분배(Allocation of costs), A10. 통지(Notice) 등이다. 매수인의 의무(B. Buyer's obligation)는 B1. 매수인의 일반적 의무(General obligation of the buyer), B2. 인도의 수령(Taking delivery), B3. 위험의 이전(Transfer of risks), B4. 운송(Carriage), B5. 보험(Insurance), B6. 인도/운송서류(Delivery/transport document), B7.수출/수입통관(Export/ import clearance), B8, 검사, 포장, 화인(Checking-packing-marking), B9. 비용의 분담(Allocation of costs), B10. 통지(Notice) 등이다.

그러므로 매매당사자인 매도인과 매수인은 각자의 의무규정을 참조로 하여 거래규칙의 조건을 결정해야 한다.

〈표 6-1〉 인코텀스 2020 거래규칙의 매도인과 매수인 의무 규정

| A. 매도인의 의무(Seller's obligation) | B. 매수인의 의무(Buyer's obligation) |
|---|---|
| A1 매도인의 일반적 의무(General obligations) | B1 매수인의 일반적 의무(General obligations) |
| A2 인도(Delivery) | B2 인도의 수령(Taking delivery) |
| A3 위험의 이전(Transfer of risks) | B3 위험의 이전(Transfer of risks ) |
| A4 운송(Carriage) | B4 운송(Carriage) |
| A5 보험(Insurance ) | B5 보험(Insurance) |
| A6인도/운송서류(Delivery/transport document) | B6인도/운송서류(Delivery/transport document) |
| A7 수출/수입통관(Export/import clearance) | B7 수출/수입통관(Export/import clearance) |
| A8 검사, 포장, 화인 (Checking/packaging/marking) | B8 검사, 포장, 화인 (Checking/packaging/marking) |
| A9 비용의 분담(Allocation of costs) | B9 비용의 분담(Allocation of costs) |
| A10 통지(Notices) | B10 통지(Notices) |

### 2) 인코텀스 2020의 거래규칙과 위험의 분기점

인코텀스 2020의 각 거래규칙별 매매당사자의 위험의 분기점 내용을 요약하면 다음과 같다. 매도인과 매수인은 인코텀스 2020의 각 거래규칙별 위험의 분기점 내용을 살펴 거래규칙의 조건을 결정해야 한다.

〈표 6-2〉 인코텀스 2020의 거래규칙과 위험의 분기점

| 거래규칙 | | 위험의 분기점 |
|---|---|---|
| 전운송방식 전용 거래규칙 | EXW | 매도인이 매매당사자 사이에 합의된 기일이나 합의된 기간 내에 자신의 영업장 구내 또는 기타 작업장, 공장, 창고 등과 같은 지정장소에서 물품을 매수인이 임의로 처분할 수 있는 상태로 인도한 때, 대부분 매수인에게 직접 인도되는 것이 아니라 매수인이 의뢰한 운송인에게 인도되는 것이 일반적임 |
| | FCA | 매도인이 물품을 매매당사자 사이에 합의된 기일이나 합의된 기간 내에 자신의 영업장구내 또는 기타 지정장소에서 매수인이 지정한 운송인이나 제3자에게 인도한 때, 또는 그렇게 인도된 물품을 조달하여 인도한 때 보다 구체적으로 지정장소가 매도인의 영업장구내인 경우는 물품이 매수인이 제공한 운송수단에 적재되는 때, 기타의 경우는 물품이 매도인의 운송수단에 실린 채 양하할 준비가 된 상태로 매수인이 지정한 운송인이나 제3자의 처분하에 놓인 때 |
| | CPT | 매도인이 매매당사자 사이에 합의된 기일이나 합의된 기간 내에, 당사자 사이에 이러한 장소의 합의가 있는 경우에는 합의된 장소에서 물품을 자신이 지정한 운송인이나 제3자에게 인도한 때, 또는 그렇게 인도된 물품을 조달하여 인도한 때 |
| | CIP | 매도인이 매매당사자 사이에 합의된 기일이나 합의된 기간 내에, 당사자 사이에 이러한 장소의 합의가 있는 경우 합의된 장소에서 물품을 자신이 지정한 운송인이나 제3자에게 인도한 때, 또는 그렇게 인도된 물품을 조달하여 인도한 때 |
| | DAP | 매도인이 매매당사자 사이에 합의된 기일이나 합의된 기간 내에 물품이 지정목적지에서 또는 그 지정목적지내의 합의된 지점이 있는 때에는 그 지점에서 도착운송수단에 실린 채 양하할 준비가 된 상태로 매수인이 임의로 처분할 수 있는 상태로 놓이는 때, 또는 그렇게 인도된 물품을 조달하여 인도한 때 |
| | DPU | 매도인이 매매당사자 사이에 합의된 기일이나 합의된 기간 내에 물품이 지정목적지에서 또는 그 지정목적지내의 합의된 지점이 있는 때에는 그 지점에서 도착운송수단으로부터 양하할 준비가 된 상태로 물품을 매수인이 임의로 처분할 수 있는 상태로 둘 때, 또는 그렇게 인도된 물품을 조달하여 인도한 때 |
| | DDP | 매도인이 매매당사자 사이에 합의된 기일이나 합의된 기간 내에 지정목적지에서 또는 그 지정목적지내의 합의된 지점이 있는 때에는 그 지점에서 수입통관된 물품을 도착운송수단에 실린 채 양하할 준비가 된 상태로 매수인이 임의로 처분할 수 있는 상태로 놓이는 때, 또는 그렇게 인도된 물품을 조달하여 인도한 때 |
| 해상및내수로방식 전용거래규칙 | FAS | 매도인이 물품을 지정선적항에서 매수인이 지정한 본선의 선측에 놓이는 때 또는 그렇게 인도된 물품을 조달하여 인도한 때 |
| | FOB | 매도인이 물품을 지정선적항에서 매수인에 의하여 지정된 본선에 적재하여 인도하거나 이미 그렇게 인도된 물품을 조달하여 인도한 때 |
| | CFR | 매도인이 물품을 본선에 적재함으로써 또는 그렇게 인도된 물품을 조달함으로써 인도한 때 |
| | CIF | 매도인이 물품을 본선에 적재함으로써 또는 그렇게 인도된 물품을 조달함으로써 인도한 때 |

### 3) 인코텀스 2020의 거래규칙과 비용분담 내용

인코텀스 2020의 각 거래규칙별 매매당사자의 비용분담 내용을 요약하면 다음과 같다. 매도인과 매수인은 인코텀스 2020의 각 거래규칙별 비용분담 내용을 살펴 거래규칙의 조건을 결정해야 한다. 비용분담의 내용을 보면 수출을 전제로 하였을 때에 제조원가의 경우 매도인이 부담하는 것이 당연하다. 물품을 준비하여 인도하는 매도인은 포장비용과 검사비용을 부담해야 한다. 내륙반출비는 EXW 거래규칙과 FCA 거래규칙에서 매도인 영업장 구내인 경우 매수인이 부담하고 그 외의 거래규칙에서는 매도인이 부담한다. 수출허가 및 수출통관비용은 EXW 거래규칙에서 매수인이 부담하고 그 외의 거래규칙에서는 매도인이 부담한다. 주운임은 EXW 거래규칙, FCA 거래규칙, FAS거래규칙, FOB거래규칙에서 매수인이 부담하고 그 외의 거래규칙에서는 매도인이 부담한다. 보험료는 매매당사자 중 필요한 측에서 보험계약을 체결하는데 CIP 거래규칙과 CIF 거래규칙에서는 관습상 매도인이 보험계약을 체결하고 보험료를 납부하여야 한다. 수입허가 및 통관비용은 DDP 거래규칙에서 매도인이 부담하고 그 외의 거래규칙에서는 매수인이 부담한다. 내륙반입비는 DAP 거래규칙, DPU 거래규칙, DDP 거래규칙에서 매도인이 부담하고 그 외의 거래규칙에서는 매수인이 부담한다.

〈표 6-3〉 인코텀스 2020의 거래규칙과 비용분담 내용

| | | 제조 원가 | 포장 및 검사 | 내륙 반출비 | 수출허가 및 통관비 | 주운임 | 보험료 | 수입허가 및 통관비 | 내륙 반입비 |
|---|---|---|---|---|---|---|---|---|---|
| 전운송방식전용거래규칙 | EXW | 매도인 | 매도인 | 매수인 | 매수인 | 매수인 | 매수인 | 매수인 | 매수인 |
| | FCA | 매도인 | 매도인 | 매도인<br>매수인(매도인영업장 구내인경우) | 매도인 | 매수인 | 매수인 | 매수인 | 매수인 |
| | CPT | 매도인 | 매도인 | 매도인 | 매도인 | 매도인 | 매수인 | 매수인 | 매수인 |
| | CIP | 매도인 | 매도인 | 매도인 | 매도인 | 매도인 | 매도인 | 매수인 | 매수인 |
| | DAP | 매도인 | 매도인 | 매도인 | 매도인 | 매도인 | 매도인 | 매수인 | 매도인 |
| | DPU | 매도인 | 매도인 | 매도인 | 매도인 | 매도인 | 매도인 | 매수인 | 매도인 |
| | DDP | 매도인 | 매도인 | 매도인 | 매도인 | 매도인 | 매도인 | 매도인 | 매도인 |
| 해상및내수로방식전용거래규칙 | FAS | 매도인 | 매도인 | 매도인 | 매도인 | 매수인 | 매수인 | 매수인 | 매수인 |
| | FOB | 매도인 | 매도인 | 매도인 | 매도인 | 매수인 | 매수인 | 매수인 | 매수인 |
| | CFR | 매도인 | 매도인 | 매도인 | 매도인 | 매도인 | 매수인 | 매수인 | 매수인 |
| | CIF | 매도인 | 매도인 | 매도인 | 매도인 | 매도인 | 매도인 | 매수인 | 매수인 |

# 제 5 절 선적에 관한 조건

## 1. 선적조건의 결정

### 1) 선적조건 결정의 의미

무역계약 당사자는 무역계약을 체결할 때 선적(shipment)에 관한 조건을 결정하게 된다. 선적에 관한 조건은 무역운송계약 체결에 관한 조건이 아니다. 선적조건은 선적시기와 선적하는 방법 등에 관한 조건이다. 즉 선적조건이 결정되어야 운송수단을 선택하여 무역운송계약을 체결할 수 있다. 따라서 무역운송계약을 체결할 때에 무역계약조건에서 결정한 선적조건을 운송계약서에 반영해야 한다.

### 2) 선적조건 결정의 요소

#### (1) 무역매매물품의 인도 및 인수시점

선적조건을 결정할 때는 무역계약 당사자 사이에 무역매매물품의 인도와 인수시점을 언제로 결정하는가가 중요한 요소가 된다. 시급한 경우에는 즉시선적조건을 사용할 수 있다. 그리고 운송수단은 항공운송이나 국제택배서비스를 활용하게 될 것이다. 매수인에게 인도하는 데에 시간이 충분히 있다면 육상운송이나 해상운송 또는 컨테이너운송을 활용하게 될 것이다. 육상운송의 경우에도 도로화물운송 또는 철도화물운송에 따라 선적조건이 다를 수밖에 없다.

#### (2) 무역매매물품의 특성

선적조건을 결정할 때는 무역매매물품의 특성이 중요한 요소가 된다. 무역매매물품에 따라 운송수단이 다르게 결정될 수밖에 없다. 포장된 화물인 경우도 있을 것이고 포장되지 않은 산화물인 경우도 있을 것인데 같은 운송용기나 같은 운송수단을 활용한다는 것은 불가능하다. 즉 고체물품과 액체물품 및 기체물품은 그 물품이 갖는 고유한 특성에 따라 운송용기가 달라야 하기 때문이다. 또한 일반 화물인 경우도 있고 위험물과 같은 특수화물도 있기 때문에 선적조건에서 선적방법의 결정은 신중을 기할 수밖에 없다.

#### (3) 무역매매물품의 분량

선적조건을 결정할 때는 화물의 분량이 중요한 요소가 된다. 화물의 양이 많은 경우에는 계약물품 전체를 한 번에 선적하여 운송할 수 없기 때문에 분할하여 선적하는 방법을 고려해야 한다. 또한 물품이 일정한 기간마다 집화되는 경우에는 다른 시기에 선적하는 방법을 확보해야 한다.

#### (4) 무역매매물품의 운송경로

선적조건을 결정할 때는 목적지까지의 운송로의 확보 여부가 중요한 요소로 된다. 컨테이너를 활용한 복합운송인 경우에는 문제가 없지만 한 운송수단으로 목적지까지 운송하는 것이 불가능하다면 중간지점에서 다른 운송수단으로 환적을 하는 방법을 모색해야 한다.

## 2. 선적시기의 결정

### 1) 단월 선적조건

단월 선적방법, 즉 한월 선적방법은 특정한 월에 한정하여 선적시기를 결정하는 방법이다. March Shipment(3월 선적)와 같이 특정의 단월을 명시하게 된다. 단월 선적방법을 선택할 때는 물품이 확보되어 선적일을 정확하게 준수할 수 있을 때 사용해야 한다.

### 2) 연월 선적조건

연월(連月) 선적방법은 특정한 월의 연속으로 선적시기를 결정하는 방법이다. March/April Shipment(3월/4월 선적)와 같이 특정의 연월을 명시하게 된다. 연월 선적방법을 선택할 때는 선적개시일과 종료일을 분명하게 알고 사용해야 한다.

### 3) 즉시 선적조건

즉시 선적조건은 선적시기를 어느 월이나 일 또는 며칠 이내 등으로 명확하게 약정하지 않고 막연하게 즉시 또는 조속히 선적하기로 결정한 조건이다. 즉시 선적을 요구하는 용어로는 immediately, promptly, quickly, as soon as possible, as early as possible, at once, soonest, without delay 등을 들 수 있다. 그렇지만 이렇게 단어의 표현이 모호한 용어는 무역거래에서 가급적 사용하지 않는 것이 좋다.

## 3. 선적유형의 결정

### 1) 분할선적

분할선적(instalment shipment)은 물품의 수량이나 금액이 많아서 한꺼번에 생산 또는 집화하여 제공하기 어렵거나 매수인이 한 번에 전량을 인수하기 곤란한 때 또는 운송사정상 문제가 있는 경우에는 일시에 전량을 선적하지 않고 수회로 나누어 선적을 하는 방법인데 이를 분할선적 또는 할부선적이라고 한다.

매매당사자가 분할선적을 원하는 경우에는 분할횟수, 각 분할선적의 분량 및 각 분할선적의 선적시기 등을 약정해 두어야 한다. 그런데 무역계약서나 신용장에 분할선적에 관하여 약정하고 그 계약내용에 따라 수출업자가 선적하는 과정에서 어느 분할한 분량의 선적이 약정대로 이행되지 않았다면 계약전체에 미치는 영향이 크기 때문에 유의해야 한다. 그래서 신용장에 일정기간 내에 할부방식에 의해 환어음을 발행하거나 분할선적을 하도록 명시되어 있는 경우, 허용된 할부기간 내에 어느 할부부분의 환어음이 발행되지 않았거나 또는 분할선적이 이행되지 아니하였다면 그 신용장에 별도의 명시가 없는 한, 불이행한 할부부분은 물론 그 이후에 이행되어야 할 잔여 할부부분은 모두 무효로 한다.

### 2) 환적

환적(transshipment)은 선적항에서 선적된 화물을 목적지로 가는 도중에 다른 선박이나 운송기관에 옮겨 싣는 이적 행위를 의미한다. 물품은 일반적으로 환적을 하게 되면 하역작업을 하는 도중에 멸실, 손상, 훼손, 도난 등과 같은 손해가 발생할 확률이 높기 때문에 유의해야 한다.

따라서 환적을 금지하거나 허용하는 경우에는 그 사항을 무역계약서나 신용장에 명시해야 한다. 그런데 환적금지(transshipment is prohibited)에 대한 특약을 한다고 하더라도 복합운송의 경우에는 인정하지 않는다. 왜냐하면 복합운송에서는 송하인의 화물을 화물의 수탁지에서 선적지, 양륙지 및 최종목적지까지 이르는 구간에 선박에서 선박으로, 철도화차에서 선박으로, 자동차에서 철도화차로 운송수단을 변경하는 경우에는 상이한 운송수단 사이에서 환적이 불가피하기 때문이다.

## 4. 선적일의 증명과 지연

### 1) 선적일의 결정과 증명

선적일(date of shipment)은 계약화물 전부를 선적 완료한 날이다. 선적일을 입증할 수 있는 것은 선적을 하고 발행받은 운송서류뿐이다. 해상운송에서는 선하증권 발행일을 선적일로 간주하는 것이 관행이다. 그래서 선적 선하증권에서는 선하증권에 나타난 실제의 선적일자가 선적일이고, 수취 선하증권에서는 해상운송인 또는 그 대리인이 화물을 수취하였음을 기재한 날짜를 선적일로 간주한다.

이와 같이 선적일을 중요하게 여기는 것은 선적지연과 관련한 무역분쟁이 발생한 경우에는 운송서류에 기재된 선적일자가 선적을 증명하는 해결기준이 되기 때문이다. 선적일의 표기와 운송지연의 사유가 무엇인가와는 별개의 문제이다.

### 2) 선적지연

선적지연(delayed shipment)은 물품을 약정된 일자에 선적할 수 없어서 발생하는 것으로 분쟁의 원인이 되기 때문에 무역매매 당사자는 무역계약서에 선적지연에 대한 처리방법을 명시해야 한다.

수출업자의 태만, 과실 또는 고의로 계약기간 내에 선적을 불이행한 경우에는 귀책사유에 의한 계약위반이 된다. 이런 경우 선적기간이 도래하기 전에 수출업자가 수입업자에게 연락하여 선적기간에 대한 연장을 요청하는 등 모든 가능한 조치를 취할 수 있다.

수출업자가 통제할 수 없는 사유, 천재지변, 전쟁, 폭동, 반란, 파업 등과 같은 사유로 선적지연이 발생한 경우에는 원칙적으로 수출업자의 면책이다. 이러한 경우 선적기간을 3주 또는 1개월 정도 자동적으로 연장하는 것이 관례이다. 그런데 선적기간이 자동적으로 연장된 경우에는 수출업자가 상공회의소 또는 수출국에 소재한 수입국의 영사관으로부터 불가항력으로 선적지연이 발생하였음을 입증하는 증명서를 교부받아 수입업자에게 발송해야 한다.

또한 불가항력 사태가 장기간 계속되어 최초로 자동적으로 연장된 선적기간을 경과하고도 선적이 불가능한 사태가 계속되는 경우, 무역계약을 존속시킬 것인가에 대한 결정권은 전적으로 수입업자에게 부여하는 것이 보통이다.

# 제6절 무역보험에 관한 조건

## 1. 보험조건의 결정

보험(insurance)에 부보를 하는 것은 운송 도중에 발생하는 위험을 대비하는 것이다. 그러므로 보험계약을 체결할 때의 보험조건은 운송물품과 운송방법에 따라 차이가 있게 된다. 운송방법 중에서 무역거래에서 가장 많이 이용되는 것은 해상운송이다. 이에 따라 보험에 관한 조건은 해상보험과 관련한 조건이 대부분이다.

## 2. 보험부보조건

### 1) 보험부보조건의 결정요인

무역계약 당사자는 무역계약을 체결할 때 보험에 부보하는 조건을 결정한다. 이를 근거로 보험계약을 체결할 때는 무역계약서에 합의한 보험부보조건을 선택해야 한다. 보험의 부보조건은 보험료의 결정에 미치는 영향이 크다. 그러므로 물품의 특성, 운송기간, 자금회전능력 등을 고려하여 신중하게 선택해야 한다.

### 2) 보험부보조건의 결정과 약관

보험의 종류에 따라서 보험약관의 내용은 다르다. 해상보험계약을 체결할 때는 해상보험약관을 기준으로 보험부보조건을 결정한다. 해상보험업계에서는 오랜 관행에 의해 현재 구협회적하약관과 신협회적하약관을 병행하여 사용하고 있다.

구협회적하약관의 담보조건은 전위험담보조건(All Risk), 분손담보조건(WA), 단독해손부담보조건(FPA) 등이다. 신협회적하약관의 담보조건은 ICC(A), ICC(B), ICC(C) 등이다. All Risk조건은 ICC(A)로, WA조건은 ICC(B)로, FPA조건은 ICC(C)로 1982년부터 개정되었다. 신협회적하약관은 구협회적하약관의 모호했던 약관의 내용들을 명확하게 개정한 것으로 구협회적하약관과 거의 유사한 내용을 가지고 있다.

# 제7절 무역대금결제에 관한 조건

## 1. 무역대금결제 조건의 결정

무역계약을 체결할 때 무역대금 결제조건은 자금사정을 고려하여 결정해야 한다. 무역대금 결제는 수출업자로서는 수출대금의 회수이고 수입업자로서는 수입물품에 대한 대금지급이 되기 때문에 무역대금 결제조건에서 중요한 것은 무역대금 결제시기이다. 수출업자는 무역대금 결제시기를 조속한 시일 내로 결정하고자 할 것이다. 이에 대하여 수입업자는 무역대금 결제시기를 늦추고자 할 것이다. 그러므로 무역계약 당사자는 이러한 이해상관관계를 고려하여 무역대금 결제시기, 무역대금 결제방법, 무역대금 결제조건 등을 결정해야 한다.

## 2. 무역대금 결제조건의 유형

### 1) 무역대금 수수방향 기준

#### (1) 송금결제

송금결제(remittance payment)는 매수인이 물품을 인수하기 전이나 인수한 후에 대금을 우편이나 전신 등을 통하여 송금하여 결제하는 방법이다. 송금하는 방식은 환어음송금방식, 우편송금방식, 전신송금방식 등이 있다.

#### (2) 추심결제

추심결제(collection)는 수출업자가 환어음을 발행하여 은행 등을 통하여 추심하여 결제하는 방법이다.

### 2) 물품과 대금의 교환시점 기준

#### (1) 현금결제

현금결제(cash in delivery)는 물품인도와 동시에 대금을 결제하는 방법이다.

#### (2) 선지급

선지급(cash in advance: advance payment)은 대금을 계약물품의 인수 전에 대금을 지급하는 방법이다. 선지급은 물품의 공급이 부족한 경우 물품을 확보할 때 이용하는 방법이다.

#### (3) 후지급

후지급(deferred payment)은 계약물품의 인수 후에 대금을 지급하는 방법이다. 후지급은 물품의 공급이 충분한 경우 이용할 수 있다.

#### (4) 분할지급

분할지급(progressive payment: installment payment)은 물품대금을 일정기간이나 인수할 때마다 일정액씩 지급하는 방법이다.

#### (5) 상호계산

상호계산(current account: open account)은 오랜 기간 무역거래를 계속하는 무역업자와 무역업자 사이에 계정을 설정하여 좋고 일정기간 단위별로 계정에서 계산을 하고 차액만 최종 결제하는 방법이다.

### 3) 신용장 발행여부 기준

#### (1) 신용장 결제

신용장 결제(payment basis with L/C)는 수입업자가 거래하는 은행에서 수입업자의 의뢰에 의해 신용장을 개설하여 수출업자가 신용장 조건에 일치하는 선적서류와 상환으로 발행하는 환어음에 대하여 개설은행이 지급, 인수 매입을 확약한다는 보증에 의해 수출업자인 수익자가 발행한 환어음의 금액을 결제하는 방법이다.

#### (2) 무신용장 결제

무신용장 결제는 무역계약 당사자가 신용장을 발행하지 않고 대금결제를 하는 방법이다. 무역계약 당사자가 신용장을 발행하지 않고 이행하는 무역대금 결제방법에는 현물상환 지급방식(COD)과 선적서류상환 지급방식(CAD)등과 같은 송금결제방식이 있다. 그리고 인수인도조건(D/A)과 지급인도조건(D/P) 등과 같은 추심결제방식도 이에 해당한다. 이외에도 팩토링(factoring) 결제방식, 포페이팅(forfaiting) 결제방식, 자금이체 결제방식 등이 있다.

# 제 8 절 상거래분쟁 해결에 관한 조건

## 1. 상거래분쟁 해결조건의 결정

무역계약을 체결할 때 상거래분쟁 해결조건(settlement of dispute)을 결정하는 것은 무역거래에서 발생할 수 있는 상거래분쟁을 신속하게 처리하려는 의도이다.

사실상 무역거래를 시작하여 무역대금을 결제할 때까지 문제가 없다면 무역거래자는 상거래분쟁에 대하여 우려할 이유가 없다. 그러나 무역거래는 국가와 국가 사이의 거래이기 때문에 많은 상거래분쟁이 발생한다. 이러한 상거래분쟁이 발생했을 때 어떤 방법으로 해결할 것인가에 관한 조건을 결정하는 것이다.

## 2. 상거래분쟁 해결조건과 중재조항

무역계약과 관련한 분쟁의 해결방법으로는 화해, 알선, 조정, 중재 등이 있다. 중재는 분쟁해결을 중재에 의한다는 중재조항을 미리 계약에 약정해 두지 않거나 나중에 중재에 의해 해결할 것을 합의하지 못하면 편리한 중재제도를 이용할 수 없게 된다. 따라서 무역계약을 체결할 경우에는 중재조항을 반드시 삽입하되 중재기관, 중재장소 및 준거법 등을 포함시키도록 하는 것이 바람직하다.

우리나라의 경우에도 중재기관으로 대한상사중재원이 설립되어 있으며 다음과 같은 표준중재조항을 제정하여 모든 계약서에 삽입하여 분쟁발생을 대비하도록 하고 있다.

"Arbitration: All dispute, controversies, or differences which may be arise between the parties, out of or in relation to or in connection with this contract, or for breach thereof, shall be finally settled by arbitration in Seoul, Korea in accordance with the Commercial Arbitration Rules of the Korean Commercial Arbitration Board and under the Laws of Korea. The award rendered by the arbitrator(s) shall be final and binding both parties concerned."

# 제 9 절 무역계약 체결과 무역계약서

## 1. 무역계약서의 작성과 효력

### 1) 무역계약서의 중요성

무역거래에서는 계약의 성립으로부터 무역매매물품의 인도 및 결제완료에 이르기까지 상당한 시일이 소요된다. 그리고 무역거래 중에 여러 가지의 문제가 발생할 가능성이 높다. 그러므로 무역계약 당사자의 책임과 의무에 대한 기준을 설정해야 한다. 무역계약서는 이러한 무역계약 당사자 사이의 책임과 의무를 확인하고 무역거래를 원활하게 하는 데에 필요하다. 그리고 무역계약 당사자 사이에 분쟁이 발생하였을 경우에도 분쟁을 해결하는 기준자료가 되기 때문에 무역계약서를 작성하는 것이 중요하다.

### 2) 무역계약서의 작성

무역계약서는 무역계약 당사자중 어느 쪽이 작성하여도 무관하다. 수출업자가 작성할 때는 매도서(sales note) 또는 주문확인서(conformation of order)가 작성된다. 수입업자가 작성할 때는 매입서(purchase note) 또는 주문서가 사용된다. 그런데 별도의 양식이 없이 수출업자의 청약서에 수입업자가 승낙하고 서명을 하거나 수입업자가 발행한 주문서에 수출업자가 서명을 하여도 된다.

### 3) 무역계약서의 송부와 무역계약 체결확인

무역계약의 체결확인은 수출업자와 수입업자 사이에 합의한 계약내용을 기재한 무역계약서를 송부하는 절차이다. 즉 무역계약의 내용을 무역계약 당사자중 일방이 정리하여 정본과 부본 2부를 작성하여 서명한 후 상대방에게 발송하면 이를 수령한 상대방이 송부된 계약서를 검토한 후 1부를 반송하고 1부를 보관하면 무역계약 체결확인 절차는 종료된다. 수입업자가 수출업자의 청약서에 승낙 서명을 하거나 수출업자가 수입업자의 주문서에 서명을 하더라도 서류는 2부를 작성하여 1부는 보관하고 1부는 발송하면 무역계약 체결확인 절차는 종료된다.

〈서식 6-2〉 무역계약서

**KIMPO CO., LTD.**
333, MOK-DONG, KANG-SE, SEOUL, KOREA
TEL: (02)777-777

**EXPORT SALES CONTRACT**

No. 7777
August 8, 2020

BROWN WILLIAM IMPORT Co.
456, FIFTH AVE., NEW YORK,
N.Y. 10001. U.S.A.

This Sales Note covers our sale to you of the under mentioned goods on the following terms and conditions :

Description: Ragiater manufactured by SEHAN Co., Ltd.
Quantity : 100,000 pcs.
Quality : Grade A, as per sample submitted.
Price: U.S. $ 1000.00 per pc. CIF New York.
Amount: U.S. $ 100,000.000.00
Shipment: 40,000 pcs., and 60,000 pcs., will be shipped within 40 days, and 100 days after receipt of L/C, respectively.
Insurance: ICC(C) for 10% over the invoice amount.
Reimbursement: Sight Draft for the invoice amount under Transferable Irrevocable L/C.
Packing: 1 pcs. in a strong carton box, or as per your instructions.
Shipping Marks:

◇
NEW YORK
VIA
PANAMA
MADE IN KOREA

Refer to General Terms and Conditions on the reverse side hereof which are incorporated herein and make an integral part hereof.

Agreed and confirmed by
BROWN WILLIAM IMPORT Co.

Brown William *Hanes William*
DIRECTOR

August 8, 2020

## 2. 일반거래조건협정서

### 1) 일반거래조건협정서의 의미

일반거래조건협정서(agreement on general terms and conditions of business)는 상대방과 거래할 때에 거래의 일관성을 유지하고 장래에 발생할지도 모르는 무역분쟁을 예방하거나 무역분쟁이 발생하였다고 하더라도 원만한 해결을 위하여 무역거래의 일반적인 기준이 될 제반 조건을 협정하고 그 기록내용을 교환하여 증거자료로 보관하기 위하여 작성하는 서류이다.

### 2) 일반거래조건협정서의 내용

#### (1) 거래형태

거래형태(business)는 본인 대 본인거래(business as principal to principal)인가 혹은 수수료에 의한 거래(business on commission)인가에 대한 내용이다. 일반거래조건협정서의 일반적인 내용은 사전에 회사의 거래방침을 인쇄하여 놓고, 무역계약을 체결할 때에 무역당사자 사이에 합의한 중요한 사항을 기재하는 방식을 따르는 것이 대부분이다.

#### (2) 계약의 기본조건

매매당사자가 무역계약을 체결할 때에 합의한 증거로 작성하는 계약서의 내용에는 기본적으로 다음과 같은 사항 들이 기재된다. 상품(goods), 품질(quality), 수량(quantity), 가격(price), 청약(offer), 대금 결제(payment), 신용장(letter of credit), 선적(shipment), 불가항력(force majeure), 선적지연(delayed shipment), 선적샘플(shipping sample), 해상보험(marine insurance), 상거래분쟁(claim) 등이다. 필요에 따라서는 거래조건(trade terms), 포장(packing), 선적서류(shipping document) 등에 관한 합의사항도 기재한다.

# 제3부

# 무역계약의 이행절차

# 제 7 장

# 신용장 도착

## 제1절 신용장의 의의와 특성

### 1. 신용장의 의의

무역계약이 체결되면 수출업자로서는 무역계약서에 합의한 대로 수출 물품을 확보하여 수출을 이행한다고는 하지만 수입업자가 수출대금을 합의한 날짜에 정확하게 지급하여 줄 것인가에 대한 의문점을 갖게 된다. 또한 수입업자는 대금지급에 대한 준비를 하고 있다고 하더라도 무역계약을 체결할 때 합의한 것과 같은 물품을 원하는 날짜에 정확하게 인수할 수 있을 것인가에 대한 의문점을 갖게 된다. 이와 같은 당사자 사이의 신용상태 불안에 따른 무역거래의 문제점을 해결하기 위하여 등장한 것이 신용장이다.

신용장(letter of credit: L/C)은 무역거래의 대금 결제를 원활하게 하기 위하여 수입업자의 거래은행이 수입업자의 요청에 따라 개설하는 것으로, 신용장에 명시된 조건과 일치하는 선적서류와 상환으로 수출업자 또는 그 지시인이 발행하는 환어음에 대하여 지급(payment), 인수(acceptance) 또는 매입(negotiation)할 것을 확약한 서신이다. 따라서 수입업자가 무역계약서를 근거로 은행에 지시한 신용장 조건에 따라 수출업자가 무역거래를 이행하였음을 입증하는 선적서류를 첨부하여 환어음의 매입을 의뢰하면 은행이 심사를 한 후에 대금 결제를 하기 때문에 무역당사자 사이의 의문점을 해결해 주게 된다.

## 2. 신용장의 특성

### 1) 독립성

신용장 거래는 그 성격상 그 근본적 계약인 매매계약(contract of sale) 또는 기타 어떠한 계약과도 별개의 독립적인 거래이기 때문에, 신용장을 개설한 은행은 이러한 계약과 관련하여 어떠한 구속도 받지 아니한다. 즉 신용장은 매매계약에 근거를 두고 개설되는 것이지만, 일단 개설된 신용장은 매매계약과는 별개의 독립된 거래가 된다. 이러한 특성을 신용장의 독립성(the principle of independence)이라고 한다.

이에 따라 신용장을 개설한 은행은 무역계약 당사자가 아니기 때문에 무역거래와 관련하여 발생한 문제에 대해서는 개입할 수 없고, 신용장 거래와 관련한 문제에 대해서만 개입할 수 있다. 즉 수입업자가 무역계약에 의한 의무이행을 위하여 거래은행에 신용장의 개설을 의뢰하고 거래은행이 신용장을 개설해 준다고 하더라도 신용장 개설과 무역계약 당사자 사이의 무역계약 이행과의 관계는 신용장 개설 때부터 법적 독립성을 가지게 된다는 것이다. 따라서 신용장 개설은행의 지급확약은 물품이 계약과 일치하는 것인가의 여부와 관계없이 독립적인 성격을 가지고 이행하게 된다. 이와 같은 신용장의 독립성 때문에 개설은행이 신용장을 개설하고 신용장 조건에 일치하는 선적서류를 첨부하여 수출업자가 발행하는 환어음에 대하여 지급, 인수, 매입을 확약할 수 있는 것이다.

### 2) 추상성

신용장 거래는 물품거래가 아니고 오직 서류에 의한 거래이다. 이러한 특성을 신용장의 추상성(the principle of abstraction)이라고 한다. 신용장을 개설한 은행은 수입업자가 지시한 내용에 따라 수출업자가 매입을 의뢰한 선적서류와 환어음이 신용장 조건에 일치하는가의 여부만을 판단한다. 이와 같이 개설은행이 소유권을 추상화한 선적서류만을 심사대상으로 하는 것을 신용장의 추상성이라고 한다. 그러므로 수입업자는 신용장 개설을 의뢰할 때 지시조건을 정확하게 명시해야 하고 수출업자는 신용장에서 지시하고 있는 내용을 이행하고 신용장 조건에 일치하는 서류를 준비하여 개설은행에 매입을 의뢰해야 한다. 신용장 거래에서는 개설은행이 신용장에 기재된 조건만을 가지고 대금 결제의 여부를 판단하기 때문에 신용장 조건에 일치하지 않는 하자서류로 판명되면 개설은행은 무역대금 결제를 거절하게 된다.

# 3. 신용장의 기능과 한계

## 1) 신용장의 기능

### (1) 수출거래의 확정

무역거래에서 신용장 결제방식이 아닌 경우에는 무역계약자 중 어느 일방의 의사에 의해 무역거래계약이 취소될 수도 있고 수출업자가 대금결제에 대한 불안감을 갖게 된다. 그러나 신용장 결제방식이 되면 신용장이 개설은행의 지급보장을 전제로 발행한 것이기 때문에 수입업자의 신용상태에 대한 불안감 없이 수출물품을 집화하거나 원자재를 구입하여 제조할 수 있는 것이다. 즉 개설은행이 수입업자를 대신하여 대금지급을 확약하는 것이기 때문에 수출업자는 수출을 이행하게 되어 수출을 확정시킨다.

### (2) 신용위험의 회피

신용장은 수출대금에 대하여 지급, 인수, 매입을 확약한 것이다. 그러므로 신용장이 개설된 후에는 수입업자의 사정에 의한 대금지급거절이나 주문취소, 도착화물에 대한 수령거절 등과 같은 문제가 발생하더라도 수출업자는 불안해 할 이유가 없다.

### (3) 환 결제위험의 회피

수출업자는 신용장을 발행하면 수입국의 외국환사정 악화에 따른 대외지불중지 등 환결제 위험을 방지할 수 있다. 수입국의 외국환관리 사정에 의해 외화유출을 규제할 경우에 수입업자가 무역대금에 대한 지급의사가 있더라도 지급을 하지 못하는 경우가 있다. 그러나 이미 신용장이 수입업자가 자국 정부로부터 수입허가와 수입대금지급의 허가를 받았다면 신용장에 의한 외환지급에 대하여 규제를 하지 않는다.

### (4) 국제금융의 원활화

수출업자가 자금사정이 원활하지 못한 경우에는 원신용장 자체를 활용하거나 원신용장을 견질로 하여 내국신용장을 발행받아 무역금융을 수혜할 수 있다. 수입업자로서는 수입대금이 부족한 경우에 신용장을 근거로 수입화물의 대도나 수입화물 선취보증서 제도 등을 활용하여 자금부족을 해결할 수 있다. 또한 수출업자로서는 사정에 따라 자국에서 수출금융혜택도 받을 수 있기 때문에 신용장의 개설은 금융상의 문제를 해결하는 데 도움을 준다.

### 2) 신용장 거래의 한계점

신용장은 환어음이나 수표와는 다른 성질을 가지고 있기 때문에 절대적인 지급수단이 되지 못한다. 신용장은 유가증권이 아니고 은행의 지급, 인수, 매입을 확약받고 있을 뿐이다. 그러므로 신용장의 독립추상성이라는 성질은 무역거래에서 상업적인 위험을 유발시킬 가능성이 높다. 신용장은 서류를 근거로 이루어지는 거래이기 때문에 수출업자가 실제의 무역계약에서 합의한 물품과 다른 물품을 선적하여 보내 온 경우 이에 대한 위험은 수입업자에게 전가될 가능성이 있다.

# 제 2 절 신용장 거래의 당사자

## 1. 기본 당사자

### 1) 개설의뢰인

개설의뢰인(applicant)은 신용장 개설을 신청한 당사자이다. 개설의뢰인은 신용장 발행을 의뢰한다고 해서 발행의뢰인(opener, issuer)이라고도 한다. 개설의뢰인은 무역계약과 관련하여 매수인(buyer)이며 수입업자(importer)이다. 개설은행으로부터 신용을 공여받는 자(accredited buyer)이며 환어음의 결제인(accountee, payer)이고 운송계약과 관련해서는 물품의 수령인(consignee)이다.

### 2) 개설은행

개설은행(opening bank, grantor)은 수입업자의 의뢰에 의해 신용장을 개설하고 신용장 조건에 일치하는 서류와 상환으로 수익자가 발행하는 환어음에 대하여 지급, 인수, 매입을 하게 된다. 신용장을 발행한다는 의미에서 발행은행(issuing bank)이라고도 한다.

신용장 거래에 있어서 제일 중요한 역할을 하는 것은 개설은행이므로 개설의뢰인은 자신의 거래은행 가운데 국제적으로 신용이 있는 외국환은행이거나 개설의뢰인이 신뢰하고 있는 외국환은행의 지점 또는 외국은행과 환거래계약을 체결한 환거래은행(correspondent bank)을 선택하는 것이 바람직하다.

### 3) 수익자

수익자(beneficiary)는 신용장 거래에서 이익을 향유하는 자이다. 신용장 거래에서 수익자는 수출물품을 선적하고 신용장 조건에 일치하는 선적서류를 준비하여 개설은행에 결제를 의뢰하게 된다. 수익자는 무역계약에서 매도인이며 수출업자이다. 신용장 거래에서는 발행된 신용장을 받는 자(addressee)이다. 그리고 신용장을 자신의 이익에 맞도록 이용하는 자(user)이며 개설은행으로부터 신용을 제공받는 자(accreditee)이다. 환어음에서는 환어음 금액을 수령하는 대금의 수령인(payee)이고 환어음을 발행하는 자(drawer)이다.

### 4) 확인은행

확인은행(confirming bank)은 개설은행의 수권 또는 요청에 의해 신용장에 확인을 한 은행을 의미한다. 즉 신용장을 발행한 개설은행에 대한 신뢰도가 낮을 때 수익자의 요청에 의해 국제적으로 명성이 있는 제3의 은행이 이미 개설된 신용장에 대하여 개설은행과는 독자적으로 신용장에 의해 발행된 환어음의 지급, 인수 또는 매입을 확약하는 은행이다.

## 2. 기타 당사자

### 1) 통지은행

통지은행(advising bank or notifying bank)은 개설은행의 요청에 따라 개설은행의 지점 혹은 예치환거래은행을 통하여 수출업자의 소재지에서 수출업자에게 신용장의 개설사실을 통지하여 주는 은행이다. 통지은행은 개설은행의 의뢰를 받아 신용장의 개설사실을 통지하는 은행이라는 의미에서 붙여진 명칭이지만 원어의 의미에서 보면 신용장의 개설사실을 알려 줄 때 어떠한 법적 책임도 없이 조언은 할 수 있는 입장에 있는 은행이라고 할 수 있다.

### 2) 지급은행

지급은행(paying bank)은 신용장에 의해 수익자가 발행하는 환어음 금액에 대하여 지급을 행하는 은행이다. 지급은행은 일반적으로 개설은행 자신이나 개설은행으로부터 지정을 받은 예치환거래은행(depositary correspondent bank)이 환어음 결제대금에 해당하는 전액을 미리 위탁시켜 둔 지정은행으로 한정된다.

### 3) 인수은행

인수은행(accepting bank)은 신용장의 조건에 일치되는 선적서류가 첨부된 기한부 환어음(time bill or usance bill)을 발행하여 외국환은행에 제시하면 인수하도록 수권된 은행이다. 인수은행은 자행 앞으로 발행된 기한부 환어음을 인수한 경우에는 그 환어음의 만기일에 반드시 지급할 의무를 부담하기 때문에 인수은행은 환어음의 만기일에 가서는 지급은행이 된다.

### 4) 매입은행

매입은행(negotiating bank)은 매입신용장에서 개설은행 앞으로 발행된 환어음이나 선적서류를 매입하도록 수권된 은행이다. 매입은행은 개설은행 앞으로 발행된 환어음을 신용장에 명시된 선적서류와 함께 제시받으면 일정한 기간의 이자를 받은 후 그 환어음을 매입하고 환어음 금액을 지급하게 된다. 환어음의 매입은 주로 환어음의 할인매입을 의미한다. 시중에서는 'nego'라는 명칭으로 지급, 인수 또는 매입에 구별없이 사용하고 있지만 실제의 의미는 매입만을 지칭해야 한다.

### 5) 상환은행

상환은행(reimbursing bank)은 개설은행이 상환에 관한 권한을 부여받고 상환업무를 취급하는 외국환은행이다. 개설은행은 상환업무의 편의를 위하여 그리고 환어음 결제의 효율성을 증대시키려고 본지점이나 자행의 예치환거래은행을 상환은행으로 지정하게 된다. 개설은행이 상환은행을 지정할 때는 상환수권서를 발행한다. 상환은행은 상환수권서에 지시된 내용에 따라서만 상환업무를 취급한다.

### 6) 양도은행

양도은행(transferring bank)은 양도가능신용장에서 개설은행으로부터 통지되어 온 원수출신용장의 수익자가 요청을 하여 원수출신용장의 모든 권리와 의무를 제2의 수익자에게 양도하도록 인정한 외국환은행이다.

### 7) 지정은행

지정은행(nominating bank)은 신용장에서 지급이행 또는 매입하도록 수권된 은행이다. 자유사용신용장의 경우에는 모든 은행을 의미한다.

# 제3절 신용장 거래의 원칙과 절차

## 1. 신용장 거래의 원칙

### 1) 신용장 지시의 준수

개설은행은 신용장 개설의뢰인이 지시한 사항을 준수해야 한다. 또한 매입은행으로부터 추심되어 온 선적서류를 심사할 때도 개설의뢰인의 지시를 준수해야 한다.

### 2) 신용장 조건의 충족

신용장 거래에서 신용장 조건을 완전무결하게 일치시켜야 한다는 엄밀일치의 원칙과 선적서류의 내용이 신용장 조건과 상호 모순되지 않으면 조건을 충족시킨 것으로 한다는 상당일치의 원칙을 적용한다.

## 2. 신용장 거래의 절차

### 1) 신용장 거래의 전제조건

신용장의 거래를 하기 위해서는 무역계약을 체결할 때에 무역대금 결제조건을 신용장 결제방식으로 결정해야 한다. 즉 무역계약을 체결하면서 작성하는 일반거래조건 협정서나 무역계약서에 무역대금 결제방식으로 신용장에 의한 대금 결제방식을 채택하도록 합의하였음을 명시해야 한다.

### 2) 신용장 거래절차

#### (1) 무역계약 체결

신용장 거래를 위해서는 수출업자와 수입업자가 무역계약을 체결할 때 무역대금 결제방식을 신용장 결제방식으로 하여 체결한다.

### (2) 신용장 개설의뢰

수입업자는 필요한 경우 외국환은행에 수입승인을 신청하여 수입승인서를 확보해야 한다. 그리고 외국환은행에 신용장의 개설을 의뢰한다. 신용장의 개설신청에 필요한 서류는 신용장 개설신청서, 신용장 거래약정서, 수입승인서, 보험증권 등이다. 수입업자는 신용장 개설신청서에 필요한 조건을 명확하게 기재해야 한다.

### (3) 신용장 개설

수입업자로부터 신용장 개설의뢰를 받은 외국환은행은 신용장 개설신청서를 심사한 후 개설의뢰인의 지시에 따라 수익자 앞으로 신용장을 발행한다. 개설은행은 수출업자가 소재하고 있는 외국의 외국환은행에게 신용장 통지를 의뢰한다.

### (4) 신용장 개설통지

통지은행은 신용장의 신빙성을 확인하고 수출업자에게 신용장 도착사실을 통지한다. 이 경우 통지은행이 개설은행으로부터 확인의 추가를 요청받은 경우에는 별도의 확약문언을 기재한 후 통지은행 형식의 신용장을 통지한다.

### (5) 무역계약물품 선적 및 선적서류 입수

수출업자는 신용장 개설사실을 통보 받은 후에 신용장 조건이 무역계약조건과 일치하는가를 확인하고, 수출물품을 제조하거나 집화하여 선적한 후에 선적서류를 입수한다.

### (6) 선적서류 첨부 및 환어음 매입의뢰

수출업자는 신용장에서 요구하는 선적서류를 구비하고 환어음을 첨부하여 외국환은행에 지급, 인수 또는 매입을 의뢰하게 된다. 기본적인 선적서류는 선하증권, 보험증권, 상업송장 등이다. 매입은행은 환어음 및 선적서류와 상환으로 수출업자에게 환어음 금액을 결제한다.

### (7) 선적서류 및 환어음 송부

매입은행은 수출업자에게 지급한 환어음 금액을 상환받기 위하여 신용장 개설은행으로 선적서류 및 환어음을 송부한다.

### (8) 대금결제 및 선적서류 입수

개설은행은 선적서류와 환어음을 인수하면 심사를 하고 수입업자에게 선적서류의 도착사실을 통지한다. 수입업자는 수입대금을 결제하고 선적서류를 입수한다.

**(9) 선적서류 제시 및 물품 입수**

수입업자는 개설은행에 환어음 금액을 지급하고 인수한 선적서류 중에서 선하증권을 운송회사에 제시하고 물품을 입수하여 수입통관절차를 거쳐 시장에서 처분하면 된다.

**(10) 대금상환**

개설은행은 수입업자로부터 결제받은 환어음 금액을 상환은행이 있으면 그 은행을 경유하거나 매입은행으로 환어음 대금을 송금한다.

**(11) 대금회수**

수출업자는 일람출급 환어음인 경우에는 환어음을 결제한 매입은행으로부터 즉시 환어음 금액을 회수하지만 기한부 환어음인 경우에는 만기일에 환어음 금액을 수령해야 한다.

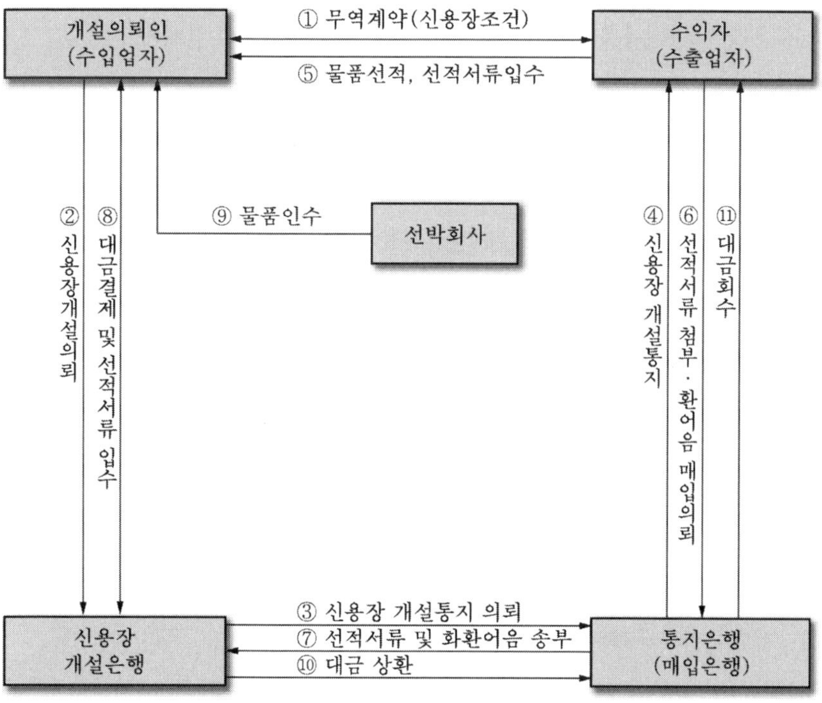


〈그림 7-1〉 신용장 거래의 절차

# 제4절 신용장의 종류

## 1. 신용장의 일반형태

### 1) 상업신용장과 클린신용장

상업신용장(commercial credit)은 무역신용장이라고도 한다. 상업신용장은 수출입거래에서의 대금 결제에 대한 결제를 보장하여 주는 조건으로 개설한 신용장이다. 상업신용장은 화환신용장과 무담보신용장으로 구분된다.

화환신용장은 환어음을 결제할 때 화환서류 즉 선적서류의 첨부가 필요한 조건의 신용장이다. 무담보신용장은 환어음을 결제할 때 선적서류의 첨부 없이 결제가 가능한 조건의 신용장이다.

클린신용장(clean credit)은 신용장 수출입거래 이외의 국제무역거래에 사용되는 신용장이다. 즉 환어음을 결제할 때 담보물건으로서의 선적서류가 제시되지 않고 환어음만의 발행만으로 결제될 수 있도록 하는 조건으로 개설한 신용장이다. 클린신용장은 여행자신용장과 보증신용장이 대표적이다.

### 2) 보증신용장과 여행자신용장

보증신용장(standby credit)은 일반 고객이 외국에서 현지의 은행으로부터 금융을 받거나 화환신용장을 개설하고자 할 때 국내 거래은행에 요청하여 국내 거래은행이 현지은행 앞으로 고객의 채무보증을 확약한다는 내용으로 개설한 신용장이다. 또한 외국에서 입찰을 하는 경우에 입찰보증금, 계약이행을 보증하는 데 필요한 계약보증금, 현금의 차입에 필요한 보증 등을 위하여 해당자의 본국 거래은행이 보증하는 조건으로 개설하기도 한다.

여행자신용장(traveller's credit)은 여행자의 현금 휴대의 불편을 제거하고자 이용하였으나 여행자 수표가 등장하면서 무의미하게 되었다. 즉 여행자가 은행의 신용장을 발부받아 현지에서 금융의 혜택을 받는 것이 여행자신용장이지만 오늘날에는 여행자 수표를 휴대하여 외국에서 자유롭게 사용할 수 있기 때문에 그 의미를 잃게 된 것이다.

### 3) 일반신용장과 상환신용장

일반신용장(simple credit)은 환어음의 매입은행이 매입자금을 개설은행으로부터 상환받을 때 매입은행에 신용장 개설은행의 계정이 있어서 그 계정에서 환어음의 매입자금을 인출하여 상환받는 조건으로 개설한 신용장이다.

상환신용장(reimbursement credit)은 환어음의 매입은행이 매입자금을 상환받을 때 매입은행에 신용장 개설은행의 계정이 없어서 개설은행 앞으로 환어음을 발행하여 매입자금을 상환받거나 개설은행이 지시한 제3의 결제은행을 통하여 매입자금을 상환받는 조건으로 개설한 신용장이다.

### 4) 은행신용장과 개인신용장

은행신용장(banker's credit)은 수출업자가 발행한 환어음에 대하여 신용장의 개설은행 또는 확인은행이 지급을 확약한다는 조건으로 개설한 신용장이다. 개설은행 또는 확인은행이 수출업자가 발행한 환어음에 대하여 지급할 것을 명백히 확약하고 있으면 은행신용장이 되는 것이다.

개인신용장은 수출업자가 발행한 환어음에 대하여 수입업자가 지급을 확약한다는 조건으로 개설한 신용장이다. 개인이 수출업자가 발행한 환어음에 대하여 환어음의 지급을 확약하고 있으면 개인신용장이라고 한다.

### 5) 수출신용장과 수입신용장

수출신용장(export's credit)은 수출업자가 개설은행으로부터 발송받은 신용장을 의미한다. 그 신용장이 통지은행을 경유하거나, 우편으로 송달되거나를 불문하고 수출업자가 수령한 신용장이 수출신용장이다. 수출업자가 신용장을 입수한 이후에 수출을 확정적으로 이행하기 때문에 무역거래에서 수출신용장은 중요한 의미를 갖게 된다. 수출업자는 수출신용장에 따라 수출을 하고 환어음의 매입을 의뢰해야 하기 때문에 개설되어 온 신용장을 철저하게 검토한 후 수출을 이행해야 한다.

수입신용장(import's credit)은 수입업자가 의뢰하여 개설하여 수출업자에게 발송한 신용장이다. 따라서 동일한 한 개의 신용장을 수입업자의 입장에서 보면 수입신용장이 되는 것이고 수출업자의 입장에서 보면 수출신용장이 되는 것이기 때문에 두 개의 별도 신용장으로 보면 안 된다.

## 2. 신용장의 기본형태

### 1) 취소불능신용장과 취소가능신용장

취소불능신용장(irrevocable credit)은 개설은행이 신용장에 명기된 선적서류가 제시되는 것을 조건으로 환어음을 지급, 인수 또는 매입할 것을 확약하거나 다른 외국환은행에 지급, 인수 또는 매입을 하도록 수권하겠다는 것을 수익자 또는 선의의 환어음소지인에게 확약한 신용장이다. 따라서 취소불능신용장은 신용장에서 명시한 조건에 일치한 소정의 선적서류가 제시되면 개설은행이 확약한 사실에 대하여 신용장 거래당사자 전원의 합의가 없이는 신용장의 조건을 변경하거나 취소할 수 없도록 하는 조건으로 발행한 신용장이다.

신용장 거래당사자 전원이란 개설은행, 확인은행 및 수익자 전원을 의미한다. 신용장 통일규칙(The Uniform Customs and Practice for Documentary Credits, 2007 Revision ICC Publication No. 600: UCP 600)에서는 개설의뢰인이 환어음에 대한 지급, 인수 또는 매입을 확약하고 있는 것이 아니라는 측면에서 신용장 당사자 전원에 포함시키지 않고 있다. 즉 UCP 600에서는 법리적으로 신용장 개설의뢰인이 대금지급에 관한 권한을 개설은행에게 위임하였기 때문에 당사자가 아니라고 한다. 미국의 통일상법전(Uniform Commercial Code; UCC)에서는 신용장 개설의뢰인, 개설은행, 수익자의 합의가 있어야 함을 규정하고 있다.

취소가능신용장(revocable credit)은 무역거래에서 거의 이용되지 않고 있다. 이와 같은 특징 때문에 신용장 통일규칙에서는 취소불능신용장만 인정하는 것으로 하고 있다.

### 2) 화환신용장과 무화환신용장

화환신용장(documentary credit)은 수출업자가 물품을 선적한 후에 신용장 조건에 일치하는 선적서류를 첨부하여 발행하는 환어음에 대하여 지급, 인수, 매입을 확약하는 조건으로 개설한 신용장이다.

무화환신용장(documentary clean credit)은 수익자가 선적서류를 첨부하지 않고 발행하는 환어음에 대하여 지급, 인수, 매입할 것을 확약하는 조건으로 개설한 신용장이다. 수출업자가 선적서류를 수입업자에게 직접 발송하고 은행에는 환어음만 매입을 의뢰할 수 있는 신용장이다. 따라서 무화환신용장의 거래는 동일한 기업과 기업 사이의 거래 또는 신용이 확실한 무역업자와 무역업자 사이에서 이루어지게 된다.

### 3) 확인신용장과 미확인신용장

확인신용장(confirmed credit)은 이미 개설한 신용장의 개설은행에 대한 신용이나 신뢰도에 문제가 있다고 판단하는 경우 제3의 은행이 개설은행과는 별도의 확약을 보증하는 조건으로 개설한 신용장이다. 따라서 원래의 신용장에서 개설은행이 확약한 지급, 인수, 매입에 대한 보증과는 별도로 제3의 은행이 지급, 인수, 매입에 대한 확약을 하는 조건의 신용장이다. 일종의 재확약 또는 확약에 대한 재보증으로 볼 수 있다.

미확인신용장(unconfirmed credit)은 이미 개설한 신용장에 대하여 별도의 확약이 없는 신용장이다. 즉 원래의 신용장에서 개설은행이 지급, 인수, 매입에 대한 확약을 한 것 이외에 다른 확약이 존재하지 않는 신용장이다.

신용장에 확인과 관련한 확인(confirmed) 또는 미확인(unconfirmed)에 대한 명확한 표시가 없는 경우에는 미확인으로 간주한다. 신용장의 확인은 개설은행 이외의 외국환은행이 개설은행의 확약이 있음에도 불구하고 별도로 재확약을 하는 것이기 때문에 취소불능신용장에 대한 확인신용장, 취소불능신용장에 대한 미확인신용장, 취소가능신용장에 대한 미확인신용장은 성립할 수 있으나 취소가능신용장에 대한 확인신용장은 성립할 수 없게 된다.

### 4) 상환청구가능신용장과 상환청구불능신용장

상환청구가능신용장(with recourse credit)은 환어음을 매입한 은행이 수익자에게 무역대금을 지급한 이후에 환어음을 추심하는 과정에서 환어음의 지급인인 개설의뢰인이 지급을 거절하거나 지급불능의 상태에 있을 때 환어음의 소지인인 은행이 수익자에게 이미 지급한 환어음 대금에 대하여 상환을 청구할 수 있는 조건으로 개설한 신용장이다.

상환청구불능신용장(without recourse credit)은 환어음을 매입한 은행이 수익자에게 무역대금을 지급한 이후에 환어음을 추심하는 과정에서 환어음의 지급인인 개설의뢰인이 지급 또는 인수를 거절하는 경우 환어음을 소지한 은행이 수익자에게 환어음법에 의한 상환청구권을 행사하지 못하도록 하는 조건으로 개설한 신용장이다. 환어음을 매입한 은행이 수익자에 대하여 대금지급이후 어떠한 경우에도 수익자에게 상환청구를 할 수 없도록 한 신용장이다.

신용장에 상환청구에 관한 명확한 명시가 없는 경우에는 상환청구가능으로 간주한다. 그리고 우리나라에서는 환어음법에 의해 신용장을 근거로 환어음이 발행되는 경우에 상환청구가 가능하도록 규정되어 있다. 따라서 신용장에 상환청구불능이라는 문구가 있는 상환청구불능신용장이라고 하더라도 무시되고 상환청구가 가능하게 되므로 유의해야 한다.

### 5) 매입신용장과 지급신용장

매입신용장(negotiation credit)은 수익자가 신용장 개설은행이나 환거래 결제은행 앞으로 환어음을 발행하여 제시하면 매입하겠다는 조건을 약정한 신용장이다. 매입신용장에서는 수익자, 환어음 발행인, 환어음배서인, 선의의 소지인 등에 대해서도 지급을 확약한다.

지급신용장(straight credit)은 수익자가 신용장 개설은행이나 환거래 결제은행 앞으로 환어음을 발행하여 제시하면 지급하겠다는 조건을 약정한 신용장이다. 지급신용장에서는 수익자가 발행한 환어음의 배서인이나 선의의 소지인에 대하여 지급을 확약하지는 않는다.

### 6) 보통신용장과 특정신용장

보통신용장 혹은 개방신용장(general or open credit)은 신용장 조건에 의해 발행된 환어음의 매입을 어느 은행에서나 취급할 수 있도록 허용하는 조건으로 개설한 신용장이다. 보통신용장이 개설되면 환어음의 매입은행이 지정되어 있지 않기 때문에 수익자가 판단하여 가장 유리한 환율을 적용하는 은행을 선택하여 환어음의 매입을 의뢰할 수 있게 된다.

특정신용장 혹은 특수신용장(special or restricted credit)은 신용장 조건에 의해 발행된 환어음의 매입을 특정은행으로 제한하여 개설한 신용장이다. 특정신용장은 환어음의 매입의뢰은행을 지정하고 있기 때문에 시중의 은행 중 환율이 유리한 은행이 있더라도 지정한 은행에서만 매입을 하도록 제한한다. 이에 따라 특정신용장을 제한신용장이라고도 한다.

### 7) 일람출급신용장과 기한부신용장

일람출급신용장(sight credit)은 신용장에서 허용하고 있는 환어음의 발행이 일람출급 환어음으로 되어 있는 신용장을 의미한다. 따라서 환어음이 지급인에게 제시되면 즉시 대금지급을 하는 조건으로 개설한 신용장이다.

기한부신용장(usance credit)은 신용장에서 허용하고 있는 환어음의 발행이 기한부 환어음으로 되어 있는 신용장을 의미한다. 따라서 환어음이 환어음 지급인에게 제시되고 환어음에 기재된 만기일에 대금이 지급되는 조건으로 개설한 신용장이다. 수입업자로서는 환어음이 제시되었을 때에 환어음 대금을 지급하지 않고 환어음 만기일에 환어음 대금을 지급하는 것이기 때문에 결제자금의 운용에 여유가 있다는 장점이 있다. 자금사정이 어려운 수출업자는 환어음의 결제일 이전에 환어음 할인의 형식으로 환어음 기간의 이자를 지급하고 외국환은행에 매각하여 수출대금을 회수하기도 한다.

## 8) 양도가능신용장과 양도불능신용장

### (1) 양도가능신용장

① 양도가능신용장의 의미

양도가능신용장(transferable credit)은 신용장에 양도가능(transferable)이라는 표시를 하여 수출업자가 제2의 수익자에게 양도할 수 있도록 지급은행이나 인수은행 또는 매입은행에 요청하는 것을 허용하는 조건으로 개설한 신용장이다.

② 양도가능신용장의 개설 이유

신용장의 양도는 신용장 조건의 양도와 신용장 금액의 양도로 구분된다. 일반적으로는 신용장 조건의 양도만을 대상으로 하고 신용장 금액의 양도는 일반적으로는 활용되지 않고 있다. 양도가능신용장을 개설하는 이유는 다음과 같다.

첫째, 수입업자는 한 사람인데 수출업자가 다수인 경우이다. 신용장은 하나의 거래를 대상으로 개설하는 것이 원칙이다. 그런데 수입업자가 하나의 품목을 수입하는데 수출업자가 다수인 경우에는 개개의 수출업자에게 별도의 신용장을 개설하여 주면 수입업자로서는 시간 및 경비에 대한 부담이 커지기 때문에 양도가능신용장을 개설한다.

둘째, 수출국의 사정을 정확하게 판단하지 못하는 경우에는 중개인이나 대리인에게 신용장을 개설하여 준다. 그런 후 가장 좋은 조건의 제조업체를 물색하여 신용장을 양도함으로써 수입가격과 부대비용을 절감하려는 의도로 양도가능신용장을 개설한다.

셋째, 수출업자가 무역업에 대한 법적 자격을 갖추지 못한 경우, 자격이 있는 무역업자에게 무역을 대행시킬 때 양도가능신용장을 개설한다. 무역업 자격이 없는 원 수익자는 수수료와 수출마진을 취득하게 된다.

넷째, 수출업자가 제조설비를 갖추지 못한 경우에 양도가능신용장을 개설한다. 수출업자는 양도가능신용장을 국내의 제조업체에게 양도하여 신용장 조건에 따라 수출을 대행하도록 하고 제조업체로부터 수수료 또는 수출마진을 취득하게 된다.

### (2) 양도불능신용장

양도불능신용장(non-transferable credit)은 신용장의 양도가 허용되지 않는 신용장이다. 즉 원 수익자만 사용하는 조건으로 개설한 신용장이다. 신용장에 양도가능에 대한 명시가 없거나 불명확한 경우에는 양도불능신용장으로 간주한다.

## 3. 신용장의 특수형태

### 1) 회전신용장

회전신용장(revolving credit)은 신용장을 개설한 후 일정기간이 경과하면 동일한 내용으로 효력이 갱생되는 조건으로 개설한 신용장이다. 즉 동일한 거래처와 동일한 물품을 일정기간 반복적으로 거래하는 경우 매 거래마다 신용장을 개설하는데 따른 시간과 경비를 절약하기 위하여 개설하는 신용장이다. 대부분의 신용장은 사용한도 금액을 설정하여 놓고 그 금액에 대하여 자동적으로 갱생하도록 하고 있다.

### 2) 전대신용장

전대신용장 혹은 선대신용장(red clause credit, packing credit)은 개설은행이 매입은행으로 하여금 수출업자에게 선적 전에 일정한 조건으로 수출대금을 전대할 수 있도록 하고 그 전대금의 보상을 확약하는 조건으로 개설한 신용장이다. 즉 전대신용장은 수출업자가 무역계약물품의 선적 전에 수출물품의 생산, 가공 등에 필요한 자금을 선적서류를 첨부하지 않고 매입은행으로 하여금 전대하도록 허용한 신용장이다.

수출대금을 전대할 때 필요한 서류는 영수증과 선적한 후에 운송서류를 은행에 제시하겠다는 각서만 있으면 되기 때문에 수출업자에게는 이점이 많은 신용장이다. 전대(前貸) 혹은 선대(先貸)를 허용한 문언이 적색 활자로 인쇄되어 있어서 적색약관신용장(red clause credit)이라고도 하고 수출업자가 물품을 집하하여 포장만 하면 수출이 가능하다는 의미에서 포장신용장(packing credit)이라고도 한다.

### 3) 연장신용장

연장신용장(extended credit)은 회전신용장과 전대신용장을 합친 형태이다. 즉 수출업자의 자금조달을 위하여 신용장 개설의뢰인의 요청에 의해 수익자가 물품을 선적하기 전에 발행하는 무담보환어음을 수익자의 거래은행이 매입하고 일정기간 내에 선적서류를 환어음 매입은행에 제공할 것을 조건으로 개설한 신용장이다. 선적서류의 제공 전에 자금이 전대된다는 점이 전대신용장의 기능과 같다. 또한 선적서류의 인도와 동시에 신용장 금액이 갱생되기 때문에 회전신용장과 같은 기능도 갖고 있다.

### 4) 동시개설신용장

동시개설신용장(back to back credit)은 국가와 국가 사이에 수출입의 균형을 유지하기 위한 구상무역에 사용하는 신용장이다. 정부가 수입업자에게 수입을 허가하는 조건으로 동일한 금액의 수출을 하도록 하는 경우에 수입업자가 수입하는 물품의 금액과 동일한 금액의 신용장을 수출업자가 수입하는 입장에서 개설하는 것을 조건으로 개설한 신용장을 동시개설신용장 또는 구상무역신용장이라고 한다.

### 5) 기탁신용장

기탁신용장(escrow credit)은 수입업자가 무역대금을 결제할 때, 수출업자의 기탁계정을 개설하여 무역대금을 기탁하여 놓고 수출업자가 신용장을 개설한 국가로부터 수입하는 물품의 대금 결제에만 사용하는 조건으로 개설한 신용장이다. 즉 수출업자가 수출대금을 기탁계정에 기탁한 상태에서 수입의 경우에만 대금을 사용하도록 하는 신용장이다. 양당사자는 동일한 금액의 신용장을 개설하지 않아도 된다는 점에서 동시개설신용장과 다르다.

### 6) 백지신용장

백지신용장(blank credit)은 신용장의 금액은 확정되어 있으나 물품의 명세가 확정되지 않아 선적 물품에 대하여 백지 위임하는 조건으로 개설한 신용장이다. 산업설비나 명세가 복잡한 부품에 대하여 별첨의 서류를 첨부하기로 하고 신용장상의 물품란에는 일반적인 포괄적 용어로 기입하여 사용하는 백지위임양식의 신용장이다.

### 7) 환어음양식부신용장

환어음양식부신용장(marginal credit)은 위조어음의 방지를 위하여 신용장의 여백에 신용장 거래에서 사용될 환어음을 인쇄하거나 환어음양식이 첨부된 신용장이다.

### 8) 할부선적신용장

할부선적신용장(installment shipment credit)은 일정한 기간 내에 주기적으로 일정량의 물품을 선적하도록 제한을 가하는 신용장이다. 따라서 분할선적과 할부선적의 개념은 다르다. 즉 지정된 할부 분이 지정된 기간 내에 선적되지 않으면 그 이후의 할부 분에 대한 신용장의 효력이 상실된다.

### 9) Tomas Credit

Tomas Credit은 일본이 중국과 구상무역을 개척할 때에 일본의 수출업자가 전신약호로 tomas라는 용어를 사용한 데서 유래한 신용장이다. 수출업자가 수출의 대가로 동액의 수입을 하기로 하였으나 여건이 맞지 않는 경우 일정기간 후에 동액의 수입신용장을 발행하겠다는 보증서를 발급하는 조건으로 발행하는 신용장이다. 즉 수출업자가 선적 후 무역대금 결제대가로 매입을 할 때 수입업자에게 언제까지 대응신용장(counter L/C)을 발행하겠다는 내용의 보증서를 발급하는 조건의 신용장이다.

### 10) Omnibus Credit

Omnibus Credit은 화물의 선적준비가 되었으나 선적서류가 미비하여 화물을 담보로 환어음을 발행하지 못하는 무역업자들을 위하여 선적서류의 제공없이 환어음을 발행할 수 있도록 허용한 신용장이다.

일반적으로는 수출업자가 화물을 선적한 후에 선적서류를 준비하여 은행에 매입시키고 대금 결제를 한다. 이런 경우에는 대금 결제기간이 오래 소요되어 수출업자로서는 자금회전이 원활하지 못하게 된다. 따라서 이러한 문제를 해결하고자 선박이 정박하고 있는 부두내의 창고에 화물을 입고시키고 발행받은 창고증권(warehouse warrant or warehouse certificate) 등을 담보로 환어음을 발행하여 환어음의 매입을 의뢰하여 무역대금을 취결할 수 있도록 허용한 신용장이다. Omnibus Credit은 선적불이행에 따른 손해도 예상되기 때문에 신용이 확실한 거래처나 본사와 지사 사이에 주로 사용된다.

### 11) Payment on Receipt Credit

수입업자의 거래은행이 수출업자 소재지의 매입은행에 일정한 자금을 송금하여 예치해 놓는다. 이후 매입은행은 수출업자가 선적 후에 신용장에 일치하는 서류의 제시없이 물품수령증과 상환하여 환어음을 발행하여도 대금을 지급하도록 허용한 신용장이다.

### 12) Transit Credit

Transit Credit은 무역거래가 거의 없거나 무역제도가 서로 다른 국가 사이에 수출입을 할 때에 환거래은행이 없거나 통화가 태환되지 않는 경우에 제3국의 은행에서 제3국의 통화로 결제하도록 표시된 신용장이다.

## 13) 내국신용장

### (1) 내국신용장의 의미

내국신용장(local, domestic credit)은 수출업자가 국내의 외국환은행을 통하여 원신용장을 견질(見質)로 수출용 물품이나 원자재 등의 확보를 위하여 국내의 완제품 공급자나 원자재 공급자 앞으로 개설한 신용장이다. 내국신용장은 수출용 완제품과 수출용 원자재를 국내에서 구매하려는 자의 신용에 대하여 외국환은행이 보증함으로써 공급물자의 대금회수를 위한 환어음의 지급을 확실하게 하여 공급계약을 확정시킴과 동시에 수출용 완제품과 수출용 원자재 공급자로 하여금 무역금융의 혜택을 받을 수 있게 하여 물자의 공급을 원활하게 하려는 취지에서 발행하는 신용장이다.

### (2) 내국신용장의 기능

내국신용장을 개설하면 수출업자의 입장에서는 내국신용장을 활용함으로써 구매물자의 대금을 사전에 지급할 필요가 없이 외국환은행의 신용을 이용할 수 있다. 공급업자의 입장에서는 대금회수에 따른 신용위험을 회피할 수 있다. 그리고 공급업자는 내국신용장을 담보로 하여 무역금융을 받을 수 있다. 이에 따라 내국신용장은 수출용 원자재의 국내조달을 촉진하고 수출용 완제품의 생산공급을 원활하게 한다. 또한 내국신용장은 금융세제 측면에서 영세율(零稅率, 0稅率)을 적용하기 때문에 원수출신용장과 같은 혜택을 받을 수 있다.

### (3) 내국신용장의 당사자

① 내국신용장의 개설의뢰인

내국신용장의 개설의뢰인은 원신용장의 수익자가 된다. 원수익자는 수출업자이다. 이에 따라 국내에서 수출용 완제품과 수출용 원자재를 구매하는 자, 2차 내국신용장인 경우에는 원내국신용장의 수익자, 수출실적 또는 원자재 공급실적 보유자 등이 내국신용장의 개설의뢰인이 된다.

② 내국신용장의 개설은행

내국신용장의 개설은행은 내국신용장을 개설하는 국내은행이다. 내국신용장 개설은행과 수출용원자재 수입승인은행은 동일은행이어야 한다.

③ 내국신용장의 수혜자

내국신용장의 수혜자는 국내에서 수출용 완제품과 수출용 원자재를 공급하는 자로서 국내 매매계약상의 매도인이며 수출용 원자재 공급의 위탁을 받은 자이다.

### (4) 내국신용장의 조건

내국신용장은 원신용장을 견질로 하여 개설하는 것이기 때문에 근본적으로는 화환신용장 통일규칙을 준수해야 한다. 이에 따라 우리나라에서 내국신용장을 개설하는 경우에는 내국신용장 취급규정에 근거하여 다음과 같은 조건을 구비해야 한다.

첫째, 내국신용장은 양도와 취소불능의 신용장으로 개설되어야 한다.

둘째, 내국신용장의 환어음은 개설의뢰인을 지급인으로 하고 개설은행을 지급장소로 하는 일람출급 환어음이어야 한다.

셋째, 내국신용장의 금액은 원화로 표시하고 그 원화 금액은 개설일 현재 대고객 전신환매입률로 환산한 외화로 부기한 것이어야 한다.

넷째, 환어음을 매입할 때의 환율이 개설할 때와 다른 때는 원화로 표시된 내국신용장의 금액은 이에 부기된 외화금액을 환어음매입일 현재 대고객 전신환매입률로 환산한 금액이다.

다섯째, 내국신용장의 인도기한은 대응수출 또는 물품공급의 원활하게 이루어지는 데에 지장이 없도록 하는 범위 내에서 이루어져야 한다.

여섯째, 내국신용장의 유효기일은 인도기일에 10일을 가산한 기한 이내인 것이어야 한다. 다만, 원수출신용장 등을 근거로 하여 개설되는 내국신용장의 유효기일은 대응되는 원수출신용장 등의 선적 또는 인도기일 이전이어야 한다.

일곱째, 서류제시기한은 물품수령증명서 발급일로부터 최장 5영업일 범위 이내이다. 다만 원신용장 등을 근거로 하여 발행되는 내국신용장의 유효기일은 대응되는 원수출신용장 등의 선적 또는 인도기일 이전이어야 한다.

여덟째, 원수출신용장 등의 매입조건부결제 등 내국신용장 수익자에게 불리한 조건이 아닌 것이어야 한다.

아홉째, 무역업무 자동화 촉진에 관한 법률에서 정하는 전자문서 교환방식에 의한 내국신용장의 경우에는 동 법률 시행규정에서 정하는 정당 발급문서표시를 준수해야 한다.

열번째, 대외무역거래에서 적용되고 있는 화환신용장 통일규칙 및 관례에 준한다는 문언이 기재된 것이어야 한다.

### (5) 내국신용장의 대금 결제서류

내국신용장의 대금 결제에 필요한 서류는 환어음 또는 지급청구서, 물품수령증명서, 물품송장, 공급자발행 세금계산서 사본 등이다.

## 4. 신용장 유사형태

### 1) 환어음매입수권서

수권서(letter of authority)나 지시서(letter of instruction)는 은행의 지급확약이 없기 때문에 신용장이라고 할 수는 없으나 은행이 무역대금의 결제에 개입된다는 점에서 신용장으로 혼동할 수 있는 결제수단이다. 수권서는 환어음매입수권서와 환어음지급수권서로 구분된다.

환어음매입수권서(authority to purchase: A/P)는 수입업자의 거래은행이 수입업자의 요청에 따라 수출지에 있는 자행의 본지점이나 환거래은행에 대하여 수출업자가 일정한 조건을 갖춘 선적서류를 첨부하여 수입업자 앞으로 발행한 환어음에 대하여 매입을 의뢰하면 이를 매입하도록 지시한 통지서이다.

어음매입수권서는 매입을 지시한 은행이 환어음의 인수, 지급에 대한 독자적인 확약을 하지 않고 단순한 지시만을 하고 있다는 점이 신용장과 다르다. 따라서 은행이 개입하였다는 사실만으로 지시서를 발행한 은행이 환어음에 대한 매입을 확약하고 있다고 간주하면 안 된다.

### 2) 환어음지급수권서

환어음지급수권서(authority to pay: A/P)는 수입업자의 거래은행이 수입업자의 요청에 따라 수출국에 있는 자행의 본지점이나 환거래은행에 대하여 수출업자가 일정한 조건을 갖춘 선적서류를 첨부하여 수권된 은행 앞으로 발행한 환어음에 대하여 이를 지급하도록 지시한 통지서이다.

어음지급수권서는 지급을 지시한 은행이 환어음의 지급에 대한 독자적인 확약을 하지 않고 있다는 점이 신용장과 다르다. 따라서 은행이 개입하였다는 사실만으로 지시서를 발행한 은행이 환어음에 대한 지급을 확약하고 있다고 간주하면 안 된다.

### 3) 지급보증서

지급보증서(letter of guarantee: L/G)는 수입업자의 거래은행이 수입업자의 대금지급을 보증하는 것으로 수출업자 앞으로 발행하는 일종의 보증서이다. 지급보증서는 이를 발행한 은행의 독립된 확약이 아닌 수입업자의 지급을 보증한다는 것이기 때문에 부수적인 채무에 불과하다. 즉 환어음에 대한 지급, 인수, 매입을 확약하고 있는 신용장과는 근본적으로 다르다.

# 제 5 절 신용장의 개설

## 1. 신용장의 개설신청

### 1) 신용장 개설신청에 따른 담보

신용장이 개설되면 개설은행은 수입업자를 대신하여 수출업자에 대하여 대금지급을 책임지게 된다. 즉 신용장의 개설 후에 신용장 개설의뢰인이 파산을 하거나 지급불능인 상태가 되는 경우에도 개설은행은 확약에 대한 책임을 지게 된다. 이에 따라 신용장 개설의 담보로써 개설은행은 일정의 수입보증금을 적립하도록 요구하고 있다.

### 2) 신용장 개설신청 서류

#### (1) 상업신용장 거래약정서

신용장을 개설하기에 앞서 개설신청인과 개설은행 사이에 신용장 개설에 관한 전반적인 사항을 규제하는 계약을 체결하게 된다. 이 계약은 은행이 제시한 제안에 대하여 채무자가 동의하는 형식으로 이루어지게 된다. 이 때 작성하는 계약서가 상업신용장 거래약정서(commercial letter of credit agreement), 즉 수입거래약정서이다.

상업신용장 거래약정서의 형식은 은행에 따라 다르지만 그 내용은 일반적으로 유사하다. 상업신용장 거래약정서의 적용범위는 화환신용장에 의한 수입거래, 무신용장방식에 의한 수입거래, 무화환신용장에 의한 거래 그리고 이와 관련한 무어음거래 등이다. 이에 따라 상업신용장 거래약정서에는 신용장 개설과 관련한 신용장의 발행, 통지 및 환거래 은행 등의 선정, 담보, 수입화물의 대도, 환어음 및 선적서류의 지급, 인수, 매입 등, 은행의 면책, 환어음의 결제, 결제일, 신용장의 취소 및 조건변경, 위험부담, 비용부담, 서류제출, 적용기간, 준용규정 등을 명시하고 있다.

#### (2) 신용장 개설신청서

신용장 개설신청서에 기재된 내용은 신용장의 조건이 되기 때문에 모든 사항을 간단, 명료하며 정확하게 기재해야 한다. 각 조항은 매매계약 및 수입허가서 또는 수입승인서의 제 조건과 반드시 일치해야 한다.

〈서식 7-1〉 취소불능화환신용장 개설신청서

# WOORI BANK

## APPLICATION FOR IRREVOCABLE DOCUMENTARY CREDIT

| | |
|---|---|
| ADVISING BANK | APPLICANT |
| CREDIT NUMBER | |
| BENEFICIARY | AMOUNT |
| SHIPPING DATE EXPIRY DATE AND PLACE | DOCUMENTS MUST BE PRESENTED WITHIN DAYS AFTER THE DATE OF SHIPMENT |
| TENOR OF DRAFT ☐ AT SIGHT ☐ USANCE | (Usance only) ☐ BANKER'S ☐ SHIPPER'S ☐ DOMESTIC |

DOCUMENTS REQUIRED

☐ SIGNED COMMERCIAL INVOICE IN QUINTUPLICATE

☐ AIRWAY BILLS CONSIGNED TO CHOHUNGBANK MARKED "FREIGHT ____________"AND "NOTIFY ACCOUNTEE"

☐ FULL SET OF CLEAN ON BOARD OCEAN BILLS OF LADING MADE OUT TO THE ORDER OF CHOHUNGBANK MARKED "FREIGHT__________"AND "NOTIFY ACCOUNTEE"

☐ INSURANCE POLICY, CERTIFICATE OR DECLARATION IN DUPLICATE, ENDORSED IN BLANK FOR 110% OF THE INVOICE COST. INSURANCE POLICIES, CERTIFICATES OR DECLARATIONS MUST EXPRESSLY STIPULATE THAT CLAIMS ARE PAYABLE IN THE CURRENCY OF THE CREDIT AND MUST AND ALSO INDICATE A CLAMS SETTLING AGENT IN KOREA. INSURANCE MUST INSTITUTE: CARGO CLAUSE __________

☐ PACKING LIST IN DUPLICATE

☐ OTHER DOCUMENTS

| HS NO. | COMMODITY DESCRIPTION | QUANTITY | UNIT PRICE | AMOUNT |
|---|---|---|---|---|
| | | | | |
| ( ) ORIGIN | | PRICE TERMS ( PORT/AIRPORT) | | |

| | |
|---|---|
| MARKING INSTRUCTION | PARTIAL SHIPMENT ☐ ALLOWED ☐ PROHIBITED |
| SHIPMENT FROM TO | TRANSHIPMENT ☐ ALLOWED ☐ PROHIBITED |
| | ALL BANKING CHARGES OUTSIDE KOREA ARE FOR ACCOUNT OF ☐ APPLICANT ☐ BENEFICIARY |

SPECIAL CONDITIONS

☐ charter party B/L ACCEPTABLE

☐ DOCUMENTS PRESENTED LATER THAN 21 DAYS AFTER THE DATE OF SHIPMENT ACCEPTABLE

☐ SHIPMENT TO BE MADE ON __________________ONLY.

☐ ACCEPTANCE COMMISSION AND DISCOUNT CHARGES ARE FOR BUYER'S ACCOUNT

☐ THIRD PARTY B/L ACCEPTABLE

☐ CONFIRMATION CHARGES ARE FOR ACCOUNT OF __________________

위와 같이 신용장개설을 신청함에 있어서 따로 제출한 외국환거래약정서의 해당 조항에 따를 것을 확약하며 아울러 위 수입물품에 관한 모든 권리를 은행에 양도하겠습니다.

20 년 월 일

신청인 (인)

주 소

| I/L NUMBER | 지 급 보 증 확 인 | |
|---|---|---|

007-2-0101(21×29.7) NCR지 50g/㎡

## 2. 신용장의 개설

### 1) 신용장 개설의 의미

신용장의 개설은 수입업자의 의뢰에 의해 외국환은행이 신용장을 발행하고 수출업자에게 전달하는 행위까지 포함하는 것으로 보아야 한다. 신용장 개설한 외국환은행이 신용장을 개설하면 수입업자가 직접 수출업자에게 전달하는 방법, 수입업자가 신용장을 우편으로 수출업자에게 송달하는 방법, 수입업자가 신용장을 전신으로 수출업자에게 송달하는 방법 등을 사용하여 수출업자에게 전달하게 된다.

### 2) 우편에 의한 개설

우편에 의한 개설은 무역거래의 이행에 시간적 여유가 있을 때 활용한다. 우편에 의한 개설은 개설은행이 신용장 개설신청서의 내용을 자행의 신용장 양식에 이기한 후 자행의 본지점이나 환거래은행 또는 개설의뢰인이 지정하는 통지은행에게 우송하여 수익자에게 신용장을 전달하는 방식이다.

### 3) 전신에 의한 개설

#### (1) 전신에 의한 개설의 의미

전신에 의한 개설은 신용장의 모든 내용을 인증된 전신으로 송신하는 것이다. 전신에 의한 신용장 개설은 시간적 여유가 없을 때 활용한다. 전신에 의한 개설은 전신약호(cypher), 전문전보(full cable), 약식전보(short cable), 기신용장 참조지시(refer to our previous credit) 등과 같은 방법을 이용한다.

#### (2) 전신에 의한 개설 방법

① 전신약호에 의한 개설방법

전신약호(cypher)에 의한 개설방법은 환거래결제계약 체결은행간 지정한 전신약호에 의해 신용장을 개설하는 방법이다. 통지은행은 전송되어 온 전신약호를 일반 문형으로 변환하여 수익자에게 통지하게 된다. 신용장통지서는 이후 개설은행으로부터 발송되어 오는 우편확인서(mail conformation)에 의해 내용을 수정할 수 있다.

② 전문전보에 의한 방법

전문전보(full cable)에 의한 방법은 신용장의 내용 모두를 전신으로 송달하는 방법이다. 전문전보로 송달된 내용을 수익자에게 통지하도록 지시된 경우는 전문전보 자체가 유효한 신용장으로 인정된다.

③ 약식전보에 의한 방법

약식전보(short cable)에 의한 방법은 신용장의 내용을 약식으로 축약하여 전신으로 송달하는 방법이다. 약식전보에서는 전문추후송달(full details follow)이라는 문구를 삽입하여 단순한 통지서임을 밝혀주어야 한다. 이후에 송달되어 오는 우편확인서가 유효한 신용장이 된다.

④ 기신용장 참조지시에 의한 방법

기신용장 참조지시(refer to our previous credit)는 이전에 개설된 신용장과 유사한 내용의 신용장을 동일한 수익자 앞으로 개설하고자 하는 경우에 이전에 개설된 신용장을 참조하도록 지시하고 변경된 내용만을 선택하여 타전하는 방식이다.

## 3. 신용장의 내용

### 1) 신용장 자체에 관한 사항

신용장 자체에 관한 사항은 신용장 개설은행(issuing bank), 신용장 개설일자(issuing date), 신용장 종류(type of credit), 신용장 통지은행(advising bank), 신용장 통지번호(advice number), 신용장 개설의뢰인(applicant), 신용장 수익자(beneficiary), 신용장 금액(amount), 신용장의 번호(credit number), 신용장의 유효기일(expiry date), 신용장 지정은행(nominated bank), 신용장 사용방법(method of availability) 등이다.

### 2) 환어음에 관한 사항

신용장의 환어음에 관한 기재사항은 'Beneficiary's drafts at sight for full invoice value drawn on applicant.' 등과 같이 기재한다. 문구 중 'You'는 환어음의 발행인(drawer), 즉 수익자가 된다. 지급인(drawee)은 일반적으로 개설은행이 된다. 환어음의 금액은 for 다음에 기재한다. 환어음의 금액은 상업송장금액과 동일하지만 거래형태에 따라 가감되기도 한다. 환어음에 관한 기재사항은 대금결제와 관련한 중요한 내용이기 때문에 유의하여 기재하여야 한다.

### 3) 선적서류에 관한 사항

신용장에 기재되는 서류에 관한 사항은 선적서류에 대한 것이다. 선적서류는 기본서류와 기타 서류로 구분할 수 있다. 신용장에 의해 환어음을 발행할 때 첨부해야 할 기본서류는 선하증권과 해상보험증권 그리고 상업송장 등이다. 이외에 필요한 서류는 개설의뢰인이 선적서류의 구비조건을 어떻게 결정하였는가에 따라 다르게 된다.

### 4) 물품에 관한 사항

신용장에 기재되는 물품에 관한 사항(commodity description)은 물품명(commodity name), 물품의 수량(quantity), 단가(unit price) 및 가격조건(price terms) 등을 무역계약서의 내용과 일치되게 기재해야 한다. 물품명세가 복잡하여 'Offer Sheet'를 이용할 경우에는 'Details are as per offer sheet No.123 issued by Koung Mon Co., dated May 24, 2020.' 등과 같이 기재한다. 물품에 관한 사항을 모두 기재하지 못하는 경우에는 서식을 추가하게 된다.

물품에 관한 사항이 무역계약서와 불일치하면 이를 확인하고 수정을 요구해야 한다. 만약 고의적인 행위에 의해 신용장에 기재된 물품에 관한 내용이 무역계약서와 불일치한 것이라면 무역계약의 실행에 대한 의사가 없는 것으로 간주해야 한다. 그리고 물품에 관하여 기재되는 사항은 수출할 때에 작성하는 상업송장의 내용과 일치해야 한다.

### 5) 선적에 관한 사항

신용장에 기재되는 물품에 관한 사항은 선적표시를 할 때는 loading on board(적재), dispatch(발송), taking in charge(수취) 등으로 선적방법에 따라 기재한다. 그리고 선적항(shipping point, port of loading) 및 양륙항(port of discharge), 최종 선적일은 shipment not later than 다음에 기재한다. 분할선적(partial shipment) 및 환적(transshipment), 운임지급여부, 추가비용(additional charge), 착화통지처(notify party) 등이다.

### 6) 기타에 관한 사항

기타에 관한 사항은 은행 관련 사항인 은행수수료의 부담자, 은행의 지급확약, 은행의 상환방법, 은행의 통지방법 등이 있다. 서류에 관한 사항으로는 선적서류의 제시기한, 선적서류의 발송 등이 있다. 물품에 관한 사항으로는 특별한 화인(shipping marks), 신용장 통일규칙 준거문언에 관한 사항 등이 있다.

# 제6절 신용장의 조건변경과 양도

## 1. 신용장의 조건변경

### 1) 신용장의 조건변경의 의미

개설된 원신용장의 조건대로 수익자가 모두 이행을 하여 선적과 매입을 완료한다면 아무런 문제가 없으나, 수출을 진행하다가 보면 여러 가지 이유로 조건을 이행할 수가 없어 수익자가 매수인에게 원신용장의 조건을 변경하도록 요청하게 된다. 이를 신용장의 조건변경이라 한다.

### 2) 신용장의 조건변경 사유

수출업자가 신용장을 접수하여 점검한 결과 무역계약조건과 다른 내용이 있다거나 신용장 자체에 문제가 있어 그대로 두면 계약물품의 선적이나 환어음의 매입에 지장이 있다고 판단될 경우 신용장의 개설신청인인 수입업자에게 조건변경을 요청한다.

수입업자로서도 신용장이 개설된 다음 수입허가 또는 승인사항이 변경되게 되면 신용장의 내용변경이 필요하게 된다.

신용장의 조건변경이나 취소는 신용장의 종류에 따라 다르게 이행된다. 취소불능신용장인 경우에는 신용장 거래당사자 전원의 합의에 의해 조건변경을 할 수 있다. 확인은행이 잇는 경우에는 확인은행의 동의가 필요하다.

### 3) 신용장의 조건변경 절차

신용장의 조건변경 절차는 다음과 같다. 신용장 조건을 변경하고자 하는 경우 조건변경신청서를 제출한다. 개설은행은 조건변경신청서를 접수하면 조건변경신청서가 당사자에 의한 것인가를 확인하고 필요한 경우에는 기타 증빙서류를 제출받는다.

개설은행은 조건변경 내용을 검토한 다음, 변경이 가능하다고 판정되면 변경을 승낙한다. 신용장의 조건변경에 대한 승낙이 있게 되면 통지은행에 전신 또는 항공우편으로 변경된 사실을 전한다. 이에 의해 통지은행은 변경된 사실을 내용으로 하는 신용장 조건변경통지서(advice of amendment to the credit, amendment letter)를 수익자에게 발송한다.

## 2. 신용장의 양도

### 1) 신용장 양도의 의미

신용장을 양도할 수 있도록 규정한 것은 1933년부터이다. 신용장의 양도는 신용장상의 수익자가 자기의 권리의 전부 또는 일부를 수익자가 지시하는 다른 당사자인 제2수익자에게 이전하는 것이다. 이에 따라 신용장의 양도는 환어음이나 선하증권과 같은 유가증권의 양도와는 다른 것이다.

### 2) 신용장의 양도 절차

신용장의 양도는 신용장 금액 전체를 한 사람에게 양도하느냐 또는 신용장금액의 일부를 한 사람이나 여러 사람에게 양도하느냐에 따라 전액양도(total transfer)와 분할양도(partial transfer)로 구분된다.

일반적인 신용장의 양도절차는 다음과 같다. 양도를 하기 위해서는 원 수익자가 양도취급은행에 전액양도 신청서(application for advice of total transfer)나 분할양도 신청서(application for advice of partial transfer)와 함께 신용장 원본을 제출한다. 일반적으로 양도취급은행은 신용장의 개설을 수출업자에게 통지한 통지은행이 된다. 양도의뢰를 받은 은행은 내용을 검토한 후 타당하다고 인정되면 원신용장에 양도사실을 기재하고 원 수익자가 지정한 양수인에게 양도사실을 통지하게 된다.

### 3) 신용장의 양도조건

신용장은 개설은행에 의해 양도가능(transferable)이라고 명시적으로 지정된 경우에만 양도될 수 있고 양도가능신용장은 환어음의 지급, 연지급확약, 인수, 매입이 허용된 은행만이 취급할 수 있다. 또한 양도은행은 허용한 범위와 방법에 의해서만 양도할 수 있으며, 양도에 관련하여 수수료, 요금, 비용 또는 지출금을 포함한 양도은행의 경비는 별도로 합의되지 않는 한 제1 수익자가 부담한다.

그리고 신용장에서 별도로 명시하지 않은 한 양도가능 신용장은 1회에 한하여 양도되며, 양도되는 신용장의 조건은 원칙적으로 원신용장 조건과 동일해야 하지만, 정당한 범위 내에서 원신용장 조건과 상이한 조건을 정할 수 있다.

# 제 8 장

# 수출입승인과 무역금융

## 제 1 절 수출입의 승인과 변경

### 1. 수출입의 승인

#### 1) 수출입거래의 제한

우리나라에서 수출입을 하는 경우에는 헌법에 의해 체결되고 공포된 조약과 일반적으로 승인된 국제법규에 의한 의무의 이행, 생물자원의 보호 등을 위하여 필요한 경우에는 제한을 받는다. 또한 수출입 승인대상물품의 품목별 수량과 금액 그리고 규격, 수출입지역도 경우에 따라 제한을 받을 수 있다.

수출입 주무기관의 장이 지정 고시하여 수출입을 제한하는 물품은 헌법에 의해 체결, 공포된 조약이나 일반적으로 승인된 국제법규상의 의무 이행을 위한 물품, 생물자원의 보호를 위한 물품, 교역상대국과의 경제협력증진을 위한 물품, 방위산업용 기재, 항공기 및 동 부분품 기타 원활한 물자 수급, 과학기술의 발전 및 통상정책이나 산업정책상 필요하다고 인정하여 당해 품목을 관장하는 관계 행정기관의 장과 협의를 거친 물품 등이다.

### 2) 수출입승인기관

수출입승인기관은 수출입 주무기관의 장이 지정하여 고시하는 관계 행정기관 또는 단체의 장이다. 이는 수출입공고, 수출입별도공고 등에 수출입 주무기관의 장이 각 품목별로 지정, 고시한 기관이나 협회, 조합 등의 단체의 장을 의미한다. 수출 또는 수입을 하고자 하는 자는 대통령령이 정하는 바에 의해 당해 물품거래형태 또는 대금 결제방법 등에 대하여 수출입 주무기관의 장의 승인을 얻어야 한다. 즉 수출입 주무기관의 장은 물품의 수출입의 승인에 있어 필요한 경우 거래형태를 미리 정할 수 있다. 또한 승인을 얻은 사항을 변경하고자 할 때에도 같다. 수출입의 승인은 물품의 수출입, 외화획득용 원료 및 기재의 수입, 전략물자의 수출입, 산업설비수출, 원산지 표시등으로 관리를 하게 된다.

### 3) 수출입승인물품

수출입 주무기관의 장이 수출 또는 수입승인 대상물품으로 지정, 고시한 물품은 수출입공고, 수출입 별도공고 등에 정한 물품이다. 단 중계무역물품, 외국인수수입물품 및 외국인도수출물품은 제외한다.

헌법에 의해 체결되고 공포된 조약과 일반적으로 승인된 국제법규에 의한 의무의 이행, 생물자원의 보호 등을 위하여 지정하는 물품은 대외무역법에서 규정한 물품으로써 수출입 주무기관의 장이 수출 또는 수입승인 대상으로 지정, 고시한 물품이다. 따라서 지정물품을 수출 또는 수입하고자 하는 자는 수출입 주무기관의 장의 승인을 얻어야 한다. 단 긴급을 요하는 물품, 기타 수출 또는 수입절차를 간소화하기 위한 물품으로서 대통령령이 정하는 기준에 해당하는 물품은 그러하지 아니하다. 무역의 균형화를 촉진하기 위하여 대통령령에 따라 지정하는 물품은 국가별로 수출입의 균형을 유지하기 위하여 수출입 주무기관의 장이 관계 행정기관의 장과 협의해 수출 또는 수입승인 대물품목으로 지정, 고시한 물품이다.

### 4) 수출입의 승인 등

#### (1) 수출입승인 신청

수출입의 승인을 얻고자 하는 자는 수출입승인신청서에 필요한 서류를 첨부하여 수출입 승인기관의 장에게 제출해야 한다. 수입승인서는 업체용, 세관용, 승인기관용 등으로 구분된다.

신청자가 수출입승인을 요청한 경우에 제출하는 서류는 사본도 허용된다. 수출입승인을 신청할 때 필요한 서류는 다음과 같다. 첫째, 수출신용장이나 수출계약서 또는 수입업자가 발행한 주문서이다. 수입업자가 발행한주문서는 수출의 경우에 한한다. 둘째, 수입계약서 또는 수출업자가 발행한 물품매도확약서이다. 수출업자가 발행한 물품매도확약서는 수입의 경우에 한한다. 셋째, 수출대행 계약서는 공급업자와 수출업자가 다른 경우에 한한다. 수입대행 계약서는 실수요자와 수입업자가 다른 경우에 한한다. 넷째, 수출입공고 등에서 규정한 요건을 충족하는 서류이다. 단, 당해 승인기관에서 제한요건의 충족여부를 확인할 수 있는 경우는 제외한다. 다섯째, 수출이행계획서는 산업설비수출의 경우에 한한다.

#### (2) 수출입승인과 요건

① 수출입승인

수출입의 승인신청이 수출입승인의 요건에 합당한 경우 수출입승인기관의 장은 수출입을 승인한다.

② 수출입승인요건

수출입승인기관의 장은 수출입의 승인을 하고자 할 경우에 다음의 요건을 확인해야 한다. 첫째, 수출입하고자 하는 자는 승인을 얻을 수 있는 자격이 있는 자이어야 한다. 둘째, 수출입하고자 하는 물품이 수출입공고 및 이 규정에 의한 제한요건을 충족한 물품이어야 한다. 셋째, 수출입하고자 하는 물품에 적용하는 품목분류번호(HS)는 적정한 것이어야 한다.

### 3) 수출입승인의 유효기간

수출 또는 수입승인의 유효기간은 수출입을 승인한 날 또는 수출승인을 얻은 것으로 보는 날부터 1년으로 한다. 수출입 주무기관의 장은 물가안정이나 수급조정 또는 물품인도조건, 대금 결제기간 기타 거래상의 특성 등에 의해 필요하다고 인정하는 경우에는 20년의 범위 내에서 따로 기간을 정할 수 있다. 수입승인의 유효기간 내에 대외무역법에 의한 수출입공고, 통합공고 등과 같은 규정에 의해 새로 수입이 제한된 경우 그 제한되는 날 이전에 수입승인을 얻은 분에 대해서는 유효기간이 적용된다.

### 4) 둘 이상의 승인

하나의 수출 또는 수입에 대하여 2 이상의 승인을 얻어야 하는 경우 각각의 승인은 상호 독립적인 것으로 얻어야 한다.

## 〈서식 8-1〉 수출승인(신청)서

# 수출승인(신청)서
# Export License(Application)

[별지 제3—1호 서식]

| 처리기간: 1일 |
|---|
| Handing Time: 1 Day |

<table>
<tr><td colspan="3">① 수출업자 (Exporter) 무역업고유번호 (Notification No.) [ ]<br><br>상호, 주소, 성명<br>(Name of Firm, Address, Name of Representative)<br>(서명 또는 인)<br>(Signature)</td><td colspan="2">④ 구매자 또는 계약대상자<br>(Buyer or Principal of Contract)<br><br>⑤ 신용장 또는 계약서 번호(L/C or Contract No.)</td></tr>
<tr><td colspan="3">② 위탁자 (Requester) 사업자등록번호 (Business No.) [ ]<br><br>(상호, 주소, 성명)<br>(Name of Firm, Address, Name of Representative)<br>(서명 또는 인)<br>(Signature)</td><td colspan="2">⑥ 금액(Total Amount)<br><br>⑦ 결제기간(Period of Payment)<br><br>⑧ 가격조건(Terms of Price)</td></tr>
<tr><td colspan="3">③ 원산지(Origin)</td><td colspan="2">⑨ 도착항(Port of Arrival)</td></tr>
<tr><td>⑩ HS부호<br>(HS Code)</td><td>⑪ 품명 및 규격<br>(Description/Size)</td><td>⑫ 단위 및 수량<br>(Unit/Quantity)</td><td>⑬ 단 가<br>(Unit Price)</td><td>⑭ 금 액<br>(Amount)</td></tr>
<tr><td></td><td></td><td></td><td></td><td></td></tr>
<tr><td colspan="5">⑮ 승인기관 기재란(Remarks to be filled out by an Approval Agency)</td></tr>
<tr><td colspan="5">⑯ 유효기간(Period of Approval)</td></tr>
<tr><td colspan="5">⑰ 승인번호(Approval No.)</td></tr>
<tr><td colspan="5">⑱ 승인기관 관리번호(No. of Approval Agency)</td></tr>
<tr><td colspan="5">⑲ 위의 신청사항을 대외무역법 제14조 제2항 및 동법 시행령 제26조 제1항의 규정에 의해 승인합니다.<br>(The undersigned hereby approves the above-mentioned goods in accordance to Article 142) of the Foreign Trade Act and Article 261) of the Enforcement Decree of the said Act.)<br><br>년 월 일<br>승인권자 (인)</td></tr>
<tr><td colspan="5">* 승인기관이 2이상인 경우 ⑮~⑱의 기재사항은 이면에 기재하도록 합니다.<br>* 이 서식에 의한 승인과는 별도로 대금 결제에 관한 사항에 대하여는 외국환거래법령이 정하는 바에 따라야 합니다.</td></tr>
</table>

2812-281-01611민 210mm×297mm
'97. 2. 26. 승인 일반용지 60g/㎡

〈서식 8-2〉 수입승인(신청)서

# 수입승인(신청)서
# Import License(Application)

[별지 제3—2호 서식]

| 처리기간: 1일 |
|---|
| Handing Time: 1 Day |

| ① 수입업자 (Importer) 무역업고유번호 (Notification No.) <br> 상호, 주소, 성명 (Name of Firm, Address, Name of Representative) <br> (서명 또는 인) (Signature) | ⑤ 송하인(Consignor) <br> 상호, 주소, 성명 (Name of Firm, Address, Name of Rep.) |
|---|---|
| ② 위탁자 (Requester) 사업자등록번호 (Business No.) <br> (상호, 주소, 성명) (Name of Firm, Address, Name of Rep.) <br> (서명 또는 인) (Signature) | ⑥ 금액(Total Amount) <br> ⑦ 결제기간(Period of Payment) <br> ⑧ 가격조건(Terms of Price) |
| ③ 원산지(Origin) | ④ 선적항(Prot of Loading) |

| ⑨ HS부호 (HS Code) | ⑩ 품명 및 규격 (Description/Size) | ⑪ 단위 및 수량 (Unit/Quantity) | ⑫ 단 가 (Unit Price) | ⑬ 금 액 (Amount) |
|---|---|---|---|---|
| | | | | |

⑭ 승인기관 기재란(Remarks to be filled out by an Approval Agency)

⑮ 유효기간(Period of Approval)

⑯ 승인번호(Approval No.)

⑰ 승인기관 관리번호(No. of Approval Agency)

⑱ 위의 신청사항을 대외무역법 제14조 제2항 및 동법 시행령 제26조 제1항의 규정에 의해 승인합니다.
(The undersigned hereby approves the above-mentioned goods in accordance with Article 142) of the Foreign Trade Act and Article 261) of the Enforcement Decree of the said Act.)

년 월 일

승인권자 (인)

* 승인기관이 2이상인 경우 ⑭~⑰의 기재사항은 이면에 기재하도록 합니다.
* 이 서식에 의한 승인과는 별도로 대금 결제에 관한 사항에 대하여는 외국환거래법령이 정하는 바에 따라야 합니다.

2812-281-01711민 210mm×297mm
'97. 2. 26. 승인 일반용지 60g/㎡

## 2. 수출입승인의 면제

### 1) 수출입승인면제의 의미

수출입 주무기관의 장이 대통령령에서 정하는 기준에 따라 수출 또는 수입승인대상으로 지정, 고시한 물품을 수출하고자 하는 자는 수출입 주무기관의 장의 수출입승인을 받아야 수출입을 할 수 있다. 또한 무역의 균형화를 촉진하기 위하여 대통령령이 정하는 기준에 따라 수출입 주무기관의 장이 당해 품목을 관장하는 관계 행정기관의 장과 협의해 수출입승인 대상으로 지정, 고시한 물품을 수출하고자 하는 자는 수출입 주무기관의 장의 수출입승인을 받아야 수출입을 할 수 있다.

무역규제를 완화하고 자유무역원칙을 수용하여 거래의 성질상 수출입을 규제할 필요가 없는 경우에는 수출입승인을 면제하여 수출입할 수 있도록 하고 있다. 수출입면제에 해당하는 품목인지는 세관장이 확인해야 한다. 이에 따라 무역업자는 수출입승인대상품목인가 또는 수출입승인 면제대상품목인가를 정확하게 파악해야 한다.

### 2) 수출입승인면제의 내용

수출입승인이 면제되는 수출입의 범위는 대외무역법에서 규정하고 있다. 수출입승인이 면제되는 물품이 있지만 일부 물품에 대해서는 수출입승인이 아예 면제되는 경우가 있다. 이에 해당하는 것으로는 다음과 같은 것이 있다.

첫째, 수출입 주무기관의 장이 정하여 고시하는 물품으로서 외교관 기타 수출입 주무기관의 장이 정하는 자가 출국 또는 입국할 경우에 본인이 휴대하거나 세관에 신고하고 별도 송부하는 물품은 수출입승인이 면제된다.

둘째, 다음의 물품 중 관계 행정기관의 장과의 협의를 거쳐 고시하는 물품은 수출입승인이 면제된다. 긴급을 요하는 물품으로 정상적인 수출입절차를 밟아 수출입하기에는 부적합한 물품, 무역거래를 원활히 하기 위하여 부수적으로 수출입하는 물품이나 주된 사업목적을 위하여 부수적으로 수출입하는 물품, 무상으로 수출 또는 수입하여 무상으로 수입 또는 수출하거나, 무상으로 수출 또는 수입할 목적으로 수출 또는 수입하는 것으로서 사업목적 상 부득이 하다고 인정하는 물품, 공공성을 가진 물품이거나 이에 준하는 용도에 사용하기 위한 물품으로서 수출입의 관리가 요구되지 않는 물품, 기타 상행위 이외의 목적으로 수출입하는 물품 등이다.

셋째, 외국환거래가 수반되지 않고 수입하는 물품으로서 수출입 주무기관의 장이 정하여 고시하는 기준에 해당하는 물품은 수출입승인이 면제된다.

넷째, 해외이주법에 의해 해외이주자가 해외이주를 위하여 반출하는 원자재나 시설재 및 장비로서 이를 관할하는 행정기관의 장 또는 그가 지정하는 기관의 장이 인정하는 물품은 수출입승인이 면제된다.

## 3. 수출입승인사항의 변경

### 1) 수출입승인사항의 변경승인기관 및 내용

수출입승인사항의 변경은 당초 승인한 기관의 장이 승인한다. 수출입승인사항의 변경승인기관의 장은 수출입 승인사항을 변경하고자 하는 경우 이를 확인하고 신고를 수리해야 한다. 수출입승인사항의 변경 신고의 내용은 원산지, 도착항, 규격, 수출입 물품의 용도, 승인조건 등에 관한 사항이다.

### 2) 수출입승인사항의 변경승인 신청

수출입승인사항을 변경하려는 자는 최초 승인을 얻은 수출 승인서 또는 수출입승인사항 변경승인 또는 신고신청서에 변경 사실을 증명하는 서류를 첨부하여 수출입승인사항의 변경승인기관의 장에게 신청해야 한다. 수출입 승인 사항의 변경은 유효기간 내에 신청해야 한다. 수출입승인기관의 장이 변경승인 또는 신고한 때에는 그 변경승인 또는 신고사실을 해당 세관장에게 통보해야 한다. 수출입승인사항의 변경신청 중 당사자의 변경은 파산 등 불가피한 경우로 제한한다.

### 3) 수출입승인사항의 변경요건과 승인

수출입승인사항의 변경승인기관의 장은 수출입승인사항에 대한 변경신고가 있는 경우에는 이를 확인하고 신고를 수리해야 한다. 수출입승인사항의 변경승인기관의 장은 수출입업자가 수출입승인사항을 변경하려는 경우에는 다음과 같은 요건을 확인해야 한다.

첫째, 수출입승인을 얻은 후에 수출입공고 등에서 수출입을 제한하는 사항이 추가된 품목으로서 관계기관의 장의 허가 등을 추가로 요하는 품목일 경우에는 그 허가 등을 받아야 한다.

〈서식 8-3〉 수출입승인사항 변경승인 신고(신청)서

# 수출입승인사항 변경승인 신고(신청)서

[별지 제3—5호 서식]

| 처리기간 |
| --- |
| 1 일 |

| ① 신청인 무역업고유번호 | ② 변경전 승인일자 |
| --- | --- |
| (상호, 주소, 성명) | ③ 변경전 승인번호 |
| (서명 또는 인) | ④ 사후관리기관, 단체명 |
| ⑤ 변경내용(변경을 요하는 사항만을 기입하십시오 | |
| 변 경 전 | 변 경 후 |
| | |
| ⑥ 승인(신고수리)조건 | |
| ⑦ 유효기간 | |
| ⑧ 승인(신고수리)번호 | |
| ⑨ 위의 신청사항을 대외무역법 제14조 제3항 및 동법시행령 제26조의 규정에 의해 승인(신고수리)합니다.<br>년 월 일<br>승인권자 (인) | |

2812-281-02011민
'97.2.26. 승인

210mm×297mm
일반용지 60g/㎡

둘째, 수출품목의 단가를 인하하거나 수입물품의 단가를 인상하는 내용의 수출 또는 수입 승인사항의 변경은 한정한다. 즉 거래상대방의 파산 또는 지급거절 등이 현지의 거래은행, 상공회의소 또는 공공기관에 의해 객관적으로 확인된 경우에 수출물품을 제3자에게 전매하는 경우, 물품의 성질과 국제거래관행상 승인시점에 단가를 확정할 수 없는 경우, 기타 급격한 시장상황의 변화 등 변경사유가 불가피하다고 인정되는 경우 등이다.

셋째, 수출입승인사항을 변경하려는 경우에 변경하고자 하는 내용이 수출입신용장, 수출입 계약서 또는 주문서, 물품매도확약서 등에 명시되어 있어야 한다.

넷째, 수출입승인사항을 변경하려는 경우에 수출입대상국가의 변경은 수출입제한사유로 인하여 타국으로 변경하여도 지장이 없어야 한다.

## 4. 수출입승인의 사후관리

수출입 주무기관의 장은 대외무역법에 규정한 물품의 수출 또는 수입의 승인이나 변경승인을 얻은 자가 승인된 내용대로 물품의 수출 또는 수입을 이행하였는지 여부, 승인을 얻지 아니하고 수출 또는 수입되는 규정에 의한 물품에 해당하는지의 여부, 규정에 의해 인정을 받은 자가 인정받은 내용대로 물품을 수출 또는 수입하는지의 여부 등을 확인해야 한다. 수출입승인 사후관리는 수출입승인기관의 장이 행한다. 수출입승인기관의 장은 수출입승인의 이행사항을 내용별로 확인하고 그 결과를 정리해야 한다.

## 5. 수출입실적

### 1) 수출입실적의 인정범위

우리나라의 대외무역법에서 인정하는 수출실적은 수출입 주무기관의 장이 정하여 고시하는 기준에 해당하는 수출통관액, 입금액, 가득액과 수출에 제공되는 외화획득용 원료 및 기재의 국내공급액이다. 대외무역법에서 수출실적으로 인정하는 범위는 다음과 같다. 유상으로 거래되는 수출이다.

수출입승인이 면제되는 수출 중 현지에서 매각된 것, 해외건설공사에 직접 제공하여지는 원료 및 기재, 공사용 장비 또는 기계류의 수출, 공사용 장비 또는 기계류의 수출은 수출신고필증에 재반입하지 않는다는 조건이 명시된 부분에 해당하는 수출이다.

무역업자 또는 수출품제조업자에 대한 외화획득용 원료 또는 물품에 제공하여지는 것으로 내국신용장에 의한 공급, 구매확인서에 의한 공급, 수출입 주무기관의 장이 지정하는 생산자의 수출물품 포장용 골판지 상자의 공급 등이다.

수입실적은 수출입 주무기관의 장이 정하여 고시하는 기준에 해당하는 수입통관액 및 그 지급액이다. 대외무역법에서 수입실적으로 인정되는 범위는 매매, 교환, 임대차, 사용대차, 증여 등을 원인으로 외국으로부터 국내로 물품을 이동하는 것 중 유상으로 거래되는 것이다.

### 2) 수출입실적의 인정금액

수출실적으로 인정하는 금액은 FOB 거래규칙의 금액을 수출통관액으로 한다. 중계무역에 의한 수출의 경우에는 FOB 거래규칙에 따라 수출한 금액에서 CIF 거래규칙에 따라 수입한 금액을 공제한 가득액이다. 중계무역은 외국에서 수입한 물품에 일정한 이익을 붙여 가공없이 수출을 하는 것이기 때문에 이러한 계산을 하는 것이다. 즉 운임·보험료포함 인도 거래규칙에 따라 수입한 물품의 금액에 일정한 가득액을 붙여 본선 인도 거래규칙에 따라 수출한 금액이 되기 때문이다. 무역매매계약 당사자가 무역계약을 체결하고 대금결제는 직접하지만 물품은 외국에서 인도하는 외국인도수출의 경우에는 외국환은행의 입금액이 수출실적이 된다. 단 무역업자가 가공임을 득하기 위해 위탁가공한 물품을 외국에 판매하는 경우에는 판매액에서 원자재 수출금액 및 가공임을 공제한 가득액이 수출실적으로 된다.

수입실적으로 인정하는 금액은 CIF 거래규칙의 금액을 수입통관액으로 한다. 다만 외국인수수입의 경우에는 외국환은행의 지급액으로 한다.

### 3) 수출입실적의 인정시점

수출실적의 인정시점은 수출신고 수리일로 한다. 중계무역 및 외국인도수출의 경우에는 입금일로 한다. 무역업자 또는 수출품제조업자에 대한 외화획득용 원료 또는 물품에 제공하여지는 것으로 내국신용장에 의한 공급, 구매확인서에 의한 공급, 수출입 주무기관의 장이 지정하는 생산자의 수출물품 포장용 골판지 상자의 공급에 의한 수출실적의 인정시점은 외국환은행을 통하여 대금을 결제한 경우에는 결제일이 된다. 외국환은행을 통하여 대금을 결제하지 아니한 경우에는 당사자 사이의 대금 결제일로 한다.

수입실적의 인정시점은 수입신고 수리일로 한다. 단 외국인수수입의 경우에는 수입대금의 지급일로 한다.

# 6. 원산지 표시

## 1) 원산지 표시의 중요성

수출입 주무기관의 장이 공정한 무역질서의 확립을 도모하기 위하여 원산지를 표시해야 하는 대상으로 공고한 물품을 수출 또는 수입하고자 하는 자는 그 물품에 대하여 원산지를 표시해야 한다. 원산지 표시를 하는 것은 무역물품의 거래현황을 정확하게 판단한다는 데에 의미가 있다. 또한 무역물품에 원산지 표시를 하도록 함으로써 수입업자가 물품에 대한 특성을 정확하게 파악할 수 있도록 하며, 최종적으로 소비자가 물품에 대한 신뢰도를 높이는 데에도 의미를 둘 수 있다. 즉 물품의 제조국가를 정확하게 파악함으로써 상표에 명시된 국가에서 직접 생산한 것인지 또는 위탁생산한 것인지를 파악할 수 있는 자료가 된다.

## 2) 원산지 표시방법

### (1) 원산지의 표시

원산지 표시 대상물품을 수입하고자 하는 자는 다음과 같은 요령에 의거하여 당해 물품에 원산지를 표시해야 한다.

첫째, 원산지는 한글, 한문 또는 영문으로 표시해야 한다.

둘째, 원산지는 최종구매자가 용이하게 판독할 수 있는 활자체로 표시해야 한다.

셋째, 원산지는 식별하기 용이한 위치에 표시해야 한다.

넷째, 원산지는 표시가 쉽게 지워지거나 떨어지지 아니하는 방법으로 표시해야 한다.

### (2) 원산지 표시의 생략

당해 물품에 원산지를 표시하는 것이 곤란하거나 원산지를 표시할 필요가 없다고 인정하여 수출입 주무기관의 장이 정하는 고시방법에 따라 원산지표시를 하거나 원산지표시를 생략할 수 있다.

원산지 표시방법에 대해서는 수출입 주무기관의 장이 결정하여 고시한다. 다만, 수입물품을 관장하는 중앙행정기관의 장은 수입물품으로부터 소비자를 보호하기 위하여 필요한 경우에는 수출입 주무기관의 장과 협의해 당해 물품의 원산지 표시에 관한 사항을 따로 정하여 고시할 수 있다.

#### (3) 원산지 표시의 행위

무역거래를 하는 자 또는 물품의 판매업자는 그 물품의 원산지 표시와 관련하여 원산지를 허위로 표시하거나 이를 오인하게 하는 표시를 하는 행위를 해서는 안 된다. 원산지를 정확하게 표시하지 않으면 수입업자나 소비자들이 물품을 구입하려는 의사와는 배치되는 결과를 초래하여 피해를 줄 수 있기 때문이다. 그러므로 무역거래를 하는 자 또는 물품의 판매업자는 물품의 제조 및 생산국가를 정확하게 표시해야 한다.

### 3) 원산지의 판정

#### (1) 원산지 판정기관

수출입 주무기관의 장은 필요하다고 인정하는 경우에는 수출 또는 수입물품의 원산지 판정을 할 수 있다. 원산지 판정의 기준은 대통령령이 정하는 바에 따라 수출입 주무기관의 장이 정한다. 무역거래자 또는 물품의 판매업자는 필요한 경우 수출 또는 수입물품의 원산지 판정을 수출입 주무기관의 장에게 요청할 수 있다.

#### (2) 원산지 판정기준

수입물품에 대한 원산지를 판정하는 경우에는 다음과 같은 기준에 의한다.

첫째, 수입물품의 전부가 하나의 국가에서 채취 또는 생산된 물품, 즉 완전생산물품인 경우에는 그 국가를 당해 물품의 원산지로 해야 한다.

둘째, 수입물품의 생산이나 제조 또는 가공과정에 2 이상의 국가가 관련되는 경우에는 최종적으로 실질적 변형을 행하여 그 물품의 본질적 특성을 부여하는 활동, 즉 실질적 변형을 수행한 국가를 당해 물품의 원산지로 해야 한다.

셋째, 수입물품의 생산이나 제조 또는 가공과정에 2 이상의 국가가 관련되는 경우에는 최소한의 가공활동, 즉 최소 가공활동을 수행하는 국가를 원산지로 해서는 안 된다.

#### (3) 원산지 판정 및 이의제기

수출입 주무기관의 장은 원산지 판정을 요청받은 경우 60일 이내에 당해 물품의 원산지 판정을 하고 그 결과를 문서로 원산지 판정 요청인에게 통보해야 한다. 원산지 판정통보를 받은 자가 원산지 판정에 불복이 있는 경우에는 통보를 받은 날로부터 30일 이내에 수출입 주무기관의 장에게 이의를 제기할 수 있다. 수출입 주무기관의 장은 원산지 판정에 이의제기를 받은 날로부터 150일 이내에 이의제기에 대한 결정을 통보해야 한다.

## 7. 전산관리체제의 개발 및 운영

수출입 주무기관의 장은 물품의 수출입거래가 질서있고 효율적으로 이루어질 수 있도록 전자교환문서체제 등 과학적 무역업무의 처리기반을 구축하기 위하여 노력해야 한다. 전산관리체제는 수출입통계데이터베이스 등 무역정책수립을 위한 전산관리체제, 수출입거래를 위한 전산체제 등이다. 전산관리체제의 운영을 위하여 필요한 경우 수출입 주무기관의 장은 관계 행정기관의 장에게 통관기록 등 물품의 수출입거래에 관한 정보의 제공을 요청할 수 있다. 또한 관계 행정기관의 장은 물품의 수출입관련 정보의 제공을 요청할 수 있다. 이 경우 수출입 주무기관의 장은 협조해야 한다.

# 제 2 절 기타의 수출입 인정

## 1. 외화획득용 원료 및 기재의 수입

### 1) 외화획득용 원료 및 기재 수입의 의미

외화획득용 원료 및 기재는 외화획득용 원료와 외화획득용 시설기재 및 외화획득용 제품 등을 총칭하는 개념이다.

외화획득용 원료는 외화획득에 제공되는 물품을 생산하는데 필요한 원자재와 부자재, 그리고 부품 및 구성물품 등을 지칭한다. 생산은 물품의 제조, 물품의 가공, 물품의 조립, 물품의 수리, 물품의 재생, 물품의 개조 등과 같은 작업을 의미한다. 외화획득용 시설기재는 외화획득에 제공되는 물품을 생산하는데 사용되는 시설과 기계 및 장치, 그리고 부품 및 구성물품 등을 의미한다. 외화획득용 제품은 수입한 후 생산과정을 거치지 아니하는 상태로 외화획득에 제공되는 물품이다. 즉 수입한 물품, 그 상태로 다시 외화획득에 제공되는 물품이다.

외화획득용 원료 및 기재를 수입하는 것은 국내에서 소비 내지 사용하거나 국내에서 소비 사용될 제품을 제조 내지 가공하는 것이 아니고 외화획득용으로 사용하거나 외화획득용 물품을 제조 내지 가공하는 데에 사용하기 위한 것이다.

〈서식 8-4〉 외화획득용원료(물품)구매승인(신청서)

| 처리기간 |
|---|
| 3 일 |

## 외화획득용원료(물품)구매승인(신청서)

| ① 신청인 (상호, 주소, 성명) (서명 또는 인) | | ② 공급자 (상호, 주소, 성명) (서명 또는 인) | | | |
|---|---|---|---|---|---|
| 공급물품명세(국산원자재, 기초원자재, 수출물품중 해당사항에 ○표할 것) | | | | | |
| ③ HS부호 | ④ 품명 및 규격 | ⑤ 단위 및 수량 | ⑥ 단 가 | ⑦ 금 액 | |
| 수출 또는 구매확인서상의 내용 | | | | | |
| ⑧ 근거서류명 및 번호 | ⑨ HS부호 | ⑩ 품 명 | ⑪ 금 액 | ⑫ 유효기일 | ⑬ 선적기일 |
| ⑭ 승인조건 | | | | | |
| ⑮ 승인번호 | | | | | |

위 신청사항을 대외무역관리법규정 제4-2-7조의 규정에 의해 승인합니다.

년 월 일

은 행 장 (서명 또는 인)

2812-281-02511면 210㎜×297㎜
'97.2.26. 승인 일반용지 60g/㎡

### 2) 외화획득용 원료 및 기재의 수입승인

수출입 주무기관의 장은 물품의 수출 등 외화획득을 위하여 사용되는 원료, 시설, 기재 및 제품의 수입에 대해서는 수출입공고 및 별도공고에서 그 수입이 제한되는 품목이라고 하더라도 수출입 주무기관의 장이 따로 정하는 바에 따라 그 수입을 승인할 수 있다. 즉 수출진흥을 도모하기 위하여 수입승인을 해주는 것이다. 그래서 국산의 원료 및 기재의 사용을 촉진하기 위하여 필요한 경우에는 승인이 되지 않는다.

## 2. 전략물자의 수출입

### 1) 전략물자의 수출입 허가

수출입 주무기관의 장은 국제평화유지 및 안전유지, 국가안보를 위하여 필요하다고 인정한 경우에는 수출입 주무기관의 장이 정하여 공고하는 물품을 수출하고자 하는 자에게 관계 행정기관의 장의 수출허가를 받게 하는 등의 제한을 하거나 전략물자를 수입하고자 하는 자가 수입증명서의 신청을 하는 경우에는 이를 발급할 수 있다.

### 2) 전략물자 수입증명서 발급 및 공고

전략물자의 수출제한 및 수입증명서 발급에 관하여 필요한 사항은 수출입 주무기관의 장이 이를 정할 수 있다. 그 공고에는 전략물자에 관한 품목 및 규격, 수출이 제한되는 지역, 수출허가 및 수입증명서의 발급에 관한 절차, 기타 수출 및 수입에 관한 사항 등이 포함된다.

## 3. 산업설비수출

### 1) 산업설비수출 승인신청

수출입 주무기관의 장은 산업설비수출을 하고자 하는 자의 신청이 있는 경우에는 이를 승인할 수 있다. 산업설비수출의 승인을 얻고자 하는 자는 산업설비수출신청서에 수출입 주무기관의 장이 정하는 서류 및 통합공고에 의해 허가, 추천 등을 요하는 경우에는 그 허가 등을 받은 사실을 증명하는 서류를 첨부하여 수출입 주무기관의 장에게 제출해야 한다.

#### 2) 산업설비수출 승인범위

산업설비수출의 승인범위는 산업, 임업, 어업, 광업, 제조업, 전기사업, 가스사업, 수도사업, 운송업, 창고업, 방송사업, 통신사업을 영위하기 위하여 설치하는 기재 및 장치 그리고 대통령령이 정하는 설비 중 일정규모 이상의 산업설비의 수출이 해당한다. 또한 산업설비 및 기술용역 및 시공을 포괄적으로 행하는 수출, 즉 일괄수주방식에 의한 수출도 이에 해당한다. 일정규모 이상의 산업설비는 FOB 가격으로 미화 50만 달러 상당액 이상인 산업설비를 의미한다.

## 제 3 절 수출입공고 등

### 1. 수출입공고의 의의

수출입공고는 수출입 주무기관의 장이 승인대상물품의 품목별 수량, 금액, 규격 및 수출 또는 수입지역 등의 한정 등 물품의 수출 또는 수입의 제한 및 절차 등을 정하여 공고하는 것인데, 수출입품목 관리를 위한 기본공고이다. 즉 수출입공고는 개별적인 수출입물품에 대한 수출입의 제한여부에 관한 종합계획으로써 수출입에 관한 직접규제방식이다.

### 2. 수출입공고의 내용

수출입공고에 게시되는 물품은 헌법에 의해 체결 및 공포된 조약이나 일반적으로 승인된 국제법규상의 의무이행을 위하여 수출입 주무기관의 장이 지정, 고시하는 물품, 생물자원보호를 위하여 수출입 주무기관의 장이 지정, 고시하는 물품, 교역상대국과의 경제협력증진을 위하여 수출입 주무기관의 장이 지정, 고시하는 물품, 방위산업용 원료 및 기재, 항공기 및 동부품 기타 원활한 물자수급, 과학기술발전 및 통상정책이나 산업정책상 필요하다고 인정하여 수출입 주무기관의 장이 당해 품목을 관장하는 행정기관의 장과 협의해 지정, 고시하는 물품 등이다. 그러므로 무역업자는 수출입공고에 대한 내용을 정기적으로 점검하여 변동사항을 파악해야 한다.

## 3. 수출입공고의 표시

### 1) 수출입공고의 표시방식

수출입공고의 표시방식에는 허가품목 표시방식(positive list system)과 금지품목 표시방식(negative list system)이 있다.

허가품목 표시방식은 수출입공고에 수출입이 허용되는 품목만을 표시하고 여기에 표시되지 않은 기타의 품목은 원칙적으로 수출입이 제한 또는 금지되도록 하는 수출입공고의 품목표시 방법이다.

금지품목 표시방식은 수출입공고에 수출 또는 수입의 제한 내지 금지품목만을 표시하고 여기에 표시되지 않은 기타 품목은 수출 또는 수입이 허용되도록 하는 수출입공고의 품목표시 방법이다.

### 2) 수출입품목의 분류방법

#### (1) SITC

표준국제무역분류(Standard International Trade Classification: SITC)는 무역물품을 분류하는 방법의 하나로 경제분석과 물품별 무역자료의 국제적 비교를 용이하게 하는데 필요한 무역통계를 제시하는 것을 목적으로 하고 있다.

표준국제무역분류는 약 45,000여종의 무역물품을 10개의 부로 대분류하고 이를 56개의 류로 중분류하였다. 류는 177개의 군으로 소분류하였다. 군은 1,312개의 기본항목으로 세분류하는 방식을 사용하고 있다.

#### (2) CCCN

관세협력이사회 물품분류표(Customs Cooperation Council Nomenclature: CCCN)는 세계 각국의 관세행정을 개선하고 통일화를 위하여 1952년에 설립된 국제기구인 관세협력이사회(CCC)가 작성한 물품분류표이다. 관세협력이사회 물품분류표는 물품 분류의 국제적 통일을 기하기 위하여 쥬네브 관세품목표를 기초로 하여 1955년 7월에 작성한 모든 물품의 분류리스트이다. 관세협력이사회 물품분류표는 약 60,000여종의 품목을 21개의 부로 대분류하고 다시 99개의 류로 중분류하였다. 류는 1,011개로 소분류하는 방식을 사용하고 있다.

### (3) HS

① HS의 의미

물품분류체계인 표준국제무역분류와 관세협력이사회 물품분류표 그리고 기타 주요국가의 관세율표 및 수출입통계표 등을 통일적으로 적용하기 위하여 관세협력이사회 물품분류표를 골격으로 한 새로운 국제통일 물품 분류체계인 국제통일 물품명 및 코딩시스템(The Harmonized Commodity Description and Coding System: HCDCS)을 만들었는데, 이를 통상적으로 조화제도(Harmonized System: HS, 調和制度)라고 한다.

조화제도는 관세협력이사회가 1971년부터 1983년까지 12년 동안에 걸쳐 관세협력이사회 물품분류표를 골격으로 보완하여 1983년 6월 관세협력이사회 총회에서 정식 협약으로 채택된 것이기 때문에 신 관세협력이사회 물품분류표(New CCCN)이라고도 한다.

② HS의 분류체계

조화제도는 무역물품을 21개의 부로 대분류하고 다시 97개의 종류로 중분류하였다. 류는 1,241개의 호(號)로 소분류하고 호는 5,019개의 소호(小號)로 세분류하는 방식을 사용하고 있다.

③ HS의 단위표시

조화제도는 10단위로 표시하고 있다. 조화제도 10단위 중 6단위는 협약사항으로서 그대로 사용한다. 6단위에서 앞 4단위는 호를, 뒤의 2단위는 소호를 표시한다. 마지막 4단위는 조화제도를 사용하는 국가별로 자국의 사정을 감안하여 조정할 수 있도록 하고 있다. 즉 각국의 통계번호가 된다. 우리나라가 사용하는 10단위는 HSK(Harmonized System Korea, 한국조화제도)라고 한다.

〈표 8-1〉 SITC와 CCCN 및 HS 분류체계 비교

| SITC 분류 | CCCN 분류 | HS 분류 |
|---|---|---|
| 10 section<br>56 division<br>177 group<br>1,312 basic item<br>약 45,000개 품목 | 21 section<br><br>99 chapter<br>1,011 heading<br>약 60,000개 품목 | 21 section<br><br>97 chapter<br>1,241 heading<br>5,019 sub-heading |

## 4. 수출입 별도공고

### 1) 수출입 별도공고의 의미

수출입 별도공고란 수출입공고와 통합공고에도 불구하고 통상정책의 필요에 의해 수출입 주무기관의 장이 수출입요령 및 절차 등을 따로 정하는 공고로서, 수출입공고 체제를 보완하기 위하여 특정 사안별로 수출입공고 본문에 근거하여 수출입요령을 공고하고 있다.

### 2) 수출입 별도공고의 내용

수출입 별도공고에 게시되는 내용은 중고품의 수출입요령 또는 수출입의 제한에 관한 사항과 이에 따른 승인 등에 관한 사항, 수출입간소화를 위한 수출입 승인절차 등에 관한 사항, 방위산업용 원료 및 기재의 수입승인요령, 항공기 및 항공기 부분품의 수입승인요령, 산업피해조사품목의 수입승인요령, 통상정책상 필요한 물품 등의 수출입에 관한 요령 등이다.

## 5. 통합공고와 전략물자 수출입공고

### 1) 통합공고

#### (1) 통합공고의 의미

통합공고는 수출입 주무기관의 장이 수출입에 대한 별도의 요건 또는 절차에 관한 사항을 규정하고 있는 법령을 소관하고 있는 해당부처의 장으로부터 당해 법령의 수출 또는 수입요령의 제정 또는 개정내용을 제출받아 그 수출입요령을 통합하여 공고하는 것이다. 통합공고는 수입물량 규제보다는 품질검사, 형식승인 등 절차상의 요건확인을 통한 규제가 대부분이다.

통합공고의 목적은 대외무역법 이외의 다른 법령에 해당물품에 대한 수출입의 요건 및 절차 등 무역에 대한 관리를 규정하고 있는 경우에 수출입요건 확인 및 통관업무의 간소화와 무역질서 유지를 위하여 다른 법령이 정한 물품의 수출이나 수입의 요건 및 절차에 관한 사항을 조정하고 이를 통합하기 위한 것이다. 통합공고에서 공고한 요건확인의 내용과 수출입공고 등의 제한내용이 동시에 적용될 경우에는 통합공고에서 공고한 요건확인의 내용과 수출입공고 등의 제한 내용이 모두 충족되어야만 수출 또는 수입이 가능하다.

#### (2) 통합공고의 내용

통합공고에 게시되는 사항은 통합공고에서 해당 물품의 수출입요건 및 절차 등을 규정할 약사법 등 해당법령의 범위에 관한 사항, 적용대물품목인 「별표 1」의 수출요령과 「별표 2」의 수입요령 및 「별표 1」과 「별표 2」에서 주무부처의 장 또는 관련단체의 장으로부터 허가나 추천을 받도록 한 요건의 확인품목에 관한 사항, 품목분류 원칙에 관한 사항, 품목별수출입요령에 관한 사항, 수출입공고 등과의 관계에 관한 사항, 별도 규정품목의 수출입요령에 관한 사항, 수출입의 특례에 관한 사항, 요건확인을 위한 세부요령에 관한 사항 등이다.

### 2) 전략물자 수출입공고

전략물자 수출입공고는 수출입 주무기관의 장이 국제평화 및 안전유지, 국가안보를 위하여 필요하다고 인정하는 때에는 수출입 주무기관의 장이 정하여 공고하는 전략물자를 수출하고자 하는 자에게 관계 행정기관의 장이 수출허가를 받게 하는 등의 제한을 하거나, 전략물자를 수입하고자 하는 자가 그 수입증명서의 신청을 하는 경우에 이를 발급할 수 있다. 전략물자의 수출제한 및 수입증명서 발급에 관하여 필요한 사항 등에 대하여 수출입 주무기관의 장이 이를 정하여 공고하는 것을 의미한다. 전략물자 수출입공고에 게시되는 사항은 품목 및 규격에 관한 사항, 수출이 제한되는 지역에 관한 사항, 수출허가 및 수입증명서의 발급에 관한 절차 및 기타 수출입에 관한 사항 등이다.

# 제 4 절 무역금융

## 1. 무역금융의 의의와 유형

### 1) 무역금융의 의의

무역금융은 무역자금의 융통이나 신용의 공여이다. 무역업자가 무역을 이행할 때 항상 자금의 회전율이 좋은 것은 아니다. 무역을 이행할 의사가 있더라도 자금이 부족하여 수출을 이행하지 못하는 경우가 있다. 또 원자재를 수입하여 수출에 활용하려는 경우에도 자금이 부족한 경우에는 실행할 수 없다. 이러한 문제점을 해결하고자 무역금융제도가 운용되고 있는다.

### 2) 무역금융의 유형

무역금융은 금융의 방향에 따라 수출과 관련한 수출금융, 수입과 관련한 수입금융, 현지에서 무역과 관련하여 이루어지는 현지금융으로 구분된다. 무역금융은 금융의 화폐종류에 따라 원화로 금융이 이루어지는 원화금융, 외화로 금융이 이루어지는 외화금융으로 구분된다. 외화금융은 외화로 금융이 이루어진다. 외화금융의 경우에는 환율의 변동에 따른 환리스크를 고려해야 한다. 무역금융은 선적 시점을 기준으로 수출업자가 물품을 집하하여 선적을 할 수 있도록 이루어지는 선적 전 금융, 선적완료 후 대금추심기간 중에 이루어지는 선적 후 금융으로 구분된다. 무역금융은 기간에 따라 금융기간이 1년 이내의 단기금융, 금융기간이 1년에서 5년 사이의 중장기금융은, 금융기간이 5년 이상의 장기금융으로 구분된다. 내금융과 국제금융으로 구분된다. 국내에 있는 신용공여자가 무역과 관련하여 제공하는 국내금융, 국제금융시장에서 무역과 관련하여 이루어지는 금융 혹은 외국에 있는 신용공여자가 무역과 관련하여 제공하는 국제금융으로 구분된다.

## 2. 무역금융제도와 무역어음제도

### 1) 무역금융제도

#### (1) 무역금융의 대상

무역금융의 대상자는 수출신용장, 선 수출계약서, 외화표시 물품공급계약서, 내국신용장 등 융자대상 증빙서류를 보유한 자는 무역금융의 대상이다. 또한 법에 의한 과거의 수출실적이 있는 자도 무역금융의 대상이다.

#### 2) 무역금융의 융자금

무역금융에서는 생산자금, 원자재 수입자금, 원자재 구매자금 등을 지원한다. 생산자금은 수출용 완제품 또는 원자재를 직접 제조, 가공하는데 소요되는 자금이다. 생산자금은 수출물품을 확보하는데 가장 근본적인 생산활동을 지원하는 무역금융이다. 원자재 수입자금은 수출용 원자재를 해외로부터 직접 수입하거나 국내의 유통업자로부터 수입원자재를 원상태로 조달하는 경우 지원하는 자금이다. 원자재 구매자금은 국내에서 생산된 원자재를 내국신용장에 의해 구매하는데 소요되는 자금을 융자하여 주는 것이다.

#### (3) 무역금융의 융자방식

무역금융의 융자방식은 신용장 기준방식과 실적 기준방식으로 구분된다. 신용장 기준방식은 신용장 실적을 기준으로 건별로 융자를 받는 방식이다. 실적 기준방식은 과거의 수출실적을 기준으로 업체별 융자한도 범위 내에서 융자받는 방식이다. 무역업계에서는 대부분 실적 기준방식이 이용된다. 그런데 중소기업은 영세하여 이러한 제도를 활용하기가 어렵다. 따라서 일정한 소액수출업체에 대해서는 자금사용 용도의 구별없이 수출신용장의 일정비율 또는 과거 수출실적의 일정비율 해당액을 일괄하여 융자, 지원한다. 이를 포괄금융이라고 한다.

### 2) 무역어음제도

#### (1) 무역어음제도의 의미

무역어음제도는 선적 전 금융지원제도인데 무역어음은 수출신용장의 수익자가 무역어음 취급기관과 일정한 약정에 따라 수출신용장에 표기된 무역거래에 필요한 운영자금을 조달하기 위한 목적으로 인수기관을 지급인으로 하여 발행하는 기한부 환어음을 의미한다. 수출업자는 이러한 환어음을 할인기관에 할인 매각하여 자금을 조달한다. 무역어음은 취급기관이 자체적인 재원을 바탕으로 무역업체가 발행한 환어음을 인수, 할인, 매입하여 이를 다시 일반투자가에게 매각하면 일반투자가는 만기일에 인수기관에 이를 제시하고 대금을 회수하는 제도이다.

#### (2) 무역어음의 유통과정

무역어음제도에서는 무역어음을 발행하는 수출업자, 동 환어음을 지급 보증함으로써 안전성을 높여주는 인수기관, 인수어음의 할인 및 매출을 담당하는 중개기관, 그리고 할인된 무역어음을 투자 물품으로 보고 이를 매입하는 일반투자가 등 네 당사자로 이루어진다.

수출업자가 수출이행에 필요한 자금을 확보하기 위하여 금융기관의 지급보증, 즉 인수를 받는다. 수출업자는 은행이 지급보증, 즉 인수한 환어음을 중개기관에 매입시켜 수출에 필요한 자금을 조달하고 환어음 대금을 수출물품 선적 후 수출환어음의 매입 또는 추심대전으로 결제하게 된다. 환어음을 할인, 매입한 중개기관은 할인어음을 그대로 보유할 수도 있지만 이를 일반투자가에게 매출함으로써 할인에 따른 자금압력의 완화 및 매매차익을 취득할 수 있다. 이 때 환어음발행자인 수출업자가 만기일에 이를 결제하지 못하면 동 환어음의 인수기관이 책임을 부담해야 한다. 무역어음의 인수와 할인 및 매출은 일반적으로 한 금융기관에서 이루어진다. 그리고 중개기관은 인수기관과 중복될 수도 있다.

# 제 9 장
# 수출물품의 확보

## 제1절 수출물품의 집화

### 1. 완제품 및 원재료의 국내구매

#### 1) 내국신용장에 의한 구매

##### 1) 내국신용장의 활용

내국신용장은 내국신용장 취급규정에 근거하여 수출용 완제품이나 수출용 원료에 가공한 물품을 국내에서 구매하는 경우에 활용하는 수단이다. 완제품 내국신용장은 수출용 완제품을 공급대상으로 할 때, 원자재 내국신용장은 수출용 원자재를 공급대상으로 할 때, 수입원자재 내국신용장은 수출용 수입원자재를 공급대상으로 할 때, 임가공 내국신용장은 수출용 원자재 또는 수출용 완제품을 위탁가공하기 위한 가공임을 대상으로 할 때 개설한다. 금융용 내국신용장은 완제품 내국신용장 발행업체가 발행한도 범위 내에서 개설한 내국신용장이고, 비금융용 내국신용장은 원자재 금융수혜업체가 소정융자한도를 초과하여 자기자금 결제조건부로 발행한 내국신용장이다.

내국신용장을 개설하게 되면 수출업자는 수출물품의 확보에 필요한 자금부담을 경감시킬 수 있다. 내국신용장의 수익자인 물품공급자는 대금회수의 보장, 자금지원 확보, 수출실적으로의 인정, 관세환급, 부가가치세 영세율(零稅率) 적용 등과 같은 혜택을 받을 수도 있다.

### 2) 내국신용장과 영세율

① 영세율의 의미

무역업자가 내국신용장에 의해 공급하는 재화에 대해서는 영세율을 적용한다. 영세율은 일정한 재화나 용역의 공급에 대하여 영(零, 0)의 세율을 적용하여 부가가치세의 부담을 완전하게 제거하는 세율이다. 영세율은 당해 적용단계에서 창출된 부가가치에 대하여 과세하지 않을 뿐만 아니라 그 전 단계에서 창출한 부가가치에 대하여 이미 과세된 부분까지도 환급조치를 통하여 모두 취소하는 면세제도이다.

② 영세율의 적용거래

영세율을 적용하는 대상자는 과세사업자인데 거주자 또는 국내법인에 한하여 적용된다. 국내에 사업장이 있는 비거주자나 외국법인은 상호면세국인 경우에만 적용한다.

영세율 적용거래는 외국으로 직수출되거나 대행수출, 국내사업장에서 계약 및 대가수령 등이 이루어지는 중계무역, 위탁판매수출, 외국인도수출, 위탁가공수출, 수탁가공무역 중에서 영세율요건을 갖춘 수출, 국내거래 중 내국신용장 및 구매확인서에 의한 재화의 공급, 한국국제협력단에 공급하는 재화 등에 영세율을 적용한다. 영세율을 적용받으려면 부가가치세법상의 사업자 등록, 세금계산서 교부, 부가가치세 신고 및 납부 등과 같은 의무를 이행해야 한다.

〈표 9-1〉 내국신용장과 구매확인서의 차이

| 구 분 | 내국신용장 | 구매확인서 |
|---|---|---|
| 발급규정 | 대외무역관리규정 한국은행 총액한도 대출관련 무역금융취급세칙 | 대외무역관리규정 |
| 개설기관 | 외국환은행 | 외국환은행 |
| 개설목적 | 국산, 수입수출용원자재 및 수출용완제품 구매 | 국산, 수입수출용원자재 및 수출용 완제품 구매 |
| 개설조건 | 당해 업체의 무역금융 융자한도 내에서 개설 | 국내에서 외화획득용 원료 및 물품을 구매하려는 자가 신청서류 구비하여 제출하면 발급 |
| 지급보증 | 개설은행 | 지급보증 없음 |
| 금융혜택 | 수출금융융자 대상임 | 수출금융융자 대상이 아님 |
| 발급신청 서류 | 수출신용장, 수출계약서, 내국신용장, 외화표시 물품공급서 등 | 수출신용장, 수출계약서, 외화매입증명서, 구매확인서, 외화획득용 공급계약서, 소요량증명서 등 |
| 수출실적 | 공급업체의 수출실적 인정 | 공급업체의 수출실적 인정 |
| 부가가치세 | 영세율 적용 | 영세율 적용 |

#### 2) 구매확인서에 의한 구매

구매확인서는 무역업자가 무역금융한도 부족 등과 같은 사정으로 내국신용장의 개설이 어려운 경우에 영(零)의 세율을 적용받기 위하여 국내에서 생산된 물품이나 수입된 원료에 가공한 물품을 수출용으로 국내에서 구매하는 것임을 확인하여 줄 것을 요청하면 외국환은행의 장이 내국신용장에 준하여 발행하는 확인증서이다. 그래서 구매확인서는 내국신용장과는 다르게 대금지급을 보증하지 않고 있으며 무역금융의 대상도 되지 않지만 영세율을 적용받을 수 있다.

## 2. 외화획득용 원료의 수입

#### 1) 외화획득용 원료 수입의 의미

외화획득용 원료를 수입하는 것은 국내시장에서 수출물품을 생산에 사용될 원료를 공급할 수 없기 때문이다. 외화획득용 원료의 수입은 수출입공고의 적용을 받지 않고, 수입할 때 부과된 관세는 해당 원료를 사용한 물품의 수출이 완료된 후에 환급받을 수 있다.

#### 2) 외화획득용 원료 수입과 소요량 제도

##### (1) 소요량의 범위

소요량은 수출품 전량을 생산하는 데 소요된 원자재의 실량과 손모량을 합한 양이다. 실량은 수출품 전량을 생산하는 데 소요된 원자재의 양이다. 손모량은 수출품을 생산하는 과정에서 발생하는 원자재의 손실량 및 불량품 등을 의미한다.

##### (2) 기준소요량과 단위소요량

기준소요량은 고시된 수출품 1단위를 생산하는데 소요된 원자재의 양으로써 단위실량과 평균손모량을 합한 양이다. 단위실량은 수출품 1단위를 생산하는 데에 소요된 원자재의 양이다. 평균손모량은 수출품을 생산하는 과정에서 생기는 원자재의 손모량을 평균한 양이다.

단위소요량은 기준소요량이 고시되지 않은 품목에 대하여 소요량증명서 발급기관이 산출한 수출품 1단위를 생산하는 데 소요된 원자재의 양으로써 단위실량과 평균손모량을 합한 양이다. 손모율은 평균손모량을 백분율로 표시한 값이다.

### (3) 소요량의 책정 고시

수출업자가 외화획득용 원료를 수입하는 경우 개별적으로 신청을 할 때마다 해당기관이 소요량을 책정하여 증명서를 발급한다면 신청자와 증명서 발급기관은 시간과 경비면에서 상당한 낭비를 불러 올 수 있어 비효율적이다. 따라서 외화획득용 원료를 사용하여 물품을 생산하는 과정을 관장하는 주무기관의 장이 소관 품목에 대한 기준소요량을 가능한 한 고시하도록 하고 있다. 소요량을 책정 고시하는 경우에는 무역거래에서 외화획득용 원료를 수입할 때에 그 고시된 기준에 따라 신청을 함으로써 시간과 비용을 절약하여 경영의 효율성을 높일 수 있다.

### (4) 소요량증명서와 가수요량증명서

① 소요량증명서

수입업자가 외화획득용 원료를 수입하는 경우 그 수량에 대한 규제를 받게 된다. 이에 따라 소요량증명서 발급기관이 외화획득을 이행하는데 소요된 원자재의 양을 계산하고 그 내용을 확인하여 발급하는 증명서가 소요량증명서이다. 소요량증명서의 발급은 기준소요량이 고시된 품목의 경우에는 외국환은행의 장 또는 세관장이 발급한다. 기준소요량이 고시되지 않은 품목의 경우는 국립공업기술원장, 지방공업기술원장, 신청인의 주소지를 관할하는 시장, 도지사나 공업진흥청장이 지정하는 시장, 군수, 수출자유지역 관리소장 등이 발급한다.

② 소요량계산서

소요량계산서는 외화획득을 이행하는데 소요된 원자재의 양을 당해 기업이 자체 계산하여 작성한 서류이다. 즉 소요량을 계산하여 작성한 문서로 소요량증명서와는 구분된다.

소요량을 산정하는데 원료의 종류가 다양하거나 제품공정과정이 특수하여 확정소요량을 산출하는데 장시간이 소요되는 경우에는 가소요량증명서를 발급하게 된다. 즉 임시조치로 소요량을 추정하여 발행하는 증명서이다.

## 3) 외화획득용원료 수입과 자율소요량제도

자율소요량제도는 자율적으로 소요량을 계산하는 신기술의 개발 및 신제품의 출현으로 제품의 수명이 짧아지는 상황에서 소요량 관리와 관련한 인력부족으로 인한 환급지연 및 비용증가의 요인을 제거하고 관세환급을 효율적인 이행을 위하여 도입된 제도이다. 일정한 요건을 갖춘 업체에 대해서는 자율소요량제도를 적용한다.

# 제2절 수출검사

## 1. 수출검사의 의의와 필요성

### 1) 수출검사의 의의

무역거래에서 수입업자는 무역계약을 체결할 때 합의하였던 물품을 수령하고자 한다. 그러므로 수출업자는 수출 전에 계약물품의 품질, 수량, 포장 등에 대하여 충분한 검사를 하여 수입업자에게 전달될 수 있도록 노력한다. 수출검사는 무역계약을 체결할 때 합의한 계약물품과 실제 선적할 때의 물품과 일치하는가를 검사하는 데에 의의가 있다.

### 2) 수출검사의 필요성

수출검사는 수출업자의 신뢰구축이라는 측면에서 중요하다. 무역계약을 체결할 때 합의한 수출검사를 이행하였는가와 정확하게 검사하였는가는 무역거래의 성패를 좌우하게 된다. 만약 수출검사를 소홀하게 하여 상거래분쟁이 발생하였다면 대금 결제상의 문제뿐만 아니라 수출업자 및 물품에 대한 신뢰도 저하로 무역거래가 종결되기도 한다. 그러므로 수출검사는 철저하게 이행되어야 한다. 수출검사는 국가 이미지 제고라는 측면에서도 중요하다. 외국에서 기업의 무역물품에 대한 이미지는 그 국가에서 생산되는 모든 제품과 연관지어 판단하는 것이 일반적이다. 따라서 기업의 생산제품에 대한 수출검사가 중요한 것이다.

## 2. 수출검사의 종류

### 1) 수출검사의 대상기준

전체검사는 수출대상물품 전체를 모두 검사하는 방법으로 전수검사라고도 한다. 전체검사는 수출물품 전체를 조사하는 것이기 때문에 개개의 물품에 대한 검사를 한다는 측면에서 정확한 검사가 될 수 있으나 전체검사에 소요되는 시간과 비용을 고려한다면 시간이 촉박한 수출물품의 경우나 수출입경쟁가격이 문제가 되는 경우에는 비효율적인 방법이 될 수 있다.

발췌검사는 검사대상 물품 중에서 일부만 검사하는 방법이다. 일반적으로는 발췌에 의한 이화학검사가 주류를 이룬다. 그러나 발췌검사에서는 발췌대상이 어느 정도인가에 따라서 신뢰도에 영향을 받을 수 있다.

### 2) 수출검사의 내용기준

품질검사는 가장 기본이 되는 검사로서 지정품목에 대하여 시행된다. 품질검사는 물품의 외관, 치수, 중량, 구조, 성능, 정밀도, 안전성 표시등을 검사하는 것이다.

재료검사는 수출물품의 품질을 검사함에 있어서 그 물품의 재료를 검사해야 정확한 검사가 가능하다고 인정되는 품목에 대하여 실시하는 검사이다. 즉 제품이전의 단계인 원료상태에 관하여 검사하는 것이다.

제조검사는 수출물품의 품질을 검사함에 있어서 그 물품의 제조과정을 검사해야 정확한 검사가 가능하다고 인정되는 품목에 대하여 실시하는 검사이다. 소형선박 등과 같은 일부 품목에 대해서 실시하고 있다.

포장검사는 수출물품을 검사에 있어서 그 물품의 포장상태를 검사해야 운송, 하역, 보관 등과 같은 과정 중에 물품을 보호할 수 있다고 인정되는 품목에 대하여 실시하는 포장의 재질 및 규격에 대한 검사이다. 지정품목을 포장하는 골판지 상자와 합판지 상자는 그 상자의 수출검사기관인 포장시험검사소에서 실시한 검사에서 합격한 것만을 사용하도록 하고 있다.

### 2) 수출검사의 주체기준

자체검사는 계약물품에 대한 품질, 수량, 포장 등에 대하여 수출업자 자신이 검사를 하는 형태이다. 수출업자가 공급업자로부터 물품을 조달 받아 수출을 한다고 하여도 검사에 대한 최종 책임은 수출업자가 부담해야 한다. 또한 수출업자가 공적기관에 의뢰하여 수출검사를 시행했다고 하여도 하자가 발생하는 경우에는 수출업자의 책임이 된다. 그러므로 자체검사는 수출업자가 성실하게 이행해야 한다. 즉 수출업자가 수출하려고 집화한 물품이 계약물품과 일치하는가를 확실하게 점검해야 한다.

무역계약을 체결할 때에 수입업자가 요구하는 수출검사를 계약사항으로 하는 경우에는 수입업자가 요구하는 검사기관 등에 대하여 정확하게 명시해야 한다. 즉 무역계약을 체결할 때에 수입업자가 요구하는 수출검사에 대하여 품질검사기관, 수량검사기관, 중량검사기관등을 지정하거나 수입업자 자신이 직접검수를 한다거나 수입업자 대리인의 검사를 받도록 약정하는 경우에는 이를 준수해야 한다.

수입업자가 요구하는 검사는 공적검사, 사적검사, 수입업자 자사 또는 생산자의 자체검사 등으로 구분이 된다. 수입업자가 요구하는 공적 검사는 수입업자가 물품의 품질, 규격, 포장 등에 대하여 특정한 공적 기관의 검사를 받도록 요구한 경우에 이루어진다. 수입업자의 사적 검사는 수입업자의 지점이나 상주하고 있는 그 대리인이 선적 전에 물품을 검사하는 경우에 이루어진다. 수입업자 자사 또는 생산자의 자체검사는 무역계약을 체결할 때에 일정한 약정이 없이 수입업자 자사 또는 생산업체의 자체검사기관이나 검사원 또는 수출업자의 검사원이 검사를 하여 검사증을 첨부하는 것이다.

## 3. 수출검사의 방법

### 1) 식별법

식별법은 물품 각각에 대해서 보관하고 있는 대조용 견본과 일치하는가를 검사하는 방법이다. 식별법은 외관상 쉽게 판별할 수 있는 수출물품의 검사에 활용된다. 식별법은 기준에 따라 표준작동 등이 규정되어 있는 물품에 대하여 오감을 사용하여 검사하는 방법이기 때문에 관능검사라고도 한다.

식별법은 인간의 신체적 기능을 이용하는 것으로 육안검사, 미각검사, 음향검사, 촉각검사 등이 있다. 육안검사는 육안으로 물품의 종류에 따라 형태, 색상, 광택 등을 감별하는 방법이다. 육안으로 파악할 수 있는 것은 물품의 외형상 특징, 외형에 나타나는 색의 채도와 순도, 외향으로 볼 수 있는 광택의 정도 등이다. 미각검사는 음식물, 견과류, 과일류 등과 같은 물품에 대하여 직접 맛을 보아 검사하는 방법이다. 음향검사는 악기 등과 같은 고체형 물품 등에 대하여 두들겨서 나는 소리를 듣고 물품의 경도를 판별하거나 파열의 유무 정도를 판별하는 검사방법이다. 촉각검사는 물품을 직접 만지거나 또는 당겨보거나 혹은 눌러보아 탄력성 등을 판별하는 검사방법이다.

### 2) 시용법

시용법(試用法)은 기계나 용구 등과 같은 물품을 가동하여 보거나 사용을 하면서 중요한 성능이나 기능을 점검하는 수출검사 방법이다. 공작기계나 기구 등은 사용하기 전에는 용도에 맞게 제작되었는가를 판단하기 어렵다. 이에 따라 공작기계를 가동하여 보거나 기구 등을 직접 사용하여 봄으로써 수출물품에 대한 성능이나 기능을 시험해보는 검사 방법이다.

### 3) 과학적 검사법

과학적 검사는 과학적인 방법을 활용하여 정밀하게 품질을 검사하는 방법이다. 과학적 검사에 활용되는 검사방법은 현미경검사, 분석검사, 평량검사, 광선검사 등으로 구분된다. 현미경검사는 물품의 조직, 성분 등을 확대해서 검사하는 방법이다. 분석검사는 의약품 등과 같은 물품의 화학적 성질을 분석하는 검사방법으로 이화학검사라고도 한다. 평량검사는 물품에 대하여 중량 또는 비중의 기준치를 기준으로 도량형기나 비중계 등을 사용하여 무게, 용적, 비중 등을 측정하는 검사하는 방법이다. 광선검사는 적외선이나 X선을 이용하여 물품의 품질 또는 물품의 포장내부를 검사하는 방법이다.

# 제 3 절 수출포장

## 1. 수출포장의 의의와 기능

### 1) 수출포장의 의의

수출포장(export packing)은 수출물품의 운송, 보관, 하역, 판매 등과 같은 과정을 거치는 동안에 물품의 가치 및 상태를 보호하기 위하여 적합한 재료나 용기로 포장하는 방법을 의미한다. 따라서 수출포장은 수출물품의 특성, 운송거리, 운송수단, 운송지역의 기후, 판매국가, 판매목적, 판매대상, 판매시기 등에 따라서 포장재료, 포장방법, 포장디자인이 다르게 된다.

### 2) 수출포장의 기능

#### (1) 수출물품 보호기능

수출포장은 외부의 작업에 따른 충격을 흡수하고 포장 속의 물품을 안전하게 보호할 수 있도록 포장한다. 수출물품은 생산되어 최종소비자에 이르기까지의 운송, 하역, 보관 등과 같은 과정을 거치면서 충격을 받기 때문에 물품의 보호에 적합한 재료를 선택하고 포장기술을 적용하여 포장해야 한다.

#### (2) 수출물품 판매촉진기능

수출포장에 사용되는 수출포장디자인은 수출물품의 품격을 높여 고객의 구매욕구를 충동시키는 역할을 한다. 외부포장에 디자인이 되어 있는 물품과 외부포장에 디자인이 되어 있지 않은 물품에 대한 구매자의 선호도는 다르게 된다. 따라서 수출포장은 판매촉진에 도움이 되는 디자인이 필요하다.

### 3) 수출포장의 요건

#### (1) 화물의 특성 보호

수출포장을 할 때에는 화물의 형태, 성질, 무게, 길이 등을 고려하여 종이, 유지, 목재, 철판 등과 같은 수출포장재료를 적합하게 사용하여 화물의 특성을 보호해야 한다. 화물은 형상을 기준으로 고체화물, 액체화물, 기체화물 등으로, 무게를 기준으로 중량화물 경량화물, 길이를 기준으로 장척화물, 중척화물, 단척화물 등으로, 단위를 기준으로 개체화물, 조합화물 등으로, 강도를 기준으로 강체화물, 유연체화물, 휘발성을 기준으로 휘발성화물 비휘발성화물 등으로 구분할 수 있다. 화물은 성질이 따라 신축성이 있는 화물, 강도에 한계가 있는 화물, 온도에 민감한 화물, 물이나 습도에 민감한 화물, 녹이 슬기 쉬운 화물, 곰팡이가 쉽게 발생하는 화물, 특수화물인 위험화물 등이 있다. 이러한 화물은 특성을 보호하는 포장이 되어야 한다.

#### (2) 적정한 포장기법 적용

수출포장을 할 때에는 해당 화물에 대한 적정한 포장기법을 적용해야 한다. 소화물은 주로 수작업으로 포장을 하게 되고, 중형화물 또는 대형화물의 경우에는 기계화에 의한 포장을 하게 된다. 수출화물의 단위포장과 내부포장은 대부분 수작업으로 포장하고 외부포장은 기계화에 의한 포장을 하게 된다. 그러므로 화물의 유형에 맞는 적정한 포장기법을 적용하여 포장의 효과를 제고해야 한다.

#### (3) 최저의 포장비용 투입

수출포장을 할 때에는 필수불가결한 요소에 국한하여 최소의 비용으로 포장해야 한다. 화물을 포장할 때에 비용을 고려하지 않으면 화물의 단위원가 상승을 초래하여 판매 경쟁력을 떨어트리게 된다. 그러므로 최소의 비용으로 포장의 기능을 최대한 살릴 수 있도록 포장 해야 한다.

### (4) 화물별 기능성 포장

수출포장을 할 때에는 화물이 그 특성에 따라 온도, 습도, 햇빛 등과 같은 기후의 여건에 영향을 받는 경우가 많다는 점을 고려해야 한다. 그래서 수출포장을 할 때에는 화물이 다양한 기후여건에 대응할 수 있도록 방한기능, 방열기능, 방습기능, 자외선 차단 기능 등을 발휘할 수 있도록 포장해야 한다.

### (5) 화물의 정보 제공

수출포장을 할 때에는 화물에 관한 정보를 표시하여 하역작업을 하는 중에 주의를 촉구할 수 있는 내용을 외부에 표시해야 한다.. 수출물품은 운송, 하역, 보관 등과 같은 작업 중에 손상될 가능성이 높다. 그러므로 포장에 작업과 관련한 주의표시를 하여 손해의 방지에 노력해야 한다. 수출포장에 활용하는 화물의 정보에 관한 표시는 문자를 사용하거나 상징화한 그림을 사용하여 표기한다.

### (6) 물류 작업의 용이성 보장

수출포장을 할 때에는 무역거래의 대상이 되는 화물이 출발장소에서부터 목적지에 이르기까지의 과정 중에 용이하게 작업을 할 수 있는 단위로 포장해야 한다. 무역운송 중에 이루어지는 화물의 집화, 보관, 선적, 적부, 보관, 양륙, 환적 등과 관련한 작업은 인력작업, 기계화작업, 인력과 기계화의 혼합작업 중 어느 하나로 이루어진다. 그러므로 포장을 할 때에는 적양의 횟수, 적양의 방법, 출발 지역의 환경, 도착지역의 환경 등을 고려하여 어떠한 작업이 이루어진다고 하더라도 작업을 하는 데에 용이하도록 적정한 단위로 포장해야 한다. 수출포장을 할 때에 물품의 단위가 일정기준을 초과하게 되면 적절한 포장 재료를 구할 수 없는 경우가 발생하거나 포장을 하더라도 포장의 보호기능역할을 할 수 없게 된다.

### (7) 물류 유통과정 중의 충격 방지 또는 완화

수출포장을 할 때에는 화물이 운송 중에 운송수단에 따라 받는 충격을 방지하거나 완화할 수 있도록 포장해야 한다. 화물을 진동이나 좌우의 흔들림으로부터 보호하기 위하여 고정장치로 일정한 위치에서 벗어나지 않게 하지만 불의의 사고가 발생하면 그 효과가 반감되거나 소용이 없는 경우가 있다. 그러므로 화물을 포장하는 경우에는 화물과 화물과의 충돌, 주행 중의 진동, 운송수단의 운행 중 좌우로의 흔들림 등과 같은 현상을 견딜 수 있도록 충격에 강한 포장이 되어야 한다.

### (8) 하중 지탱

수출포장을 할 때에는 화물을 보관을 할 때에 대부분 다단적으로 하고 단층으로 적치하는 경우가 거의 없다는 점을 감안해야 한다. 화물을 다단적으로 적치하거나 적재하는 것은 화물 보관장소를 효율적으로 활용하기 위한 것이다. 그러므로 다단적으로 적치하는 경우에 제일 하단에 적치 또는 적재되는 화물은 그 상단에 적치 또는 적재되는 화물의 중량을 지탱할 수 있어야 하는데 어느 화물이 제일 하단에 적치되거나 적재될 것인가를 알 수 없기 때문에 이러한 면을 고려하여 포장해야 한다.

## 2. 수출포장의 구분

### 1) 단위포장

단위포장은 1개의 운송용기에 넣은 물품을 각각 보호하기 위하여 포장하는 최소단위의 포장이다. 낱개를 단위로 하여 1개씩 별도로 포장하였다고 하여서 개포장(unitary packing)이라고도 한다.

단위포장은 소비자가 직접 수령할 수 있는 사용할 수 있는 상태의 포장이다. 소비자는 단위포장을 보고 물품에 대한 구매욕구를 일으키기도 한다. 그러므로 단위포장은 그 자체의 물품가치를 표현할 수 있는 것이므로 디자인이나 색상 등에 유의를 하여 포장해야 한다.

단위포장은 물품을 보호하는 기능이 중시되었기 때문에 포장 재료로는 견고한 재료가 우선적으로 사용되었다. 그렇지만 포장 재료의 견고한 면을 강조하다 보면 물품을 보관하는 데에는 그 기능을 발휘할 수 있으나 포장 재료 자체가 너무 무거워 취급하기가 어렵다. 이러한 점을 고려하여 포장업계에서는 운송이나 선적작업 및 하역작업 등과 같은 작업을 할 때에 취급하기가 용이하도록 가벼우면서도 견고한 포장 재료를 계속적으로 개발하고 있다.

### 2) 내부포장

내부포장(interior packing)은 단위포장이 이루어진 물품을 하나의 운송용기에 넣을 때 단위포장과 단위포장 사이에 충격을 완충시키는 역할을 하는 재료를 넣는 포장이다. 그리고 물품을 넣는 포장용기의 내부에 일정한 간격을 확보하기 위하여 내부 공간 칸막이 등을 설치하여 단위 포장된 물품을 보호하는 것도 내부포장에 해당한다.

### 3) 외부포장

#### 1) 외부포장의 의미

외부포장(outer packing)은 외부포장 전체를 의미한다. 외부포장은 화물의 운송, 하역, 보관 등에 편리하도록 이루어진다. 그리고 외부포장은 외부로부터의 충격, 압력, 습도, 온도, 도난 등과 같은 것으로부터 보호를 하도록 이루어진다.

#### 2) 외부포장의 형태

① 용기포장

용기포장은 하나의 그릇이나 하나의 공간 속에 물품을 넣고 그 입구를 폐쇄시키거나 봉하는 포장의 의미이다. 용기포장에는 상자포장, 거적포장, 자루포장, 통포장, 특수용기포장 등이 있다.

상자포장은 상자의 재질에 따라 나무상자(wooden case of box), 종이상자(paper packing case, carton), 특수목상자, 트렁크(trunk), 컨테이너(cotainer) 등이 있다. 특수목상자로는 금속첩상자(tin-lined case, zinc-lined case, aluminium-foiled case), 차상자(tea chest), 합판상자(베니어상자, veneer case), 조판상자(상자바구니, crate skeleton case) 등이다. 거적포장은 거적의 재질에 따라 보통거적포장, 압축거적포장, 밀집가마포장(straw-mat) 등이다. 보통거적포장은 마거적포장(hassian cloth, burlap), 안바라거적포장(rush-mat) 등이다. 압축거적포장은 완전압축거적포장(pressed bale), 일부압축거적포장(half-pressed bale) 등이다. 자루포장은 자루의 재질에 따라 마대자루(삼베자루, gunny bag), 목면헝겊자루(sack), 종이자루(paper-made bag) 등이다. 통포장은 통의 재질에 따라 재래통(tub)과 개량통으로 포장하는 대형나무물통(cask), 가운데가 불룩한 중형나무물통(barrel), 소형나무물통(keg) 등이다. 특수용기포장은 관입으로 포장하는 드럼관(drum)과 양철관(tincan), 병(carboy, demijohn), 옹기(jar, pot), 광주리(basket, hamper), 철제원통(cylinder), 철제 휴대용통(iron flask) 등이다.

③ 무용기 포장

무용기포장은 용기포장과는 상대적인 개념이다. 따라서 하나의 그릇이나 하나의 밀폐된 공간을 만들지 않는 포장이다. 무용기포장에는 두루마리포장, 묶음포장 등이 있다.

두루마리 포장은 두루마리 형태로 포장하는 코일(coil), 롤(roll), 얼레(reel) 등이다. 묶음(bundle)포장은 꽃을 묶음단위로 묶을 때에 사용되는 용어이다.

# 제 4 절 수출화인

## 1. 화인의 의미와 표시

### 1) 화인의 의미

화인(shipping marks)은 포장화물의 외부포장에 기입하는 수입업자명 또는 주소, 대조번호, 목적지, 번호, 기타의 표지를 의미한다. 화인의 목적은 물품의 운송, 하역, 보관 등과 관련한 운송업자, 하역업자, 보관업자 등이 화물을 용이하게 구별하도록 표시하는 것이다.

### 2) 화인의 표시

화인이 없거나 불완전 또는 불명확한 경우에는 다른 화물과 혼동되어 양륙착오 또는 인도착오가 발생할 수 있다. 화인은 1개 포장마다 두 곳 이상에 상당한 크기로 선명한 방수 잉크를 사용하여 지워지지 않게 표시해야 한다. 화인은 모두 대문자로 표시하는 것이 관습이다. 계약당사자 사이에 화인에 대한 약정이 있는 경우에는 합의한 내용에 따른다.

## 2. 수출화인의 구성

### 1) 기본화인

기본화인(principle marks)은 다른 화물과 식별하기 위한 표시로서 주마크(main marks) 또는 주화인이라고도 한다. 기본화인에는 수입업자 표지, 대조번호 표지, 목적지 표지, 화물번호 표지 등이 포함된다.

수입업자 표지(importer marks)는 수입업자의 주소, 성명을 문자로 기입하지 않고 쉽게 알 수 있도록 도형 속에 수출업자나 수입업자의 머리문자를 표시하는 것이 일반적이다. 표시 위치는 중앙이 대부분이다. 기본화인은 수입업자의 지시가 있는 경우에는 그 지시에 따른다. 지시가 없는 경우에는 임의로 만들어도 된다. 수출업자를 표시하는 경우에는 기본화인의 왼쪽 위 또는 오른쪽 위에 표시한다.

대조번호 표지(counter marks)는 주문번호, 송장번호, 주문번호, 총중량 표지 등에 수출업자와 수입업자 사이에 중요하다고 인정하여 결정한 번호를 표시한다.

주문번호 표지는 수입업자가 화물 분류상의 편의를 위해서 외부포장의 구석 등에 주문번호를 표시하도록 요구하는 경우에 이루어진다. 총중량 표지는 수입국가의 무역규정에 따라 중량 또는 용적을 표시하도록 한 경우에 이루어진다. 이러한 총중량 표지는 화물 포장별 총 중량에 대한 표시이다.

목적지 표지(destination marks)는 화물의 목적항 또는 목적지를 표시하는 것이다. 목적지와 도착항이 다른 경우에는 경유지도 표시한다. 복합운송의 경우에는 최종목적지만 표시한다.

화물번호 표지(case marks)는 화물의 개수를 표시하는 기호이다. 총 50개 중 3번째 화물인 경우에는 No. 3/50으로 표시한다. 서류에 C/No. 3-50라고 표시된 경우에는 Case 50개 중 3번째라는 의미이다.

### 2) 정보화인

정보화인(information marks)은 원산지 표지, 신용장 표지 등에 관한 사항을 표시한 것이다. 수입업자가 요구하는 경우에만 정보화인을 표시한다. 정보화인은 기본화인보다 작은 문자를 사용하여 기본화인과 구별한다.

원산지 표지는 물품의 원산지를 표시하는 것으로서 일반적으로 화물번호 하단에 표시한다. 따라서 외부포장 하단 중앙부에 위치한다. 우리나라는 MADE IN KOREA로 표시한다. 신용장 표지는 신용장의 내용과 관련한 사항을 표시한다. 신용장의 번호 등이 기재되는 것이 일반적이다.

### 3) 취급주의 화인

취급주의 화인(cargo handling marks, caution mark)은 화물의 특성에 따라 운송, 선적, 하역, 보관 등과 같은 작업을 할 때에 지켜야 할 주의사항을 표시한 것이다. 이에 따라 운송, 선적, 하역, 보관 등에 관계된 사업자들이 판별하기 쉽도록 붉은 잉크 또는 페인트 등을 사용하여 그림이나 문자로 표시한다.

취급주의 화인은 그 종류가 다양한데 물품의 특성에 따라 취급상의 주의사항을 표시하게 된다. 주의사항에 대한 내용은 파손주의, 갈고리 사용금지, 습기주의, 일광금지, 열기금지, 빗물방지, 상하표시 등 매우 다양하다.

# 제10장

# 국제운송

## 제1절 국제운송의 개관

### 1. 국제운송의 의의

국제운송은 무역물품을 국가와 국가 사이에 운송하는 것으로 운송과 관련한 업무관계까지 포함한 국제물류의 개념이 함축되어 있다. 국제물류는 국가와 국가 사이에 이루어지는 물적 유통활동인데 운송, 선적, 하역, 포장, 보관, 분배 등과 같은 기능이 함축적으로 수행되고 있다. 그러므로 국제물류의 기능을 수행하고 있는 국제운송에서는 무역물품거래를 원활하게 지원하는 것이기 때문에 안전성, 신속성, 경제성 등이 요구된다.

### 2. 국제운송의 방법

무역업자는 무역물품의 종류, 무역계약기간, 운송거리 및 운송업계의 상황 등을 검토한 후에 운송방법을 선택하게 된다. 국제운송의 방법으로는 육상운송, 해상운송, 항공운송 그리고 복합운송을 들 수 있다. 국제운송에서 활용되고 있는 각 운송방법들의 장단점은 운송수단, 운송거리, 운송시간, 운임 등에 따라 다르게 된다. 그러므로 국제운송은 각 운송방법이 갖는 장점을 살리고 단점을 보완하여 경제성과 신속성 그리고 안전성을 최대한 활용해야 한다.

# 제2절 육상운송과 항공운송

## 1. 도로화물운송

### 1) 도로화물운송의 의미

도로화물운송(carriage by road)은 자동차에 의해 도로로 운송하여 문전에서 문전까지의 일관운송 서비스체제를 운영할 수 있는 방법이다. 도로화물운송은 도로의 폭에 따라 다양한 도로화물운송수단을 선택할 수 있기 때문에 수요자의 요구에 적극 부응할 수 있다. 국제도로화물운송(international carriage by road)은 국가와 국가 사이에 이루어지는 무역에서 자동차에 의해 도로로 운송하는 방법이다.

### 2) 도로화물운송의 특성

도로화물운송은 육로가 발달되면서 동반하여 발달된 운송방법이기 때문에 그 역사가 오래되었다. 도로화물운송이 발달할 수 있었던 것은 다음과 같은 특성이 있었기 때문이다.

첫째, 도로화물운송은 다른 운송방법에 비하여 화물의 운송량이 적다. 차량 자체의 적재량만큼의 화물량만 운송한다.

둘째, 도로화물운송은 중소화물의 단거리운송에 적합하다. 도로화물운송의 특성상 소량의 화물을 근거리에서 운송하는 것이 효율적이다.

셋째, 도로화물운송은 운임이 저렴하다. 도로화물운송은 단거리에 이용되는 것이기 때문에 운임이 저렴하게 된다.

넷째, 도로화물운송은 물품의 특성에 맞는 다양한 자동차를 선택하여 운송할 수 있다. 물품의 수량, 중량, 특성에 맞는 적재량이나 장비를 갖춘 자동차를 선택하여 운송할 수 있다.

다섯째, 도로화물운송에는 운송과 관련한 기초적인 기반시설이 필요 없다. 다른 운송방법과는 다르게 적재시설이나 하역시설 등이 별도로 필요하지 않다.

여섯째, 도로화물운송은 도로망이 충분하게 발달되어 있다면 생산자로부터 소비자에게 물품을 직송할 수 있다. 그러므로 문전에서 문전까지의 운송서비스가 가능하다.

### 3) 도로화물운송과 도로화물운송장

#### (1) 국제도로화물운송장의 의미

국제도로화물운송장(CMR consignment note, CMR road waybill)은 송하인과 운송인이 운송계약을 체결하고 서명을 하거나 날인하였음을 증명하는 서류이다. 국제도로화물운송장은 유통성이 보장되지 않으며 물품을 인수하였다는 증거에 불과하다. 송하인과 운송인 사이에 통상적으로 3통의 도로화물운송장을 작성하여 송하인과 운송인이 각각 1부씩 보관하고 다른 한 통은 화물과 함께 수하인에게 발송된다.

#### (2) 국제도로화물운송장의 내용

국제도로화물운송장에는 발급일자 및 장소, 송하인의 성명과 주소, 운송인의 성명과 주소, 화물의 수탁지 및 일자와 인도장소, 수하인의 성명과 주소, 물품의 명칭, 위험물인 경우에는 일반적으로 식별이 가능한 품명, 물품 포장 수, 화인 및 수량, 비용, 통관 및 행정상 필요한 사항, 운송이 본 협약의 조항에 의해 규제된다는 문언 등과 같은 사항이 기재된다.

### 4) 도로화물운송과 관련 법규

#### (1) 국내법규

우리나라에서는 상법에 육상운송에 관한 법규를 두고 있다. 도로화물운송업을 영위하는 자가 정기적으로 도로에서 정기노선을 운송할 때는 자동차운송사업법, 도로운송차량법 등의 적용을 받는다.

#### (2) 국제도로화물운송조약

① 적용범위

국제도로화물운송에서는 1956년 제네바에서 서명된 국제도로화물운송조약(Convention on the Contract for International Carriage of Goods by Road: CMR)을 적용한다. 국제도로화물운송조약은 주로 국가와 국가의 국경이 육로로 연결되어 있는 지역에서의 도로화물운송의 경우에 적용한다. 이러한 여건을 가진 지역은 유럽, 미주, 아프리카 등지이다. 국제도로화물운송조약에서는 운송경로 중에 해상운송이 포함되어 있을지라도 차량으로부터 물품이 하역되지 않는다면 전 운송구간을 국제도로화물운송구간으로 인정하고 있다.

② 송하인의 책임과 의무

국제도로화물운송조약은 무역계약 당사자 중 어느 일방이 가입한 경우에 적용한다. 국제도로화물운송조약은 도로화물운송에 적용하는 조약이지만 우편물이나 이삿짐의 운송에는 적용하지 않는다.

국제도로화물운송조약에 의하면 송하인은 운송 중인 화물의 운송을 중지하도록 운송인에게 요구하여 그 화물을 처분하거나, 인도장소를 변경하여 도로화물운송장에 지정된 수하인이 아닌 다른 수하인에게 화물을 인도할 권리를 갖는다. 그러나 이러한 권리는 일단 수하인이 운송인으로부터 도로화물운송장을 받아서 화물을 수령하면 종료된다. 송하인은 이러한 권리를 행사함으로써 발생되는 비용이나 손해에 대하여 책임을 부담해야 하며, 처분권의 행사가 운송인의 작업에 영향을 주어서도 안 된다.

③ 운송인의 책임과 의무

국제도로화물운송 계약에서 연속운송인(successive carriers)은 전체의 도로화물운송구간에 대한 책임을 부담해야 하며, 각 구간에서 각 운송인은 운송계약의 당사자가 된다.

화물에 손해가 발생하면 최초의 운송인, 최후의 운송인 또는 실제로 운송을 담당한 운송인 가운데 누구에게나 소송을 제기할 수 있다. 국제도로화물운송조약에는 이러한 소송에 대하여 운송인들에게 손해를 할당하고, 운송인의 태만에 의한 손해인 경우에는 운송인의 책임에 관한 조항을 원용한다.

④ 운송인의 책임한도

운송인은 지연에 의한 손실을 포함하여 화물에 손해가 발생하면 책임을 부담해야 하지만, 손해가 손해배상 청구자 자신에 의해 발생하거나, 화물고유의 성질 또는 운송인이 피할 수 없는 상황이었거나 운송인의 책임한도보다 높은 금액이 선고되었거나 추가요금이 지급되지 않았다면 1킬로그램(㎏)당 25 금프랑(gold francs)을 보상한다.

이러한 한도는 손해가 운송인의 고의의 악행에 의한 것이라면 적용되지 않는다. 화물에 손해가 발생하여 운송인을 상대로 소송을 제기하기 위하여, 수하인은 화물의 외관상 손해가 발견되면 인도를 할 때에 운송인에게 통지하고, 외관상 손해가 분명하지 않는 경우에는 인도를 받은 후로부터 7일 이내에 통지해야 한다. 지연에 의해 손해가 발생한 경우에는 인도를 받은 후로부터 21일 이내에 통지해야 한다. 소송은 보통 2년 이내에 제기되어야 하며, 운송인의 고의적 악행에 의해 손해가 발생되었으면 3년 이내에 제기하면 된다.

## 2. 철도화물운송

### 1) 철도화물운송의 의미

철도화물운송(carriage by rail)은 철도화물운송은 궤도를 주행하는 화차를 이용하여 화물을 운송하는 방법이다. 철도화물운송은 투자규모가 크고 투자자본 회수에 장기간이 소요된다. 그러므로 국가마다 국영기업으로 독점하여 운영하는 것이 대부분이다. 국제철도화물운송(international carriage by rail)은 철도차량에 의해 어느 항만시설 국가로부터 다른 내륙지역 국가, 반대로 내륙지역 국가로부터 항만시설 국가로 국제무역물품을 운송하거나 또는 대륙과 대륙 구간 사이에서 무역물품을 운송하는 것이다.

### 2) 철도화물운송의 특성

#### (1) 철도화물운송의 장점

철도화물운송은 육로에서 대량운송방법이 필요하게 되었던 산업혁명의 배경 속에서 그 역사가 시작되었다. 철도화물운송에서의 기반시설은 부수적인 경제효과를 유발시켰기 때문에 화물운송방법으로서의 중요성이 더욱 부각되고 있다. 철도화물운송의 장점은 다음과 같다.

첫째, 철도화물운송은 1회에 대량의 화물을 운송할 수 있다. 철도화물운송은 기관차에 연결되어 있는 화물차의 수에 따라 운송량을 증가할 수 있다.

둘째, 철도화물운송은 장거리 운송일수록 운임이 저렴하다. 철도화물운송은 대량화물을 운송하기 때문에 장거리일수록 단위당 운임이 저렴하게 된다.

셋째, 철도화물운송은 계획운행이 가능하다. 철도화물운송은 배차간격 및 배차량을 조절하여 운송할 수 있기 때문에 계획을 세워 운송을 할 수 있다.

넷째, 철도화물운송은 궤도를 이용하기 때문에 일반도로에서 화물차 등이 수행하는 도로화물운송보다 안전성이 높다.

다섯째, 철도화물운송은 기후에 영향을 받지 않고 운송할 수 있다. 철도화물운송은 화차에 다양한 장치를 장착하여 화물의 운송에 적합한 기능을 보유하여 운행을 할 수 있다.

여섯째, 철도화물운송화물의 거점을 중심으로 주변지역에 미치는 경제적 효과가 크다. 철도역 주변에는 하역업, 보관업, 창고업, 운송업 등이 부수하여 발달하게 된다.

#### (2) 철도화물운송의 단점

철도화물운송은 증기기관차가 출현한 이후로 발달한 운송방법이기 때문에 역사가 짧다. 철도화물운송의 단점은 다음과 같다.

첫째, 철도화물운송은 중거리나 근거리의 운송에는 운임이 비싸다. 철도화물운송의 운임은 고정비용이 감안되기 때문에 중거리나 근거리 운송에는 채산성이 떨어진다.

둘째, 철도화물운송은 운임의 결정에 탄력성이 없다. 철도운임은 이미 고정화되어 있기 때문에 운임의 결정에 탄력성이 없다.

셋째, 철도화물운송은 최종목적지까지 운송할 수 없기 때문에 운송방법을 연결하는 데에 따른 환적작업이 필요하다. 즉 철도화물운송은 궤도시설이 있는 최종목적지의 근접역까지 운송한 후 도로화물운송에 연계를 하여 최종목적지에 도착해야 하는 불편함이 있다.

넷째, 철도화물운송은 화물운송에 필요한 화차편성에 시간이 많이 소요되고, 열차의 운행시간이 경직되어 있기 때문에 긴급한 운송에는 적합하지 않다.

다섯째, 철도화물운송은 기관차가 견인할 수 있는 화차의 수에 한도가 있기 때문에 대량의 화물량을 운송해야 하는 경우에는 화차의 배차를 조절하는 데에 한계가 있다.

### 3) 철도화물운송의 운임체계

#### (1) 화차취급운임

우리나라 철도화물의 운임체계는 화차취급운임, 컨테이너취급운임 그리고 혼재운임 등으로 구분된다.

화차취급운임은 궤도운임을 기본으로 하는 철도운임과 출발역과 도착역 사이의 통운요금으로 구성된다. 철도운임은 거리단위별 톤당 운임에 운임계산톤수를 곱하여 산정한다. 그리고 특대화물, 위험물 및 귀중품 등의 경우에는 할증제도가 있다. 또한 화차 유치료, 화차인도 증명료 등 특별 요청사항에 대하여 여러 가지의 가산요금을 부과하고 있다.

통운요금은 발송료, 도착료 및 특별 요청사항에 대하여 부과되는 요금으로 구성된다. 정형화된 대량운송이나 팔레트에 의한 일관운송을 할 경우에는 할인제도가 있다.

#### (2) 컨테이너 취급운임

컨테이너 취급운임에도 화차취급운임과 마찬가지로 철도운임과 통운요금으로 구성되며 요금계산방법도 동일하다. 그러나 냉동컨테이너 등을 사용할 때에는 할증제도가 있다.

#### (3) 혼재운임

혼재화물의 운임은 출발역과 도착역 사이의 철도화물운송에 대한 고객운임과 출발역과 도착역 양쪽의 집화료 및 배달료로 구성된다. 철도운임을 계산할 때는 품목할증, 특대할증제도 등을 고려해야 한다. 이를테면 운송계약과 상이한 품목을 적재하거나 운송계약에서 정한 중량이나 장척과 상이한 상황이 발생하면 할증운임이 부과된다. 화주가 운송인에게 물품의 운송과 관련하여 특별한 사항을 요청하는 경우에는 그에 따른 요금이 부과되고 있다.

### 4) 철도화물운송과 철도화물운송장

#### (1) 국제철도화물운송장의 의미

국제철도화물운송장(CMR consignment note, CMR rail waybill)은 송하인과 철도화물운송인이 운송계약을 체결하고 서명을 하거나 날인하였음을 증명하는 서류이다. 국제철도화물운송장은 유통성이 보장되지 않으며 물품을 인수하였다는 증거에 불과하다. 그래서 국제철도화물운송장은 물품의 수취증이라고도 한다. 국제철도화물운송장은 송하인과 운송인 사이에 통상적으로 3통의 국제철도화물운송장을 작성하여 송하인과 운송인이 각각 1부씩 보관하고 다른 한 통은 화물과 함께 수하인에게 발송된다.

#### (2) 국제철도화물운송장의 내용

국제철도화물운송장을 작성할 때는 발급일자 및 장소, 송하인의 성명과 주소, 철도화물운송인의 성명과 주소, 화물의 수탁지 및 수탁일자와 인도장소, 수하인의 성명과 주소, 물품의 명칭, 위험물인 경우에는 일반적으로 식별이 가능한 품명, 물품 포장 수, 화인 및 수량, 비용, 통관 및 행정상 필요한 사항, 운송이 본 국제철도화물운송조약의 조항에 의해 규제된다는 문언 등과 같은 사항이 기재된다.

### 5) 철도화물운송 관련 법규

#### (1) 국내법규

우리나라에서는 상법에 철도운송에 관한 법규를 두고 있다. 철도화물운송업을 영위하는 자가 정기적으로 철도에서 정기노선을 운송할 때는 철도법, 철도소운송업법, 궤도사업법, 철도운송규정 등의 적용을 받는다.

### (2) 국제철도화물운송조약

① 적용범위

국제철도화물운송조약(International Convention Concerning Carriage of Goods by Rail; CIM)은 주로 유럽의 철도화물운송의 경우에 적용된다. 국제철도화물운송조약에서는 철도화물운송계약을 체결하고 화물을 적재한 철도열차를 직접 철도열차선박(rail ferry)에 진입시켜 운송을 연결하는 경우에도 국제철도화물운송으로 인정한다.

② 송하인의 책임과 의무

국제철도화물운송조약은 무역계약 당사자 중 어느 일방이 가입한 경우에 적용한다. 국제철도화물운송조약에 의하면 송하인은 운송 중인 화물을 처분하거나, 인도장소를 변경하여 철도화물운송장에 지정된 수하인이 아닌 다른 수하인에게 화물을 인도할 수 있다. 송화이의 구너리는 수하인이 운송인으로부터 철도화물운송장을 받아서 화물을 수령하면 종료된다. 송하인은 권리행사에 따르는 비용이나 손해에 대하여 책임을 부담한다.

③ 운송인의 책임과 의무

국제철도화물운송 계약에서 철도운송인은 화물의 손해에 대하여 포괄적으로 책임을 진다. 그러나 화주의 고의 또는 화물 고유의 하자 또는 불가항력적인 원인에 의해 발생된 손해, 운송인이 위험을 방지하거나 제거할 수 없었던 사유로 인하여 발생한 화물의 멸실이나 훼손, 그리고 인도지연에 대해서도 면책이다. 그런데 운송인은 그러한 멸실이나 훼손 등과 같은 손해에 대해 거증책임이 있다. 거증책임 속에는 손해가 둘 이상의 연속적인 원인에 의해 손해가 발생할 수 있다는 내용도 포함된다.

④ 운송인의 책임한도

국제철도화물운송 계약에서 철도운송인은 고의 또는 중대한 과실에 의한 손해를 제외하고는 1킬로그램(㎏) 당 50 금프랑(gold francs)을 한도로 보상한다. 철도운송인에게 중과실이 있는 경우에는 정상적인 책임한도액의 2배를 보상한다. 인도지연에 의한 손실은 철도운송인이 그 실제의 손해액을 증명하지 못하면 특정운송기간의 10분의 1의 지연에 대해 운임의 10분의 1을 반환해야 한다. 다만 그 반환액의 한도는 총운임의 4분의 1이다. 만약 인도지연으로 인한 실제의 손해액을 증명한 경우에는 그 손해액이 배상액이 되는데 해당운임의 2배를 초과하지 못한다. 국제철도화물운송에서 손해가 발생한 경우 운송인에 대해 제소할 수 있는 기한은 1년이다 다만 운송인의 사기 또는 고의적인 행위가 있는 경우에는 제소기한이 2년이다.

## 3. 항공운송

### 1) 항공운송의 의미

항공운송(air transportation)은 항공기를 이용하여 승객, 우편, 화물 등을 탑재하여 한 공항에서 다른 공항까지 운송하는 것이다. 국제화물운송은 해상이나 육상운송이 주류를 이루고 있지만 항공산업의 발전과 화물전세기가 등장하여 세계를 일일 생활권으로 하는 신속한 운송요구에 따라 항공운송의 비중이 점차 높아지고 있다. 또한 국제분업의 가속화 및 항공운송에 적합한 고부가가치품목의 증가도 항공운송을 활성화시키는 요인이 되고 있다.

### 2) 항공운송의 특성

항공운송은 항공기를 이용한 운송이라는 점에서 운송화물이 특수한 품목으로 한정될 수 있다. 그렇지만 항공운송은 운송시간을 단축시킬 수 있는 방법으로 이용도가 증가하고 있다. 이러한 관점에서 항공운송은 다음과 같은 특성을 가지고 있다.

첫째, 항공운송은 운송기간을 단기간으로 단축할 수 있다. 따라서 경제의 질적인 발전과 함께 성장하고 있는 반도체, 전자제품, 시계 등 고부가가치의 소형경량 화물은 비싼 운임을 지급하여도 채산성이 있을 뿐만 아니라 신속한 운송이라는 장점 때문에 항공운송에 적합하다.

둘째, 항공운송은 신속한 운송이 가능하다. 긴급화물이나 소형화물인 경우 항공운송을 이용하면 편리하다. 긴급한 시장수요를 충족시켜 주기 위해서는 항공운송이 필요하게 된다. 운송시간의 단축은 비용절감 및 손해발생의 기회를 감소시킨다. 보관기간이 짧게 되어 보관비를 절감할 수 있게 되며 재고품의 부패 등과 같은 위험도 감소시킬 수 있다.

셋째, 항공운송은 정시운항이 가능하다. 물품의 운송에서는 운송시간의 정확성이 중요하게 된다. 항공운송의 경우 정시 출발이 가능하게 되므로 시간적으로 시장성이 한정되어 있는 물품도 경쟁력을 갖게 할 수 있는 것이다. 따라서 정시운항을 통하여 고객에 대한 서비스를 제고시키는 역할을 하게 된다.

넷째, 항공운송의 운임은 경제성을 가지고 있다. 항공운임은 다른 운송방법보다 운임은 비싸지만 운송에 소요되는 비용을 종합하여 보면 다른 운송방법보다는 경쟁력을 가지고 있다. 항공운송에서는 포장의 경량화로 포장비용을 절감시킬 수 있으며 육상운송에 비하여 보험료가 저렴하여 송하인의 자금부담을 감소시켜 준다.

〈표 10-1〉 항공운송과 해상운송의 특징 비교

| 구분 | | 항공운송 | 해상운송 |
|---|---|---|---|
| 단점 | 운 임 | 운임은 해상운임의 20배 정도임<br>운임은 비탄력적임 | 장거리수송 중에는 가장 저렴함<br>운임은 탄력적임 |
| | 운송중량 | 중량의 제한을 받음 | 중량의 제한을 받지 않음 |
| 장점 | 안전성 | 안전도 비교적 높음 | 안전도 비교적 높지 않음 |
| | 신속성 | 단기간 소요 | 장기간 소요 |
| 운송화물 | | 중량, 소량, 고부가가치화물 | 대량, 중량화물 |

### 3) 항공화물운송계약의 체결

#### (1) 항공화물의 취급

항공화물의 운송계약은 화주가 항공회사와 직접 교섭하지 않고 항공운송 대리업체인 항공화물 운송대리점 또는 항공운송주선업자 등과 계약을 체결하게 된다.

항공화물 운송대리점(air cargo agent)은 항공사 또는 총대리점을 위하여 유상으로 항공기에 의한 화물운송계약 체결을 대리하는 업체이다. 항공운송주선업자(consolidator, air freight forwarder)는 혼재업자라고도 하는데 타인의 수요에 응하여 유상으로 자기의 명의를 사용하여 화물의 혼재 및 화물의 항공운송을 주선하는 업자이다. 항공운송주선업자는 항공사발행 화물운송장에 의거하여 자체에서 결정한 운송약관과 운임률표를 가지고 송하인과 항공운송계약을 체결하여 항공화물의 운송을 주선한다.

#### (2) 항공운송계약의 체결

항공운송계약은 화물의 특성과 운송기간, 항공기의 사정 등을 감안하여 EDI를 이용하거나 직접 방문하여 체결하는데 화물에 대한 정확한 정보를 제공하는 것이 중요하다.

항공화물 운송대리점은 항공회사를 대리하여 항공회사의 운송약관, 운송규칙, 운임률, 운항예정표에 의거하여 항공화물을 유치하여 항공사에 인도하고 항공화물 운송장을 발행한다. 항공운송주선업자는 자체의 운송약관과 운임률표를 가지고 화주와 운송계약을 체결하고 항공운송주선업자용 항공화물운송장(house air waybill)을 발행한다.

항공화물 운송대리점이나 항공운송주선업자는 화주가 운송을 의뢰한 물품을 화주의 요청이 있을 경우 대리점에서 물품소재지까지 차량을 배치하여 공항으로 운송하고 탑재해야 한다.

### (3) 항공화물운송장

① 항공화물운송장의 의미

해상운송의 선하증권에 해당하는 항공운송의 기본서류가 항공화물운송장(air waybill: AWB)이다. 항공화물운송장은 송하인과 운송인 사이에 운송계약이 체결되었다는 증거서류이며 동시에 송하인으로부터 화물을 수령하였다는 증거가 된다.

② 항공화물운송장과 선하증권의 차이점

항공화물운송장과 선하증권에는 다음과 같은 차이가 있다.

첫째, 항공화물운송장은 유가증권이 아니다. 그런데 선하증권은 유가증권이다.

둘째, 항공화물운송장은 수취식이다. 그런데 선하증권은 선적식이다.

셋째, 항공화물운송장은 기명식이다. 그런데 선하증권은 지시식이다.

넷째, 항공화물운송장은 법률적으로 송하인이 작성해서 항공사에 교부하는 형식을 취하고 있다. 그런데 선하증권은 선박회사가 작성해서 송하인에게 교부되고 있다.

〈표 10-2〉 항공화물운송장과 선하증권의 차이점

| 구 분 | 항공화물운송장 | 선하증권 |
|---|---|---|
| 유 가 성 | 비유가증권 | 유가증권 |
| 양 도 성 | 없음 | 있음 |
| 발행시점 | 창고에 반입 후 | 선적 후 |
| 발행방식 | 기명식 | 지시식 |
| 작 성 자 | 송하인 | 선박회사 |

## 4) 항공화물운임

### (1) 일반화물요율

일반화물요율은 모든 품목에 적용되는 운임요율이다. 일반화물요율은 최저운임, 기본요율, 중량체증별 할인요금이 있다. 최저운임은 일정 기준량에 미달하는 화물로써 1건의 화물운송에 적용되는 가장 적은 운임이다. 최소한의 운영비를 감안하여 설정한 운임이다. 기본요율은 45킬로그램 미만의 화물에 적용되는 요율이다. 중량체증별 할인요금은 항공회사가 대량화물에 대해서는 고객유치의 차원에서 할인을 하여 주는 요금이다.

#### (2) 특정품목 할인요율과 품목분류요율

특정품목 할인요율은 특정구간에 반복적으로 대량 운송되는 특정품목에 대하여 할인하여 주는 요율이다. 품목분류요율은 일반품목에 대하여 할증 또는 할인되는 요율이다. 즉 품목분류요율은 물품을 분류하여 놓고 물품대상에 따라 할증을 적용하거나 할인을 적용하는 운임체계이다.

#### (3) 종가운임과 단위적재 용기운임

종가운임은 화물의 가격을 기준으로 적용하는 운임이다. 종가율은 화물의 신고가격이 일정기준을 초과하는 경우에 적용하는 요율이다. 단위적재 용기운임은 컨테이너와 같이 단위적재 용기에 적재하여 운송되는 화물에 적용하는 운임이다.

### 5) 항공화물운송의 대상품목

#### (1) 긴급물품

긴급물품(emergency freight)은 기계, 선박, 항공기 등의 부품, 긴급의료품, 물품견본, 납기가 긴급한 물품, 계절유행물품, 투기물품, 재해 구호물품 등과 같은 긴급 수요물품과 생화, 산동물, 생선, 송이버섯 등과 같은 신속운송을 요하는 품목, 그리고 신문, 잡지, 뉴스필름, 원고 등과 같이 시기를 놓치면 가치가 없어지는 품목 등이다. 이러한 긴급물품들은 시간적으로 볼 때에 신속하게 운송해야 할 품목이기 때문에 항공운송을 이용한다.

#### (2) 고가품 및 귀중품

고가품 및 귀중품(valuable cargo)은 문화재, 골동품, 모피, 미술품, 귀금속, 시계, 특수의약품, 고가의류, 전자, 전기제품, 광학기기, 반도체제품, 각종 부품 등이다. 고가품 및 귀중품은 중량에 비하여 고가이거나 귀중한 물품이기 때문에 운송기간이 길거나 외부에 노출되는 시간이 길면 도난 등과 같은 위험에 직면할 수가 있기 때문에 항공운송을 이용한다.

#### (3) 마케팅 계획 품목

마케팅 계획 물품(goods for marketing)은 경쟁대상이 되는 물품보다 신속하게 운송하여 판매시장을 선점하거나 서비스를 강화해야 할 필요가 있을 때에 항공운송을 한다. 즉 물품을 신속하게 운송하여 무역시장에 출하하는 경우에는 다른 회사의 제품보다 경쟁력을 높일 수 있기 때문에 항공운송을 이용한다.

### 6) 항공화물운송과 관련법규

#### (1) 국제항공운송협약

국제항공운송에서 항공회사의 책임은 1933년에 발효된 국제항공운송협약(Protocol to Amend the Convention for the Unification of Certain Rules Relating International Carriage by Air Signed at Warsaw on oct. 1929; Warsaw Convention: W.A.), 즉 바르샤바조약을 적용한다.

바르샤바조약 체약국인 경우 바르샤바조약의 적용을 받는다. 바르샤바조약의 규제를 받지 않는 국제항공운송협회 가맹회사들도 책임을 정할 때는 준용하도록 하고 있다. 바르샤바조약은 항공운송의 출발국가와 도착국가가 모두 체약국일 경우에만 적용한다. 또한 바르샤바조약을 체결한 국가에서 출발하여 제3국을 경유하여 원래의 출발국가 회항하는 경우에도 바르샤바조약이 적용된다. 이 때 제3국이 바르샤바조약의 체약국이 아니어도 관계없다. 바르샤바조약과 헤이그 의정서, 즉 개정조약을 모두 비준한 국가와 국가 사이에 이루어지는 항공운송에서는 개정조약만이 적용된다. 바르샤바조약과 개정조약을 모두 비준한 국가와 개정조약만을 비준한 국가와 국가 사이에 이루어지는 항공운송에서는 개정조약이 적용된다. 바르샤바조약과 개정조약을 모두 비준한 국가와 바르샤바조약만을 비준한 국가 사이에 이루어지는 항공운송에서는 바르샤바조약을 적용한다.

바르샤바조약은 항공운송의 발달로 개정되었고, 이를 헤이그 의정서(Hague Protocol)라고 하는데 1963년에 발효되었다. 이후 1961년에는 계약운송인과 실제운송인 중에서 누구에게 협약을 적용하는가에 대한 사항을 보완한 과다라하라 의정서(Guadalajara Protocol)가 성립되었으나 발효되지는 못하였다. 그리고 국제민간항공기구(ICAO)에서 주도하여 바르샤바협약체제를 변경하는 개혁을 통하여 2003년에 몬트리올협약(Montreal Agreement)을 발효시켰고 우리나라는 2007년에 가입하였다.

#### (2) 국제항공운송협회 표준운송약관

국제항공운송협회 표준운송약관은 국제항공운송협회(International Air Transport Association: IATA)가 제정한 것으로 국제항공운송협회 회원인 항공회사가 실시하는 운송에서 적용할 항공운송에 관한 조건, 항공화물운송장의 양식, 항공화물운송장의 발행방법, 항공사와 고객의 권리와 의무에 관한 사항 등을 규정하고 있다. IATA에서는 항공화물운송장의 이면약관을 개정하여 2008년 3월부터 시행하고 있다.

# 제 3 절 해상운송

## 1. 해상운송과 해상운송계약

### 1) 해상운송의 의미

해상운송(marine transportation)은 해상에서 선박을 이용하여 화물 또는 여객 등을 한 항구에서 다른 항구까지 운송하는 것이다. 해상운송은 선박을 이용하여 해상이라는 특수한 환경 속에서 이루어지는 운송이기 때문에 선박의 역할이 매우 중요하였다. 그래서 해상운송을 위한 선박의 신속성, 대량 운송성, 안전성이라는 관점에서 선박의 속력, 선박의 적재능력, 선박의 안전장치 등을 개량, 발전시키기 위한 노력이 꾸준하게 지속되고 있다.

해상운송은 선박의 유형에 따라 장거리 운송 및 대량운송이 가능하고 운임이 저렴하다는 장점이 있다. 그렇지만 해상운송은 신속성이 부족하다는 단점도 있다.

### 2) 해상운송계약과 선박

#### (1) 해상운송계약

해상운송계약(contract of carriage of goods by sea) 해상운송인(carrier)이 해상에서 선박을 이용하여 화물 또는 여객 등을 해상운송하기로 운송을 의뢰하는 사람인 송하인 또는 용선자 등에게 약속하고 송하인 또는 용선자는 이에 대하여 보수를 지급할 것을 약정함으로써 성립하는 계약이다. 해상운송인이 화물을 운송하기로 하고 계약을 인수하면 해상화물운송계약이라고 하고 해상운송인이 여객을 운송하기로 하고 계약을 인수하면 해상여객운송계약이라고 한다.

무역업자가 해상운송계약을 체결하고 해상화물을 해상으로 운송하려는 경우, 화물의 수량이나 항로사정을 감안하여 선박을 선택하게 된다. 선박의 운송에는 정기운항 여부를 기준으로 정기선(liner) 운송과 부정기선(tramper) 운송이 있다. 무역업자가 정기선으로 운송을 하는 경우에는 개품운송계약을 체결하고 부정기선으로 운송을 하는 경우에는 용선운송계약을 체결하는 것이 일반적이다.

### (2) 선박

#### ① 선박의 의미

선박은 상행위 또는 기타 영리를 목적으로 해상에서 화물이나 여객의 운송에 종사하는 해상운송수단이다. 선박은 용도에 따라 여객선과 화물선으로 대별되며, 화물선은 건화물선 및 유조선(tanker)으로, 건화물선은 일반화물선, 전용선, 겸용선, 특수선 등으로 구분한다.

#### ② 선박의 유형

㉠ 정기선과 부정기선

정기선은 잡화를 운송대상으로 하고 갑판 2층 또는 3층에 적양기를 설비하고 있는 일반화물선이다. 정기 컨테이너 선박은 컨테이너 전용 선박(full container ship), 컨테이너 분재 선박(semi container ship) 등과 같은 유형이 있다. 컨테이너 전용 선박은 컨테이너만을 전용으로 운송하는 선박이다. 컨테이너 분재 선박은 컨테이너와 다른 화물을 혼적하여 운송하는 선박이다.

부정기선은 약 1만 톤 내지 2만 톤에 해당하는 비교적 소량의 산화물 또는 포대포장 곡물, 비료, 시멘트, 사탕, 소금, 목재 등을 운송대상으로 하고, 갑판 1층 또는 2층에 적양기를 설비하고 있는 일반화물선이다.

㉡ 전용선

전용선(specialized vessel)은 특수한 화물만을 적재하여 운송하는 것을 목적으로 설계하고 건조한 선박이다. 전용선은 운송비용을 절감시키기 위하여 운송대상 화물뿐만 아니라 적양지의 항만시설, 하역기계 등과 같은 항만하역조건을 감안하여 가장 적합한 선형으로 건조하게 된다. 전용선은 특수한 설비를 갖추어 특수한 화물만을 운송대상으로 하는데 철광석전용선, 석탄전용선, 자동차전용선, 목재전용선, 곡물전용선 등이 있다. 그런데 전용선은 부정기운항을 하거나 편도 공선회항을 하는 경우가 대부분이다.

㉢ 겸용선

겸용선(combination carrier)은 전용선에서 발생하는 편도 공선회항 비율을 감소시키기 위하여 건조하는 선박이다. 광석 및 유류 겸용선(ore/oil carrier)은 편도는 원유를 운송하고, 나머지 편도에서는 광석을 운송할 수 있는 선박이다. 광석, 산화물 및 유류 겸용선(ore/bulk/oil carrier: OBO ship)은 철광석, 석탄, 곡물 등과 같은 산화물과 원유를 겸용하여 적재할 수 있는 다목적 겸용선이다. 자동차 및 산화물 겸용선(car/bulker carrier)도 편도에는 자동차를 운송하고 나머지 편도에서는 곡물을 운송할 수 있는 겸용선이다.

㉣ 일반 유조선

일반 유조선(oil tanker)은 석유운반을 목적으로 하는 전용선인데 원유나 정제도가 낮은 중유 등을 운반하는 선박을 저급정제유 유조선(dirty tanker)이라고 하고 정제도가 높은 휘발유, 경유, 석유 등을 운반하는 선박을 고급정제유 유조선(clean tanker)라고 부른다.

㉤ 특수화물 유조선

특수화물 유조선(special cargo tanker, extra cargo tanker)은 석유, 원유 이외의 특수 액체화물의 운송을 목적으로 하는 운반선이다. 특수화물 유조선에는 고압설비 또는 초저온 유지설비를 갖추고 액화석유가스(liquefied petroleum gas)를 운송하는 LPG 유조선과 액화천연가스(liquefied natural gas)를 운송하는 LNG 유조선 등이 있다. 이외에도 화학약품 유조선(chemical tanker), 당밀 유조선(molasses tanker) 등이 있다.

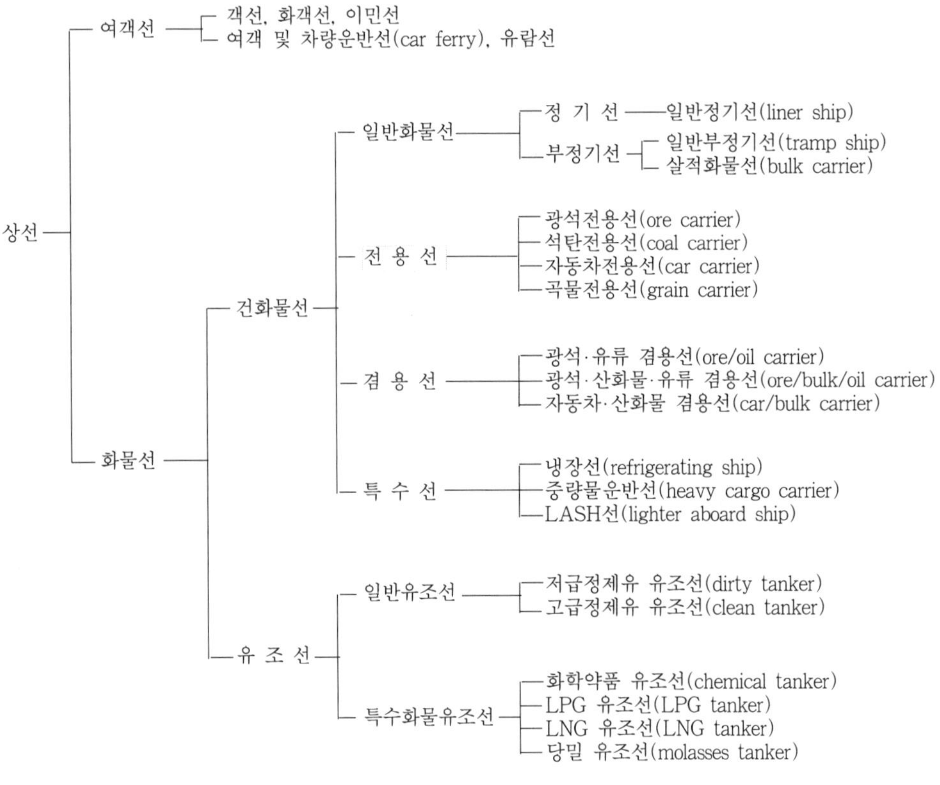


〈그림 10-1〉 선박의 용도에 의한 분류

## 2. 정기선과 개품운송계약

### 1) 개품운송계약의 의미

정기선은 일정한 기항지를 중심으로 일정한 항로를 주기적으로 운항하는 선박이다. 정기선은 일반화물을 운송하며 기항지가 항상 정해져 있기 때문에 기항지에서의 입출항 시간도 정기적으로 이루어진다. 그래서 배선 간격이 일정하게 정해져 있다. 만약 정기항로에 취항하는 운송선사가 많은 경우에는 해운동맹이 결성되어 있는 것이 일반적이다.

개품운송계약(contract of affreightment in a general ship)은 개개의 화물을 계약의 목적으로 하여 화주와 정기선 운송인이 개별적으로 체결하는 해상운송계약이다. 개품운송계약인 경우 정기항로에 취항하는 정기선에 의해 운송이 이루어지기 때문에 화주는 다수이나 운송인은 1인이 되는 경우가 많다. 이에 따라 해상운송인은 다수의 화주로부터 화물을 집하한 후 한 선박에 혼적하여 운송한다. 정기선 운송의 경우에는 적재와 양륙할 때의 선내 비용을 선박회사가 책임지는 적양비용 선박회사 부담조건(berth term)이다. 정기선이 정박기간 도중에 행하는 일반적인 하역조건은 관습적 조속하역조건(customary quick despatch: CQD)이 된다.

### 2) 개품운송계약의 대상 화물

#### (1) 일반화물

① 일반화물의 특징

일반화물(general cargo: G/C)은 일반적으로 잡화라고 하는 화물로서 선적이나 양륙을 할 때 특별한 방식이 필요없는 화물이다. 일반화물은 정기선 운송에 적합하고 적량으로 포장되어 있기 때문에 하역작업이 비교적 쉽고 다른 화물과 함께 혼적하여 적재할 수 있는 화물이다.

② 일반화물의 유형

㉠ 정량화물

정량화물(fine or clean cargo)은 화물의 단위가 일정한 크기와 량으로 정형화 되어 있고 그 내용물도 청결, 건조한 화물이다. 그래서 선적이나 양륙 작업이 용이하고 다른 화물과 혼재 또는 접촉하여도 다른 화물을 손상시킬 우려가 없는 화물이다. 정량화물에는 차, 면사, 직물, 면제품, 도자기, 종이류, 통조림류 등이 있다.

㉡ 조잡화물

조잡화물(rough cargo)은 오염성, 흡습성, 융해성, 분말성, 악취 등이 강하여 다른 화물을 오손시킬 우려가 있는 화물이다. 즉 조잡화물은 미가공 원료품, 자루포장으로 인하여 내용물의 분말이 공기 중에 떠돌아다니는 분말성 화물(dusty cargo), 액체가 배어 나오거나 흘러내리는 오염성 화물(dirty cargo), 생피혁, 고기가루, 시멘트, 염장 어획물, 흑연 등과 같은 악취성 화물(smelled cargo) 등이다.

㉢ 기타

단위화물(unit cargo, container cargo)은 포장용기 또는 컨테이너 용기에 포장되어 있는 화물이다. 액체화물(liquid cargo)은 액체 또는 반액체의 내용물을 드럼통, 나무통, 병 항아리 등의 용기에 넣은 화물로서 유류, 주류, 약액류 등이 이에 해당한다.

### (2) 특수화물

① 특수화물의 특징

특수화물(special cargo)은 화물의 성질, 형상, 중량 등이 특수한 화물로서 적재와 양륙에 특수한 작업이 필요한 화물이다. 즉 발화성, 폭발성, 부식성, 방사성을 가지고 인명, 선체, 다른 화물에 위험을 끼칠 우려가 있는 화물이다.

② 특수화물의 유형

㉠ 위험화물

위험화물(dangerous cargo)은 발화성 화물, 자연발화성 화물, 폭발성 화물, 압축, 액화가스, 유독성 화물, 부식성 화물, 방사성 화물 등이다.

발화성 화물(inflammable cargo, combustible goods)은 가연성 가스를 발생시키는 인화성 및 연소성이 강한 휘발유와 알코올 등이다. 자연발화성 화물(spontaneous combustible goods)은 황연, 성냥 등과 같이 자연상태에서도 인화성이 강한 화물이다. 폭발성 화물(explosive cargo)은 강하고 약한 정도의 차이는 있어도 폭발성이 강한 화약류, 탄약 등이다. 압축, 액화가스(compressed or liquid gas)은 아세틸린가스, 탄산가스, 일산화탄소 등을 압축 또는 액화하여 통에 담은 화물이다. 유독성 화물(poisonous cargo)은 화물에 접촉되면 사람의 피부가 상하고 호흡하면 내장이 상할 우려가 있는 독성이 높은 초산, 유산, 암모니아가스 등이다. 부식성 화물(corrosive cargo)은 그 화물 자체가 부식성을 가지는 것과 부식성 가스를 발하는 초산, 유산 등의 산류, 또는 기타의 화물과 혼합 또는 화합하여 부식성을 띠는 생석회 등과 같은 화물이다. 방사성 화물(radio-active substances)은 우라늄광, 역청 등이다.

㉡ 부패성 화물

부패성 화물(perishable cargo, caustic material)은 부패 내지 변질하기 쉬운 화물로서 청과물, 야채류, 생어, 육류, 생난 등이 이에 해당한다. 부패성 화물은 화물고유의 특성으로 인하여 화물자체가 부패하여 발생하는 문제도 있지만 같이 적치된 다른 화물을 오손시키기도 하고 부패로 인한 악취가 다른 상품에 스며드는 경우에는 더 큰 문제를 발생시키기 때문에 그 취급과 보관에 특별한 시설이나 취급이 필요하다.

㉢ 냉장화물 또는 냉동화물

냉장화물 또는 냉동화물(refrigerating or chilled cargo)은 부패방지, 선도 유지를 위한 냉온 또는 냉동으로 수송해야 되는 화물로서 청과, 생육, 버터, 치즈, 생어류 등이 이에 해당한다. 냉동 또는 냉장화물은 부패성 화물의 특성을 가진 화물인데 운송과정 중에 냉장 또는 냉동해야 하는 취급기준으로 분류한 것이다.

㉣ 고가화물

고가화물(valuable cargo)은 가격이 고가인 화물로써 귀금속, 금괴, 은괴, 미술품, 우표, 인지, 화폐, 유가증권, 보석류 등이 이에 해당한다. 고가화물의 특징은 중량이 용적이 적으며 소형이 대부분이다. 따라서 국제운송조약에서는 운송 도중에 사고가 발생한 경우 운송인이 부담하는 손해배상액은 신고한 가격을 기준으로 보상하기 때문에 송하인은 고가화물에 대한 가격을 정확하게 신고해야 한다.

㉤ 중량화물

중량화물(heavy cargo or heavy lift)은 선하증권에 화물에 대한 기준 중량이 명시되는데 그 기준을 초과하는 화물이 중량화물이다. 중량화물은 자동차나 기관차나 재형 기계류, 발전기, 보일러 등과 같이 1개의 중량이 특별히 큰 화물이다. 중량화물은 항구에서 일반 양하기를 사용할 수 없는 경우가 대부분이기 때문에 대형 기중기(heavy floating crane)를 사용하게 된다. 그래서 송하인은 화물포장 외부에 그 중량을 표시하고 선적하기 전에 그 중량을 신고해야 된다. 중량화물을 운송하는 데에 특수장비가 필요한 경우에는 할증료가 부과된다.

㉥ 동물 및 식물

동물 및 식물(live stock, plant)은 양, 소, 개, 조류, 어류, 묘목류 등과 같은 화물이다. 동물 및 식물은 해상운송 도중에 사망, 상병, 고사의 우려가 있기 때문에 특별한 관리를 필요로 한다. 또한 동물 및 식물은 전염병이나 병충해를 옮길 가능성이 높기 때문에 무역거래에서 철저한 검역이 필요하게 된다.

#### 3) 개품운송계약의 대상 선박

정기선 항로에서는 컨테이너를 운송할 수 있는 구조를 갖고 있지 않는 재래선(conventional ship), 즉 일반잡화를 운송할 목적으로 설계한 일반화물선(general cargo ship)이 취항하고 있기 때문에 이를 대상으로 개품운송계약을 체결한다. 일반적으로 컨테이너를 취급할 수 있는 시설이 되어 있는 정기선 항로에는 컨테이너 전용형 선박이 취항하고 있고 컨테이너를 취급할 수 있는 시설이 완전하지 못한 항로에는 컨테이너 분재형 선박이 취항하고 있다.

정기선 항로에 컨테이너 분재 선박이 취항하는 것은 정기선 항로의 모든 기항지에 컨테이너 선박을 위한 하역시설, 컨테이너 터미널 등 운송부대시설이 완비되어 있지 않기 때문이다. 개발도상국의 기항지에는 컨테이너 화물의 하역시설이 완비되어 있지 않는 곳이 많이 있는데 일부 화주들이 화물을 반드시 컨테이너를 사용하여 운송하여 줄 것을 요구하는 경우에 이를 수용하려고 제작한 것이 컨테이너 분재 선박이다. 컨테이너 분재 선박은 일반화물선의 성능을 유지하면서 선창 또는 갑판에 최대한도로 컨테이너를 적재할 수 있는 공간을 확보하고 있다. 그리고 일반잡화 이외에 컨테이너까지 선적 또는 양륙이 가능하도록 본선상에 20톤 내지 30톤 정도의 기중기를 장착하고 있는데 크기는 일반적으로 약 2만톤급이 대부분이다.

#### 4) 개품운송계약의 체결

화주가 화물을 선적하기 위해서는 화물의 운송에 필요한 선복(ship's space), 즉 선창을 수배해야 한다. 화주는 정기선 배선표 등을 참고로 하여 화물운송에 적합한 선박을 대상으로 선복을 신청해야 한다.

화주가 선복을 신청할 때에는 선복신청서(shipping request)에 적재할 화물의 종류와 필요톤수 등을 기재하여 선박회사나 선사대리점에 제출해야 한다. 선박회사가 선복신청서를 심사한 후에 선복신청을 승낙하면 선박회사가 선복원부에 선복신청내용을 기입함으로써 선복이 예약되는 것이다.

선복신청서는 수출업자가 임의로 작성해도 무방하다. 그러나 일반적으로는 선박회사에 선박회사 고유양식의 선복신청서가 준비되어 있다. 화주가 선복신청서 2부를 작성하여 제출하면 선박회사에서 책임자가 서명을 한 후 그중 1부는 화주에게 반환한다. 전화 또는 전자수단으로 신청을 하면 선박회사에서 책임자가 서명한 선복신청서 2부를 송부하여 준다. 이를 수신한 화주가 서명을 한 후 1부는 보관하고 나머지 1부는 반송을 함으로써 양자가 직접 회합하지 않아도 양자가 서명한 선복신청서를 동일하게 1부씩 보관하는 효과를 발휘하는 것이다.

〈서식 10-1〉 선복신청서

# HONG KONG SHIPPING CO., LTD.

## Shipping Request

<table>
<tr><td colspan="3">Shipper</td><td colspan="6" rowspan="3">HONG KONG OCEAN CARRIERS, LTD.<br><br>SEOUL Tel:777-7777   BUSAN Tel:1591-4   INCHON Tel:77-7777<br><br>Telex 777,7777</td></tr>
<tr><td colspan="3">Consignee</td></tr>
<tr><td colspan="3" rowspan="2">Notify Party</td></tr>
<tr><td colspan="2">S/O No.</td><td colspan="4">B/L No.</td></tr>
<tr><td colspan="2">Vessel</td><td colspan="3">Voyage No.</td><td colspan="4">Shipment expiring date on L/C</td></tr>
<tr><td colspan="2">Port of Loading</td><td colspan="3">Port of Discharge</td><td colspan="4">Final destination</td></tr>
<tr><td colspan="2">B/L to be issued at</td><td colspan="7">Bill of lading required: original copy</td></tr>
<tr><td>Marks and Numbers</td><td colspan="2">No.of Pkgs.</td><td colspan="3">Description of Goods</td><td colspan="2">Gross Weight</td><td>Measurement</td></tr>
<tr><td>Freight & Charges</td><td colspan="3">Revenue Tons</td><td colspan="2">Rate<br>Per</td><td colspan="2">Prepaid</td><td>Collect</td></tr>
<tr><td colspan="4" rowspan="2">Accepted<br><br>19<br><br>PAN OCEAN BULK CARRIERS, LTD.<br><br>By:</td><td colspan="5">Please arrange to ship cargoes as described above:<br><br>Applicant<br>Add: (Tel)<br>Name:</td></tr>
<tr><td colspan="5">Forwarder at the port of loading<br><br>Add: (Tel)<br>Name:</td></tr>
</table>

### 5) 개품운송계약의 주요 사항

#### (1) 물품명

물품명은 운송계약을 체결하고 운송할 대상의 물품에 대한 명세이다. 개품운송계약에서는 물품의 특성과 종류에 따라 운임률을 적용한다. 물품명은 다른 선적서류의 내용과 일치해야 하기 때문에 운송서류에 사실 그대로를 기재해야 한다. 물품명이나 가격 등에 대하여 허위로 기재하는 경우에는 사고가 발생하였을 경우에도 충분한 보상을 받지 못하게 되기 때문에 유의해야 한다.

#### (2) 적재수량

개품운송계약에서 적재되는 화물의 적재수량은 정확해야 한다. 선복예약을 할 때에 약정하였던 수량에 미달되는 경우에는 부적운임(dead freight)을 부과한다. 또한 수량을 초과하는 경우에는 충분한 선복을 확보할 수 없기 때문에 원하는 시기에 원하는 분량을 선적할 수 없는 경우도 발생한다.

개품운송계약에서 사용되는 적재수량의 단위는 화물의 유형에 따라 다르지만 선적할 때에 측정한 수량을 기준으로 한다. 개품운송계약에서 적재수량은 선적할 때에 실제로 선적된 수량이 기재된다. 적재를 할 때 용적톤 단위는 40입방피트(cubic feet: c'ft)를 1톤으로 한다. 그런데 미터법에서는 1입방미터(cubic meter)를 1톤으로 하는 경우가 있다. 또한 중량톤 단위로는 long ton, short ton, metric ton 등이 사용되고 있다. 그러므로 무역계약을 체결할 때에 수량조건에 사용하기로 합의한 도량단위와 운송계약을 체결할 때에 운임률에 적용되는 도량단위가 일치하는가를 확인한 후에 선복신청서에 수량단위를 기재해야 한다.

#### (3) 운임

① 운임률의 계산

㉠ 중량계산법

중량계산법은 중량을 기준으로 계산하는 운임계산방법이다. 중량을 표시하는 단위는 중량톤(weight ton: W/T)이 있다.

㉡ 용적계산법

용적계산법은 용적을 기준으로 계산하는 운임계산방법이다. 용적을 표시하는 단위는 용적톤(measurement ton: M/T)이 있다.

㉢ 중량이나 용적 중 선택계산법

중량이나 용적 중 선택계산법[weight or measurement(at ship's option): W/M]은 운임계산의 기준을 중량으로 하거나 용적으로 하거나에 대한 선택권을 선박회사가 가지고 결정하는 운임계산방법이다. 선박회사는 중량이나 용적 중 운임수입이 많은 쪽을 선택하게 된다. 이와 같은 중량이나 용적 중 선택계산법의 운임기준에 사용되는 톤을 운임 톤(freight ton)이라고 한다.

㉣ 개수계산법

개수계산법은 화물의 외형이 일정기간 유지하는 물품의 단위를 기준으로 계산하는 운임계산방법이다. 가축 1두 당, 물품 1상자 당 혹은 물품 1통 당 등으로 계산하는 방법이다. 따라서 포장을 할하지 않는 산화물의 경우에는 적용할 수 없는 운임계산법이 된다.

㉤ 종가계산법

종가계산법은 가격을 기준으로 적용하는 운임계산방법이다. 즉 물품이 중량이나 용적에 비해서 고가품의 경우에는 화물의 가격을 기준으로 하여 계산을 한다. 종가운임률은 FOB 기준 송장가격의 몇 %라는 방식으로 계산된다.

② 특수운임

㉠ 최저운임

최저운임(minimum freight)은 화물의 중량이 일정기준에 미달하는 경우에 최저의 운임을 적용하는 운임계산방법이다. 화물의 중량 또는 용적이 1톤 미만인 경우에 정상적으로 계산을 하면 운임이 소액이 되어 선박회사의 운영에 차질을 초래한다. 그러므로 정기선의 경우 각 항로마다 최저운임을 설정하여 놓고 기준중량에 미달하는 물품에 대하여 적용하고 있다.

㉡ 소화물운임

소화물운임(parcel freight)은 화물 1개의 중량이나 용적이 극히 작아 최저운임마저 적용하기 어려운 경우에 적용하는 운임계산방법이다.

㉢ 접속운임

접속운임(over land common point rate: O.C.P. rate)은 북미 태평양연안 항구에서 동부 내륙으로 육상운송을 하는 화물에 대하여 낮은 해상운임률을 적용하는 운임계산방법이다.

㉣ 상자운임

상자운임(box rate)은 톤당 운임을 산출하는 것이 아니라 화물의 종류나 중량에 관계없이 무조건 1컨테이너 당으로 계산하는 운임계산방법이다.

### ③ 할증운임

㉠ 화물형태별 할증운임

㉮ 중량 할증운임

중량 할증운임은 단위중량이 일정 기준을 초과하는 초중량화물(heavy cargo : heavy lifts)에 대하여 부과하는 할증료이다. 즉 기본중량에 대한 운임을 기본운임으로 하고 기본중량을 초과하는 중량에 대하여 부과하는 할증운임(extra freight surcharge)이다.

㉯ 용적 할증운임

용적 할증운임은 단위용적이 일정한 기준을 초과하는 산화물에 대하여 부과하는 할증료이다. 기본용적에 대한 운임을 기준으로 초과하는 용적부분에 대하여 %의 할증운임을 계산하여 할증료를 부과하는 것이다.

㉰ 장척 할증운임

장척(長尺) 할증운임은 단위화물의 길이가 일정 기준을 초과하는 장척화물(lengthy cargo, long lengths)에 대하여 부과하는 할증료이다. 운송회사로서는 장척화물이 선적되는 경우 선창을 확장하게 되어 다른 화물을 선적할 수 없기 때문에 할증료를 부과할 수밖에 없게 된다.

㉡ 항해형태별 할증운임

㉮ 양륙항 선택 할증운임

양륙항 선택 할증운임(optional charge)은 운송계약을 체결할 때 화물의 양륙항을 확정하지 못하여, 수 개의 항구 중에서 양륙항을 선택할 권리를 화주에게 주고 당해 양륙항 선택화물에 대하여 부과하는 소정의 할증료이다.

㉯ 체선 할증운임

체선 할증운임(congestion surcharge)은 특정의 양륙항에 기항하는 본선이 그 항구의 사정으로 체선이 극심할 경우에 화주에게 예고하여 그 항구에서 하역하는 화물에 대하여 부과하는 할증운임이다.

㉰ 환적화물 운송접속 할증운임

환적화물 운송접속 할증운임(transshipment arbitrary, transshipment additional)은 화물의 수송도중 제1운송수단으로부터 다른 운송수단에 화물을 환적하여 접속 운송하는 경우에 화주에게 부담시키는 할증료이다.

㉱ 양륙항 변경 할증운임

양륙항 변경 할증운임(diversion charge)는 해상운송 도중에 있는 화물에 대하여 화주 또는 수하인이 거래 또는 그 밖의 사정으로 운송계약을 체결할 때 결정한 양륙항 이외의 항구로 양륙항을 변경할 경우에 화주에게 부담시키는 할증료이다.

㉢ 기타의 할증운임

㉮ 유류 할증운임

유류 할증운임(bunker adjustment factor: BAF)은 해상운송계약의 체결 이후에 선박의 연료인 벙커기름의 가격이 상승하거나 유류가격이 특별하게 높은 지역으로 항해하는 경우에 연료가격의 차이로 선박회사가 해상운임의 채산성을 맞추지 못하게 되었을 때에 그 손실을 보전하기 위하여 연료가격의 상승분을 화주에게 부담시키는 할증운임이다.

㉯ 통화 할증운임

통화 할증운임(currency adjustment factor: CAF)은 급격한 환율변동으로 인하여 운임으로 표시된 통화의 가치가 하락하는 경우에 발생하는 선사의 환차손을 화주에게 부담시키는 할증운임이다.

## 3. 부정기선과 용선운송계약

### 1) 용선운송계약의 의미

용선운송계약(contract of affreightment by charter party)은 배를 빌리려는 용선자가 직접 화물의 특성에 맞는 선박을 선정하여 선박회사와 계약을 하는 것이다. 해상운송업계에서 실제로 용선자가 선박을 수배하는 것은 어렵기 때문에 용선중개인을 통하여 용선운송계약을 체결하는 것이 대부분이다. 용선운송계약을 할 때에는 운송인과 용선자 사이에 용선운송계약서(charter party: C/P)를 작성하게 된다.

### 2) 용선운송계약의 종류

#### (1) 항해 용선운송계약

① 항해 용선운송계약

항해 용선운송계약(voyage charter party, trip charter party)은 특정항구로부터 다른 특정항구까지 화물을 운송하는 경우 그 항해를 단위로 하여 용선자인 화주와 선박회사 사이에 체결되는 운송계약으로 항로 용선운송계약 또는 단독 용선운송계약이라고도 한다.

항해 용선운송계약인 경우에는 전부 용선운송인 경우가 대부분이다. 항해 용선운송계약의 운임계산은 한 항해를 위하여 선박에 선적하는 실제의 선적분을 기준으로 계산한다. 그리고 항해 용선운송계약은 선복 용선운송계약과 일당 용선운송계약으로 구분을 할 수 있다.

② 선복 용선운송계약

선복 용선운송계약(lump-sum charter party)은 항해를 기준으로 용선운송계약을 체결하지만 운임계산에서는 실제의 선적분과 관계없이 1항해에 대한 운임을 포괄적으로 약정하는 용선운송계약이다. 즉 선복에 화물이 만재되었거나 선복의 일부만 적재되었건 관계없이 선복을 기준으로 하는 운임을 지급하기로 한 용선운송계약이다.

③ 일당 용선운송계약

일당 용선운송계약(daily charter party)은 화물의 선적항이나 양륙항의 하역설비가 미비된 지역이거나 항로가 험난한 경우에 1항해에 소요되는 기간을 확정하기 어려울 때 선박회사가 입을 손해를 방지하기 위한 용선운송계약이다. 용선료는 선박이 지정 선적항에 도착한 일자부터 계산하여 지정 양륙항에서 양륙을 완료한 일자까지의 소요기간 사이에 대하여 1일당 용선료율을 약정하는 용선운송계약이다.

### (2) 기간 용선운송계약

기간 용선운송계약(time charter party)은 6개월 또는 1년 등과 같이 일정기간 선복을 빌리는 계약으로 정기 용선운송계약이라고도 한다. 선박회사는 일체의 속구를 준비하고 선원을 승선시켜 감항능력을 충분하게 갖춘 선박을 지정된 항구에서 용선자에게 인도한다. 선박회사는 보험료, 금리 등과 같은 간접선비와 선원비, 수리비 등과 같은 직접선비를 부담한다. 용선자는 연료비와 항비 등과 같은 운항비용을 부담한다.

### 3) 선체 용선운송계약

선체 용선운송계약(bareboat charter party)은 선박회사가 선박 자체만을 일정기간 용선자에게 대여하고, 용선자는 선장 및 선원을 임명하는 용선운송계약이다. 선체 용선운송계약은 용선운송계약 당사자 사이에 특별한 자금관계가 존재하거나 해운업자가 용선자의 운항능력, 관리능력 등에 대하여 신뢰할 수 있는 경우에 체결된다.

### (4) 재용선운송계약

재용선운송계약(sub-charter party)은 선박회사와 용선계약을 체결한 자가 다시 제3자와 제2의 용선운송계약을 체결한 경우이다. 제2의 용선운송계약을 체결한 자는 다시 제3의 용선운송계약을 체결할 수는 없다. 재용선운송계약은 용선자가 최초의 용선계약을 체결하고 지급한 용선료와 재용선운송계약을 체결하고 제2 용선자 또는 송하인으로부터 수령한 용선료 또는 운임과의 차액을 획득하기 위하여 체결하는 용선운송계약이다.

### 3) 용선운송계약의 대상 선박

부정기선 항로에는 계약에 의해 전용선 또는 특수선이 취항하기 때문에 이를 대상으로 용선운송계약을 체결한다. 따라서 용선운송계약에 의해 운송되는 화물은 일반적으로 대량의 산화물이다. 산화물은 일반잡화 중에서 단위화 되지 않은 곡물, 광석, 유류 등인데 포장하지 않고 그대로 선창에 선적한다. 따라서 선내에서 별도로 적부할 필요가 없기 때문에 피대(belt), 화물이동활차(conveyor), 관(pipe) 등으로 단시일에 선적되고 양륙할 수 있다.

### 4) 용선운송계약의 체결

용선운송계약에 의해 화물을 운송하는 경우에는 화주가 선박회사와 직접 또는 용선중개인(chartering broker)을 통하여 용선운송계약을 체결한다.

용선운송계약이 체결되면 그 용선운송계약의 증거서류로서 용선운송계약서를 작성하게 된다. 용선운송계약서는 용선운송계약의 성립과 내용을 증명하는 증거증권이다. 용선운송계약에서 합의해야 할 주요사항으로는 화물의 명세, 운임률 및 운임지급조건, 하역비의 부담조건, 하역조건 등이다.

### 5) 용선운송계약의 주요 사항

#### (1) 물품의 명세

물품의 명세는 화물의 종류, 수량 또는 중량 등에 관한 사항이다. 화물의 적재중량은 중량 또는 용적으로 표시한다. 그런데 적재중량을 표시할 때에는 만선량을 표시하는 것이 원칙이다.

#### (2) 운임률 및 운임

용선운임률 및 용선운임은 용선운임산정의 기준, 지급시기 및 장소, 지급수단 등에 관한 사항이다. 용선운임은 톤당으로 계산을 하는데 관습상 선불이 원칙이다.

#### (3) 적양 항구

적양 항구는 선적항, 양륙항 등에 관한 사항이다. 선적항 및 양륙항은 하나의 항구 또는 여러 곳의 항구를 정할 수 있다. 선적항 또는 양륙항이 둘 이상인 경우에는 여러 가지의 운임률이나 할증운임이 부과되기 때문에 주의해야 한다.

### (4) 적양비용의 부담조건

① 적양비용 선박회사 부담조건

적양비용 선박회사 부담조건(berth term, liner term)은 화물을 적재(in)하거나 양륙(out)할 때 소요되는 선내 작업비용을 모두 선박회사가 부담하는 조건이다. 이에 따라 화주는 화물을 적재하거나 양륙할 때에 소요되는 선내 작업비용에 대한 부담이 없게 된다.

② 적양비용 화주 부담조건

적양비용 화주 부담조건(free in and out: F.I.O.)는 적양비용선박회사부담조건(berth term)과 반대의 개념을 가진 조건이다. 화물을 적재하거나 양륙할 때 소요되는 선내 작업비용을 모두 화주가 부담하는 조건이다. 따라서 선박회사는 화물을 적재하거나 양륙할 때에 소요되는 선내 작업비용에 대한 부담이 없게 된다. 용선운송계약에서 가장 많이 이용하는 방법이다.

③ 선적비용 화주 부담조건

선적비용화주부담조건(free in: F.I.)은 화물을 적재할 때에 소요되는 선내 작업비용은 화주가 부담하고, 화물을 양륙할 때에 소요되는 선내 작업비용은 선박회사가 부담하는 조건이다. 따라서 화물을 적재할 때에 선박회사는 선내 작업비용에 대한 부담이 없고 화물을 양륙할 때에 화주는 선내 작업비용에 대한 부담이 없게 된다.

④ 양륙비용 화주 부담조건

양륙비용 화주 부담조건(free out: F.O., free discharge: F.D.)은 선적비용화주부담조건(F.I.)과 상대적인 개념을 가진 조건이다. 적재할 때 소요되는 선내 작업비용은 선박회사가 부담하고, 양륙할 때 소요되는 선내 작업비용은 화주가 부담하는 조건이다. 따라서 화물을 적재할 때에는 화주가 선내 작업비용에 대한 부담이 없고 화물을 양륙할 때에는 선박회사가 선내 작업비용에 대한 부담이 없게 된다.

### (5) 정박기간조건

① 정박기간의 의미

정박기간은 화주가 용선한 선박에 화물을 선적하거나 선박에서 화물을 양륙하는 데에 소요되는 선박의 선적항 또는 양륙항에서의 체류기간이다. 정박기간은 용선운송계약서에 기재하는데, 화주가 약정한 정박기간 내에 하역을 끝내지 못하면 초과된 정박기간에 대하여 체선료를 지급해야 한다. 또는 약정한 정박기간보다 하역기간을 단축시킨 경우에는 선박이 예정된 출항일자보다 일찍 출항할 수 있기 때문에 조출료를 화주에게 지급하게 된다.

② 정박기간의 유형

㉠ 관습적 조속 하역조건

관습적 조속 하역조건(customary quick despatch: C.Q.D.)은 정박기간 중 1일의 하역량을 확정하지 않고 그 항구의 관습적인 방법으로 가능한 빨리 하역하는 조건이다. 이 때 일요일이나 공휴일을 하역기간에 포함할 것인가는 용선운송계약 당사자가 운송기간과 항만사정 등을 고려하여 결정해야 한다.

㉡ 작업량 확정 하역조건

㉮ 작업량 확정 하역조건

작업량 확정 하역조건(fixed lay days)은 1일의 하역량을 확정하고 있는 작업조건이다. 이에 대하여 1일의 하역량을 한정하지 않는 하역조건은 작업량 불확정 하역조건이라고 할 수 있다. 작업량 확정 하역조건은 연속 24시간 하역조건과 호천 후 작업일 24시간 하역조건, 일요일 및 공휴일 제외 하역조건 등이 있다.

㉯ 연속 24시간 하역조건

연속 24시간 하역조건(running lay days)은 정박기간의 개시시간부터 하역이 끝날 때까지의 기간을 모두 정박기간에 포함하는 조건이다. 하역작업이 가능한 날짜뿐만 아니라 우천 등과 같이 일기불량으로 하역작업이 불가능한 기간까지 모두 계산을 하는 방법이기 때문에 화주의 입장에서는 매우 불리한 조건이 된다. 따라서 정박지의 기후가 우기이거나 혹한기인 경우에는 이러한 하역조건을 피해서 용선운송계약을 체결해야 한다.

㉰ 호천후 작업일 24시간 하역조건

호천후 작업일 24시간 하역조건(weather working days: W.W.D.)은 기후조건이 하역 작업 가능한 날짜만을 정박기간에 포함하고 우천 등과 같이 일기불량으로 하역작업이 불가능한 기간은 제외하는 방법이다. 정박기간을 계산하는 방법 중 가장 일반적으로 많이 사용되는 것이며 가장 합리적인 조건이다. 그렇지만 호천 후 작업 24시간 하역조건을 선택하는 경우에는 용선기간 및 무역계약 이행기간 등을 충분히 고려하여 결정해야 한다.

㉱ 일요일 및 공휴일 제외 하역조건

일요일 및 공휴일 제외 하역조건(sundays and holidays excepted: SHEX)은 일요일과 공휴일 등을 정박일수에 포함하지 않는 계산방법이다. 일요일 및 공휴일 제외 하역조건에서는 일요일 및 공휴일에 작업을 하더라도 작업일수에 포함하지 않는다. 일요일 및 공휴일에 하역을 한 경우 정박일수에 포함하는 것은 용선운송계약 당사자 사이에 합의해 'sundays and holidays excepted unless used'라고 표시된 때에 한한다.

### (6) 체선료와 조출료

① 체선료

체선료(demurrage)는 계약상의 정박일수를 초과하는 경우에 그 초과일수에 대하여 지급되는 운임이다. 즉 정박기간 내에 하역이 완료되지 않고 약정일을 초과한 경우에 화주가 선박회사에게 지불하는 위약금이다. 선적 또는 양륙일수가 약정된 정박기간(lay days)을 초과하는 경우, 초과일수에 대하여 용선자가 선박회사에게 지불하는 체선료는 1일 또는 중량톤수 1톤당 정해진 금액을 지불하게 된다. 체선료를 지급하는 이유는 약정된 정박기간 내에 하역을 완료하지 못한 경우에 선박회사가 다른 용선운송계약에 응하지 못함으로써 발생하는 손실을 보전해 주려는 것이다. 용선자가 체선료를 지급하지 않으려면 정박기간을 약정할 때 하역일수를 정확하게 산정한 이후에 하역조건을 선택해야 한다. 그리고 정박지의 항만사정, 특히 하역시설에 대한 철저한 사전조사가 필요하다. 운송화물의 특성에 맞는 하역시설과 보관시설이 되어 있지 않는 경우에는 하역작업에 많은 시간이 필요하기 때문에 충분한 정박기간을 확보해야 한다.

② 조출료

조출료(despatch money)는 계약상의 정박기간 만료 전에 하역이 완료된 경우 단축된 기간에 대하여 선박회사가 용선자에게 환불하는 보수이다. 일반적으로 1일 당 또는 중량톤수 1톤 당 지급하는 체선료의 반액을 환불하여 준다.

〈표 10-3〉 개품운송계약과 용선운송계약

| 구 분 | 개품운송계약 | 용선운송계약 |
|---|---|---|
| 운송형태 | 불특정 다수 화주의 일반 화물을<br>개별적으로 운송 | 특정한 단일 화주의 특정 화물을<br>선복을 용선하여 운송 |
| 운송선박 | 정기선(liner) | 부정기선(tramper) |
| 운송화물 | 컨테이너 화물과 단위화 화물 | 산화물(bulk cargo) |
| 운송계약서 | 선하증권(B/L)이 발급되면<br>계약서 역할 | 화주가 운송인과 협의해<br>용선계약서(C/P) 교환 |
| 운 임 | Tariff Rate<br>(사전 공표된 운임) | Open Rate<br>(수요와 공급에 의한 운임) |
| 선내 하역비 | Berth Term(Liner Term) | Berth Term, F.I.O., F.I., F.O. |

## 4. 해운동맹

### 1) 해운동맹의 의미

해운동맹(shipping conference)은 정기항로에 취항하고 있는 선박회사 사이의 경쟁을 지양할 목적으로 결합하여 각종의 운임률, 기항지, 취항 횟수, 선적분 등에 관한 협정을 맺는 일종의 국제 카르텔이다. 정기선항로에는 대부분 해운동맹이 결성되어 있다.

해운동맹은 정기선 선박회사들 사이에 과당경쟁을 피하기 위하여 동맹을 결성하고 비동맹 선박회사와의 경쟁에 공동대처하며 상호 협의해 일정한 운임률을 안정적으로 유지하고자 하는 동맹이다. 선박회사를 설립하여 정기선 항로에 선박을 취항시키게 되면 상당한 고정자본이 투자되어야 한다. 그래서 경쟁선박회사가 출현하여 경쟁이 심화된다고 하더라도 다른 노선으로 취항 항로를 변경하기가 어렵게 된다. 결국 정기선 선박회사와 정기선 선박회사 사이에 경쟁이 심화되면 서로 피해만 커지게 된다. 이러한 피해를 방지한다는 차원에서 해운동맹이 결성된 것이다. 그러나 화주들에게는 불리한 점이 많다.

### 2) 해운동맹의 효과

#### 1) 해운동맹의 긍정적 효과

해운동맹은 정기선 선박회사들 사이에 과당경쟁의 피해를 경감시키고 일정한 운임을 안정적으로 유지하는 등 해운업계에 끼친 영향이 크다. 해운동맹의 긍정적 효과는 다음과 같다.

첫째, 화주들은 해운동맹 선박회사들이 정기선 배선에 따른 운항의 규칙성을 유지함으로써 국제무역거래를 원활하게 할 수 있게 되었다.

둘째, 화주들은 해운동맹에 가입한 선박회사들이 정기선 항로에 적격선을 배선하여 신속하고도 안전한 운항을 가능하게 함으로써 위험 발생률을 낮추어 보험료를 절감할 수 있게 되었다.

셋째, 화주에게 협정운임을 적용하여 계획적인 수출입과 선물계약을 가능하게 해주었다.

넷째, 해운동맹에 가입한 선박회사들은 해운동맹을 통하여 투자자본의 수익성과 안전성을 보장받게 되었다.

다섯째, 정기선 배선을 합리화하여 운항서비스를 개선하고 비용을 절감할 수 있게 되었다.

### 2) 해운동맹의 부정적 효과

해운동맹은 각종의 운임, 기항지 등에 관한 협정을 맺는 일종의 국제 카르텔이었기 때문에 해운업계에 부정적인 영향도 주었다. 해운동맹의 부정적 효과는 다음과 같다.

첫째, 화주들은 해운동맹의 독점으로 인하여 불합리한 운임책정을 감수해야만 한다.

둘째, 운임이 낮은 선박회사가 출현하여도 해운동맹의 각종 억제수단으로 인하여 이를 이용할 수가 없다.

셋째, 해운동맹 선박회사들이 기항지를 축소하는 등과 같은 항해방침에 대항할 수가 없다.

넷째, 폐쇄형 해운동맹인 경우에는 신규 선박회사들이 해운동맹 선박회사의 항로에 취항할 수가 없다. 취항을 한다고 하더라도 해운동맹 선박회사에서 대항선(fighting ship)을 취항시켜 신규 선박회사를 도태시키는 등과 같은 사태도 발생한다.

### 3) 해운동맹의 유형

#### 1) 개방형 해운동맹

개방형 해운동맹(open conferences)은 해운동맹에 가입하려는 의사가 있는 선박회사들을 모두 제한없이 가입하도록 하는 동맹이다. 개방형 해운동맹에서는 해운동맹에 가입하는 데에 제한을 두지 않기 때문에 해운동맹에 대한 목적의식이 부족하고 해운동맹 선박회사들 사이에 단결력이 부족하다. 그래서 맹외선이 출현하여 취항하는 항로에 대한 대비책을 수립할 수 없기 때문에 해운동맹의 목적을 달성하기가 어렵게 된다. 개방형 해운동맹은 미국 선박회사들을 중심으로 한 주요 항로에서 결성되어 있다. 주요 개방형 동맹항로는 극동-미 태평양 항로, 극동-미대서양 및 Gulf 항로, 극동-태국 항로, 극동-중남미 항로 등을 들 수 있다.

#### 2) 폐쇄형 해운동맹

폐쇄형 해운동맹(closed conferences)은 해운동맹에 가입하려는 선박회사들에 대하여 제한을 가하는 동맹이다. 기존 해운동맹 선박회사들의 기득권을 보호하려는 차원에서 신규 선박회사의 해운동맹 가입에 대하여 각종의 제한을 가하게 된다. 폐쇄형 해운동맹은 영국 선박회사들을 중심으로 이루어지고 있는 것인데 1675년의 영국, 인도항로 캘커타(calcutta) 해운동맹이 가장 오래된 것이다. 폐쇄형 해운동맹은 최근까지 주로 영국을 중심으로 한 주요 항로에서 결성되어 있다. 대표적인 주요 폐쇄형 동맹항로로는 구주-극동 항로, 구주-호주 항로, 구주-미대서양 및 걸프(gulf) 항로, 극동-호주 항로 등을 들 수 있다.

### 4) 해운동맹의 규제수단

#### 1) 해운동맹 회원선사 규제수단

① 운임협정

운임협정은 운임을 해운동맹에서 협정한 것이다. 해운동맹에서 협정한 운임률은 동맹률(conference rate) 또는 협정률(tariff rate)이라고 한다. 운임률을 결정하는 방법은 운임수준을 결정하는 방법과 최저운임을 정하는 방법 등이 있다.

해운동맹에서 운임을 정하면 해운동맹 운임표를 작성하여 해운동맹 선박회사에 배포하여 적용하게 하고 있다. 그런데 특정한 품목에 대해서는 운임을 설정하지 않은 경우도 있다. 즉 일반적으로 취급하는 화물과 다른 화물이거나 해운동맹 선박회사들 사이에 운임기준을 결정하지 않은 화물의 경우에는 별도의 운임기준을 적용해야 하기 때문이다.

② 항로협정

항로협정은 해운동맹 선박회사별로 선복 배선량을 제한하여 과당경쟁을 회피하는 것이다. 항로협정에서는 배선수, 기항지, 항차수, 적재량 등을 협정한다. 배선수의 협정은 항로에 취항하는 선박수를 제한하는 협정이다. 배선량의 협정은 선박회사의 실적 등을 고려하여 선복량을 결정하는 협정이다. 기항항구의 협정은 특정항구를 중심으로 그 지역에 대한 특권을 해운동맹 선박회사에게만 인정하는 협정이다. 적재량의 협정은 적재량 또는 특정품목의 수량을 제한하는 협정이다.

③ 공동계산

공동계산은 해운동맹 선박회사가 일정기간 동안 획득한 운임을 해운동맹에서 협정한 배분에 따라 조정하여 배분하는 것으로 해운동맹 선박회사 사이의 협조를 유발하고 구속력을 강화하기 위한 것이다.

#### 2) 해운동맹의 화주 규제수단

① 운임환급제

운임환급제(fidelity rebate system)는 일정기간 해운동맹 선박회사의 선박만을 이용한 화주에 대하여 운임총액의 일정비율을 환급하는 제도이다. 해운동맹 선박회사와 운송계약을 체결하지 않고 해운동맹 선박회사를 이용한 경우에 선적명세서를 제출하면 해운동맹 선박회사에서 이를 확인하고 수령한 운임의 일부를 환급하는 제도이다.

② 운임환급연장제

운임환급연장제(deferred rebate system)는 일정기간 해운동맹 선박회사의 선박을 이용한 화주에 대하여 운임총액의 일정비율을 일정기간이 경과한 후에 환급하는 제도이다. 환급액은 일정기간에 행해진 선적분에 대해서만 적용하고 유예기간을 설정하여 그 기간이 경과한 후에 환급하는 방법이다. 이에 따라 환급이 연장되는 기간 중에 비동맹 선박회사를 이용하는 경우에는 환급을 받지 못하게 된다. 결국 화주가 운임의 일부를 환급받기 위해서는 해운동맹 선박회사의 선박을 일정기간 이용한 이후에 환급유예기간에도 해운동맹 선박회사의 선박을 계속 이용해야 한다.

③ 이중운임제

이중운임제(dual rate system)는 해운동맹 선박회사의 선박을 이용하기로 해상운송계약을 체결한 화주에 대해서는 낮은 계약운임률(contract rate system)을 적용하고, 해운동맹 선박회사와 해상운송계약을 체결하지 않은 화주에 대해서는 높은 운임률을 적용하는 방법이다. 만일 해운동맹 선박회사와 선적하기로 계약한 화주가 계약을 위반하고 비동맹 선박회사를 이용한 경우에는 일정한 위약금을 부과하거나 이후의 선적에 대한 제한조치를 취한다.

## 제4절 컨테이너운송

### 1. 컨테이너의 의의와 유형

#### 1) 컨테이너의 의의

컨테이너는 화물을 단위별로 구분하기 위한 목적으로 견고하고 편리하게 취급할 수 있도록 제작한 운송용기이다. 그래서 컨테이너는 물품의 특성에 따라 운송하기에 필요한 장치 및 용적을 갖추어 용도별로 다양하게 제작되고 있다.

더욱이 컨테이너는 경제성, 견고성, 안전성, 야적성, 신속성이라는 특수성 때문에 복합운송체제에 적합한 운송용기로 인정받아 그 수요가 점점 증가하고 있는 실정이다. 특히 컨테이너는 반복하여 사용할 수 있기 때문에 오늘날 복합운송에서 필수적인 운송용기로서의 역할을 다하고 있다.

### 2) 컨테이너의 요건

국제표준화기구(International Organization for Standardization: ISO)에서는 컨테이너를 정의하면서 컨테이너가 운송설비 용구로서 갖추어야 할 요건을 다음과 같이 제시하고 있다.

첫째, 내구성을 가지고 반복사용에 적합한 충분한 강도를 유지해야 한다. 즉 컨테이너는 물품을 보호하기에 적합하고 반복하여 사용할 수 있도록 견고한 재료를 활용하여 운송용기의 기능을 발휘할 수 있도록 제작되어야 한다.

둘째, 운송도중 내용 화물의 이적없이 하나 또는 그 이상의 운송형태에 의해 운송을 하는 중에 그 취급을 함에 있어 야적성 등과 같은 편리성이 보장되어야 한다.

셋째, 운송형태의 전환 시 신속한 취급이 가능한 장치를 구비해야 한다. 해상운송이나 육상운송 그리고 항공운송 등에 환적하기에 적합한 형태로 제작되어야 한다.

넷째, 화물의 적입(stuffing)과 적출(unstuffing)이 용이하도록 설계되어야 한다. 컨테이너의 개폐장치가 운용하기에 편리해야 한다. 이에 따라 화물의 적입이나 적출에 지장을 초래하는 일이 없어야 한다.

다섯째, 내부용적이 1 입방미터, 즉 35.3입방피트 이상이어야 한다. 이것은 컨테이너의 효율성을 제고시키기 위하여 내부용적을 일정용량 이상으로 유지하기 위한 조치이다.

### 3) 컨테이너의 유형

#### (1) 일반 용도에 따른 분류

① 건화물 컨테이너

건화물 컨테이너(dry container)는 온도조절이 필요 없는 일반 잡화를 적부하여 운송하는 컨테이너이다. 건화물 컨테이너는 밀폐식으로 제작된 것이 대부분이다.

② 보온 컨테이너

보온 컨테이너(thermal container)는 냉동 또는 보냉이 필요한 물품의 운송에 활용되는 컨테이너이다. 보온 컨테이너는 냉동 컨테이너와 보냉 컨테이너로 구분된다.

냉동 컨테이너(refrigerated container)는 과일, 고기, 야채 등과 같은 냉장식품을 운송하기 위하여 활용하는 컨테이너인데 온도는 +26℃에서 -28℃까지 유지된다.

보냉 컨테이너(insulated container)는 과일 및 야채 등을 운송할 때 온도상승을 방지하여 일정한 온도를 보존할 수 있도록 제작된 컨테이너이다.

③ 통풍 컨테이너

통풍 컨테이너(ventilated container)는 과일, 야채, 식물 등과 같은 화물은 부패성이 강하기 때문에 수송할 때에 공기가 계속 순환되는 것을 돕기 위하여 측면에 통풍구멍을 낸 컨테이너이다.

**(2) 특수 용도에 따른 분류**

① 산화물 컨테이너

산화물 컨테이너(bulk container)는 곡물, 사료 등과 같은 산화물의 운반에 사용되는 컨테이너이다. 산화물 컨테이너는 산화물의 적입과 적출을 하는 데에 편리하도록 상단이나 측면에 적출입구를 마련하고 있다. 또한 산화물 컨테이너는 운송에 편리하도록 트레일러나 화차에 장착되는 것이 대부분이다. 곡물운송 전용화차, 사료운송 전용화차, 시멘트운송 전용화차 등이 이에 해당한다.

② 유조 컨테이너

유조 컨테이너(tank container)는 액체화물을 운반하는 탱커로 된 유조 형태의 컨테이너이다. 유조 컨테이너는 기름을 운송하는 유조차에 장착된 것이 대부분이다. 액화가스나 액체 화학물질을 운송하는 데에도 유조 컨테이너가 이용된다.

③ 상단 개방 컨테이너

상단 개방 컨테이너(open top container)는 컨테이너의 지붕, 즉 상부를 개방 또는 제거한 컨테이너이다. 건화물 컨테이너의 경우 지붕 상부가 개방되고 상부에서 작업이 가능하도록 제작되어 있다. 중량이 큰 물품이나 장척화물을 기중기로 하역하는데 편리하다.

④ 평면 받침 컨테이너

평면 받침 컨테이너(platform container)는 한 평면 받침의 구조로 된 컨테이너이다. 기계류 및 관으로 된 형태의 물품을 적재할 때 사용한다. 평면 받침 컨테이너는 상단과 측면이 없고 화물을 적재하여 고정만 할 수 있도록 받침만 있는 컨테이너다.

⑤ 측면 개방 컨테이너

측면 개방 컨테이너(side open container)는 측면에서 화물을 적재 내지 하역할 수 있도록 제작된 컨테이너이다. 측면 개방 컨테이너는 상단과 측면의 지지대가 있고 측면을 완전개방하거나 측면을 폐쇄하는 경우에는 측면에 문을 달아 놓고 있기 때문에 측면으로 화물을 적재하거나 하역한다.

⑥ 자동차 컨테이너

자동차 컨테이너(car container)는 자동차를 운송하기 위하여 자동차 크기와 높이로 구조물만 설치된 2단 구조의 컨테이너이다. 자동차 컨테이너는 용기라는 개념이 아니라 자동차를 고정하여 운송할 수 있도록 바닥에는 바퀴를 고정하는 장치가 있고 측면에는 지지대를 세워 자동차의 이탈을 방지하는 장치가 되어 있다.

⑦ 생동물용 컨테이너

생동물용 컨테이너(livestock container)는 살아 있는 가축을 운반할 때에 음식을 투입할 수 있도록 측면에 장치가 되어 있고 하부에는 배설물의 배수장치가 되어 있는 컨테이너이다.

⑧ 탈취기 장착 컨테이너

탈취기 장착 컨테이너(hide container)는 동물의 피혁 등과 같이 악취가 나는 화물을 운송하기 위하여 탈취기를 장착한 컨테이너이다.

### (3) 재질에 따른 분류

① 강철 컨테이너

강철 컨테이너(steel container)는 강철재로 용접하여 제작한 컨테이너이다. 강철 컨테이너는 파손의 위험이 적으나 무겁다는 단점을 가지고 있다.

② 알루미늄 컨테이너

알루미늄 컨테이너(aluminium container)는 알루미늄 판으로 제작된 것이다. 알루미늄 컨테이너는 가볍다는 장점이 있으나 손상이 쉽고 가격이 비싸다는 단점이 있다.

③ 유리섬유 강화플라스틱 컨테이너

유리섬유 강화플라스틱 컨테이너(fiberglass reinforced plastic container: FRP container)는 강철프레임과 합판의 양면에 유리섬유 강화플라스틱(FRP)을 부착하여 제작한 컨테이너이다. 유리섬유 강화 플라스틱 컨테이너는 두께가 얇고 부식이 적으며 열전도율이 낮다는 장점이 있으나 무겁고 재료비가 비싸다는 단점이 있다.

### (4) 크기에 따른 분류

컨테이너는 다양한 화물들을 가장 효율적으로 수송하기 위하여 여러 종류가 개발되어 이용되고 있다. 현재 우리나라에서 국제수송용으로 사용되고 있는 컨테이너에는 크기에 따라 국제인증기구(ISO) 20 피트 컨테이너, 40 피트 컨테이너 등과 같은 종류가 있다.

## 2. 컨테이너운송

### 1) 컨테이너운송의 의미

컨테이너를 활용한 운송을 컨테이너운송이라고 한다. 컨테이너운송에 의해 일관운송이 가능하게 되었다. 컨테이너운송은 경제성, 신속성, 안전성의 이점을 가지고 있다. 그러나 컨테이너는 용기를 제작하는데 비용이 많이 든다. 그리고 모든 화물을 적입할 수 있는 것이 아니다. 만약 항구에 컨테이너를 선적 또는 하역할 수 있는 설비가 없다면 이용할 수가 없다.

### 2) 컨테이너운송의 효과

#### (1) 경제성

컨테이너운송은 총비용을 절감할 수 있는 장점이 있다. 컨테이너를 활용하면 운송비, 포장비, 하역비, 보관비, 인건비 등을 절감할 수 있다. 컨테이너운송에서는 용기를 반영구적으로 사용할 수 있기 때문에 일반적으로 활용하는 운송방법보다는 비용절감의 효과가 크다. 이러한 비용의 절감은 해상운임을 절감시키는 효과를 가져오기 때문에 화주는 무역원가를 절감으로 경쟁력을 강화하고 자본의 회전성을 높일 수 있게 된다.

#### (2) 신속성

컨테이너운송은 컨테이너에 화물을 적입한 채 이동하기 때문에 선적 및 하역시간을 단축시킬 수 있다. 컨테이너운송에서의 작업시간 단축은 운송기간을 단축시키는 것이기 때문에 선박의 운항비용을 절감시키며 신속하게 물품을 고객에게 전달함으로써 고객의 서비스도 향상시킬 수 있다.

#### (3) 안전성

컨테이너는 화물의 특성에 맞는 기능을 갖추어 용기 자체를 견고하게 다양한 형태로 제작되어 있다. 따라서 화물의 특성에 맞는 컨테이너를 선택하여 적부를 하기 때문에 화물의 안전성을 유지할 수 있다. 선적지에서 송하인이 입회하여 컨테이너에 적입된 화물은 최종 수하인이 컨테이너를 개봉하여 인수하는 것이기 때문에 일반화물처럼 하역이나 보관 등과 같은 취급과정에서 발생하는 파손, 멸실, 훼손, 도난 등과 같은 손해를 방지할 수 있다.

## 3. 컨테이너운송 선박

### 1) 적양설비 설치기준

#### (1) 기중기장착 컨테이너 선박

기중기장착(geared) 컨테이너 선박은 본선 갑판에 컨테이너를 선적하거나 양륙하는 데에 사용할 고가이동기중기(gantry crane, wharf crane)를 장착한 컨테이너 선박이다.

#### (2) 기중기미장착 컨테이너 선박

기중기미장착(gearless) 컨테이너 선박은 본선 갑판에 컨테이너를 선적하거나 양륙하는 데에 사용할 고가이동기중기를 장착하지 않은 컨테이너 선박이다.

### 2) 선형 기준

#### (1) 컨테이너 혼재 선박

컨테이너 혼재 선박은 재래선의 갑판이나 선창에 일반 잡화와 함께 컨테이너를 혼재하는 선박이다. 컨테이너 혼재 선박에는 컨테이너를 전용으로 적재할 수 있는 장소가 전혀 없이 여러 종류의 화물을 적재할 수 있도록 일반화물선(general cargo ship)과 벌크선(bulk carrier)의 기능을 함께 구비한 선형이다. 컨테이너 혼재 선박은 정기선(liner)뿐만 아니라 부정기선(tramper)으로도 사용할 수 있도록 건조되었다.

#### (2) 컨테이너 분재 선박

컨테이너 분재 선박(semi cantainer ship)은 재래선의 선창에 컨테이너 전용 선창을 설치하거나 갑판을 개조하여 컨테이너를 적재할 수 있도록 한 선박이다. 컨테이너 분재 선박에는 컨테이너를 선적하거나 양륙하는 데에 사용할 선상 기중기가 설치되어 있다.

#### (3) 컨테이너 전용 선박

컨테이너 전용 선박(full cantainer ship)은 건조할 때부터 컨테이너만을 전문적으로 운송할 것을 목적으로 건조한 선박이다. 컨테이너 전용 선박에는 컨테이너의 컨테이너를 선적하거나 양륙하는 데에 사용할 설비가 장착되어 있다.

### 3) 적양방식 기준

#### (1) Lift On/Lift Off(lo-lo) 적양방식 선박

Lift on/Lift off(lo-lo) 적양방식 선박은 대형 고가이동기중기를 이용하여 화물창구(hatch opening)를 통하여 컨테이너를 수직으로 선적 또는 양륙하는 방식을 활용할 수 있는 선박이다. 2단 이상으로 컨테이너를 선적하는 경우에는 ro/ro방식보다 하역능률이 높다.

#### (2) Roll on/Roll off(ro-ro) 적양방식 선박

Roll on/Roll off(ro-ro) 적양방식 선박은 육상전용의 트레일러를 선미 또는 선측에 설치된 경사로(ramp)를 거쳐 견인차량(tractor truck)이나 지게차(fork lift truck)로 선적하거나 양륙하는 방식을 활용할 수 있는 선박이다.

#### (3) Float on/Float off 적양방식 선박

Float on/Float off 적양방식 선박은 컨테이너 또는 일반화물을 적재한 부선 자체를 직접 선박의 선수나 선미로 진입시키는 방식을 활용할 수 있는 LASH(lighter abroad ship) 선박을 의미한다. 즉 선적항에서는 부선에 설치되어 있는 기중기 또는 엘리베이터로 부선에 컨테이너 또는 일반화물을 적재한 후 LASH 선박의 선수나 선미로 진입하면 LASH 선박이 운송을 하고, 양륙항에서는 LASH 선박에서 부선이 나와 부선에 설치되어 있는 기중기 또는 엘리베이터로 부선에 적재된 컨테이너 또는 일반화물을 양륙을 하게 된다.

## 4. 컨테이너화물 터미널의 시설

### 1) 컨테이너화물 터미널의 의미

컨테이너화물 터미널(container cargo terminal)은 컨테이너화물 집화소(CFS)와 컨테이너 적치장(CY)등을 포함한 전체 운영시설이다. 즉 컨테이너화물 터미널은 컨테이너운송에 관련된 컨테이너 적치장 및 컨테이너화물 집화소 등을 운영하는 사무실 등이 집결된 핵심적인 시설이다. 그래서 컨테이너화물 터미널 내에서 컨테이너화물 터미널 운영회사(container terminal operation corporation: CTOC)가 관리하는 컨테이너 적치장은 부두내(on-dock) 컨테이너 적치장이라 하고 컨테이너화물 터미널 밖에서 관리되는 컨테이너 적치장은 부두외(off-dock) 컨테이너 적치장이라고 한다.

## 2) 컨테이너화물 터미널의 주요시설

### (1) 컨테이너화물 집화소

컨테이너화물 집화소(container freight station: CFS)는 컨테이너 1개에 송하인의 화물을 단독으로 채울 수 없는 소량화물인 컨테이너 부분적화물(less than container load: LCL)의 인수, 인도, 보관 및 적입(stuffing)하거나 적출(unstuffing)하는 작업장소이다. 모든 부분적화물(LCL)은 컨테이너화물 집화소를 거쳐야 컨테이너 선박에 선적될 수 있다. 컨테이너 터미널을 넓게 사용하려는 목적으로 컨테이너화물 집화소를 컨테이너 터미널 밖에 설치하는 경우에는 부두내(on-dock) 컨테이너 적치장과 연결될 수 있는 장소에 설영해야 화물의 유통을 원활하게 할 수 있다.

### (2) 컨테이너화물 터미널 행정사무실

컨테이너화물 터미널 행정사무실(administration office)은 컨테이너 적치장 운영요원 및 컨테이너화물 집화소(CFS) 운영요원 들이 행정업무를 보는 사무실이다.

### (3) 컨테이너 장비수리소

컨테이너 장비수리소(maintenance shop)는 컨테이너화물 터미널 내에서 보유하고 있는 컨테이너 적양장비 등을 비롯하여 컨테이너화물 운송과 관련한 차량 등을 점검하고 수리하며 정비하는 곳이다. 또한 컨테이너 장비수리소에서는 컨테이너 자체를 수리하거나 정비를 하기도 한다. 그래서 컨테이너 장비수리소에서 이루어지는 신속한 조치는 컨테이너화물 운송의 효율성을 높이는 데에 기여하고 있다.

## 3) 컨테이너화물 터미널의 기간시설

### (1) 컨테이너 계안벽

컨테이너 계안벽(container berth, quay wall)은 부두에서 수면과 수직으로 설치된 콘크리트 구조이고 길이는 약 300m 이상이다. 계안벽에는 컨테이너 선박뿐만 아니라 모든 선박의 안전한 정박을 돕기 위하여 밧줄을 묶을 수 있는 계선주(ballard mooring bitt)가 설치되어 있다. 컨테이너 선박이 기항을 하는 항구는 컨테이너 선박이 만적을 한 상태에서도 부상할 수 있도록 간만의 차에 관계없이 수심이 약 15m 정도이다. 계안선(quay line)은 선박이 부상하여 닿을 수 있는 부두와 바다와의 경계선이다.

### (2) 컨테이너화물 적양광장

컨테이너화물 적양광장(apron, wharf surface, quay surface)은 부두에서 계안벽에 따라 위치한 화물적양을 위하여 선박과 접할 수 있는 광장이다. 그래서 대형 고가이동기중기나 하역기기 등을 운용하는 데에 지장이 없도록 약 30미터 내지 50미터 정도의 폭이 유지되고 있다. 또한 화물적양광장에는 컨테이너전용 대형 고가이동기중기가 자유롭게 운용할 수 있도록 기중기용 궤도를 부설한 경우가 많다. 화물적양광장에 설치된 기중기용 궤도는 철도에 의한 내륙수송과 연계시키기 위하여 궤도를 컨테이너 터미널 외부에 있는 철도역과 연결시키는데 이를 부두철도화물운송시스템(on-dock rail system)이라고 한다.

### (3) 컨테이너 계류장

컨테이너 계류장(marshalling yard)은 컨테이너 선박에 선적을 하기 위한 컨테이너나 양륙한 컨테이너를 정렬 내지 장치해 두는 넓은 장소인데 컨테이너 부두에서는 안벽에 가장 가까운 곳에 위치하고 있다. 즉 컨테이너 선박에 선적해야 되는 컨테이너를 선적순서에 따라 정렬하여 장치하고 동시에 컨테이너 선박으로부터 양륙할 컨테이너를 보관하거나 장치하는 데에 필요한 면적으로써 컨테이너화물 적양광장에 인접하여 있다. 컨테이너 계류장은 컨테이너 적치장에서 가장 넓은 구역을 확보하기 때문에 컨테이너의 배치방법 및 컨테이너화물 적양광장까지의 이동거리 등을 감안하여 컨테이너화물 터미널 운영(terminal oper- ation)에 가장 적합한 구역으로 정한다. 컨테이너를 컨테이너 적치장에 직접 적치할 것인가, 컨테이너를 차대(chassis)에 탑재시켜 둘 것인가, 혹은 몇 단으로 적치할 것인가에 따라 소요면적이 다르기 때문이다.

### (4) 컨테이너 적치장

컨테이너 적치장(container yard: CY)은 컨테이너의 인수나 인도 및 보관을 하는 야적장이다. 컨테이너 적치장은 컨테이너의 인수 및 인도 그리고 보관을 하는 장소로서 컨테이너 계류장(marshalling yard), 화물적양광장(apron), 컨테이너 차대(container chassis), 트랙터 장치장을 포함하는 가장 넓은 영역이다. 컨테이너 적치장에서는 1개의 컨테이너에 만재되는 컨테이너 만적화물(full container load: FCL)의 인수 및 인도가 이루어지기 때문에 통상적으로 해상운송인의 책임은 컨테이너 적치장에서 시작되거나 종료된다. 컨테이너 적치장에서 컨테이너의 관리, 이동, 본선에의 선적, 본선으로부터의 양륙은 컨테이너 적치장 운영요원에 의해 이루어진다.

#### (5) 컨테이너 반출입 확인소

컨테이너 반출입 확인소(container yard gate)는 컨테이너 터미널로 반입되고, 컨테이너 터미널에서 반출되는 컨테이너를 점검하고 확인하는 장소이다. 컨테이너 반출입 확인소를 통과할 때 컨테이너의 이상 유무확인, 통관봉인(seal)의 유무확인, 컨테이너 중량의 측정, 컨테이너 화물의 인수에 필요한 서류의 확인 등이 이루어진다.

#### (6) 컨테이너 구획선

컨테이너 구획선(slot)은 컨테이너의 크기, 중량, 목적지 등에 따라 적치할 구역을 표시하는 선이다. 컨테이너 구획선은 영역에 대한 표시이기 때문에 목적지에 대한 표시가 대부분이고 컨테이너의 야적을 효율적으로 하기 위한 조치이다.

#### (7) 컨테이너 통제소

컨테이너 통제소(control tower, control center)는 컨테이너 적치장 전체의 작업을 총괄하는 지령실이다. 컨테이너 통제소에는 본선하역작업, 컨테이너 적치장 내의 작업계획, 컨테이너 배치계획 등을 지시, 감독할 수 있는 설비가 구비되어 있다.

### 2) 컨테이너화물 터미널의 주요 기기

#### (1) 대형 고가이동기중기

대형 고가이동기중기(gantry crane, wharf crane)는 컨테이너화물 적양광장에 부설된 궤도 또는 무궤도로 도로 위를 이동하며 컨테이너의 선적 및 양륙에 사용하는 전용 기중기이다. 대형 고가이동기중기에는 부속기기로 집게(spreader) 및 고리(hook)를 부착하여 20피트 내지 40피트짜리 컨테이너를 선적하거나 양륙하는 데에 사용된다.

#### (2) 환적기중기

환적기중기(transtainer, transfer crane)는 컨테이너 적치장에 집화된 컨테이너를 화물별, 목적지별로 배열할 때 컨테이너 화물을 좌우 또는 앞뒤로 이동시키거나 다단적을 할 때 사용할 수 있는 기중기이다. 즉 환적기중기는 컨테이너 선박에서 양륙된 컨테이너를 컨테이너 적치장에 장치하거나 장치되어 있는 컨테이너를 차대(chassis) 또는 화차 등에 옮겨 싣는 기중기의 일종이다. 환적기중기는 도로에서만 이동이 가능한 도로용(tire base) 환적기중기와 궤도로만 이동이 가능한 궤도용(rail base) 환적기중기로 구분한다.

#### (3) 화물적재차대

화물적재차대(chassis)는 화물을 적재하는 골격, 즉 차대만 장치되어 있고 동력장치는 장착되어 있지 않다. 육상운송에서 사용하는 화물차용 부수차(van trailer)는 화물적재차대에 컨테이너 등을 적재할 수 있도록 평판을 장치한 차량인데 견인차량에 연결되어 이동한다. 컨테이너 터미널에서는 차대만 또는 차대에 컨테이너를 적재하고 정렬하여 두게 된다.

#### (4) 지게차

지게차(fork lifter truck)는 컨테이너 터미널에서 컨테이너를 트럭에 적재 또는 하역할 때 사용하는 기중기이다. 지게차는 대형 지게차와 소형 지게차로 구분할 수 있다. 지게차는 차체의 뒤에 화물적재용 갈고리 또는 하역취급용 흡착장치를 갖추고 유압장치를 활용하여 컨테이너를 적재하거나 하역하는 대형 하역기계이다.

#### (5) 양각운반차량, 견인차량, 활차기중기

양각운반차량(straddle carrier)은 컨테이너를 양각 사이에 끼우고 운반하는 차량이다. 견인차량(tractor truck)은 컨테이너를 적재한 차대를 연결하여 끄는 트럭이다. 차대는 화물을 적재하는 기능을 수행하는데 동력장치는 장착되어 있지 않다. 활차기중기(winch crane)는 컨테이너 자체를 이동하거나 회전시키면서 차대나 트럭에 적재 내지 하역할 때 사용하는 기중기이다. 활차기중기는 좌우로 회전도 가능하고 작업장까지 자력으로 이동할 수 있다.

## 5. 컨테이너화물 운송계약

### 1) 컨테이너화물 운송계약의 체결

컨테이너화물 운송계약을 체결할 때는 운송대상인 화물이 부분적화물(LCL)인가 또는 만적화물(FCL)인가를 파악하고 운송계약을 체결해야 한다. 컨테이너화물 운송계약 절차는 다음과 같다. 화주가 선박회사의 지점 및 대리점에 컨테이너 화물에 대한 선적예약을 한다. 선적예약을 하면 지점과 대리점은 화물 선적예약서(booking note)를 작성한다. 본점에서는 지점과 대리점으로부터 발송되어 온 화물 선적예약서를 집계하여 화물인수목록을 작성한다. 본점에서 화물인수목록에 대한 작성이 완료되면 화물 선적예약서를 송부한 관계지점이나 부서에 화물인수목록을 배부한다.

## 2) 컨테이너화물의 운송형태

### (1) CFS/CFS

CFS/CFS(LCL/LCL, pier to pier) 운송형태는 컨테이너 부분적화물(LCL)의 운송에 이용된다. 선적항의 컨테이너화물 집화소(CFS)에서 양륙항의 컨테이너화물 집화소(CFS)까지만 운송하는 형태이기 때문에 부두에서 부두까지(pier to pier) 운송형태라고도 한다. CFS/CFS 운송형태는 송하인이 복수이고 수하인도 복수인 경우인 잡화물의 운송에 이용된다. 즉 다수의 수출업자와 다수의 수입업자가 존재하는 형태이기 때문에 LCL/LCL 운송형태라고도 한다.

### (2) CY/CY

CY/CY(FCL/FCL, door to door) 운송형태는 컨테이너 만적화물(FCL)의 운송에 이용된다. 송하인의 창고 또는 공장에서 수하인의 창고 또는 공장까지 운송하는 형태이기 때문에 문전에서 문전까지(door to door) 운송형태라고도 한다. CY/CY 운송형태는 송하인은 1인이고 수하인도 1인인 경우에 주로 이용된다. 즉 1인의 수출업자가 송부하는 만적화물이 곧바로 1인의 수입업자에게로 운송되는 형태이기 때문에 FCL/FCL 운송형태라고도 한다. CY/CY 운송형태는 컨테이너를 가장 효율적으로 활용하는 일관운송형태이다.

### (3) CY/CFS

CY/CFS(FCL/LCL, door to pier) 운송형태는 송하인의 창고 또는 공장에서 수하인의 컨테이너화물 집화소(CFS)까지 화물을 운송하는 형태이기 때문에 문전에서 부두까지(door to pier) 운송형태라고도 한다. CY/CFS 운송형태는 송하인은 1인이고 수하인이 복수인 경우에 주로 이용된다. 즉 1인의 수출업자에게서 다수의 수입업자에게 물품이 운송되는 형태이기 때문에 FCL/LCL 운송형태라고도 한다.

### (4) CFS/CY

CFS/CY(LCL/FCL, pier to door) 운송형태는 선적항의 컨테이너화물 집화소(CFS)에서 수하인의 창고 또는 공장까지 운송하는 형태이기 때문에 부두에서 문전까지(pier to door) 운송형태라고도 한다. CFS/CY 운송형태는 송하인이 다수이고 수하인이 1인인 경우에 주로 이용된다. 즉 다수의 수출업자가 제공하는 물품이 1인의 수입업자에게로 가는 형태이기 때문에 LCL/FCL 운송형태라고도 한다.

# 제5절 복합운송

## 1. 복합운송의 의의와 특징

### 1) 복합운송의 의의

복합운송(combined transport)은 국제복합운송인이 국제복합운송계약에 의해 화물을 본인이 책임지는 조건으로 인수한 후, 어느 한 국가에서 다른 국가의 지정된 인도지점까지 두 가지 이상의 운송수단으로 운반하는 화물운송을 의미한다.

### 2) 복합운송의 특징

#### (1) 운송수단의 이종다양성

복합운송은 화물을 목적지까지 운송하는 동안 이종의 다양한 운송수단이 활용된다. 즉 선박, 철도, 트럭, 항공기 등과 같은 육상운송수단, 해상운송수단, 항공운송수단 중 2종 이상의 운송수단이 활용된다.

#### (2) 복합운송인의 단일책임원칙

복합운송인은 운송물의 수령에서부터 인도에 이르는 전 운송구간 또는 전 운송기간에 걸쳐 화주에 대하여 책임을 지는 전 운송구간 단일책임원칙을 따르고 있다. 즉 복합운송인이 각 운송구간별로 별도의 책임이 아닌 전 운송구간에 대하여 부담한다.

#### (3) 복합운송증권 발행

복합운송에서는 복합운송인이 화물을 운송하는 전 운송구간에 대하여 책임을 부담하는 복합운송증권을 발행하고 있다.

#### (4) 일관 통운송운임 적용

복합운송인은 자기의 이름과 계산으로 복합운송을 인수하는 것이기 때문에 일관 통운송운임을 설정하여 화주에게 제시하게 된다. 즉 각 운송구간별로 별도의 운임이 책정되는 것이 아니라 전 운송구간에 대하여 일관 통운송 운임을 적용한다.

### 3) 복합운송의 형태

#### (1) 운송구간 및 운송수단 기준

① 통운송

통운송(through carriage)은 단일 운송계약에 의해 2인 이상의 운송인이 참여하는 동종의 운송수단 또는 이종의 운송수단에 의해 이루어지는 운송이다.

② 단일(동종수단) 통운송

단일 통운송은 각 구간마다 모두 동일한 운송수단으로 이루어지는 운송형태이다.

③ 일관(이종수단) 통운송

일관 통운송은 각 구간마다 각각 다른 운송수단으로 운송하는 운송형태이다. 일반적으로 일관 통운송을 복합운송이라고 한다.

#### (2) 운송인의 연계 기준

① 부분운송

부분운송은 화주가 직접 또는 화주가 수명의 운송인을 대리인으로 하여 각 운송구간마다 별개의 운송계약을 체결하는 형태이다.

② 하청운송

하청운송은 최초의 운송인이 전 운송구간에 걸쳐 운송을 인수하고 계약의 전부 또는 일부를 다른 운송인에게 이전시켜 운송을 시키는 것이다.

③ 동일운송

동일운송은 수명의 운송인이 화주와 구간별 운송계약의 당사자가 되어 전 운송구간을 연대시켜 운송하는 형태이다. 수명의 운송인이 공동으로 전 운송구간의 운송을 인수하지만 각 운송인의 담당운송구간은 내부에서 정하는 운송형태이다.

④ 순차운송

순차운송은 동일운송과 같이 수명의 운송인이 운송당사자가 되는데 운송구간을 순차적으로 연계하여 운송하는 형태이다. 수명의 운송인이 서로 운송구간, 화물의 교환, 운임의 분배, 기타 사항 등에 대하여 연결관계를 가지고 있어 화주가 제1의 운송인에게 운송을 위탁함으로써 다른 운송인도 운송에 관계하게 되는 운송형태이다.

### 4) 복합운송인의 책임체계

#### (1) 이종책임체계

이종책임체계(network liability system)는 복합운송 중 사고가 발생한 경우 사고가 발생한 운송구간에 적용되는 운송책임원칙에 따라 책임을 부담하는 체계이다. 즉 해상운송계약에 적용하는 헤이그규칙, 도로화물운송계약에 적용하는 국제도로화물운송조약, 철도화물운송계약에 적용하는 국제철도화물운송조약, 바르샤바조약 등에서 규정하고 있는 내용에 따라 책임을 지는 체계이다. 이 규정들이 적용되지 않는 구간에서 발생한 사고의 경우에는 그 지역에서 통용되는 책임원칙에 따르면 된다.

#### (2) 단일책임체계

단일책임체계(uniform liability system)는 운송구간에서 사용되는 책임원칙을 따르는 것이 아니다. 화주와 복합운송인 사이에 합의한 책임원칙을 전 운송구간에 대하여 동일하게 적용하는 체계이다.

#### (3) 연대책임체계

연대책임체계(pure network system, tie-up system)는 화주가 각 운송구간의 운송인과 각각 운송계약을 체결한 후 각 운송인이 각 운송구간에 적용되는 책임원칙에 따라 운송책임을 부담하는 체계이다.

## 2. 복합운송계약

### 1) 복합운송계약의 체결

복합운송계약은 화주나 화주의 대리인이 청약을 하고 복합운송인이 승낙을 하면 계약이 성립되는 낙성계약이다. 따라서 복합운송계약은 복합운송계약 당사자 사이에 문서작성이나 문서의 교부를 복합운송계약의 성립조건으로 하지 않는다. 복합운송계약의 성립시기는 화주나 화주의 대리인이 청약을 하고 복합운송인이 승낙을 하는 시점이다.

복합운송계약은 불요식계약이기 때문에 계약당사자 사이에 계약에 대한 일정한 형식이 필요 없다. 그러나 운송과 관련한 분쟁이 발생할 때를 대비하여 복합운송증권을 발행하고 있다.

## 2) 복합운송증권의 주요내용

### (1) 운송주선인의 책임

복합운송에서 적용하는 규칙은 국제복합운송조약이다. 해상운송업계에서 해상운송계약을 체결할 때에 적용하던 헤이그 규칙은 사고가 발생한 경우 화주에게 충분한 보상을 해주지 못하는 선주중심의 규칙이었다. 그래서 헤이그 비스비 규칙으로 개정하여 해상운송인의 책임 한도를 더욱 강화하였지만 충분한 보상을 하지 못하였기 때문에 해상운송인의 책임을 강화하는 방향으로 제정한 것이 국제복합운송조약이다. 국제복합운송조약에서 운송주선인(freight forwarder)은 물품을 수령한 때로부터 복합운송을 하는 전 운송구간에 대한 책임을 부담한다. 운송주선인은 자기 또는 그 이행보조자의 과실 또는 부주의가 물품의 멸실, 손상, 또는 인도지연의 원인이 되지 않았거나 기여하지 않았다는 것을 입증하지 못하면 그것에 대한 책임을 진다. 즉 운송주선인이 과실이 없다는 것을 입증하지 못하면 책임을 부담하는 것이다.

### (2) 책임의 한도

운송주선인의 배상책임은 1차적으로 운송물의 객관적인 가액으로 제한한다. 그리고 2차 적으로는 일정금액, 즉 한 화물단위 당 666.67 SDR 또는 중량 1킬로그램(Kg) 당 2 SDR로 계산한 총액 중 더 많은 금액으로 제한한다.

복합운송에서 컨테이너 팔레트 등의 운송용구가 사용되는 경우 그 적부화물의 포장 또는 선적단위가 복합운송증권에 명시되어 있는 경우에는 그 수량을 1화물단위 또는 1선적단위로 인정한다. 만약 명시조항이 없다면 운송용구 자체가 1선적단위로 간주된다.

복합운송에서 해상운송구간이 포함되지 않은 경우에는 운송주선인의 책임에 대하여 중량단일방식을 채용하고 있다. 이런 경우 운송주선인의 책임은 멸실 또는 손상된 물품의 총중량 1킬로그램 당 8.33 SDR을 초과하지 않는 금액으로 제한한다.

### (3) 이면약관

복합운송증권의 이면약관에는 복합운송증권에 사용되는 용어의 정의, 복합운송증권을 발행한 운송주선인의 책임한계, 유통성 및 물품에 대한 권리, 위험물과 배상, 물품의 명세 및 화주의 포장과 검사, 운송주선인의 책임, 지상약관, 운송주선인의 책임제한, 불법행위에 대한 적용 사용인 및 기타 당사자의 책임, 운송의 방법 및 경로, 인도, 운임 및 비용, 유치권, 공동해손, 통지, 재판관할권 및 준거법 등에 관한 사항들이 규정되어 있다.

### 3) 복합운송경로

#### (1) 복합운송경로 구분의 기준

복합운송경로는 선박회사가 주도하는 구역별 운임률표(zone tariff)에 의한 내륙운송요금의 설정에 따라 해상경로를 중심으로 한 경로와 대륙연결(land bridge)방식에 의한 대륙횡단철도와의 제휴에 의한 경로로 구분한다.

#### (2) 주요 복합운송경로

① Land Bridge Service

Land Bridge Service는 대륙횡단철도를 이용하여 대륙양안을 연결하는 해상-육상-해상의 복합운송 형태이다. 북미대륙을 횡단하는 경로와 시베리아대륙을 횡단하는 경로가 있다. 북미대륙을 횡단하는 경로는 ALB(American Land Bridge), 시베리아대륙을 횡단하는 경로는 SLB(Siberia Land Bridge)라고 한다.

ALB는 극동지역에서 태평양을 횡단하여 미대륙 서해안에 도착한 후 미대륙에서 철도로 운송하여 미동해안에 도착한 후, 제2의 선박을 이용하여 유럽의 서해안의 항구까지 운송하는 경로이다.

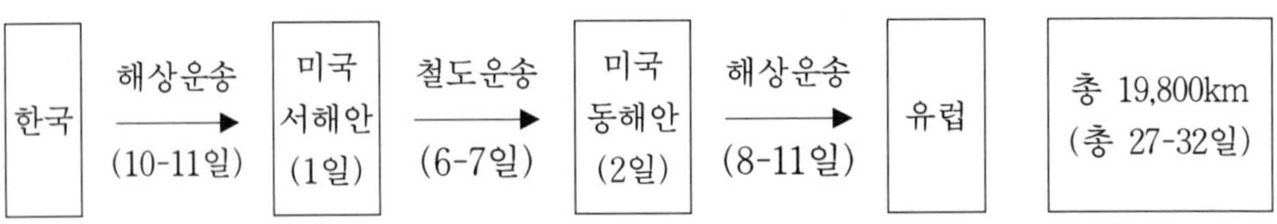


〈그림 10-1〉 American Land Bridge의 경로와 소요일수

SLB는 극동지역의 국가들이 시베리아 철도를 이용하여 유럽이나 중동을 연결하는 복합운송경로이다. 극동에서 화물을 러시아의 나호트카 항으로 해상운송을 한다. 나호트카 항에서부터 철도로 시베리아를 횡단하여 동유럽의 국경까지 운송한 후 그곳에서 철도, 컨테이너선박 등으로 지중해 또는 이란 등으로 연결하는 복합운송경로이다.

② Mini-Land Bridge Service

Mini-Land Bridge Service는 극동/미국 태평양 연안의 해상운송을 연결하여 미국의 동해안까지의 철도운송을 하는 해상-육상의 복합운송 형태이다. 이것은 미국 동해안에서 서해안까지 철도로, 서해안에서 극동간은 선박으로 운송하는 형태이다.

③ TCR과 TAR

TCR(Trans China Railway)은 극동지역을 출발점으로 하여 해상운송으로 중국의 강소성 연운항까지 간다. 연운항에서 중국대륙을 철도로 횡단하여 러시아철도의 접점까지 운송하고 러시아철도로 유럽지역으로 연결하는 복합운송경로이다. 이를 중국대륙 횡단철도라고 한다. 결국 TCR은 러시아 철도를 사용하기 때문에 SLB와 연계가 된다.

TAR(Trans Asian Railway)은 아시아지원 유엔기구에서 추진 중인 한반도-중국-러시아를 경유하여 유럽까지 연결하는 철도망이다. 이를 아시아 횡단철도라고 한다. 그런데 TAR도 TCR과 같이 러시아 철도를 사용해야 하기 때문에 SLB와 연계가 된다.

# 제 6 절 국제택배서비스

## 1. 국제택배서비스의 의의

국제택배서비스(international courier service)는 서류 및 소형, 경량 물품을 항공기를 이용하여 문전에서 문전까지 수령, 배달하는 서비스이다. 국제택배서비스는 전자상거래와 관련되어 괄목할만한 성장을 하고 있다. 우리나라에서 이루어지는 국제택배서비스 시장에는 현재 DHL, Federal Express Co(FEDEX), United Parcel Service(UPS), TNT 등과 같은 대형 외국업체의 국내대리점이 90% 이상을 차지하고 있다.

## 2. 국제택배서비스의 특징

국제택배서비스는 스피드를 기본으로 일정기간 내에 인도를 보장하며 일괄요금(package fee)으로 문전에서 문전까지 수령, 배달하는 서비스 또는 사무실에서 사무실까지 수령, 배달하는 서비스(door to door or desk to desk)를 제공한다. 국제택배 서비스업자는 수령에서 인도까지 총괄하여 책임을 지고 있다. 국제택배 서비스는 대부분 기업이 이용하고 있는데 탁송물품은 항공화물의 80% 정도가 45 킬로그램(Kg) 이하의 소형화물(small parcel)이고 그 중에서도 90% 이상이 서류 등과 같은 물품이다.

# 제 11 장

# 국제무역보험

## 제 1 절 해상보험과 해상위험

### 1. 해상보험

#### 1) 해상보험의 의미

해상보험(marine insurance)은 해상사업에 관한 사고로 인하여 생길 손해를 보상할 것을 목적으로 하는 보험으로서 손해보험의 일종이다. 손해보험은 일정한 우연한 사고로 인하여 생길 재산상의 손해를 보상할 것을 목적으로 하는 보험이다. 따라서 손해보험에서 일정한 우연한 사고라는 것이 해상보험에서는 해상사업에 관한 사고인데 영국 해상보험법(Marine Insurance Act; 이하 MIA라고 한다)에서 이를 명확하게 규정하고 있다.

MIA에 명시한 해상보험에 대한 규정을 보면 '해상보험계약은 그 계약에 의해 합의한 방법과 범위 내에서 해상손해, 즉 해상사업에 수반하는 손해를 보험자가 피보험자에게 보상할 것을 인수하는 계약이다' 또한 '해상보험계약은 명시된 특약 또는 상관습에 의해 그 담보범위를 확장하여 해상항해에 부수되는 내륙수로 또는 육상위험의 손해에 대해서도 피보험자를 보호할 수 있다' 라고 규정함으로써 해상보험에서 해상사업에 부수 또는 접속하는 육상, 내륙수로 또는 항공위험을 담보하는 경우에는 해상위험 이외의 위험에 대하여도 해상보험의 규정이 준용될 수 있도록 하고 있다.

### 2) 해상보험의 특징

#### (1) 최대선의의 원칙 준수

해상보험은 피보험자가 제공하는 사항을 기초로 보험료를 산정한다. 그러므로 피보험자는 계약체결 전에 자기가 알고 있는 모든 중요한 사항을 보험자에게 최대선의의 원칙에 입각하여 고지해야 한다. 만약 피보험자가 이러한 고지를 소홀히 하거나 하지 않았을 때는 보험자가 그 보험계약을 취소할 수 있다.

#### (2) 소급보상의 원칙 적용 가능

해상보험은 보험계약이 체결되기 전에 발생한 손해라도 계약당사자가 해상보험계약을 체결할 때 그 발생여부에 대하여 알지 못하였다면 유효한 것으로 해석한다. 이를 해상보험의 소급보상의 원칙이라고 한다. 그러나 해상보험계약을 체결할 때에 피보험자가 손해가 발생한 사실을 알고 있으나 보험자가 모르고 있었다면 손해에 대한 보상을 받지 못한다.

#### (3) 영국의 해상보험법과 관습 준수

해상보험의 분쟁해결은 해상보험의 역사가 깊은 영국의 법률과 판례를 준수하게 된다. 현재 사용하고 있는 영문해상보험증권의 약관은 해상보험의 역사를 대변하고 있다고 하여도 과언이 아닐 것이다. 각 약관은 수많은 보험사고와 관련된 판례가 응축된 결과라고 볼 수 있다. 따라서 영문해상보험증권을 사용하는 경우 그 해석을 할 때 영국의 법률이나 판례를 따르게 한 것은 의미가 있다.

#### (4) 해상위험의 범위 한정

담보에 관한 약속은 보험증권에 명시하는 명시담보(express warranties)와 명시하지 않는 묵시담보(implied warranties)로 구분된다. 해상보험에서는 손해가 반드시 보험증권에 담보되는 위험에 의해 발생해야 보험자가 보상하게 된다. 즉 보험자는 담보위험에 기인하여 발생한 손해에 대해서만 보상할 책임이 있다. 담보는 피보험자의 약속이기 때문에 만약 피보험자가 담보내용조건을 위반하였을 경우 보험계약은 무효가 된다. 따라서 피보험자도 담보에 관한 약속을 이행해야 한다. 일반적으로 보험자가 담보되는 해상위험의 범위는 해상보험계약을 체결할 때에 확정되어 해상보험증권에 기재되며 해상보험증권에 기재된 항로나 기간 이외의 구간에서 발생한 위험은 그 해상보험계약에서 해상위험이 될 수 없다.

## 2. 해상위험과 담보

### 1) 해상위험의 의미

해상위험은 해상의 항해에 기인하거나 부수 하는 위험, 즉 해상고유의 위험, 화재, 전쟁위험, 해적, 표도, 강도, 포획, 나포, 군주 및 인민의 억류 또는 억지, 투하, 선원의 악행 및 상기와 동일 종류의 위험 또는 보험증권에 기재된 기타 일체의 위험을 의미한다. 즉 해상보험에서의 보험사고는 해상사업에 관한 모든 사고로서 침몰, 좌초 등 해상 고유의 사고뿐 아니라 해상사업에 부수하는 육상이나 내수로 항해에 관한 사고도 포함하는 개념이다.

### 2) 해상위험의 유형

#### (1) 해상고유의 위험

① 침몰 및 전복

해상고유의 위험(perils of the seas)이라는 것은 구체적으로 풍파의 작용에 의한 난파, 침몰, 좌초, 교사, 촉초, 충돌, 그 밖에 풍파에 의한 적하의 손해, 적재선박의 행방불명 등을 의미한다.

침몰(sinking)은 선박이 부력을 상실하고 수중에 가라 앉아 항해가 불가능한 상태를 의미한다. 침몰은 심몰과 천몰로 구분된다. 심몰(foundering)은 깊은 바다인 심해에 가라 앉아 구조가 불가능한 상태로서 현실전손으로 인정되는 상황이다다. 천몰(submersion)은 천해, 즉 얕은 바다에 가라앉아 구조가 가능하지만 보험계약자 또는 피보험자가 선박의 가액과 인양비용을 비교하여 인양비용이 더 큰 경우, 선체의 구조를 포기하여 추정전손으로 인정받는 상황이다. 전복은 해상에서 선박이 뒤집혀 선저가 위로 향하는 것으로 항해가 불가능한 상태이다.

**② 좌초 및 교사**

좌초(stranding)는 선박이 암초나 그 밖의 견고한 물체에 얹혀 일정기간 진퇴가 불가능한 상태를 의미한다. 교사(grounding)는 모래나 진흙 등과 같이 견고치 않은 물체에 얹혀 있어 일정기간 진퇴가 불가능한 상태를 의미한다. 촉초(touch and go)는 선박이 암초 등의 물체에 잠시 얹혔다가 자체로 항진하는 힘에 의해 저절로 이초(refloating)할 수 있는 상태이다. 촉초는 해상고유의 위험에는 속하지 않는다.

③ 충돌

충돌(collision, running down)은 선박과 선박 사이의 충돌을 포함하여 난파물, 암벽 등과 같은 얼음을 포함한 일체의 다른 물체와 충돌하는 것을 의미한다.

④ 악천후

악천후(heavy weather)는 폭풍우를 동반한 갑작스런 기상악화를 의미한다. 악천후는 화물의 해수침손이나 갑판적화물의 풍랑유실 및 악천후에 의한 곰팡이 손해 등을 야기하는 위험이다.

### (2) 해상위험

① 화재

화재(fire)는 불에 의해 발생하는 손실로서 보험목적물 또는 그 부근에 있는 것의 연소를 의미한다. 화재의 원인이 자연발화나 피보험목적물의 고유의 하자 또는 성질을 근인으로 하는 멸실 혹은 손상의 경우에는 보상되지 아니한다.

② 투하

투하(jettisons)는 항해중인 선박에서 호물이나 선박의 속구등을 해상에 전지는 행위이다. 공동해손에서는 항해를 하는 선박에 화물이 적재되어 있던 중 현실적으로 중대한 해상위험이 도래하여 선장이 공동의 이익을 위하여 임의로 화물을 바다에 던지는 행위를 의미한다.

③ 선장 또는 선원의 악행

선장 또는 선원의 악행(barratry)은 선주 또는 용선자에게 손해를 줄 수 있는 선장의 부정행위 내지 선원의 반항적 폭력행위 등을 의미한다. 그리고 선원의 악행에 의해 선주나 용선자에게 손해를 줄 수 있는 선장 또는 선원의 고의에 의한 모든 부정행위를 포함한다.

④ 해적행위

해적행위(piracy)는 해적의 가해행위로서 자기 이익을 위하여 해상에서 타인의 선박을 탈취하거나 선박에 적재된 화물을 약탈하는 행위, 여객의 소유품 등을 약탈하는 행위도 포함된다.

⑤ 표도

표도(rovers)는 약탈을 하려고 해상을 배회하는 자를 의미하는데 해적과 같은 개념으로 판단하면 된다. 따라서 표도나 해적이 해상에서 약탈을 하는 행위가 발생하면 이것이 해적행위에 해당하는 것이다.

⑥ 강도

강도(thieves)는 폭력으로 타인의 물건 등을 약탈하는 사람을 의미한다. 따라서 강도를 당했다고 하면 강도로부터 폭력을 동반한 습격을 받아 화물 등을 강탈당하였다는 것과 동일한 개념이다.

#### (3) 전쟁위험

① 포획과 나포

포획(capture)은 적국에 의해 선박이나 적하의 소유권 또는 재산권을 그 소유자 또는 기타 권리자로부터 탈취할 의사를 갖고 하는 점유의 탈취를 의미한다. 나포(seizure)는 포획보다 넓은 뜻으로 일체의 강제적인 점유탈취행위를 의미한다.

② 강류

강류(arrest), 억지(restraint) 또는 억류(detainment)는 동의어로서 궁극적으로 소유자에 반환할 의사를 가진 재산의 일시적인 유치를 의미한다.

③ 적대행위 등

적대행위 또는 군사적 행동은 선전포고의 유무에 관계없이 국제법상의 전쟁이 있는 경우에 공격적이든 방어적이든 불문하고, 실제적으로 전쟁을 수행하기 위하여 이행하는 일체의 행위를 의미한다.

④ 내란 등

내란, 혁명, 모반, 반란, 또는 이로 인하여 생기는 국내투쟁은 국제법상 전쟁은 아니지만 조직적 무력에 의해 국권에 반항하는 변란위험을 의미한다.

⑤ 기뢰 등

기뢰(mines), 어뢰(torpedoes), 폭탄, 또는 기타의 전쟁무기는 전쟁여부를 불문하고 유기된 각종 무기에 의해 생기는 일체의 위험을 의미한다. 이를테면 미사일, 폭탄, 포탄 혹은 어뢰, 기뢰와의 접촉, 적국인이 선박 내에 장치한 폭탄의 폭발 등으로 발생한 손해이다.

#### (4) 동맹파업위험

① 동맹파업

동맹파업(strike)은 노동자들이 단결하여 노동을 거부하거나 정상적인 노동을 거절하는 것을 의미한다.

② 직장폐쇄

직장폐쇄(lock-out)는 동맹파업과 반대로 사용자가 노동자들로 하여금 자기의 조건에 응할 때까지 노동을 하지 못하게 하는 의미이다.

③ 소요

소요(riots)는 사적인 어떤 계획을 수행함에 있어서 이에 반대하는 자에 대항하고자 서로 돕기로 하고 결성된 3인 이상의 집단이 일반 대중에게 공포감을 주는 폭력으로 계획을 실행에 옮기는 격렬한 평화의 교란을 의미한다.

④ 폭동

폭동(civil commotion)은 찬탈력(usurped power)은 있지만 모반(rebellion)에 이르지 않는 일반적인 목적을 위한 국민의 반란을 가리킨다.

⑤ 노동분쟁

노동분쟁(labour disturbances)은 동맹파업이나 직장폐쇄보다는 범위가 넓지만 소요, 폭동보다 격렬도가 낮은 사용주와 노동자간의 분쟁을 의미한다.

### (5) 부가위험

① 빗물손 또는 담수손

빗물손과 담수손(rain &/or fresh water damage: RFWD)은 바닷물 이외의 민물에 젖어 발생할 수 있는 위험이다. 빗물손과 담수손에서 빗물과 담수가 같이 표기되어 있다면 담수는 빗물을 제외한 모든 담수를 의미한다. 그러나 빗물이 제외되고 담수만 표기되어 있다면 담수는 빗물을 포함하는 것으로 해석한다.

② 도난, 발하, 불착

도난, 발하, 불착(theft, pilferage and non-delivery: TPND)은 포장단위를 기준으로 발생하는 위험을 한 단위로 표시한 것인데 각각의 의미는 다음과 같다. 도난(theft)은 포장단위 전체를 훔치는 것으로 강탈적 의미가 포함되어 있다. 도난은 전체 화물 중 일부 포장화물을 훔쳐가고 일부 포장단위는 남아있는 상태이다. 발하(pilferage)는 포장단위 속에서 일부를 빼낸 후, 외형을 원래대로 만들어 놓음으로써 포장의 외형만 보면 전혀 이상이 없는 것으로 여겨지게 만드는 좀도둑행위이다. 불착(non-delivery)은 포장단위의 화물 전체가 목적지에 도착하지 않은 경우이다.

③ 유류 및 타물과의 접촉

유류 및 타물과의 접촉(contact with oil &/or other cargo: COOC)은 선박의 연료류 등에 의해 화물이 입게 되는 유손(oil damage), 적재된 다른 화물에 직접 접촉함으로써 피보험화물에 흠이 생기거나 파손 또는 오손되는 등과 같은 위험이다.

④ 갑판유실

갑판유실(washing over board: WOB)은 ICC(C)로 갑판적재화물(on deck cargo, deck-loaded cargo)이 갑판 위에서 파도 등에 의해 휩쓸려 나가는 위험이다.

⑤ 갈고리에 의한 손해

갈고리에 의한 손해(hook & hole)는 직물이나 잡화 등과 같은 화물을 마대로 포장한 경우에 하역작업 중 갈고리를 사용함으로써 생기는 발생하는 위험이다.

⑥ 파손

파손(breakage: B'kge)은 도자기나 유리제품 등과 같이 깨지기 쉬운 화물에서 발생하므로 보통 담보위험 이외의 사유로 인한 파손을 보상받기 위하여 특약하게 된다.

⑦ 누손과 부족손

누손(leakage: L'kge)과 부족손(shortage: S'tage)은 용기의 틈사이나 파손된 부분으로 용액화물이 누출하여 발생하는 손해이며 내용물의 부족을 초래하는 위험이다.

⑧ 곡손

곡손(denting &/or bending)은 휘어지는 손해인데 denting은 우구러지는 것이고, bending은 구부러지는 것인데 본체의 형태를 이탈하여 원형을 복귀하기가 어려운 위험인데 보통 기계류 등에 생기기 쉽다. 곡손은 습기나 열기 등과 같은 요인에 의해 발생한다.

⑨ 습손과 열손

습손과 열손(sweat &/or heating: SH)에서 습손은 선박 내와 선박 외의 기온차이에 의해 선창의 천정 또는 내벽에 응결한 수분에 접촉함으로써 화물이 젖게 되는 위험이다. 열손은 항해 중에 온도의 변화에 의해 일어나는 위험이다.

⑩ 오염

오염(contamination)은 액체화학약품이나 유류 등이 선창이나 선저 혹은 해치로 유입한 해수 또는 담수 등의 혼입으로 입게 되는 품질저하의 위험이다.

⑪ 자연발화

자연발화(spontaneous combustion)는 항해 중 화약 등과 같은 화물자체의 화학적 변화에 의해 발열함으로써 자연적으로 발생하는 발화형태이다.

⑫ 곰팡이손해

곰팡이손해(mould &/or mildew)는 습기가 증가하여 곰팡이가 생김으로써 일어나는 위험이다. 연초, 섬유제품 등과 같은 화물에서 많이 발생한다.

⑬ 녹

녹(rust)은 금속화물 등에 습기로 인하여 발생하는 위험이다. 녹은 금속의 재질에 따라 발생하는 유형이 다르다.

⑭ 서해와 충해

서해(rats)는 쥐에 의한 손해이다. 충해(vermin)는 벌레에 의한 발생하는 위험이다. 곡물이나 목재 등에 쥐나 벌레가 손해를 입히는 위험이다.

### 3) 해상위험의 담보

#### (1) 담보위험

① 담보의 의미

담보는 보험자가 어떠한 사실이나 상황을 책임진다는 의미이다. 따라서 보험회사는 위험인수 전에 위험에 영향을 미치는 일정한 사실이나 상황에 대하여 파악해야 한다. 보험계약자도 담보에 영향을 줄 수 있는 사항을 보험자에게 고지해야 한다. 그래서 담보는 확약적 담보와 확인적 담보로 설명할 수 있다. 확약적 담보는 해상보험계약의 유효기간 중에 손해가 발생하는 경우 존속하는 조건이나 사실 또는 상황이 조건에 충족하면 이행이 가능하도록 한 담보이다. 확인적 담보는 해상보험계약에 따라 손해가 발생하더라도 보상해야 하는 사실을 확인할 때에만 이행이 가능하도록 한 담보이다.

그러므로 담보는 보험계약을 체결할 때에 보험계약 당사자가 결정해야 한다. 만약 보험계약 당사자가 합의한 담보에 대하여 위반이 있게 되면 보험계약은 무효가 된다. 이것이 담보와 고지가 다른 점이다. 고지의무를 위반한 경우 보험계약내용에 중대한 영향을 주지 않는 것이라면 보험계약은 유효하다. 그러나 보통법에서는 담보위반이 사소한 것일지라도 보험계약을 무효로 한다.

② 명시담보와 묵시담보

담보에는 명시담보와 묵시담보가 있다. 명시담보는 보험증권에 명기되어 있는 것이다. 묵시담보는 보험증권에 기재되어 있지는 않지만 계약당사자에 의해 전제되어 있는 것이다. 묵시담보는 해상보험계약에 존재하고 있다.

③ 담보위험

담보위험은 적하보험에서 보험자가 항해와 관계된 사고에 의해 보험목적에 발생한 손해를 보상하기로 약속한 위험이다. 적하보험 보통약관을 따르면 보험자가 보험목적물이 침몰, 좌초, 화재, 충돌, 그 밖의 해상위험으로 손해를 입었다면 보상을 받는다. 보험자의 담보위험은 항해에 관한 사고의 일체 혹은 침몰 등의 대표적 위험을 포함하고 있다. 즉 일체의 해상위험이 포괄적으로 담보된다. 해상위험은 항해에 관련한 우연적 사고나 항해에 기인하는 사고 및 항해에 부수하는 사고도 포함한다.

### (2) 면책위험

① 면책위험의 의미

보험자가 보험과 관련하여 발생하는 모든 위험을 부담한다는 것은 불가능하다. 이에 따라 보험에서는 손해를 발생시킬 수 있는 일정한 위험을 담보대상에서 제외하고 있다. 이것을 면책위험이라고 하는데 면책에 해당하는 위험은 보험약관에 명시되어 있다.

② 면책위험의 종류

보험에서는 보험의 대상이 될 수 없기 때문에 면책시키는 위험이 있다. 해상보험의 면책위험으로는 전쟁, 변란의 위험, 폭발물과의 접촉 또는 그 폭발의 위험, 나포, 포획, 억류, 또는 해적행위의 위험, 쟁의행위, 폭동, 정치 또는 사회소요의 위험, 원자핵 반응, 원자핵 붕괴의 위험, 보험계약자, 피보험자 등의 고의 또는 중대한 과실에 의한 위험 등이 있다. 이러한 손해는 신빙성 있는 예측이 어렵고 손해의 정도도 대부분 거대하고 파멸적이기 때문에 면책위험으로 한다.

적하보험의 특수한 면책위험으로는 부가위험에 해당하는 화물의 자연소모 또는 그 고유의 결함 또는 성질에 의한 발화나 폭발 및 부패, 변질, 변색 등의 위험, 하조의 불안전, 운송지연의 위험, 검역 또는 행정관리의 처분의 위험, 파손 또는 곡손의 위험, 누출, 증발, 혼합 또는 불착의 위험, 담수유, 오유, 벌레 또는 쥐에 의한 위험 등이 있다. 부가위험인 경우에는 면책위험으로도 명시하고 있지 않다.

# 제 2 절 해상보험계약

## 1. 해상보험계약의 의의

### 1) 해상보험계약의 의미

해상보험계약은 보험자(assurer)가 물품의 해상운송 도중에 발생하는 위험을 인수하고, 이들 위험에 근인한 손해가 발생하였을 경우 피보험자(assured)에게 그 손해액을 보상할 것을 약속하는 보험계약이다. 보험계약은 보험료를 받고 우연한 사고가 발생한 경우, 혹은 이것에 의해 상대방 또는 제3자에게 발생한 손해를 보상하거나, 약정의 금액을 상대방 또는 제3자에게 지급할 것을 인수하는 계약이다.

### 2) 해상보험계약의 전제조건

해상보험계약에서 기본적으로 충족되어야 할 전제조건은 다음과 같은 것을 들 수 있다.

첫째, 해상보험계약은 합법적인 목적을 위하여 존재해야 한다. 즉 해상보험계약은 공서양속에 위반되지 않는 합법적인 것이어야 한다. 해상보험계약을 체결할 때에 부보하는 보험목적물이 합법적으로 존재해야 하는 것이다.

둘째, 해상보험계약 당사자는 계약을 할 수 있는 법률상의 능력을 가져야 한다. 즉 해상보험증권에 명시되는 당사자는 계약할 수 있는 법률상의 능력을 갖고 있어야 한다. 보험계약자인 경우는 특히 그 계약능력을 보유하고 있어야 한다.

셋째, 해상보험 약속에 대하여 당사자 사이에 합의의 증거가 존재해야 한다. 일반적으로 이는 한쪽의 당사자로부터의 신청과 다른 쪽 당사자의 승낙으로써 입증된다. 이러한 증거는 불요식적인 요소를 갖는 것이지만 통상적으로 해상보험업계에서는 해상보험증권이 이를 증명하고 있다.

넷째, 보험약속의 대가는 당사자 사이의 합의에 의해 이루어져야 한다. 당사자의 한쪽은 보험료의 납입을 대가로 보험금을 받고, 다른 쪽은 보험금의 지급을 대가로 보험료를 수납한다는 합의가 있어야 한다.

## 2. 해상보험계약의 특성

### 1) 낙성불요식계약

해상보험계약은 한 쪽의 당사자가 청약을 하고 다른 쪽 당사자가 이를 승낙함으로써 효력을 발생한다. 해상보험계약의 성립을 위하여 필요한 당사자 사이의 합의에는 특별한 방식을 요구하지 않는다.

### 2) 쌍무유상계약

해상보험계약은 보험자가 보험사고가 발생한 경우에 소정의 계약조건에 따라 보험금을 지불할 의무를 부담하고 보험계약자는 이에 대하여 보험료를 지불할 의무를 부담하고 있는 쌍무계약이다. 그리고 해상보험계약은 보험자의 위험부담이라고 하는 급부에 대한 대가로서 보험계약자의 보험료 지불이라는 반대급부가 행해지는 유상계약이다.

### 3) 사행계약

해상보험계약은 우연한 사고 및 불확정한 사건에 의존하는 사행계약이다. 사행이란 우연에 의해 어떠한 일이 발생하기를 바라는 행동이다. 따라서 해상보험계약에서는 보험사고의 원인이 의도적이었는가 혹은 우연한 것이었는가에 대하여 관심을 갖게 된다.

### 4) 부합조건부 계약

해상보험계약은 보험의 목적과 일치해야 하는 부합계약이며 보험계약은 보험사고의 발생여부를 전제조건으로 한다. 또한 피보험자가 보험증권의 약관이나 보험계약조건 등을 이행하였는가 등과 같은 조건이 된다.

### 5) 유인계약

해상보험계약은 당사자 사이의 계약에 의해 발생하는 채무가 그 원인사실과 결부되어 그 사실이 없다면 채무도 성립하지 않는 유인계약(causal contract)이다. 따라서 해상보험에서는 보험계약자의 청약에 의해 해상보험계약이 체결되고 이에 따라 보험사고가 발생한 경우 보험자의 손해보상이 이루어지는 원인관계를 이루고 있다.

## 3. 해상보험계약의 당사자

### 1) 보험자

보험자(insurer, assurer, underwriter)는 보험계약의 당사자로서 보험사고가 발생한 경우에 보험금을 지급할 의무를 지는 자로, 보험계약을 인수하는 주체를 의미한다. 즉 보험료를 받고 우연한 사고로 인하여 발생한 손해에 대하여 보상을 하는 자이다. 일반적으로 보험자는 보험사업자 또는 보험회사라고 통칭된다. 보험자는 보험사고로 인하여 부담할 책임에 대하여 다른 보험자와 재보험계약을 체결할 수 있다.

### 2) 보험계약자

보험계약자(policy holder)는 보험자와 보험계약을 체결하고 보험료를 지급하기로 약속한 자이다. 보험거래는 보험보호용역의 생산자인 보험자와 보험보호를 그 대가인 보험료를 지급하여 구입하는 보험계약자를 직접적인 당사자로 하여 법적으로 보호되는 계약의 체결로 행해진다. 보험계약자는 그 의도에 따라 자기 이외의 타인을 보험보호의 이익을 향유하는 자로 지정할 수 있다. 보험계약자는 보험사고의 발생을 안 때에는 지체없이 보험자에게 그 사실을 통지해야 한다. 보험계약자가 통지의무를 해태하여 손해가 증가된 때에는 보험자는 그 증가된 손해를 보상할 책임이 없다.

### 3) 피보험자

피보험이익(insurable interest)은 보험의 목적인 선박이나 적하 그 자체가 아니라 보험의 목적에 대하여 발생하는 이해관계이다. 즉 피보험이익은 보험의 목적이 멸실 또는 손상됨으로써 경제적 손실을 입는 특정인과 그 보험의 목적 사이에 존재하는 이해관계이다. 피보험자(insured, assured)는 피보험이익의 주체로서 보험계약에 의해서 보호되는 자이다. 즉 보험계약의 당사자는 아니지만 보험보호의 대상이 되는 이익을 갖는 주체이다. 피보험자는 이익의 주체가 되므로 위험이 발생한 경우 그 이익에 손해를 입는 당사자가 된다. 즉 보험사고가 발생한 경우에 보험자로부터 손해의 보상을 받는 자이다. 보험계약자가 본인을 위하여 보험자와 보험계약을 체결하는 경우에는 보험계약자와 피보험자는 동일인이 되지만 보험계약자가 타인을 위하여 보험에 부보하는 경우에는 보험계약자와 피보험자가 다르게 된다.

## 4. 해상보험계약의 원칙

### 1) 피보험이익의 원칙

피보험자는 피보험이익의 원칙에 의해 자기 자신에 생긴 손해를 증명해야 한다. 그렇지 않으면 보험사고가 발생하여도 자기에게 지급될 금액을 회수할 수가 없다.

보험증권은 어떤 재물을 담보하는 형식을 취하며 증권에 피보험자로 기명된 사람은 보험사고가 발생하여 손해가 생긴 경우 경제적 손실을 입는 자이다. 그러나 만약 손해 발생하였을 때에 피보험자로 기명된 사람이 이미 재물에 이해관계를 가지고 있지 않다면 보험증권을 근거로 한 어떠한 보상책임도 존재하지 않는다. 그러므로 피보험이익이 없으면 보험이 존재하지 않는 것이다.

피보험이익은 항상 법률상의 요건으로 된다. 피보험이익의 원칙은 보험이 도박으로 되는 것을 막기 위해서도 필요한 것이다. 종종 계약당사자는 피보험이익을 필요조건으로 하는 것을 회피하여 그 계약을 도박계약으로 이용하고자 하는 경우도 있다. 손해보험에서 계약을 인수할 때에 피보험자가 피보험이익을 갖고 있지 않지만 장래에 피보험이익을 갖는다고 상정되는 재물을 부보한다는 것은 가능하다. 해상보험에서 화주는 종종 귀로에 적하를 매입할 것을 상정하고 아직 매입하지 않은 적하에 대하여 보험에 부보하는 경우가 있다. 이에 대하여 법적인 측면에서는 손해보험에 있어서의 피보험이익은 손해가 발생한 때에만 존재할 것을 필요로 하고 보험계약의 시기(始期)에는 필요로 하지 않는다는 견해를 취하고 있다.

### 2) 손해보상의 원칙

손해보상의 원칙은 피보험이익과 밀접하게 관련을 갖고 있다. 피보험이익에 있어서의 문제는 피보험자와 연관성이 있는 보험목적물이 손해를 입었는지 또는 입지 않았는지를 파악하는 것이다. 또 손해보상에 있어서의 문제는 그 손해가 어느 정도인지를 파악하여 산정하는 것이다. 이러한 문제가 해결되었을 때에 보험자는 피보험자에게 손해에 해당하는 보험금을 지급하는 것이다. 이때 보험에서는 손해가 발생한 부분에 대해서만 보상하게 된다. 보험을 이용하여 보험가액을 초과하는 부분에 대한 이익을 취하지 못하게 하여 해당 손해액 만큼만을 보전해 주는 것이 손해보상의 원칙이 갖는 취지이다.

### 3) 대위의 원칙

대위의 원칙은 손해보상의 원칙을 강화시키는 역할을 한다. 손해보험계약은 손해보상, 즉 손해를 받은 피보험자를 손해를 받기 전과 같은 상태로 복귀시키는 것을 목적으로 하는 계약이며, 피보험자에게 이득을 보게 하는 것이 아니다.

보험증권에서는 보험자가 손해를 입은 피보험자에게 손해를 보상한 후, 피보험자가 가해자에게 요구할 손해배상청구권을 비롯한 모든 권리를 피보험자로부터 대위할 수 있다고 정하고 있다. 대위의 원칙에 의해 보험자가 피보험자에게 보상을 하고 그 손해에 책임을 져야 할 제3자에 대하여 손해배상청구권을 대신 행사함으로써 피보험자가 보험자로부터 보상을 받고 손해배상청구권까지 행사하여 이중으로 보상을 받는 모순을 제거하는 것이다. 따라서 손해보상의 원칙을 성실하게 실행하게 만드는 역할을 한다.

### 4) 신의성실의 원칙

보험은 보험계약자와 보험자 사이에 보험계약을 체결할 때에 최대한 신의성실에 입각하여 계약에 임하여야 한다는 것이 신의 성실의 원칙이다. 사실 신의성실의 원칙은 통상의 무역매매계약에서도 중요하게 여기는 것이지만 특히 보험계약을 체결할 때에는 보험계약 당사자 사이에 더 강하게 요구되는 원칙이다.

신의성실의 원칙에서 사실의 표시를 하는 것이 불문율이다. 사실의 표시라는 것은 담보와 구분되는 것으로 계약의 일부분이 아니다. 보험계약이 체결되기 전에 보험계약의 청약인이 행하는 사실의 신고를 의미한다. 사실의 표시는 서면으로 할 필요는 없으나 통상 보험청약서에 그 요구사항이 구체적으로 명시되어 있어 그 내용을 기재할 때에 있는 사리의 한도 내에서 구체적으로 기재하면 된다 만약 사실의 표시가 허위의 것이었다고 하더라도 위험에 대해서 중대한 것이 아니면 계약이 무효로 되지는 않는다. 그렇지만 계약의 성립과 중요한 관계가 있는 것이라면 보험계약은 해약이 되거나 해지가 된다.

### 5) 유한책임의 원칙

보험계약에서 보험자는 계약에서 합의된 금액인 보험금액을 한도로 피보험자에게 보험금을 지급하게 된다. 따라서 보험자가 부담하는 책임은 어느 것이나 손해가 발생하면 모두 다 보상하는 것이 아니라 보험계약에 의거하여 자기가 부담해야 할 손해만을 유한적으로 책임을 부담하게 된다.

## 5. 해상보험계약과 주요 내용

### 1) 보험가액과 보험금액

#### (1) 보험가액

보험거래에서 약정되는 보험보호의 내용은 그 경제적 가치관계에서 보험가액, 보험금액 혹은 보험금이라고 하는 개념으로 파악할 수 있다.

보험가액(insurable value)은 피보험이익을 금전으로 평가한 가액, 즉 사고가 발생한 경우에 피보험자가 입게 될 손해액의 최고한도액이다. 보험가액은 통상적으로 보험목적의 시가라고 할 수 있다. 그러므로 보험가액은 손해가 발생한 장소에서 그때의 시가에 따라 평가되는 것을 원칙으로 한다. 따라서 피보험이익은 경제적으로 평가가 가능해야 한다. 왜냐하면 피보험이익의 경제적 가치가 보험가액이기 때문이다.

해상보험에서는 보험계약을 체결할 때에 보험가액을 결정하는 것이 관행으로 되어 있다. 적하보험이나 운송보험과 같이 보험의 목적이 되는 선박과 화물이 광범위하게 이동하는 보험에서는 손해가 발생하였을 때, 시간과 장소에 따라 보험가액의 산정이 실제로는 곤란한 경우가 있다. 이에 따라 적하보험에서는 선적할 때 및 선적지에서의 가액을 보험가액으로 하여 보험기간 중에는 변하지 않는 것으로 한다. 이것을 보험가액 불변의 원칙이라고 한다. 그러나 보험가액은 생명보험에는 존재하지 않는다. 왜냐 하면 사람의 존재가 계속 변동될 수 없기 때문이다. 한편, 적하보험에서의 보험가액은 일반적으로 CIF 가격에 10%를 가산한 금액으로 하고 있다.

#### (2) 보험금액

보험금액(insured amount)은 손해가 발생한 경우에 보험자가 부담하는 보상책임의 최고한도로서 보험계약에서 당사자가 정한 금액이다. 보험금액은 보험계약자가 보험계약을 체결할 때에 보험가액의 범위 내에서 임의로 설정할 수 있다. 그러므로 보험가액과 보험금액은 일치할 경우도 있고 일치하지 않을 경우도 있다. 보험자는 보험금액을 한도로 하여 보상책임을 부담하게 되며, 보험금액의 합계가 보험가액을 초과하게 되면 이는 이중보험이 되어 초과부분에 대해서는 보상하지 않고 무효가 된다. 보험금(insurance money)은 보험사고가 실제로 발생한 경우에 보험자가 피보험자 내지는 보험수익자에 대하여 지급하는 금액이다.

### (3) 보험가액과 보험금액의 상관성

#### ① 전부보험과 일부보험

보험가액을 $V$로 하고 보험금액을 $S$라 할 때 $V=S$인 경우를 전부보험(full insurance), $V>S$인 경우를 일부보험(under insurance)이라고 한다. 즉 보험가액에 해당하는 금액만큼 보험금액으로 결정하여 부보를 하는 것이 전부보험이고 보험가액보다 적은 보험금액으로 보험에 부보하는 것을 일부보험이라고 한다.

보험계약자가 전부보험에 부보하면 손해가 발생한 경우에 손해의 전액을 보상받을 수 있다. 이러한 점을 인지한 피보험자에 따라서는 전부보험에 부보하기를 원하기도 한다. 그렇지만 보험계약자가 보험가액을 기준으로 산출한 보험료가 과다하여 이를 절약하기 위하여 또는 보험목적물에 대한 보험기간 중 보험가액이 정확하게 산정될 수 없거나 위험발생 가능성이 거의 없는 경우에는 일부보험으로 부보한다.

#### ② 초과보험과 공동보험 및 중복보험

㉠ 초과보험

초과보험(over insurance)은 보험가액을 $V$로 하고 보험금액을 $S$라 할 때 $V<S$인 경우이다. 초과보험의 경우 보험가액 이상의 초과부분은 무효가 된다. 그 초과되는 부분에 대해서는 피보험이익 요건이 성립하지 않기 때문이다.

㉡ 공동보험

공동보험(co-insurance)은 동일 보험목적에 대하여 복수의 보험계약이 체결되고 $V \geq S_1+S_2+\cdots\cdots+S_n$과 같은 등식이 성립하는 경우이다. 이는 다수의 보험자가 하나의 보험목적을 공동으로 인수하는 형태이다. 따라서 보험금액이 보험가액을 초과하지 않는다.

㉢ 중복보험

중복보험(double insurance)은 동일 보험목적에 대하여 복수의 보험계약이 체결되고 $V \leq S_1+S_2+\cdots\cdots+S_n$과 같은 등식이 성립하는 경우이다. 이는 다수의 보험자가 하나의 보험목적을 각각 인수하는 형태이다. 따라서 보험금액이 보험가액을 초과하는 형태로 나타난다. 중복보험의 경우 보험가액을 초과하는 무효부분은 각 보험계약이 체결된 계약일자를 가지고 판단한다. 동시중복보험의 경우에는 계약된 보험금액을 가지고 다수의 보험자가 분담계산을 한다. 동시중복보험의 경우에는 보험증권에 기재된 계약일이 빠른 순서로 보험금액을 분담함으로써 각 계약에 대한 보험자의 책임을 결정해야 한다.

## 2) 보험기간

### (1) 보험기간의 의미

보험기간은 보험자의 위험부담책임의 존속기간이다. 보험자는 보험기간 내에 발생한 담보위험에 의해 야기된 손해를 보상한다. 그러므로 손해가 보험기간 중에 발생하더라도 그 원인이 되는 담보위험이 보험기간 전에 발생하면 그 손해는 보상하지 않는다.

반대로 보험기간 중에 담보위험이 발생하면 그것에 의한 손해가 보험기간 이후 일정기간 내에 야기되었다면 그 손해를 보상하여 준다.

### (2) 보험기간의 설정방법

보험기간의 설정은 보험계약조건, 즉 보험약관 또는 당사자와의 특약에 의해 이루어진다. 보험기간 설정방법은 일시, 장소, 혹은 일정행위 등을 기준으로 한다. 몇 월 며칠부터 1년간이라든가 몇 월 며칠부터 몇 월 며칠까지 등과 같이 날짜를 기준으로 보험기간을 설정하는 보험을 기간보험이라고 한다.

보험기간은 특별한 사정이 없는 한 보험계약체결 당시의 시간보다 후에 개시하는 것이 통례이다. 그러나 해상보험에서는 FOB 거래규칙의 경우 수입업자가 선적통지를 받은 후에 보험계약을 체결할 때 보험자의 위험부담책임을 선적시점까지 소급하여 보험자의 책임을 연장하는 수가 있다. 이와 같이 보험에 부보하는 시점이전의 합의한 시점부터 담보하기로 약정하는 보험을 소급보험이라고 한다.

### (3) 해상위험과 보험기간

보험자가 해상위험을 부담하는 것은 시간적인 제한을 전제로 한 것으로 보험기간은 위험부담의 개시일로부터 종료되는 날까지의 위험부담기간에 한정된다. 따라서 보험기간은 보험자의 책임기간이라고 할 수 있다.

협회적하약관에 의한 보험기간의 개시는 해상보험화물이 보험증권에 명시된 지역의 보관창고 또는 장치장을 떠날 때부터 개시되어 보험증권에 명시된 목적지에서 화주 또는 기타 최종창고나 보관장소에 화물이 인도된 때, 보험증권에 명시된 목적지나 그 이전을 불문하고 피보험자가 통상운송과정 이외의 보관이나 할당 또는 분배를 위하여 선택한 창고 또는 보관소에 인도된 때, 최종 양륙항에서 하역한 후 60일이 경과한 때 중에서 어느 것이라도 그 하나가 먼저 이루어졌을 때 종료된다.

### 3) 보험증권과 보험약관

#### (1) 보험증권

보험증권(insurance policy)은 보험계약의 성립 및 보험계약 내용을 명백하게 하기 위하여 보험자가 작성하여 보험계약자에게 교부하는 증서이다. 따라서 해상보험증권은 보험계약체결 내용을 명확히 하고 그 내용을 증명하기 위하여 보험자가 날인하여 발행하는 증권인 것이다. 해상보험증권의 발행교부가 해상보험계약의 성립을 위한 필수조건은 아니지만 보험사고가 발생한 경우에 문제를 해결하기 위한 기준으로서 중요하다. 해상보험증권은 보험계약이 성립한 때 혹은 성립 후에 작성하고 발행하여도 된다. 그러므로 보험계약자는 보험계약을 체결할 때에 보험계약 당사자 사이에 합의된 사항이 해상보험증권에 정확하게 기술되어 있는가를 검토해야 한다.

#### (2) 보험약관

보험약관(insurance clause)은 일반보험계약을 체결할 때 공통으로 적용되는 표준적 사항을 보험자가 사전에 정하여 놓은 것이다. 보험약관에는 보험계약을 체결할 때에 보험계약자가 주의해야 할 사항들과 보험자가 인수할 사항 및 조건들이 명시되어 있다. 보험약관은 보험계약자의 손해에 대하여 보험자가 손해보상책임을 부담하는 기준을 설정한 것이므로 보험약관과 보험계약내용 사이에 상이한 점이 있으면 정정해야 한다. 보험약관에는 보통약관과 특별약관이 있다.

보통보험약관(general clause, general conditions)은 특정종류의 보험계약에 공통으로 적용되는 조항을 규정한 기본적인 약관으로서 영문 해상보험증권의 본문에 인쇄되어 있는 약관 내지 조항이 이에 해당한다. 보통보험약관은 보험계약 당사자가 그 내용을 이해하고 그 약관에 따라 계약을 체결하겠다는 의사를 가졌느냐의 여부를 불문하고 특별히 반대의 의사표시를 하지 않은 한 당사자를 구속한다.

특별보험약관(special clauses, special policy conditions)은 보통보험약관의 내용을 보충 또는 수정하는 내용의 조항을 정한 약관으로 원칙적으로 특약에 의해 적용된다. 보통보험약관과 특별보험약관이 병용되고 있는 경우 특별보험약관이 보통보험약관에 우선하여 적용된다. 따라서 특별보험약관은 보험계약자가 특수한 화물을 부보하는 경우에 보통보험약관으로는 모든 위험을 부보하기 어려운 경우에 선택적으로 적용할 수 있는 약관이기도 하다.

### (3) 협회적하약관 1982와 협회적하약관 2009

협회적하약관 1982와 협회적하약관 2009는 구협회약관의 선박 · 적하보험증권(S.G.Policy)과 협회약관에서 채택된 약관 및 신설약관으로 구성되어 있다. 우리나라에서는 협회약관에서 채택된 약관 및 신설약관을 기본으로 본문약관과 난외약관을 추가하여 하나의 보험증권을 이루고 있다. 본문약관에는 준거법약관, 타보험약관, 약인약관, 선언약관 등이 있다. 난외약관에는 중요사항약관, 손해사정지침약관, 보상청구서류에 관한 약관 등이 있다.

ICC 1982(A)와 협회적하약관 2009(A)는 8개로 구분하여 19개 약관으로 구성되어 있다. 담보위험은 ICC(A), ICC(B) 및 ICC(C)에 따라 차이가 있다.

〈표 11-1〉 ICC(A/R)와 ICC 1982(A) 및 ICC 2009(A)의 비교

| 구 분 | ICC(A/R) | | | | ICC 1982(A)와 ICC 2009(A) | |
|---|---|---|---|---|---|---|
| | 약관번호 | 동일표현 | 표현변경 | 신설 | 약관번호 | 약관내용 |
| 담보위험 | 5 | | ○ | | 1 | 위험약관(risks clause) |
| | 5 | | ○ | | 2 | 공동해손약관(general average clause) |
| | 11 | ○ | | | 3 | 쌍방과실충돌약관(both to blame clause) |
| 면책위험 | 5 | | ○ | | 4 | 일반면책약관(general exclusion clause) |
| | 8 | | ○ | | 5 | 불내항성 및 부적합성면책약관(unseaworthiness and unfitness exclusion clause) |
| | 12 | | ○ | | 6 | 전쟁면책약관(war exclusion clause) |
| | 13 | | ○ | | 7 | 동맹파업면책약관(strikes exclusion clause) |
| 보험기간 | 1 | ○ | | | 8 | 운송약관(transit clause) |
| | 2 | | ○ | | 9 | 운송계약종료약관(termination of contract of carriage clause) |
| | 4 | | ○ | | 10 | 항해변경약관(change of voyage clause) |
| 보험금 청구 | | | | ○ | 11 | 피보험이익약관(insurable interest clause) |
| | | | | ○ | 12 | 계반비용약관(forwarding charge clause) |
| | 6 | ○ | | | 13 | 추정전손약관(constructive total loss clause) |
| | | | | ○ | 14 | 증액약관(increased value clause) |
| 보험이익 | 10 | ○ | | | 15 | 보험이익불공여약관(not to insure clause) |
| 손해경감 | 9 | | ○ | | 16 | 피보험자의무약관(duty of assured clause) |
| | | | | ○ | 17 | 포기유보약관(waiver clause) |
| 지연방지 | 14 | ○ | | | 18 | 신속조치약관(reasonable despatch clause) |
| 법률 및 관습 | | | ○ | | 19 | 준거법약관(english law and practice clause) |

### 4) 보험담보조건

#### (1) 구협회적하약관의 담보조건

① 전위험담보

전위험담보(all risks: A/R)는 일반적으로 담보하는 위험 이외에 보험증권에 열거되어 있는 위험 및 특약에 의해 담보하지 않는 위험까지 모두 담보한다. 따라서 전위험이라는 개념이 모든 위험을 의미하는 것은 아니다.

② 분손담보

분손담보(with average: W.A.)는 전손 및 공동해손, 단독해손인 분손 등을 담보하는 조건이다. 단 일정 비율 미만의 단독해손은 담보하지 않는다.

③ 단독해손부담보

단독해손부담보(free particular average: F.P.A.)는 분손을 제외한 전손을 담보하는 조건이다. 즉 좌초, 침몰, 대화재의 경우 등과 같은 손해 이외는 담보하지 않는 조건이다.

〈표 11-2〉 구협회적하약관의 담보범위

| A/R(전위험담보) |
|---|
| · W/A 및 FPA을 포함<br>· 피보험자의 고의적인 불법행위로 인한 일체의 손해<br>· 부보화물의 고유의 결함, 성질, 지연으로 인한 손해<br>· 위험의 요건을 구비하지 않은 사유로 인한 통상의 손해<br>· 전쟁, 폭동, 파업 등에 의한 손해를 제외한 모든 외부의 우발적 요인에 의해 발생한 손해를 부담. |
| **W/A(분손담보)** |
| · FPA 및 풍랑으로 인하여 발생한 단독해손 부담 |
| **FPA(단독해손 부담보)** |
| · 부보화물의 전손<br>· 본선 또는 부선의 좌초, 침몰, 대화재를 당했을 경우의 단독해손<br>· 공동해손 희생손해, 공동해손 비용<br>· 적재, 환적, 하역작업 중의 매포장단위당의 전손<br>· 화재, 폭발, 충돌, 접촉<br>· 조난항에서 양륙작업에 기인한 손해<br>· 중간의 기항항 또는 피난항에서의 양륙, 입고 및 제반을 위한 특별비용 |

### (2) 협회적하약관(1982)와 협회적하약관(2009)의 담보조건

① ICC(A)

ICC(A)[협회적하약관(A), Institute Cargo Clause(A)]는 손해가 면책약관에 의한 면책위험을 제외하고는 적하에 발생한 모든 위험을 보험자가 부담하는 조건이다.

② ICC(B)와 ICC(C)

ICC(B)[협회적하약관(B), Institute Cargo Clause(B)]와 ICC(C)[협회적하약관(C), Institute Cargo Clause(C)]는 면책약관에 의한 면책위험을 제외하고는 약관에 열거된 모든 위험을 담보한다. ICC(B)와 ICC(C)의 위험약관을 비교하여 보면 담보범위는 ICC(B)가 ICC(C)보다 확장되고 있다. 예를 들면 화재 또는 폭발의 위험, 선박의 좌초 등이 ICC(B)와 ICC(C)에서 공통의 열거위험으로 되어 있다. 그런데 ICC(B)에서는 지진, 분화 또는 낙뢰의 위험, 파도의 위험, 해수 등의 침입위험, 추락 또는 낙하의 위험 등까지 열거되어 확장, 담보되고 있다.

〈표 11-3〉 협회적하약관(1982)와 협회적하약관(2009)의 담보범위

| ICC(A) |
|---|
| · ICC(B)와 ICC(C) 모두 포함<br>· 일반면책, 불감항 및 부적합면책, 전쟁위험면책,<br>  동맹파업면책 이외의 모든 위험 |

| ICC(B) |
|---|
| · ICC(C) 포함<br>· 지진, 분화, 또는 낙뢰<br>· 갑판유실<br>· 선박, 부선, 선창, 운송용구, 지게차, 보관소에 해수<br>  또는 하천수의 유입<br>· 추락 또는 낙하 위험 |

| ICC(C) |
|---|
| · 화재 또는 폭발<br>· 선박 또는 부선의 좌초 교사, 침몰, 전복<br>· 육상운송용구의 전복 탈선<br>· 선박 또는 부선<br>· 운송용구의 다른 물체와의 충돌, 접촉<br>· 피난항에서의 화물의 양륙<br>· 지진, 분화, 낙뢰<br>· 공동해손희생<br>· 투하 |

## 6. 해상보험계약의 체결

### 1) 보험계약의 청약

보험계약은 계약자가 보험청약을 하고 보험자가 승낙을 했을 때 성립된다. 보험청약은 구두나 전화로 가능한데 원칙적으로 소정의 보험계약청약서(application)에 필요사항을 기입한 후 서명 또는 날인해야 청약한 것으로 인정한다. 보험자는 이에 대한 승낙으로 보험증권 또는 보험증명서를 발행함으로써 보험계약은 성립하게 된다. 보험계약을 청약할 때에는 청약서의 기재사항에 관하여 사실대로 기재해야 하며 만약 고의나 중대한 과실로 알리지 않거나 부실고지를 하게 되면 보험사고가 발생하였을 때 보험회사는 계약의 해지나 손해를 보상하지 않는 경우도 있다.

무역거래조건에 따라 인코텀스 2020의 CIF 거래규칙이나 CIP 거래규칙에서는 매도인이 보험청약자가 되어 보험자와 보험계약을 체결하지만 FCA 거래규칙, FAS 거래규칙, FOB 거래규칙, CFR 거래규칙, CPT 거래규칙 등에서는 매수인이 자신을 위하여 부보해야 한다.

해상보험계약의 청약은 화물운송에 관한 보험책임의 개시 이전에 이행해야 한다. 보험자의 보험책임 개시는 통상적으로 화물의 운송개시를 위하여 보험증권에 기재된 출발지의 창고에서 반출되는 시점부터이다.

### 2) 보험청약서의 작성

보험청약서에는  피보험자명, 보험계약자, 선박, 항공기명, 참조번호, 출항일, 출발항, 환적항, 최종 도착지, 보험가입금액, 보험조건, 부가조건, 피보험화물의 명세, 청약일 등을 기재하고 청약자가 서명하면 된다.

### 3) 보험조건의 선택

보험계약을 체결하려는 당사자가 보험조건을 선택할 때에는 기본조건을 선택하고 화물과 운송의 특수사정을 고려하여 부가위험을 추가하는 등, 저렴한 보험료를 지급하고 화물에 대한 안전운송을 보장받을 수 있는 가장 적절한 보험조건을 선택해야 한다. 일반적으로 수출화물을 해상보험에 부보하는 경우 보험조건은 무역계약을 체결할 때에 약정한 보험조건으로 부보하면 된다.

# 제 3 절 무역보험

## 1. 무역보험의 개관

### 1) 무역보험의 의미

무역보험은 세계무역기구(WTO)체제에서도 용인되고 있는데 수출을 지원하는 수단으로 1920년대부터 도입되어 70여개 국가에서 운영 중이다. 국가와 국가의 무역거래에서 발생하는 위험은 무역계약 당사자가 계약상품을 인수, 인도, 운송하는 과정 중에서 발생하는 위험이 대부분이다. 이러한 위험들은 해상보험, 운송보험 등과 같은 통상의 보험에 부보할 수 있다.

그런데 수입국가의 전쟁, 내란, 환거래제한 등과 같은 위험이나 수입업자의 파산이나 고의적인 대금지급의 지연 및 거절 등과 같은 위험 등은 위험의 발생 원인을 제어하기 불가능한 것들이어서 민간 보험자로서는 보험을 인수할 수가 없다. 이러한 경우 무역업자는 무역활동에 제약을 받게 된다. 금융기관에서도 무역업자에게 과감하게 신용이나 금융을 제공할 수 없게 된다. 이와 같은 문제점을 해결하기 위하여 개발된 보험이 무역보험이다. 무역보험은 통상의 보험에서 취급하지 않는 비상위험, 신용위험, 기업위험 등을 담보함으로써 무역업자의 불안을 제거하고 안전한 무역거래를 보장하여 무역진흥을 도모하는 비영리 정책보험이다.

### 2) 무역보험의 특성

무역보험은 국가에 따라서는 다르지만 일반적으로 정부가 직접 운영하거나 공기업체가 대행하기도 하고, 또는 민간 보험업자에게 위임시켜 운영하기도 한다. 민간 보험업자들이 무역보험을 운영하면 수출지원이라는 무역정책 효과를 거두기가 매우 어렵기 때문이다. 민간 보험업자들이 무역보험을 운영한다고 하여도 보험요율을 과다하게 책정하는 경우에는 무역상품의 원가에 상승요인으로 작용하여 무역진흥에 지장을 주게 된다. 이에 따라 정부가 무역보험 운영에 직접 또는 간접적으로 관여하게 되는 것인데, 현재 우리나라에서는 한국무역보험공사가 무역보험 업무를 전담하고 있다.

무역보험에서 담보하는 비상위험과 신용위험 그리고 기업위험 등을 위험의 빈도라는 측면에서 보면 그 빈도를 통계학적으로 측정하기가 불가능한 위험이고, 위험의 강도라는 측면에서 불가항력적인 위험이다. 그러므로 경제, 정책적 차원에서 정부 또는 위탁받은 기관이 위험의 빈도나 위험의 강도라는 측면에서 불가항력적인 거대한 위험을 보험으로 인수하여 무역을 진흥시키고 국민경제의 발전에 기여하기 위하여 비영리로 무역보험을 운영하는 것이다.

### 3) 무역보험의 기능

#### (1) 무역거래 불안 제거

수출업자가 선적준비를 완료하였는데 수입국에서 정변이 발생하거나, 수입업자가 파산하여 수출을 못하게 되는 경우에는 막대한 피해를 보게 된다. 수입업자가 선급금을 지급하였으나 수출국에서 정변이 발생하거나, 수출업자가 파산하여 수입을 못하게 되는 경우에 선급금을 회수하지 못하는 경우에도 마찬가지이다. 무역보험은 이러한 위험을 담보함으로써 무역업자의 무역거래 불안을 제거하는 역할을 한다.

#### (2) 수출경쟁력 제고

무역보험의 보험료는 저렴하다. 무역거래에서 발생하는 위험을 제거하는데 필요한 비용인 보험료는 무역경쟁력의 중요한 요소가 된다. 무역거래에서 발생빈도가 높은 무역불능위험이나 무역대금 회수불능위험을 담보해야 하는 무역업자에게 무역보험의 저렴한 보험료는 물품원가의 상승요인을 감소시킴으로써 무역거래의 경쟁력을 향상시키는 역할을 한다.

#### (3) 무역금융 보완

무역보험은 무역준비 과정에서 금융기관으로부터 신용을 제공받을 수 있기 때문에 자금의 유동성을 높일 수 있게 된다. 금융기관도 무역업자에게 무역금융을 지원한 경우에도 신용자금 회수불능 위험을 제거할 수 있기 때문에 신용제공에 대한 부담을 경감시킬 수 있다.

#### (4) 신용정보 제공

무역보험의 운영주체는 무역보험 사고를 미연에 방지하기 위하여 무역거래 당사자의 신용상태와 당사국의의 정치, 경제 등 제반환경에 관한 조사활동을 하게 된다. 그래서 무역업자가 원하는 경우에는 신용정보를 무역업자에게 제공하여 무역거래에 효과적으로 활용할 수 있게 한다.

### 4) 무역보험의 담보위험

#### (1) 비상위험

비상위험(political risk)은 수출입국에서의 수출입 및 환거래의 금지 또는 수출입 당사국에서의 전쟁, 내란, 파업, 비상사태 등과 같은 위험이다. 비상위험으로 인하여 수출업자가 수출물품을 준비는 하였으나 선적을 하지 못하거나 수출을 하였더라도 대금을 회수하지 못하게 되어 발생하는 손해와 수입업자의 경우에는 동일한 사유로 선급금을 회수하지 못하여 발생하는 손해가 담보대상이다.

#### (2) 신용위험

신용위험(commercial risk, credit risk)은 수출입업자의 일방적인 계약 파기 또는 수출입업자의 파산 등과 같은 위험이다. 수출업자가 수출물품을 준비는 하였으나 선적을 하지 못하거나 수출을 하였더라도 대금을 회수하지 못하게 되어 발생하는 손해와 수입업자의 경우에는 동일한 사유로 선급금을 회수하지 못하여 발생하는 손해가 담보대상이다.

#### (3) 기업위험

기업위험(management risk, business risk)은 기업이 수출입 계획 및 실행상의 예측착오가 발생하거나 외국환은행들이 금융지원 및 보증의 실패로 발생하는 위험이다. 수출입업자, 생산업자, 해외투자자, 외국환은행 등이 기업위험으로 인하여 부담하게 되는 손해를 담보대상으로 한다.

#### (4) 환율 변동위험

환율 변동위험(exchange rate floating risk)은 수출입업자가 수출입 계약시점에 산정한 환율과 무역대금 결제시점의 환율 차이에서 오는 위험이다. 환율위험의 폭은 한국무역보험공사에서 제공하는 환율과 실제 결제시점의 환율 사이의 변동위험이다.

#### (5) 이자율 변동위험

이자율 변동위험(interest rate floating risk)은 무역업자가 금융기관으로부터 대출을 한 경우에 부담하는 이자율의 변동에 대한 위험이다. 즉 이자율 변동위험은 금융기관이 고정금리부로 대출하고 차주로부터 받은 이자금액과 변동금리로 자금조달을 위하여 대출받았을 때 지급하는 이자금액의 차액에 대한 위험이다.

## 2. 무역보험의 종목

### 1) 수출보험 종목

#### (1) 단기 수출보험

단기 수출보험(short term export insurance)은 수출대금의 결제기간이 2년 이내인 수출거래를 대상으로 하는 무역보험상품인데 선적 전 수출불능위험과 선적 후 수출대금 회수불능위험으로 인하여 발생한 손실을 보상한다. 선적 전 수출불능위험은 수출업자가 수출계약을 체결한 후에 수입국에서 비상위험 또는 수입업자로 인하여 신용위험이 발생하여 수출을 하지 못하는 위험이다. 선적 후 수출대금 회수불능위험은 수출이 이루어진 이후에 수입국에서 비상위험 또는 수입업자로 인하여 신용위험이 발생하여 수출대금을 받을 수 없는 위험이다. 단기 수출보험과 중장기 수출보험은 기간을 기준으로 구분할 뿐 원 취지는 동일하다.

#### (2) 중소기업Plus$^+$보험

중소기업Plus$^+$보험(small and medium business plus$^+$ insurance)은 보험계약자인 수출기업이 연간 보상한도에 대한 보험료를 납부하고 수출기업의 전체 수출거래를 대상으로 위험별 책임금액을 설정하여 보험계약자가 선택한 담보위험으로 손실이 발생할 때 책임금액 범위 내에서 손실을 보상하는 무역보험상품이다. 중소기업Plus$^+$보험은 수출기업의 전체 수출거래를 대상으로 위험별 책임금액을 설정하여 운영되지만 단기 수출보험은 개별적인 수출거래 건별로 보험계약이 체결되는 된다는 점에서 차이가 있다.

#### (3) 수출신용보증

수출신용보증(export credit bank guarantee)은 수출업자의 거래에 대하여 신용보증한도를 책정하고 그 한도 내에서 보증하는 무역보험상품인데 선적 전 수출신용보증과 선적 후 신용보증으로 구분된다. 선적 전 수출신용보증은 수출거래와 관련하여 외국환은행이 중소기업 수출업자에게 수출신용보증서를 담보로 대출하였으나 수출업자가 수출대금 회수불능인 경우, 한국무역보험공사가 외국환은행에 대하여 그 지급을 연대보증하는 제도이다. 선적 후 수출신용보증은 수출업자가 물품 선적 후 제시한 화환어음을 외국환은행이 매입하였으나 수입업자의 무역대금 지급거절로 외국환은행에 발생하는 손해를 한국무역보험공사가 보전하는 제도이다.

### (4) 수출 환변동보험

수출 환변동보험(exchange floating insurance)은 수출대금 결제기간이 1년 이상인 선박, 차량, 플랜트 등 자본재를 수출할 때 입찰시점과 실제 대금결제시점 사이의 환율변동에 따른 손실을 보전하여 주는 무역보험상품이다.

### (5) 신뢰성보험

신뢰성보험(confidence insurance)은 국내 부품소재산업의 경쟁력을 제고하고 부품소재에 대한 해외의존도의 심화를 개선하기 위한 것으로 부품소재 전문기업이 생산, 판매, 제조한 제조물이 제3자에게 양도된 후에 그 제조물에 결함이 발생하여 부품소재기업이 부담해야 하는 법률상 배상책임을 담보하는 무역보험상품이다.

신뢰성이란 부품, 소재의 품질, 성능 등이 일정한 조건하에서 일정한 기간에 요구되는 수준을 갖추고 있는 것을 의미한다. 즉 매매당사자들의 거래대상인 부품 제조물에 대한 보증을 의미한다.

### (6) 수출보증보험

수출보증보험(export bond insurance)은 금융기관이 해외공사계약 또는 수출계약 등과 관련하여 보증서(bond)를 발급한 경우에 보증상대방으로부터 보증이행청구를 받아 이를 이행함으로써 발생하는 손실을 보상하는 무역보험상품이다. 해외건설업자로서는 보증서의 조달이 용이하기 때문에 해외건설사업에 진출할 수 있는 기회가 많아지게 되어 수출 경쟁력을 제고시킬 수 있게 된다.

### (7) 중장기 수출보험

중장기 수출보험(medium/long term export credit insurance)은 수출대금의 결제시기가 2년을 초과하는 거래를 대상으로 하는데 과거의 중장기 연불수출보험, 수출대금금융보험 및 일반수출보험을 통합한 수출보험이다. 중장기 수출보험은 수출계약금이 거액이고, 수출거래결제가 장기간에 걸쳐 일어나는 선박이나 플랜트 등과 같은 자본재 거래를 중심으로 이용되고 있다.

### (8) 해외마케팅보험

해외마케팅보험(foreign marketing insurance)은 수출기업이 해외시장개척을 위하여 해외마케팅비용을 지출하였으나, 해외마케팅활동을 전개한 후의 효과가 그 계획보다 현저하게 저조하여 해외마케팅에 지출한 비용을 회수하지 못하는 손해를 보상하는 무역보험상품이다.

### (9) 해외사업금융보험

해외사업금융보험(foreign business financial insurance)은 국내외의 금융기관이 외국인에게 수출을 증진하거나 외화획득에 기여하는 효과가 있을 것으로 예상되는 해외사업에 필요한 자금을 상환기간 2년 초과 조건으로 공여하는 금융계약을 체결한 후에 위험의 발생으로 인하여 대출원리금을 상환받지 못하여 국내외의 금융기관이 입게 되는 손실을 보상하는 무역보험상품이다.

### (10) 해외공사보험

해외공사보험(overseas constructional works insurance)은 해외건설공사 또는 해외건설용역을 제공한 후 비상위험 또는 신용위험에 의해 해외공사 대금을 회수할 수 없게 되거나 해외건설공사를 할 수 없게 되어 발생하는 손실을 보상하는 무역보험상품이다.

### (11) 해외투자보험

해외투자보험(overseas investment insurance)은 투자자들이 개발도상국, 후진국, 자원보유국 등을 대상으로 해외투자활동을 적극적으로 추진할 수 있도록 지원하는 무역보험상품이다. 투자수혜국에서의 전쟁이나 혁명 또는 내란, 투자수혜국 정부에 의한 해외투자설비 수용 등과 같은 위험이 발생하면 해외투자자가 이에 대해 대응하는 것뿐만 아니라 해외투자자금의 회수 및 손실보상의 요구도 거의 불가능하게 된다. 이러한 위험을 대비할 수 있는 것이 해외투자보험이다.

### (12) 해외자원개발펀드보험

해외자원개발펀드보험(overseas exploitation of resources fund insurance)은 해외자원개발펀드가 해외자원개발사업에 투자되어 투자수용국가의 전쟁, 수용, 송금제한 등과 같은 비상위험과 투자 상대방의 파산, 해당자원의 가격변동 등과 같은 사업위험을 포함한 신용위험으로 손실이 발생하는 경우 손실액의 일부를 보상하는 무역보험상품이다.

### (13) 이자율 변동보험

이자율 변동보험(interest rate floating insurance)은 외국환은행이 고정금리로 수출금융을 대출하고 대출에 필요한 자금은 금융시장에서 변동금리로 차입하는 경우 외국환은행의 고정금리인 대출금리와 변동금리인 차입금리 사이의 격차를 한국무역보험공사가 보전 또는 환수함으로써 외국환은행의 이자율변동 위험을 담보하여 주는 무역보험상품이다.

### (14) 농수산물 수출보험

농수산물 수출보험(agro-fishery export insurance)은 UR 이후 농수산물시장개방에 대응하기 위하여 도입된 무역보험상품이다. 농수산물 수출보험은 수출농가 육성과 농수산물의 해외수출기반 확보를 목표로 하고 있다.

### (15) 농수산물 패키지보험

농수산물 패키지보험(agro-fishery insurance)은 농수산물의 수출에 관련된 전위험(all-risk)을 담보하는 무역보험상품이다. 농수산물 패키지보험의 대상은 수출품목인 농산물, 수산물, 축산물, 임산물 및 그 가공식품 등이다.

### (16) 지식서비스 수출보험

지식서비스 수출보험(intellectual property service insurance)은 국내 수출업체가 정보통신, 문화 컨텐츠, 기술, 엔지니어링 등의 지식서비스를 수출하고 이에 따른 지출비용 또는 확인대가(running royalty)를 회수 하지 못함으로써 입게 되는 손실을 보상하는 무역보험상품이다.

### (17) 문화 수출보험

문화 수출보험(culture export isurance)은 금융기관을 포함한 투자자가 영화, 드라마, 게임 등과 같은 문화상품의 제작에 소요되는 총 제작비용을 투자 또는 대출하였으나 투자한 원금 또는 대출한 원리금을 회수하지 못하여 입게 되는 손실을 보상하는 무역보험상품이다. 문화 수출보험은 그 문화상품의 대상에 따라 영화부문 문화 수출보험, 드라마 문화 수출보험, 게임 문화 수출보험으로 구분된다.

### (18) 탄소종합보험

탄소종합보험(carbon insurance warp)은 탄소배출권사업과 관련한 투자, 금융, 보증 등에서 발생하는 손실을 종합적으로 보증하는 무역보험상품이다. 탄소배출권사업은 친환경기술 등을 사용하여 감축한 온실가스 배출량만큼 탄소 배출권을 확보하여 배출권거래시장에서 매매할 수 있는 사업을 의미한다.

탄소배출권사업은 UN기후변화협약(united nations frame-work convention on climate change : UNFCCC)로부터 탄소배출권사업 등록을 하고 탄소배출권이 발행되어야 탄소배출권에 대한 매매가 가능하다.

### (19) 원자재가격 변동보험

원자재가격 변동보험(raw material price floating insurance)은 수출기업이 수출용 원자재 구매에 따른 가격변동위험을 최소화하여 구매가격을 안정화할 수 있도록 지원하는 무역보험 상품이다. 원자재가격 변동보험의 대상은 비철금속인 구리, 알루미늄, 니켈 등이다. 원자재가격 변동보험의 통화표시는 미화(USD)로 한다.

### (20) 수입업자 신용조사 서비스

수입업자 신용조사 서비스(importer credit investigate service)는 한국무역보험공사가 해외지사 및 세계의 신용조사기관과 연계하여 해외소재 기업의 회사개요, 재무제표 등의 신용조사를 실시한 후 의뢰인에게 정보를 제공하는 서비스이다.

### (21) 해외미수채권 추심대행 서비스

해외미수채권 추심대행 서비스(foreign outstanding bond collection agency service)는 수출 또는 기타 대외거래와 관련하여 발생한 해외미수채권에 대하여 한국무역보험공사가 해외네트워크를 통하여 채권회수를 대행하는 서비스이다. 해외미수채권 추심대행 서비스를 이용하는 업체는 미수채권을 보유하고 있는 수출업체, 은행 등이다.

## 2) 수입보험 종목

### (1) 수입보험

수입보험(import insurance)은 수입과 관련하여 비상위험, 신용위험, 기업위험 등이 발생하여 수입업자가 부담하게 되는 손실을 보상하는 무역보험상품이다. 수입보험은 수입업자용과 금융기관용으로 구분된다. 수입업자용은 국내기업이 선급금 지급조건 수입거래에서 비상위험 또는 신용위험으로 인해 선급금 회수가 불가능하여 발생하는 손실을 보상하는 무역보험상품이다. 금융기관용은 금융기관이 주요자원 등의 수입에 필요한 자금을 수입기업에 대출, 즉 지급보증을 한 후에 대출금의 회수가 불가능하여 발생하는 손실을 보상하는 무역보험상품이다.

### (2) 수입 환변동보험

수입 환변동보험(import exchange floating insurance)은 수출 환변동보험과는 반대구조로 결제시점의 환율이 보험가입시 보장하는 환율보다 상승하면 즉 원화가 약세가 되면 환차손을 보상받고, 반대로 하락하면 즉 원화가 강세가 되면 환차익을 납부하는 무역보험상품이다.

## 3. 사이버 무역보험

### 1) 사이버 무역보험의 의미

사이버 무역보험(cyber trade insurance)은 사이버를 이용하여 무역업자가 상대방의 신용조사 의뢰단계에서부터 무역보험 부보단계에 이르기까지 처리할 수 있는 통합서비스 체제를 의미한다.

### 2) 사이버 무역보험의 대상

사이버 무역보험의 대상은 무역업자 신용조사 의뢰, 단기 수출보험에 대한 청약, 통지, 조회, 선적 전 수탁보증 및 은행고객 보증과 같은 수출신용 보증, 은행고객에 대한 수탁보증업무, 선적 후 수출신용보증의 통지 및 조회, 환 변동보험의 청약, 조회, 통지 등이다.

### 3) 사이버 무역보험의 가입과 이용

사이버 무역보험가입은 회원사 및 사용자가 가입을 신청하여 승인을 받아야 한다. 회원사의 가입이 승인되면 회원업체의 담당자별 개별적인 사용자 가입을 신청해야 하는데 최초 사용자는 마스터 사용자로 지정된다. 최초의 사용자가 등록을 할 때에는 한국무역보험공사에서 마스터 대표 지정신청서의 접수와 함께 승인이 이루어진다. 그 외의 사용자가 등록을 할 때에는 마스터 사용자를 통하여 한국무역보험공사를 경유하지 않고 직접 승인된다.

## 4. 무역보험계약의 체결

### 1) 개별보험 방식

개별보험 방식은 보험계약자가 개개 보험의 목적마다 선택하여 청약하고, 보험자는 그 내용을 심사하여 인수 여부를 결정하는 보험방식이다. 개별보험 방식에서는 보험계약자가 보험의 부보대상을, 보험자는 보험인수 대상을 각각 선택할 수 있다. 개별보험 방식에서는 보험계약자가 위험부담이 큰 무역거래만을 선택해서 부보할 수 있고, 보험자도 자신이 부담하는 위험이 크다고 판단되는 거래에 대해서는 인수를 거절할 수 있기 때문에 보험계약 당사자의 견해차이가 큰 경우에는 보험계약체결 자체가 어려울 수도 있다.

### 2) 포괄보험 방식

포괄보험 방식은 사전에 보험계약자와 보험자가 일정기간 동안의 특정상품 또는 결제조건 등과 같은 수출거래를 의무적으로 포괄하여 부보하고 보험자도 이를 자동적으로 포괄하여 인수하는 방식이다.

포괄보험 방식에서는 보험계약자가 포괄보험 방식을 선택하는 경우, 사전에 체결된 특약에 따라 보험청약서만 제출하면 원칙적으로 인수가 보장되기 때문에 보험자가 인수를 거절할 우려가 없어 안정적으로 지속적이고도 적극적인 무역전략을 유지할 수 있을 뿐만 아니라 부보 절차가 간편하고 부대비용을 절감할 수 있다. 보험자의 입장에서도 위험의 역선택(adverse selection)을 배제하고 위험을 분산할 수 있게 되어 보험료의 할인 혜택을 부여할 수 있다. 역선택은 평균 내지 평균보다 높은 양질위험을 선택하지 않고 평균보다 낮은 악성위험을 선택하여 보험계약을 요구하는 것을 의미한다. 포괄보험 방식에서는 보험계약자가 부보할 내용에 대한 선택의 자유가 없고, 보험자도 보험인수에 대한 선택의 자유가 없다.

## 5. 무역보험의 보험금액과 산정

### 1) 무역보험의 보험금액

무역보험의 보험금액은 무역보험의 종류에 따라 다르다. 일반적으로 무역보험의 손실보상액은 보험가액인 수출금액의 90% 범위 내로 제한되고 있다. 단 중소기업인 경우는 보험가액의 95%까지 인정하고 있다.

### 2) 무역보험금의 산정방식

무역보험에 부보한 경우 보험사고가 발생하였을 때 무역보험금을 산정하는 방식은 비례보상 방식과 실손보상 방식으로 구분된다. 비례보상 방식은 보험사고 발생으로 인하여 생긴 손실액에 대하여 보험금액의 보험가액에 대한 비율에 따라 보상하는 것이다. 비례보상 방식에 의한 보험금의 산정등식은 보험금=손실액×보험금액/보험가액이다. 실손보상 방식은 보험금액을 한도로 하여 손실액의 일정 비율을 보상하는 것이다. 실손보상 방식에 의한 보험금의 산정등식은 '보험금=손실액×보상률'이다.

# 제 12 장

# 수출입통관과 관세

## 제 1 절 수출입통관

### 1. 수출입통관과 세관

#### 1) 수출입통관의 의미

수출입통관(clearance)은 물품을 외국으로 수출하거나 외국에서 수입하는 경우 거치는 세관절차이다. 경제적 국경인 관세선을 통과하는 물품이 그 대상으로 된다. 수출입통관은 수출통관과 수입통관으로 구분된다. 우리나라에서는 무역자동화에 의해 통관절차를 이행함으로써 무역업자들이 시간 및 경비를 절약할 수 있게 되었다.

#### 2) 수출입통관절차의 이행자

##### 1) 화주와 통관업자

화주는 수출승인서에 기재된 수출업자이다. 법에 특별히 지정한 물품에 대해서는 화주가 직접 수출할 수 있다. 그러나 기타의 물품에 대해서는 화주의 물품의 통관만을 담당하는 관세사를 채용한 화주이어야 자기명의로 수출신고를 할 수 있다. 무역업자가 직접 이행하지 않는 경우에는 통관업자가 대행한다. 통관업자는 관세사, 관세사법인, 통관취급법인 등을 지칭한다.

### 2) 관세사

관세사는 관세사 시험에 합격한 자나 관세행정경력에 의해 관세사 자격을 취득한 자이다. 관세사는 화주로부터 의뢰를 받아 수출입 물품을 통관하게 된다. 이들을 통관사라고 하며 일반적인 의미의 관세사이다.

### 3) 관세사 법인

관세사 법인은 통관절차의 조직적 이행과 공신력을 높이기 위하여 3인 이상의 관세사를 사원으로 하여 관세청장으로부터 관세사 법인의 설립인가를 받은 법인이다.

통관취급 법인은 운송업, 보관업 또는 하역업 등의 면허를 받거나 구 법인이 50% 이상 출자하여 관세청장으로부터 통관취급법인의 설립인가를 받은 법인이다. 통관취급 법인이 행하는 통관업무는 타인으로부터 운송, 보관, 하역 등에 대한 위탁을 받은 물품에 한한다.

### 3) 세관

세관은 통관과 관련한 업무를 취급한다. 세관은 외국과의 통상무역과 관련하여 국경통과에 수반하여 발생하는 일체의 사무를 취급하는 관청이다. 세관은 사람, 선박, 항공기 등이 자국의 국경을 출입하는 개항에 설치하는 것이 대부분이다.

## 2. 수출통관

### 1) 수출통관의 의미

수출통관(export clearance)은 물품을 외국으로 수출할 때 거치는 세관절차이다. 관세청은 수출통관 자동화 시스템을 구축하여 수출물품통관제도를 운영하고 있다. 수출물품의 보세구역 반입의무를 폐지함으로써 수출업자가 세관에 가지 않고 수출통관 자동화 시스템에 의해 컴퓨터로 신고를 한 후 바로 선적할 수 있다.

수출통관단계는 일반적으로 수출업자가 물품을 제조한 후에 수출신고를 하고 수출승인을 받으면 보세운송을 하여 선적하는 과정을 거쳤다. 그런데 수출통관 자동화 시스템에 의해 수출업자가 물품을 제조하기 전이라도 수출신고를 하여 원하는 시기에 맞추어 선적할 수 있도록 하고 있다.

### 2) 수출통관절차

#### (1) 수출신고

① 수출신고의 의미와 신고제도

㉠ 수출신고의 의미

수출신고는 세관에 수출면허를 요청하는 통관의 의사표시이다. 수출신고는 외국으로 수출되는 물품에 대한 정확한 정보를 확보하여 국가가 관리를 함으로써 무역의 진흥에 기여하려는 것이다. 물품을 수출하려는 자는 사업장 또는 선적항 관할지역에서 영업하는 관세사를 통하여 EDI방식으로 세관장에게 수출신고(export declaration)를 하고 신고필증을 교부받아야 한다.

수출제한품목을 수출하려는 경우에는 품목별 관련 단체 또는 조합이나 수출입 주무기관의 장으로부터 수출승인을 얻은 뒤 세관장에게 수출신고를 해야 한다. 사전수출신고제도에 의해 수출업자는 물품의 생산완료 전이라도 제조가공 5일 전까지 수출신고를 할 수 있다.

㉡ 수출신고제도와 선적

사전수출신고제도에 의한 선적은 일반 수출신고에 의한 선적방법과는 절차에 있어 차이가 있다.

일반 수출신고제도에 의한 선적은 수출물품에 대한 수출신고가 수리되면 보세구역에 반입하여 선적을 한 후에 출항보고서를 작성하여 선적을 확인하는 적하목록을 제출하는 단계를 거치게 된다.

사전수출신고제도에 의한 선적은 수출신고수리 전 선적이 승인되면 수출물품을 보세구역에 반입하여 선적하고 수출신고수리는 선박의 출항 전 또는 선박의 출항 후에 이루어지기 때문에 출항보고서를 작성하여 선적을 확인하는 적하목록을 제출하는 단계를 거치게 된다.

② 수출신고인

수출신고는 화주, 관세사, 통관법인 또는 관세사법인의 명의로 해야 한다. 수출신고인을 한정하는 것은 수출통관업무가 전문성을 요구하고 있기 때문이다. 완제품공급자도 수출신고인이 될 수 있다. 그런데 과거에는 화주에게 관세사 채용을 강제하는 조항이 있었는데 무역을 규제하는 수단이라는 문제가 발생하여 강제조항을 삭제하였다. 관세사는 일반 통관업무 이외에 납세자의 위탁을 받아 관세법에 의한 청구, 소원 및 기타사항을 대리 하는 업무와 일정한 수수료를 받고 관세에 관한 상담을 한다.

③ 수출신고서류

수출업자가 수출신고를 할 때는 과세가격결정에 관계되는 자료나 산출근거를 나타내는 증빙자료, 선하증권 사본, 기타 참고서류 등을 제출해야 한다. 또한 수출대상물품의 품명, 규격, 수량, 가격, 개수, 포장의 종류, 목적지, 원산지 등에 관한 사항을 기재한 수출신고서를 제출해야 한다. 무역자동화에 의해 수출신고를 하는 경우에는 신고자료를 세관에 전송해야 한다. 세관은 신고된 전송화면을 확인하고 신고자에게 무역자동화로 전산 통보하여 주면 된다. 다만 세관장의 확인대상물품, 전략물자 수출허가 대상물품, 위약으로 인한 재수출품 및 수입 시 재수출조건 이행물품 등에 대해서는 신고자가 직접 수출신고서를 세관장에게 제출해야 한다. 그런데 화주가 직접 신고하는 경우에는 수출신고서를 세관장에게 직접 제출할 수 있다.

수출업자가 수출신고를 할 때에 필요한 구비서류는 당해 물품의 포장명세서 및 기타 서류 등이다. 허가, 승인 등과 같은 구비조건이 필요한 물품인 경우에는 조건을 구비하였다는 증거서류 등을 첨부해야 한다. 서류를 제출하는 경우에는 당해 서류를 관세사 등에게 제출하고 관세사 등이 당해 서류를 확인하여 수출신고를 하는 경우에는 서류의 제출을 생략할 수 있다.

④ 수출신고시기

수출업자는 수출물품이 제조되기 전에 세관에 신고하여 수출신고수리를 받을 수 있다. 수출신고가 수리되면 수출물품이 제조되는 즉시 공장에서 선적지로 운송이 가능하게 된다. 무역자동화에 의한 수출신고시점은 무역자동화 수출통관 자동화 시스템에서 신고번호가 부여된 시점이 된다.

### (2) 수출신고서류의 심사

세관은 수출신고인의 수출신고가 있으면 신고서류에 대한 형식적 심사 및 실질적 심사를 하게 된다. 형식적 심사는 수출신고를 할 때에 제출한 서류가 전부 구비되어 있는지에 대한 심사이다. 즉 법규상에서 규정하고 있는 서류를 갖추어 제출했는지에 대한 심사이다. 실질적 심사는 제출된 서류의 내용을 관계법규에 비추어 심사하는 것을 의미한다.

### (3) 수출물품의 검사

세관은 수출신고서류에 대한 심사가 종료되면 승인된 물품의 내역과 실제로 수출될 물품이 동일한가에 대한 검증 및 확인을 한다. 세관에서는 위장 및 불법화물 등 범죄의 발생가능성이 있는 우범화물을 선별하기 위하여 우범화물 선별시스템(cargo selectivity system: C/S)을 구축하여 운영하고 있다.

〈서식 12-1〉 수출신고서

# 수 출 신 고 서 (갑지)

※ 처리기간 : 즉시

| 제출번호<br>①신 고 자 | ⑤신고번호 | ⑥신고일자 | ⑦신고구분 | ⑧C/S구분 |
|---|---|---|---|---|

| ②수 출 대 행 자<br>(통관고유부호) 수출자구분<br>수 출 화 주<br>(통관고유부호)<br>(주소)<br>( 대 표 자 )<br>(소재지)<br>(사업자등록번호) | ⑨거래구분 | ⑩종류 | ⑪결제방법 |
|---|---|---|---|
| | ⑫목적국 | ⑬적재항 | ⑭선박회사<br>(항공사) |
| | ⑮선박명(항공편명) | ⑯출항예정일자 | ⑰적재예정보세구역 |
| | ⑱운송형태 | | ⑲검사희망일 |
| | ⑳물품소재지 | | |
| ③제 조 자<br>(통관고유부호)<br>제조장소 산업단지부호 | ㉑L/C번호 | | ㉒물품상태 |
| | ㉓사전임시개청통보여부 | | ㉔반송 사유 |
| ④구 매 자<br>(구매자부호) | ㉕환급신청인(1:수출대행자/수출화주, 2:제조자)<br>간이환급 | | |

· 품명 · 규격 (란번호/총란수: /)

| ㉖품 명<br>㉗거래품명 | | | | ㉘상표명 | | |
|---|---|---|---|---|---|---|
| ㉙모델 · 규격 | | ㉚성분 | | ㉛수량 | ㉜단가 | ㉝금액 |
| | | | | | | |
| ㉞세번부호 | | ㉟순중량 | | ㊱수량 | ㊲신고가격(FOB) | |
| ㊳송품장번호 | | ㊴수입신고번호 | | ㊵원산지 | ㊶포장갯수(종류) | |
| ㊷수출요건확인<br>(발급서류명) | | | | | | |

| ㊸총중량 | | ㊹총포장갯수 | | ㊺총신고가격(FOB) | |
|---|---|---|---|---|---|
| ㊻운임(₩) | | ㊼보험료(₩) | | ㊽결제금액 | |
| ㊾수입화물관리번호 | | | | ㊿컨테이너번호 | |

| ※신고인기재란 | | (51)세관기재란 | | | |
|---|---|---|---|---|---|
| (52)운송(신고)인<br>(53)기간 부터 까지 | (54)적재의무기한 | | (55)담당자 | | (56)신고수리일자 |

(1) 수출신고수리일로부터 30일내에 적재하지 아니한 때에는 수출신고수리가 취소됨과 아울러 과태료가 부과될 수 있으므로 적재사실을 확인하시기 바랍니다.(관세법 제251조, 제277조) 또한 휴대탁송 반출시에는 반드시 출국심사(부두, 초소, 공항) 세관공무원에게 제시하여 확인을 받으시기 바랍니다.

(2) 수출신고필증의 진위여부는 관세청 인터넷통관포탈에 조회하여 확인하시기 바랍니다.(http://portal.customs.go.kr)

# 수 출 신 고 서 (을지)

※ 처리기간 : 즉시

| 제출번호 | ⑤신고번호 | ⑥신고일자 | ⑦신고구분 | ⑧C/S구분 |
|---|---|---|---|---|
| ①신 고 자 | | | | |

| · 품명 · 규격 (란번호/총란수: /) | | | | | | | |
|---|---|---|---|---|---|---|---|
| ㉖품 명<br>㉗거래품명 | | | | ㉘상표명 | | | |
| ㉙모델 · 규격 | | | ㉚성분 | ㉛수량 | ㉜단가 | ㉝금액 | |
| | | | | | . | | |
| ㉞세 번<br>부호 | | ㉟순중량 | | ㊱<br>수량 | | ㊲신 고 가 격<br>(FOB) | |
| ㊳송품장번호 | | ㊴수입신고번호 | | ㊵원산지 | | ㊶포장갯수(종류) | |
| ㊷수출요건확인(발급서류명) | | | | | | | |

| · 품명 · 규격 (란번호/총란수: /) | | | | | | | |
|---|---|---|---|---|---|---|---|
| ㉖품 명<br>㉗거래품명 | | | | ㉘상표명 | | | |
| ㉙모델 · 규격 | | | ㉚성분 | ㉛수량 | ㉜단가 | ㉝금액 | |
| | | | | | | | |
| ㉞세번부호 | | ㉟순중량 | | ㊱수량 | | ㊲신 고 가 격<br>(FOB) | |
| ㊳송품장번호 | | ㊴수입신고번호 | | ㊵원산지 | | ㊶포장갯수(종류) | |
| ㊷수 출 요 건 확 인<br>(발급서류명) | | | | | | | |

| · 품명 · 규격 (란번호/총란수: /) | | | | | | | |
|---|---|---|---|---|---|---|---|
| ㉖품 명<br>㉗거래품명 | | | | ㉘상표명 | | | |
| ㉙모델 · 규격 | | | ㉚성분 | ㉛수량 | ㉜단가 | ㉝금액 | |
| | | | | | . | | |
| ㉞세번부호 | | ㉟순중량 | | ㊱수<br>량 | | ㊲신 고 가 격<br>(FOB) | |
| ㊳송품장번호 | | ㊴수입신고번호 | | ㊵원산지 | | ㊶포장갯수(종류) | |
| ㊷수출요건확인(발급서류명) | | | | | | | |

(1) 수출신고수리일로부터 30일내에 적재하지 아니한 때에는 수출신고수리가 취소됨과 아울러 과태료가 부과될 수 있으므로 적재사실을 확인하시기 바랍니다.(관세법 제251조, 제277조) 또한 휴대탁송 반출시에는 반드시 출국심사(부두, 초소, 공항) 세관공무원에게 제시하여 확인을 받으시기 바랍니다.

(2) 수출신고필증의 진위여부는 관세청 인터넷통관포탈에 조회하여 확인하시기 바랍니다(http://portal.customs.go.kr).

## 〈서식 12-2〉 수출신고필증

※ 처리기간 : 1일

| ①신청자 | 제출번호 | ⑦신고번호 | ⑧신고일자 | ⑨신고구분 | ⑩검사구분 |
|---|---|---|---|---|---|
| ②제출자상호 | 부호 | ⑪거래구분 | ⑫종류 | ⑬결제방법 | |
| ③제조자주소 | | ⑭목적국 | | ⑮적재항 | |
| 상호 성명 | | ⑯운송형태 | | ⑰제조완료일(검사희망일) | |
| 통관고유번호 | 사업자등록번호 | ⑱물품소재지 | | | |
| ④구매자상호 | 부호 | ⑲L/C번호 | | | |
| ⑤환급신청인 | 수출자 / 제조자 | ⑳사후관리은행 | | ㉑조사란 | |
| ⑥환급기관 | 부호 | | | | |

| ㉓ 품명 · 규격 | | |
|---|---|---|
| | ㉒ 관세사실적 | |
| | ㉔ 세번부호 | |
| | ㉕ 제품코드 | |
| | ㉖ 신고가격(FOB) | ₩ |
| | ㉗ 순중량 | |
| | ㉘ 수량 | |
| | ㉙ 포장개수/종류 | |
| | 세번부호 | |
| | 제품코드 | |
| | 신고가격(FOB) | ₩ |
| | 순중량 | |
| | 수량 | |
| | 포장개수/종류 | |

| ㉚ 총란수 ( )란 | ㉛ 총중량 | 단위 | ㉜ 총포장개수 | ㉝총신고가격(FOB) | ₩ / $ |
|---|---|---|---|---|---|

| 관련서류 | 서류명 | 번호 | 발급일자 | ㉞결제금액 | |
|---|---|---|---|---|---|
| | ㊲수출승인서 | | | ㉟운임(₩) | ㊱보험료(₩) |
| | ㊳수출추천서 | | | ㊸세관기재란 | |
| | ㊴검사증 | | | | |
| | ㊵검역증 | | | | |
| 보세운송 | ㊶운송신고인 | | | | |
| | ㊷ 기간 / / 부터 / / 까지 | | | ㊹신고수리일자( / / ) | |

※ 수출신고필증의 진위여부는 관세청 통관시스템에 조회하여 확인하시기 바랍니다.
※ 본 수출신고필증은 세관에서 형식적으로 요건만을 심사한 것이므로 신고내용이 사실과 다를 때에는 신고인 또는 수출하주가 책임을 져야 합니다.

210×297m/m NCR지 50g/m²

#### (4) 수출신고 수리

① 수출면허

세관장은 수출신고가 적법하게 이루어진 경우에는 지체없이 수리해야 한다. 물품검사가 실제로 필요한 경우에는 신고서 및 첨부서류의 내용을 확인한 후 신고를 수리한다. 수출신고서 또는 제출서류에 미비사항이 발견되면 수리신고 후에 보완을 할 수 있다. 수출면허란 수출신고를 받은 세관장이 수출신고사항을 확인하여 일정요건을 갖추었을 때 수출을 신고인에게 허용하는 것으로 계약서, 신용장 또는 수출이 승인된 사항을 구체적으로 현품과 대조 확인하여 틀림없을 때 당해 수출을 현실적으로 가능하게 하는 세관장의 행위로 내국물품이 외국물품으로 되는 효과를 가져온다.

② 수출신고필증의 교부

수출화물의 검사결과 적법성이 인정되면 세관장은 이를 수리하고 신고인에게 신고필증을 교부한다. 신고필증이 교부됨으로써 수출이 인정된다. 수출신고가 수리된 물품은 관세법상 외국물품으로 취급되어 관세법의 귀속을 받게 된다. 수출신고가 수리된 물품은 30일 이내에 보세구역에 반입해야 한다. 이를 위반하면 수출신고를 취소할 수 있다.

#### (5) 수출신고서류의 보관과 제출

무역자동화에 의해 수출신고를 한 후 세관으로부터 신고수리 사실을 통보 받은 경우에는 수출신고서, 송장, 첨부서류 등을 보관하고 1월의 범위 내에서 세관장에게 제출해야 한다. 세관장은 무역자동화에 의한 수출의 경우 화주로부터 매월 5일까지 전월의 수출실적을 집계한 보고서를 받아 통관시스템의 수출통계와 대조하여 확인한다.

## 3. 수입통관

### 1) 수입통관의 의미

수입통관(import clearance)은 물품을 외국에서 수입할 때 거치는 세관절차이다. 관세청은 무역자동화 수입통관 자동화 시스템을 구축하여 수입통관절차를 간소화하였다.

무역자동화 수입통관 시스템에 의한 수입통관단계는 선박이 입항하기 전이나 입항 후 수입신고를 하고 보세구역에서 물품을 반출할 때 또는 반출 후에 관세를 납부하면 되는 과정으로 간소화되어 수입통관에는 2~3일 정도의 기간이 소요된다.

## 2) 수입통관절차

### (1) 수입물품의 보세구역 반입

① 선박의 입항과 하선작업

무역자동화 해상수입화물관리의 절차는 선박이 입항하면 입항보고서와 적하목록을 제출하고 하역 시 배정보고, 배정 적하목록 제출, 하선작업 신고, 하선작업 완료보고 등의 절차를 완료한 후 관할 내 간이보세운송과에 도착완료 보고를 하고 부두 반출 및 운송을 하게 된다.

② 보세구역 반입

화물을 적재한 선박 또는 항공기가 도착하면 물품을 인수한 후 보세구역에 반입하여 관할 세관에 수입신고를 한다. 물품을 보세구역에 반입하고자 하는 경우에는 물품반출입신고서를 작성하여 세관장에게 제출해야 한다. 물품을 보세구역에 반입하는 이유는 수입물품 상태로 과세대상 물품을 결정하고 물품검사 및 과세가격결정을 확실하게 하여 관세채권을 확보하기 위해서이다.

③ 타소장치의 허용

세관장이 특별히 인정하는 물품에 대해서는 타소장치를 허용하고 있다. 그리고 보세구역이나 타소장치에도 반입하지 못하는 경우에는 본선이나 항공기에 적재한 상태에서 선상(船上) 통관절차를 이행할 수 있다. 이것은 수입통관을 신속히 이행하는 데에 목적이 있다.

④ 컨테이너 물품의 반입

컨테이너 물품이 양륙지에 반입된 경우에는 내장된 상태로 10일이 경과하면 수출물품을 컨테이너로부터 적출하여 컨테이너화물 집화소(CFS) 또는 다른 보세구역으로 반입해야 한다. 컨테이너에 내장된 상태로 반입신고를 할 수 있는 물품은 만적화물(FCL)이다.

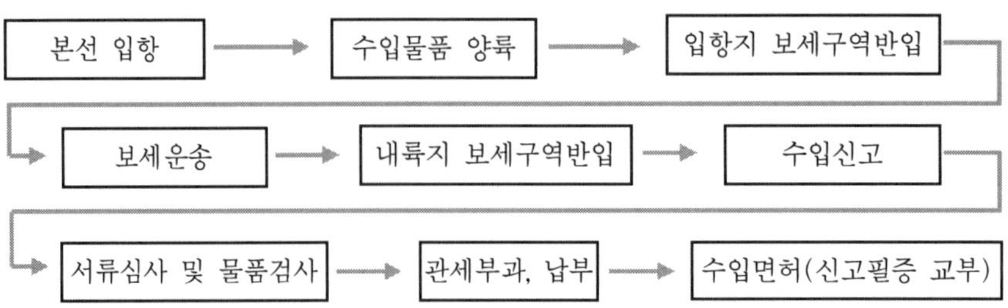


〈그림 12-1〉 수입화물의 입수절차

### (2) 수입신고

#### ① 수입신고의 의미

수입신고(import declaration)는 외국으로부터 수입되는 물품에 대한 정확한 정보를 확보하기 위하여 실시하는 것이다. 즉 물품이 외국에서 국내로 이동하는 상황에 대하여 국가가 관리를 함으로써 무역의 진흥에 기여하려는 것이다. 물품을 수입하려는 자는 수입하고자 하는 물품이 보세구역에 반입되거나 타소장치의 허가를 받아 타소장치장에 장치되면 그 반입일 또는 허가일로부터 30일 이내에 세관장에게 수입신고를 하고 신고필증을 교부받아야 한다.

그런데 무역자동화 수입통관 자동화 시스템에 의해 수입신고를 한 후 수입면허를 받는 제도에서 수입신고제로 전환되었다. 무역자동화에 의한 수입통관제도가 시행되면서 모든 수입화물을 통제하는 범위를 벗어나 우범화물만 선별하여 검사를 하고 그 이외는 수입신고, 즉시 수입화물의 반출을 허용하고 있다. 또한 무역자동화 수입통관 자동화 시스템에 의해 수입화물이 도착하기 전에 통관지역 세관에 사전수입신고를 할 수 있도록 하고 있다.

#### ② 수입신고의 요건

수입신고는 수입대상물품을 선적한 선박이나 항공기가 도착한 후에 한다. 그러나 신속한 통관이 필요한 경우에는 선박이나 항공기가 도착하기 전에 수입신고를 할 수 있다. 무역자동화 수입통관 자동화 시스템에 의해 신속한 통관이 필요한 경우에는 입항 전 수입신고도 허용된다. 특히 소량 및 저가의 특정 탁송물품의 신속한 통관이 가능하여졌다.

#### ③ 수입신고의 효과

##### ㉠ 과세물건의 확정

수입신고는 관세를 부과하려는 물품을 확정시킨다. 어느 시점에서, 어떤 상태로 과세대상을 결정하는가는 매우 중요하다. 대외무역법에서는 수입신고를 할 때의 물품을 과세물건으로 결정하도록 하고 있다.

##### ㉡ 적용 법령의 확정

물품의 수입신고에는 일정한 절차가 있다. 이러한 절차를 결정하고 관세를 부과하는 데에는 기준이 필요하다. 그 기준을 정하고 있는 것이 관세법이다. 따라서 수입신고는 적용법령을 결정하는 기준이 된다.

##### ㉢ 납세의무자의 확정

수입신고를 한 자는 납세의무자가 된다. 즉 물품을 수입한 화주가 납세의무자로 확정된다.

〈서식 12-2〉 수입신고서

(갑지)

UNIPASS

# 수입신고서

처리기간 3일

| ①신고번호 | ②신고일 | ③세관.과 | ⑥입항일 | ⑦전자인보이스 제출번호 | |
|---|---|---|---|---|---|
| ④B/L(AWB)번호 | ⑤화물관리번호 | | | ⑧반입일 | ⑨징수형태 |

| ⑩신 고 인<br>⑪수 입 자 ( )<br>⑫납세의무자 ( / )<br>(주소)<br>(상호)<br>(전화번호)<br>(이메일주소)<br>(성명)<br>⑬운송주선인<br>⑭해외거래처 / | ⑮통관계획 | ⑲원산지증명서 유무 | ㉑총중량 |
|---|---|---|---|
| | ⑯신고구분 | ⑳가격신고서 유무 | ㉒총포장갯수 |
| | ⑰거래구분 | ㉓국내도착항 | ㉔운송형태 |
| | ⑱종류 | ㉕적출국<br>㉖선기명 | |
| | ㉗MASTER B/L 번호 | | ㉘운수기관부호 |
| ㉙검사(반입)장소 | | | |

● 품명 · 규격 (란번호/총란수 : /)

| ㉚품 명<br>㉛거래품명 | | | ㉜상 표 | |
|---|---|---|---|---|
| ㉝모델 · 규격 | ㉞성분 | ㉟수량 | ㊱단가 | ㊲금액 |
| | | | | |
| | | | | |

| ㊳세번 부호 | | ㊵순중량 | | ㊸C/S 검사 | | ㊺사후확인기관 | |
|---|---|---|---|---|---|---|---|
| ㊴과세가격(CIF) | | ㊶수 량 | | ㊹검사변경 | | | |
| | | ㊷환급물량 | | ㊻원산지 | | ㊼특수세액 | |
| ㊽수입요건확인<br>(발급서류명) | | | | | | | |

| ㊾세종 | ㊿세율(구분) | 51감면율 | 52세액 | 53감면분납부호 | 감면액 | * 내국세종부호 |
|---|---|---|---|---|---|---|
| | | | | | | |

| 54결제금액(인도조건통화종류금액결제방법) | | | | | 56환 율 | |
|---|---|---|---|---|---|---|
| 55총과세가격 | | 57운임 | | 59가산금액 | 64납부서번호 | |
| | | 58보험료 | | 60공제금액 | 65총부가가치세과표 | |

| 61세 종 | 62세 액 | ※신고인기재란 | 66세관기재란 |
|---|---|---|---|
| 관 세 | | ※<br><br>전화번호<br>이메일주소 | |
| 특 소 세 | | | |
| 교 통 세 | | | |
| 주 세 | | | |
| 교 육 세 | | | |
| 농 특 세 | | | |
| 부 가 세 | | | |
| 신고지연가산세 | | | |
| 미신고가산세 | | | |
| 63총세액합계 | | 67담당자 / 68접수일시 | 69수리일자 |

④ 수입신고인

수입신고는 화주, 관세사, 통관법인 또는 관세사법인의 명의로 신고해야 한다. 수입신고인을 한정하는 것은 수입통관업무의 전문성을 제고하고 관세납부와 통관물품의 관리에 정확성을 기하려는 것이다.

⑤ 수입신고 관할 세관

수입신고는 수입대상 물품이 도착하거나 장치된 보세구역을 관할하는 세관장에게 한다. 선박의 출항 전 또는 입항 전 신고는 항구를 관할하는 세관장에게 한다.

⑥ 수입신고서류

수입신고를 할 때는 세관장에게 수입대상물품에 관한 사항을 기재한 수입신고서와 수입승인서 및 가격신고서, 포장명세서, 선하증권 사본 등과 같은 구비서류를 제출해야 한다.

무역자동화에 의한 경우에는 해당 자료를 세관에서 지정한 사서함으로 전송한다. 세관장은 신고전송서류를 수신한 후 신고일의 적법성, 신고대상물품여부, 처리담당 부서 등에 관한 사항을 수입신고인에게 전송하게 된다. 무역자동화 수입통관 시스템이 가동되면서 적하목록 취합시스템(manifest consolidation system: MFCS)이 도입되어 선박회사와 운송주선업자 그리고 세관 사이에 시행하고 있다. 적하목록 취합시스템은 운송수단에 적재된 화물의 하역, 운송, 보관, 통관 등과 같은 모든 단계에서 화물을 종합관리하려고 구상한 화물정보처리제도이다.

⑦ 수입신고 서류의 심사 및 수리

수입신고를 받은 세관은 통관시스템으로 조회하여 적격성 여부를 심사한 후 즉시 수리를 하게 된다. 즉시 수리는 수입신고의 내용 중 위법사항이 발견되면 수입신고인이 책임을 부담한다는 조건하에 수입신고 내용대로 수리하는 것이다.

### (3) 수입물품의 검사

① 수입물품검사의 의미

수입물품의 검사는 승인된 물품의 내역과 실제로 수입될 물품이 동일한가에 대한 검증 및 확인을 하는 것이다. 수입신고 내용에서 수입요건구비에 대한 증명이 필요하거나 세액심사 대상물품, 통관시스템에서의 주의대상물품 등으로 분류가 되면 중점심사를 하거나 수입물품을 확인하게 된다. 수입물품의 검사는 수입신고 서류와 수입물품을 대조하여 세율, 과세가격 등을 결정하는 기준이 된다. 그러므로 수입을 신고한 물품에 대하여 과세표준을 합리적으로 결정하고 수입승인의 여부를 판단하는 데에 중요한 역할을 한다.

## 〈서식 12-4〉 수입신고필증

※ 처리기간 : 3일

| | |
|---|---|
| ①신고자 ________ | 제출번호 [ ] |
| ②수입자 ________ | 부호 [ ] |
| ③납세의무자 주소·상호·성명 ________ | 사업자등록번호 [ ] |
| ④무역대리점 ________ | 부호 [ ] |
| ⑤공 급 자 ________ | |

| ⑥신고번호(세관-과-일련번호) | ⑦신고일자 | ⑧신고구분 | ⑨검사구분 | ⑩심사구분 |
|---|---|---|---|---|
| | | | | |

| ⑪거래구분 | | ⑫종류 | | ⑬결제방법 | |
|---|---|---|---|---|---|
| ⑭승인번호 | | | ⑰입항일자 | | |
| ⑮환적국 | | | ⑱국내도착항 | | |
| ⑯적출국 | | | ⑲선(기)명, 국적 | | |
| ⑳B/L(AWB) 번호 | | | ㉒운송형태 | | |
| ㉑장치확인번호 | | | ㉓조사란 | | |

| ㉔품 명 및 규 격 | ㉕세번부호/※품목번호<br>㉖과세가격(CIF) | | ㉙<br>세종 | ㉚세율 | ㉛감면율 | ㉜세액 | | ㉝면세·분납<br>유예부호 |
|---|---|---|---|---|---|---|---|---|
| (1) 품명 | | | 관 | ( ) | ( ) | | | |
| 규 격 | | | 내 | ( ) | ( ) | | | ※내국세세종 |
| | ₩ | | 교<br>농 | | ( )<br>( ) | | | |
| | ㉗순중량 | 단위 | 부 | | ( ) | | | |
| | ㉘수량 | 단위 | ㉞가산비용 | | ㉟공제비용 | ㊱평가방법 | ㊲원산지 | ㊳조사란 |
| (2) 품명 | | | 관 | ( ) | | | | |
| 규 격 | | | 내 | ( ) | ( ) | | | ※내국세세종 |
| | ₩ | | 교<br>농 | | ( )<br>( ) | | | |
| | 순중량 | 단위 | 부 | | ( ) | | | |
| | 수량 | 단위 | 가산비용 | | 공제비용 | ㊱평가방법 | ㊲원산지 | ㊳조사란 |

| ㊴보세운송방법 | ㊵총중량 | 단위 | ㊶납부서번호 | ㊷환율 | ㊸신고가격합계<br>( 매 란) | ₩<br>$ |
|---|---|---|---|---|---|---|

| ㊹결제금액<br>㊺운임<br>㊻보험료<br>㊼가산비용<br>㊽공제비용 | ㊿관세 ₩<br>51특별소비세 ₩<br>52교통세 ₩<br>53주세 ₩<br>54교육세 ₩<br>55농어촌특별세 ₩<br>56부가가치세 ₩<br>57 계 ₩ | 58세관기재란(수입면허조건, 세액정정, 통관표지, 분석성적서 등) | |
|---|---|---|---|
| 49포장종류, 개수, 기호, 번호 | | 수 입 인 지 | 59면허일자( / / ) |
| | | 접 수 인 | |

※ 수입신고필증의 진위여부는 관세청 통관시스템에 조회하여 확인하시기 바랍니다.
※ 본 수입신고필증은 세관에서 형식적으로 요건만을 심사한 것이므로 신고내용이 사실과 다를 때에는 신고인 또는 수출하주가 책임을 져야 합니다.

210×297m/m NCR지 50g/㎡

② 수입물품검사의 방법과 장소

세관은 수입을 신고한 물품 중 검사대상물품에 대한 검사담당자를 2인 이상 정한 후 검사방법을 기재한 검사지시서를 발부한다. 수입물품의 검사를 할 때 우범화물 검사를 실시한 물품에 대해서는 검사를 하지 않는다. 세관에서는 수입을 신고한 물품에 대하여 우범화물을 선별하게 된다. 우범화물의 선별기준은 특정감시대상국에서 선적된 소량화물, 적하목록상 수하인이 불분명한 물품, 수입실적이 거의 없는 물품, 저작권 침해가 우려되는 물품 등이다. 이것이 무역자동화 수입통관 시스템에 의해 실시되는 수입화물의 선별검사 시스템이다.

수입물품의 검사장소는 보세구역이 된다. 그러나 타소장치, 선상통관 등이 인정되고 있기 때문에 출장검사를 할 수 있다. 출장검사를 받고자 하는 경우에는 세관장의 출장검사의 승인을 받고 수수료를 납부해야 한다. 또한 현품이 있는 장소가 아닌 세관장이 정한 지정장소에서 수입물품을 검사하는 반입검사제도가 운영되고 있다.

### (4) 관세의 확정과 납부

① 과세가격의 결정

과세가격은 세액결정의 기준이 되는 과세물건의 가격이다. 과세가격은 수입신고일 현재의 가격과 수량에 의해 부과한다. 과세가격요건을 구비한 경우에는 신고가격을 인정한다. 그러나 과세가격의 요건을 구비하지 않아 신고가격을 인정하지 않는 경우에는 관세법의 규정에 의해 최근의 실적가격, 국내판매가격, 조정가격 등을 참고로 하여 세관에서 결정한다.

② 관세율의 적용

㉠ 현행관세율

현행관세율은 국정관세율과 협정관세율로 구분된다. 국정관세율에는 기본관세율, 잠정세율, 탄력관세율, 환급에 갈음하여 인하한 세율 등이 있다. 협정관세율에는 ESCAP(Economic and Social Commission for Asia and the Pacific) 개발도상국간 양허세율, GATT 개발도상국간 양허세율, GATT 협정세율, 관세법 43조 8에 의한 양허세율 등이 있다.

㉡ 관세율의 적용순위

관세율은 협정세율, 탄력세율, 잠정세율, 기본세율의 순서로 적용하게 된다. 이에 따른 현행관세율의 적용순위는, 1순위 덤핑방지관세, 보복관세, 긴급관세, 농림축산물에 대한 특별 긴급관세, 상계관세, 2순위 협정관세, 편익관세, 3순위 조정관세, 물가평형관세, 계절관세, 할당관세, 4순위 잠정관세, 5순위 기본관세 등과 같은 순위이다.

③ 관세의 납부

㉠ 자진신고에 의한 납부절차

신고납부의 경우 납세의무자가 수입신고서에 납세신고사항을 기재하여 신고한다. 납세 신고자는 신고를 한 날로부터 15일 이내에 당해 세액을 세관장에게 납부해야 한다. 납세신고를 받은 세관장은 신고사항을 심사한 후 신고납부서를 교부하면, 납세의무자는 신고납부서를 받아 세관장 및 국고수납 대행은행에 납부해야 한다.

㉡ 부과고지에 의한 납부절차

부과고지의 대상이 되는 물품은 과세가격 결정에 관한 자료가 부족한 여행자 또는 승무원의 휴대품 및 별송품, 우편물 등 특수한 경우에 한한다. 부과고지에 의해 관세를 징수하는 경우에는 세관장이 납세의무자에게 납세고지를 한다. 납세고지는 납세고지서 발부로 한다. 납세의무자는 납세고지서를 받은 후 15일 이내에 당해 세액을 세관장에게 납부해야 한다.

④ 관세사후납부제도

수입통관을 하는 경우에 세금납부 절차의 까다로움으로 인하여 화물의 유통과정이 원활하지 못한 경우가 있다. 이러한 폐단을 감소시키고자 세금을 납부하기 전에 일정한 납세담보만 제공하면 수입면허를 할 수 있는 것이 관세사후납부제도이다. 관세사후납부제도의 대상물품은 지정세관 등록업체가 수입하는 물품, 통관법인 또는 관세사법인이 수입하는 경우로서 관세청장이 관세납부에 지장이 없다고 인정하는 물품 등이다.

### (5) 수입신고 수리와 반출

세관장은 수입신고가 적법하게 이루어진 경우 이를 수리하고 신고인에게 신고필증을 지체없이 교부한다. 수입신고필증이 교부되면 물품은 내국물품이 되어 보세구역에서 반출할 수 있다. 무역자동화I 수입통관 자동화 시스템에 의해 보세구역을 거치지 않고 부두에서 직접 반출할 수 있도록 하고 있다.

### (6) 수입신고 수리 전 반출

수입신고 수리 전에 화물은 원칙적으로 보세구역으로부터 반출할 수 없다. 그런데 특별한 사유가 있는 경우에는 수입업자의 신청에 의해 수입신고의 수리 전에 관세 상당액을 담보로 제공하고 세관장의 승인을 얻어 물품을 보세구역으로부터 반출할 수 있다. 수입신고수리 전 반출승인에 의해 반출된 물품은 내국물품으로 간주된다. 이후 관세가 결정되어 관세를 납부하면 수입신고필증이 교부되고 담보는 해제된다.

## 4. 반송통관

### 1) 반송의 사유

반송은 보세창고에서 보관된 상태에서 외국물품의 상태 그대로 외국으로 돌려보내는 것이다. 수입업자가 반송해야 할 사유가 발생하면 수출업자에게 이와 같은 사실을 통보하고 계약의 재이행을 촉구하게 된다. 그러나 수출업자가 불응을 하는 경우에는 수입된 상태의 물품을 보세구역 내에서 국내에 반입하지 않고 반송하게 된다. 반송의 사유는 다음과 같다.

첫째, 운송업자의 과실로 인하여 무역계약내용과 다른 물품이 도착한 경우, 이를테면 다른 사람의 화물이 도착한 경우이면 수입업자는 수입신고를 하지 아니한 상태에서 외국으로 반송한다.

둘째, 수출업자의 과실로 인하여 품질, 규격 등이 무역계약내용과 다른 물품이 도착한 경우 수입업자는 수입신고를 하지 아니한 상태에서 외국으로 반송한다.

셋째, 운송업자의 과실로 운송 도중에 파손된 물품이 도착하는 경우에는 반송을 한다.

넷째, 수입업자가 외국으로부터 보세구역에 반입하여 수입신고를 하였으나 수입신고 수리요건 등의 불비로 수입면허를 받지 못하면 반송한다.

다섯째, 해외에서 위탁가공 후 또는 중계무역방식에 의해 보세구역 등에 반입된 물품으로서 수출할 목적으로 다시 외국으로 반출하는 중계무역물품이나 보세전시물품인 경우 반송한다.

### 2) 반송절차

반송을 하기 위해서는 반송물품이 보세구역에 반입된 상태에서 반송신고를 해야 한다. 반송물품이 선적항의 보세구역에 장치되어 있지 않은 경우에는 보세운송에 의해 물품을 운송해야 하고 반드시 선적확인을 받아야 한다. 반송신고인은 화주, 관세사, 통관 법인 또는 관세사법인이 된다. 수출신고를 할 때에는 반드시 수출허가 또는 승인서를 제출해야 하지만 반송신고의 경우에는 수출허가서가 필요 없다. 단지 반송사유를 입증할 수 있는 통신문, 운송기관의 운송착오 경위서와 같은 서류 등을 첨부하면 된다.

세관장은 신고된 서류를 심사하여 사실을 확인한 후에 반송신고를 수리하게 된다. 반송신고가 수리되면 반송신고인에게 반송신고필증을 교부하게 된다.

〈서식 12-5〉　수출(수입)화물반출(반입)신고서

## 수출(수입)화물반출(반입)신고서

주의사항:　1. 신고인은③~⑤, ⑫~⑲, ㉑란만 기재합니다.
　　　　　2. 해당세관 화물담당과에 제출하시오.

| □수출<br>□수입　화물　□반출<br>□반입　신고서 | 처리기간<br>즉 시 |
|---|---|

| ①수출입자 | 상 호 | | ②신고인 | 상 호 | |
|---|---|---|---|---|---|
| | 성 명 | (인) | | 성 명 | (인) |
| | 주 소 | | | 주 소 | |

| ③ 장치장명 | | ⑥ 신고번호 | | ⑩ 감 정 | (인) |
|---|---|---|---|---|---|
| | | ⑦ 신고수리년월일 | . . . | | |
| ④적재선(기) | | ⑧ 반입년월일 | . . . | ⑪ 화 물 | (인) |
| ⑤ 입항년월일 | | ⑨ 반출년월일 | . . . | | |

| ⑫목적(적출)항 | ⑬ B/L 번호 | ⑭ 기호, 번호 | ⑮ 개수 | ⑯ 포장 | ⑰ 품명 | ⑱ 수량 | ⑲ 비고 |
|---|---|---|---|---|---|---|---|
| | | | | | | | |
| | | | | | | | |
| | | | | | | | |
| | | | | | | | |
| | | | | | | | |
| | | | | | | | |
| | | | | | | | |

| ⑳장치확인 | 년　월　일 | | ㉑화물인수자 | 성 명 | (인) | 인수일자 | |
|---|---|---|---|---|---|---|---|
| | 확인인 | 비 고 | | 주민등록 번호 | | 전화번호 | |
| | | | | 상호 또는 주소 | | | |
| | | | | 품 명 | | 수 량 | |

| 구비서류: 없음 | |
|---|---|
| | 수 수 료<br>없 음 |

703-157민2) 83.11.14승인　　　　세로 268mm × 가로 190mm 신문용지 54g/㎡

# 제2절 관 세

## 1. 관세의 의의

관세(tariff, custom duties)는 한 국가의 관세선을 통과하는 물품에 대하여 부과하는 세금을 의미한다. 보호무역에서는 무역정책수단으로 관세를 주로 사용하여 왔다.

관세는 시행 초기에 재정수입을 목적으로 활용되었기 때문에 통과세가 대부분이었다. 그런데 관세는 유치산업을 보호하고 수입에 대한 직접적인 억제를 하는 효과가 컸기 때문에 각국에서는 관세의 부과시기와 관세의 부과방법을 적절하게 활용하였다. 이것은 관세가 그 성격상 물품세이며 수시세이기 때문에 가능한 것이었다. 이러한 이유로 오늘날에는 수출입물품의 수급을 조절하거나 자국 산업을 보호하고 발전시키기 위한 목적으로 관세를 활용하고 있다. 즉 무역상대국이 관세를 부과하면 보복관세를 부과하는 등과 같이 관세를 활용하여 탄력적으로 대응을 하는 것이다.

## 2. 관세의 분류

### 1) 이동방향에 의한 분류

수입관세는 물품을 수입할 때 부과하는 관세이다. 일반적으로 관세는 수입간세를 부과하는 것은 수입의 억제, 재정수입의 확대, 국내산업의 보호 등을 목적으로 하는 것이다. 보호무역에서는 관세가 재정수입을 증대하는 데에 상당한 기여를 하였다. 오늘날에도 이러한 기능은 아직도 발휘되고 있다. 통과관세는 무역당사국이 아닌 제3국에서 자국의 관세선을 통과하여 수송되는 물품에 대하여 부과하는 관세이다.

### 2) 부과방식에 의한 분류

재정관세는 정부의 재정수입을 확보하기 위하여 수출입하는 물품에 대하여 부과하는 관세이다. 보호관세는 국내의 유치산업을 보호 및 육성하거나 기존산업을 유지 또는 발전시킬 목적으로 수입하는 외국 물품에 대하여 부과하는 관세이다.

종가세는 수입물품의 가격을 과세표준으로 부과하는 관세이다. 고가의 물품을 수입하는 경우에 부과한다. 종량세는 수입물품의 수량을 과세표준으로 하여 부과하는 관세이다. 수입량의 급증현상을 억제하고자 하는 경우에 부과하게 된다. 선택관세는 한 가지 수입물품에 대하여 부과할 관세율을 종가세와 종량세 두 가지 세율로 정해 놓고 수입물품의 가격변동상태, 재정상태 등을 감안하여 그 중 한 가지 세율을 선택적으로 적용하는 관세이다. 복합관세는 동일한 물품에 대하여 종량세와 종가세 두 가지를 결합한 상태로 적용하는 혼합세이다. 수입되는 물품의 일정 수량까지는 종량세를 적용하고 일정 수량 이상에 대하여는 가격에 의해 종가세를 적용하는 관세이다.

단일관세는 동일한 물품에 대해서는 국가를 구분하지 않고 법률이 정한 일정률을 적용하는 관세이다. 복수관세는 동일한 물품에 대해서 두 가지 이상의 세율을 적용하는 관세이다. 즉 국가별로 차등을 두어 부과하는 관세이다.

국정관세는 한 국가의 법령에 의해 자주적으로 세율을 부과하는 관세이다. 따라서 각국에서 시행하고 있는 관세가 이에 해당한다. 협정관세는 외국과의 통상조약 또는 관세조약에 의해 부과하는 관세이다. 일정국가와 협약에 의해 결정한 후 부과하고 협약이 종결되면 협정관세도 폐지된다.

### 3) 부과 탄력성에 의한 분류

#### (1) 탄력관세제도

탄력관세제도(flexible tariff system)는 국내외 경제여건변화에 신축적으로 대처하기 위하여 관세의 과세대상, 과세율표, 적용기간 등에 대하여 탄력적으로 부과, 운영하는 관세제도이다. 즉 국내의 경제여건, 무역 물동량의 동향 등에 따라 국민 경제의 발전과 국민의 경제이익 추구라는 관점에서 신축적으로 관세를 부과하는 제도이다.

#### (2) 탄력관세의 유형

① 차별관세

차별관세는 동일한 물품에 대하여 국가별로 관세율 적용에 차이를 두는 것이다. 즉 어느 국가의 물품이 수입되는 경우에는 고율의 관세를 부과하고 어느 국가의 물품이 수입되는 경우에는 저율의 관세나 무관세를 적용하는 방식이다. 특혜관세는 일부 교역상대국에 대해서는 관세율을 인하하여 적용하는 할인관세를 의미한다.

② 보복관세

보복관세(retaliatory duty)는 교역상대국이 자국물품에 대하여 불리한 관세율을 적용하는 경우 이에 상응하여 교역상대국으로부터의 수입품에 대하여 관세를 부과하는 것이다. 즉 외국에서 자국 물품에 대하여 관세를 부과하거나 관세부과율을 높임으로써 수출량이 감소하는 경우와 같이 자국의 무역이 불이익을 받게 되었을 때 관세를 부과하거나 관세부과율을 높인 국가로부터의 수입물품에 대하여 부과하는 할증관세이다.

③ 덤핑방지관세

덤핑방지관세(anti-dumping duty)는 외국에서 정상가격 이하로 판매되는 물품의 수입으로 국내시장이 교란될 때 부과되는 할증관세이다. 즉 교역상대국으로부터의 수입품이 덤핑의 여지가 있는 경우 덤핑에 해당하는 비율만큼 관세를 부과하는 것이다.

④ 긴급관세

긴급관세(emergency duty)는 특정물품의 수입을 긴급히 억제할 필요가 있는 경우에 그 수입품의 관세율을 인상하여 부과하는 관세이다. 즉 수입품과 동일한 물품을 생산하는 기업에 혹은 산업에 피해가 발생하는 경우 이에 대응하기 위하여 부과하는 관세이다.

⑤ 조정관세

조정관세(adjustment duty)는 산업구조의 변동 등으로 물품 사이의 세율이 현저히 불균형하여 시정할 필요가 있는 경우에 부과하는 할증관세이다.

⑥ 농림축산물에 대한 특별 긴급관세

농림축산물에 대한 특별 긴급관세는 농림축산물이 긴급하게 급증하는 경우에 대비하여 그 수입을 억제할 목적으로 관세율을 인상하여 부과하는 관세이다.

⑦ 상계관세

상계관세(compensatory duty)는 수출국에서 수출장려금이나 보조금을 받은 물품이 수입되어 국내산업을 저해하는 경우에 수입국가가 이에 대항하여 수입물품이 받은 혜택을 상쇄시킬 목적으로 부과하는 관세이다.

⑧ 편익관세

편익관세(beneficial duty)는 조약에 의해 관세특혜를 받지 못하는 국가로부터 수입되는 물품에 대하여 기존의 타국과의 조약에 의한 관세특혜를 한도로 관세의 편익을 부여하는 관세제도이다. 일방적으로 자국이 최혜국대우를 해주는 관세이다.

⑨ 물가평형관세

물가평형관세(parity price duty)는 특정물품에 대한 공급을 원활하게 하고 국내물가를 안정시키는 데에 목적을 두고 부과하는 관세이다. 따라서 물가평형관세는 특정 수입물품의 가격이 등귀하거나 가격이 하락하는 것을 억제시킬 목적으로 관세율을 인상하거나 인하하는 관세이다. 물가평형관세에는 차액관세, 활척관세, 계절관세 등이 있다.

차액관세는 일정한 가격의 유지를 필요로 하는 물품의 경우에 기준가격을 정하여 놓고 수입되는 가격과 비교를 하여 수입가격이 더 높은 경우 그 차액에 대하여 부과하는 관세이다.

활척관세는 수입하는 물품가격의 등락에 따라 관세율을 인상 또는 인하시키는 관세이다.

계절관세는 계절에 따라 가격의 등락이 심한 물품의 수입에 대하여 계절별로 차등을 두는 관세이다.

⑩ 할당관세

할당관세(tariff quota)는 수입수량 또는 수입금액의, 일정 한도를 사전에 설정하여 두고 그 수량한도까지 수입될 때에는 저율의 관세를 부과하고 그 한도를 초과하는 것에 대하여는 고율의 관세를 부과하는 관세이다.

## 제3절 보세구역과 보세운송

### 1. 보세구역

#### 1) 보세구역의 의미

보세구역은 보세상태로 외국물품을 일정기간 장치하거나 또는 가공, 제조, 전시, 건설할 수 있는 일정한 구획을 갖춘 토지나 그 위의 건조물 또는 수면으로서 세관장이 지정하거나 특허한 장소이다. 보세구역은 설치기준과 설치목적에 따라 지정보세구역과 특허보세구역으로 구분된다. 지정보세구역은 외국물품을 일정기간 장치하거나 또는 가공, 제조, 전시, 건설할 수 있도록 세관장이 지정한 장소이다. 특허보세구역은 영리를 목적으로 세관장의 설영특허를 받아 설치한 보세구역이다.

## 2) 지정보세구역

### (1) 지정장치장

지정장치장은 통관을 하고자 하는 물품을 일시 장치하기 위한 장소로서 세관장이 지정한 구역이다. 지정장치장에는 수출허가를 받았으나 통관절차를 거치지 않는 내국물품을 장치할 수 있다. 지정장치장에 장치를 하는 경우에는 화주가 보관책임을 부담하되 화물관리인을 지정할 수 있다.

### 2) 세관검사장

세관검사장은 통관을 하고자 하는 물품을 검사하기 위한 장소로서 세관장이 지정한 구역이다. 세관검사장에는 검사받을 물품을 전부 또는 일부를 반입하게 할 수 있다. 세관검사장에 반입을 하는 경우에는 일정한 법적 요건을 갖춘 자가 반입물품을 채취하거나 운반해야 한다. 반입물품을 채취하거나 운반할 때 소요되는 비용은 화주가 부담한다.

## 3) 특허보세구역

### (1) 보세건설장

보세건설장은 산업시설의 건설에 소요될 외국물품인 기계류, 설비품, 공사용 장비를 장치하거나 사용하여 당해 건설공사를 하는 구역으로 세관장이 승인한다. 보세건설장에 투입된 외국물품은 장치장소를 제한하거나 사용에 대한 상황 보고를 하게 할 수 있다. 보세건설장에서 건설된 시설은 수입면허 전에 가동하지 못하는 것이 원칙이나 역외작업을 허가하고 있다.

보세건설장에서 외국물품에 대하여 수입통관 등과 같은 절차를 거치다 보면 필요한 때에 사용할 수 없는 경우가 발생할 수 있다. 그러므로 보세건설장에서는 통관절차를 사후로 연기하고 먼저 외국원자재를 도입함으로써 건설공사의 진행에 차질이 없도록 운영하기도 한다. 보세건설장의 설영특허기간은 작업기간 등을 고려하여 세관장이 정한다. 장치기간은 특허기간과 동일하다.

### (2) 보세창고

보세창고는 외국물품을 장치하기 위한 구역이다. 허가를 받고 통관을 하지 아니하는 내국물품의 장치가 가능하다. 물품반입에는 허가를 받아야 반입물품검사를 할 수 있다. 보세창고의 특허기간은 10년 이내이고 장치기간은 외국물품은 2년으로 연장이 가능하고 비축물품은 각 물품의 비축기간에 따라 장치기간이 결정된다.

### (3) 보세공장

보세공장은 외국물품 또는 외국물품과 내국물품을 원료로 하거나 재료로 하여 제조, 가공 기타 이와 유사한 작업을 하기 위한 구역이다. 보세공장에서는 허가범위 내에서 내국물품을 원재료로 하여 작업할 수 있다. 보세공장으로 물품을 반입하는 경우에는 허가를 받아야 한다. 반입한 물품을 사용하고자 하는 경우에는 신고를 하고 사용해야 한다. 세관장은 사용신고를 한 물품에 대하여 검사를 할 수 있다. 그런데 사용신고를 한 외국물품인 경우에는 이에 대한 수입허가승인을 받은 증빙이 필요하다.

보세공장에서 이루어지는 보세작업 등에 대해서는 개시 및 종료에 관한 사항을 보고해야 한다. 원재료 손모율이 일정한 것으로 인정되고 검사를 하는 데에 곤란이 없는 경우에는 특별 보세공장으로 지정하여 검사절차를 간소화할 수 있다.

세관장은 필요한 경우 보세공장 외에서의 작업을 허가한다. 보세공장에서 이용한 내국물품은 원칙적으로 외국물품으로 본다. 이를 제품보세라고 한다. 내수용 보세공장에서 사용한 외국물품에 대해서는 신청에 의해 원료과세가 가능하다. 보세공장에서 이루어지는 보수작업은 승인을 받도록 하고 있다. 보세공장의 특허기간은 10년 이내이고 장치기간은 1년 이내로 1년의 연장이 가능하다. 관세청장이 지정한 선박제조용 물품 등은 2년의 연장이 가능하다.

### (4) 보세전시장

보세전시장은 박람회, 전람회, 견본시(見本市) 등의 운영을 위하여 외국물품의 장치, 전시 또는 사용을 하는 구역이다. 보세전시장의 설영특허를 받으려면 전람회의 규모, 내용을 파악할 수 있는 사업계획서와 자료 등을 첨부하여 설영특허신청서를 세관장에게 제출해야 한다. 보세전시장에 외국물품을 반입하기 위해서는 세관장의 승인을 얻어야 한다. 보세전시장의 설영특허 소멸 후, 외국물품은 설영인이 타 보세구역에 반출해야 한다. 특허기간은 전람회 기간 등을 고려하여 세관장이 정한다. 장치기간은 특허기간과 동일하다.

### (5) 보세판매장

보세판매장은 외국물품을 외국으로 반출하거나 외교관 면세규정에 의해 관세의 면제를 받을 수 있는 자가 사용하는 것을 조건으로 물품을 판매하는 구역이다. 세관장은 보세판매장에서 판매할 물품의 종류와 수량 및 장치장소 등을 제한할 수 있다. 화주는 보세판매장에 물품을 반입할 때에는 허가를 받아야 한다. 그리고 세관장은 보세판매장에 반입하는 그 물품을 검사할 수 있다.

### 4) 자율관리보세구역

#### (1) 자율관리보세구역의 의미

자율관리보세구역은 지정보세구역 또는 특허보세구역 중에서 물품의 관리와 세관의 감시에 지장이 없다고 인정된 보세구역에 대하여 화물관리를 보세구역 운영인에게 위임하여 자율적으로 운영하도록 함으로써 세관의 직접적인 규제를 가급적 완화하고 관세행정의 능률적인 수행과 질서유지를 위하여 세관장이 지정한 보세구역이다.

#### (2) 자율관리보세구역의 특징

자율관리보세구역에 대해서는 보세공장 보세건설장외 작업을 허가할 때의 담보제공 생략, 세관직원에 의한 세관봉인대의 시봉 및 관리 생략, 내국물품의 반출 또는 반입신고 생략, 식품위생법 및 축산물가공처리법 규정에 의한 표시작업 및 벌크화물의 적입을 위한 포장제거 작업의 경우 보수작업 신청 생략, 환적화물 컨테이너 적입과 적출작업 신고 생략, 재고조사를 분기별 1회에서 연 1회로 완화, 보세구역 운영상황의 점검 생략 등과 같은 혜택이 있다.

### 5) 종합보세구역

#### (1) 종합보세구역의 의미

종합보세구역은 보세창고, 보세공장, 보세전시장, 보세건설장 또는 보세판매장의 기능 중 둘 이상의 기능을 수행할 수 있는 장소이다. 종합보세구역은 관세청장이 직권으로 또는 관계 중앙행정기관의 장이나 지방자치단체의 장, 그 밖에 종합보세구역을 운영하려는 자의 요청에 따라 무역진흥 기여 정도, 외국물품의 반입물량과 반출물량 등을 고려하여 지정한 지역이다.

#### (2) 종합보세구역의 특징

종합보세구역에 물품을 반입하거나 반출하려는 자는 세관장에게 신고해야 한다. 종합보세구역에 반입 또는 반출되는 물품이 내국물품인 경우에는 신고를 생략하거나 간소한 방법으로 반입이나 반출하게 할 수 있다. 종합보세구역에 반입한 물품의 장치기간은 제한하지 아니한다. 세관장은 종합보세구역에 반입 또는 반출되는 물품이 국가안전, 공공질서, 국민보건 또는 환경보전 등에 지장이 초래되거나 종합보세구역의 지정 목적에 부합되지 아니하는 물품이 반입 또는 반출되고 있다고 인정될 때에는 해당 물품의 반입 또는 반출을 제한할 수 있다.

## 2. 타소장치

### 1) 타소장치의 의미

타소장치는 수입업자가 수입하려는 화물은 운송수단에서 양륙하여 수입통관절차를 이행하기 전까지는 보세구역에 장치해야 하는데 화물의 특성이나 화주의 사정에 의해 보세구역에 반입할 수 없는 경우에 보세구역 이외의 장소에 장치하는 것을 의미한다. 즉 보세구역 장치장의 시설을 기준으로 판단할 때에 기준을 초과하여 장치가 불가능하게 된 경우에는 보세구역에 반입할 수 없기 때문에는 보세구역 이외의 장소에 허가를 받아 장치하는 것이다.

### 2) 타소장치의 대상물품

타소장치가 가능한 물품은 거대 중량이나 장척 및 기타의 사유로서 보세구역에 장치하기 곤란한 물품, 재해나 기타의 부득이한 사유로 임시 장치한 물품, 보세구역에 장치할 수 없는 검역대상 물품, 국내법에서 규정한 법규를 위반한 압수 물품, 국내법에서 규정하고 있는 우편물품 등이다.

## 3. 보세사

### 1) 보세사의 의미

보세사(bonded goods caretaker)는 보세화물관리에 전문적인 지식과 경험을 가지고 보세화물관리에 대한 세관의 업무 중에서 일부를 규제완화 차원에서 위탁받아 수행하고 있는 자이다. 보세사는 국가공인 전문자격사인데 지정보세구역의 화물관리인이나 특허보세구역의 운영인이 관할하는 보세구역을 자율관리보세구역으로 지정받으려는 경우 관련 법규에서 필수적인 요건으로 지정한 자이다.

### 2) 보세사의 자격

보세사는 일반직 공무원으로서 5년 이상 관세행정에 종사한 경력이 있는 자, 보세화물의 관리업무에 3년 이상 종사한 경력이 있는 자로서 관세청장이 정하는 교육을 받고 보세화물의 관리업무에 관한 전형에 합격한 자이다.

### 3) 보세사의 업무

#### (1) 입회 및 확인업무

보세사는 보세화물과 내국물품을 반입하거나 반출하는 경우에 입회하 확인한다. 또한 보세구역에 장치된 물품을 관리하고 보세구역 내에서 이동을 하거나 재적치를 하는 경우에 입회하여 확인한다. 그리고 컨테이너에 내장된 화물을 적출하거나 컨네이너에 화물을 적입하는 경우에도 입회하여 확인한다.

#### (2) 감독업무

보세사는 보세구역의 출입문을 개폐하는 행위와 출입문 개폐와 관련된 열쇠를 관리하는 사항을 감독한다. 보세사는 보세구역에 출입하는 자들을 감독하여 안전관리에 만전을 기한다. 그리고 보세구역 내에서 견품을 반출하거나 회수한다. 화주의 수입신고 전 장치물품을 확인할 때에 입회하고 확인한다. 컨테이너에 화물을 적입한 후에 이루어지는 세관봉인대의 시봉을 입회하여 확인하고, 그 이후에도 관리 감독을 한다. 보수작업의 절차를 생략한 물품에 대해 보수작업을 하는 경우 입회하여 감독한다. 환적화물 컨테이너에 적입하거나 적출을 할 때에도 입회하여 감독한다.

#### (3) 관리대장 취급업무

보세사는 내국물품 반출과 반입 관리대장, 보수작업관리대장, 환적화물의 반출과 반입 관리대장, 기타 보세화물관리에 관한 고시에서 규정한 각종 대장 등을 비치하거나 확인하는 업무이다.

## 4. 보세운송

### 1) 보세운송의 의미

보세운송(bonded transportation)은 외국으로부터 수입하는 화물을 입항지에서 통관하지 아니하고 세관장에게 신고하거나 승인을 얻어 외국물품의 상태 그대로 개항, 보세구역, 타소장치의 허가를 받은 장소, 세관관서, 통관역, 통관장 등에 한해 운송하는 것을 의미한다. 보세운송은 수입화물에 대한 관세가 유보된 상태에서 운송되는 것이기 때문에 제약이 있다.

## 2) 보세운송업자의 유형

### (1) 일반보세운송업자

일반보세운송업자는 보세운송업자로 등록한 보세운송업자이다. 일반보세운송업자가 보세운송을 하려고 할 때는 물품을 검사해야 하고 담보를 제공해야 한다.

### (2) 간이보세운송업자

간이보세운송업자는 일반 간이보세운송업자와 특정물품 간이보세운송업자로 구분된다. 일반 간이보세운송업자는 보세운송업자 등록요건에 의해 등록한 자중 일정한 요건을 구비한 경우 신인도 등을 감안하여 보세운송물품의 검사 생략과 담보제공을 면제받을 수 있도록 세관장이 지정한 자이다. 특정물품 간이보세운송업자는 보세운송 등록업자 중 특정한 요건을 구비한 경우 관리대상화물 등 특정물품을 보세운송을 할 수 있도록 세관장이 지정한 자이다.

## 3) 보세운송의 신고

보세운송신고는 화주와 보세운송업자, 관세사 등이 할 수 있다. 보세운송신고 또는 승인을 신청할 때는 수입물품의 적하목록을 제출하고 양륙장소에 당해 물품이 반입된 이후에 신고해야 한다. 보세운송신고 또는 승인을 얻으려는 자는 운송수단의 종류, 운송수단의 명칭 및 번호, 운송통로와 목적지, 화물상환증, 선하증권 번호 또는 항공화물운송장 번호, 물품의 적재지 또는 생산지 혹은 제조지, 포장의 종류와 번호 및 개수, 물품의 품명과 규격, 수량 및 가격, 물품의 운송기간, 화주의 명칭이나 성명, 주소, 사업자 등록번호 및 대표자 성명 등을 기재한 보세운송 신고서 또는 보세운송 신청서를 세관장에게 제출해야 한다.

## 4) 보세운송의 승인대상 물품

보세운송의 승인대상 물품은 검역이 필요한 물품, 위험물 안전관리법에 따른 위험물, 유해화학물질관리법에 따른 유해화학물질, 화물이 국내에 도착된 후 최초로 보세구역에 반입된 날부터 30일이 경과한 물품, 통관이 보류되거나 수입신고수리가 불가능한 물품, 보세구역외 장치허가를 받은 장소로 운송하는 물품, 부피가 작고 고가인 물품, 화주 또는 화물에 대한 권리를 가진 자가 직접 보세운송을 하는 물품, 통관지가 제한되는 물품, 적하목록상 동일한 화주의 선하증권 단위의 물품을 분할하여 보세운송을 하는 경우 그 물품 등이다.

### 5) 보세운송수단

보세운송업자가 수입화물을 보세운송하려는 경우에는 자기보유 운송수단이나 다른 보세운송업자의 운송수단을 이용할 수 있다. 수입업자가 본인의 화물을 직접 보세운송하는 경우에도 보세운송수단은 제한을 받지 않는다. 다만 화주는 관세에 상당하는 담보를 제공한 후 자신이 책임지고 목적지 보세구역까지 보세운송을 해야 한다.

### 6) 보세운송의 기간

보세운송의 기간은 관련법에서 규정된 보세운송에 소요되는 한계기간이다. 보세운송의 기간은 보세운송신고 수리일로부터 해상화물은 15일, 항공화물은 7일이다. 재해, 차량신고, 도착지 창고사정 등 기타 부득이한 사유로 인하여 보세운송 기간을 연장할 필요가 있을 때에는 보세운송인은 보세운송 신고세관 또는 승인세관 또는 도착지 세관장에게 보세운송기간 연장신청서를 제출해야 한다. 보세운송기간 연장신청 사유가 타당하다고 인정되면 당초 보세운송기간과 같은 일수의 범위 내에서 1회에 한하여 기간연장을 승인한다. 보세운송업자는 물품을 관세청장이 정하는 보세운송기간 내에 목적지 보세구역에 도착시켜야 한다. 물품이 목적지에 도착한 후에는 보세운송신고필증 또는 보세운송승인서 2부를 보세구역외 장치 허가를 받은 자를 포함한 보세구역 운영인 또는 화물관리인에게 제시하고 물품을 인계해야 한다.

### 7) 보세운송의 도착지와 변경

보세운송 도착지는 반드시 개항, 보세구역, 세관관서, 통관역, 통관장, 통관우체국 등과 같은 보세구역이어야 한다. 보세운송신고를 하거나 보세운송승인을 받은 자는 해당 물품이 운송목적지에 도착하였을 때에는 도착지의 세관장에게 보고해야 한다. 보세운송 신고인이 보세운송 목적지를 변경하려면 보세운송 신고필증 또는 보세운송 승인서와 목적지 변경사유서를 보세운송물품을 보세구역에서 반출하기 전에 세관장에게 제출하여 승인을 받아야 한다.

### 8) 도착지 보세구역 운영인

보세운송의 도착지에서 보세구역의 운영인 또는 화물관리인은 발송지 세관으로부터 통보받은 보세운송 반입예정 정보와 보세운송신고필증 또는 보세운송승인서와 보세운송으로 도착한 화물을 대조하여 일치되는가의 여부를 확인하고 보세운송신고필증 또는 보세운송승인서에 도착일시와 인수자의 성명을 기명날인하여 보세운송인에게 교부해야 한다.

# 제 4 절 관세환급

## 1. 관세환급의 의의와 대상

### 1) 관세환급의 의의

관세환급이라는 개념은 국가가 부과 징수한 조세에 대하여 일정한 법적 요건을 구비한 경우에 조세를 납부한 자에게 되돌려 주는 조치이다. 일반적으로는 외화획득용 원료 또는 기재를 수입할 때에 납부하였던 관세를, 외화획득용 원료 또는 기재를 사용하여 생산한 물품을 수출하고 그 사실을 증명하면 환급받게 되는 행정절차를 의미한다. 따라서 관세환급은 수출업자가 부담하는 조세에 대한 부담을 경감시켜 수출을 진흥시키려는 목적을 가진 조치이다. 내국신용장에 의한 물품공급업자에게 영세율을 적용하는 이치와 같다.

수출업자가 수출용 원자재를 수입할 때에 부과하는 조세에는 관세, 임시수입부가세, 특별소비세, 주세, 교통세, 농어촌특별세, 교육세, 부가가치세, 가산세 등이 있다.

수출이행 확인절차를 거쳐 부가가치세, 가산세를 제외한 나머지 조세는 세관장이 환급하고 부가가치세는 관할 세무서장이 환급한다. 그러나 가산세는 세법에 환급에 관한 규정을 두고 있지 않기 때문에 환급되지 않는다. 관세환급 승인권자는 수출입 주무기관의 장이나 당해 물품을 관장하는 중앙행정기관의 장에게 위탁되어 있다.

### 2) 관세환급의 대상

물품을 수입하는 때에 관세 등을 납부하였거나 징수유예를 받은 물품 또는 이를 원자재로 하여 제조, 가공에 사용한 경우에는 환급특례법상 관세환급의 대상이 된다.

그러나 수입을 할 때 관세 등을 납부하였음에도 불구하고 수출이행기간이 경과하여 수출된 물품의 원재료, 선 수출 후 다시 수입을 한 물품, 환급에 갈음하는 인하세율을 적용하여 수입한 물품, 수입을 할 때 관세를 감면 받거나 분할 납부를 받은 물품, 국내에서 사용하다가 수출한 물품, 추징물품 및 공매물품, 가산세 또는 가산금이 부과된 물품, 탄력관세 적용물품으로 내수용에 한한다는 조건이 붙은 물품 등은 관세환급의 대상이 아니다.

## 2. 관세환급의 방법

### 1) 정액환급제

#### (1) 정액환급제의 의미

정액환급제는 수입을 할 때 관세를 납부하였거나 또는 징수유예를 받은 물품으로 제조, 가공한 물품을 수출하였을 때 수출품목별로 환급해야 할 금액을 사전에 정한 정액환급률표에 의해 환급하는 방식이다.

#### (2) 정액환급제의 유형

정액환급제는 업체별 또는 품목별 정액환급제와 간이정액환급제로 구분된다. 업체별 또는 품목별 정액환급제는 관세청장이 정액환급품목으로 선정한 물품에 대하여 평균환급액 또는 원재료평균납부세액을 기초로 업체별로 수출물품 1단위 당 환급액을 정하여 수입을 할 때 납부한 관세범위 내에서 환급하는 방법이다. 간이정액환급제는 중소기업이 수출신고수리를 할 때에 간이정액환급률표에 게기된 품목에 대하여 수출물품 제조를 할 때에 소요되는 원재료의 납부세액을 정하여 일정액을 환급하여 주는 방법이다.

### 2) 개별환급제

#### (1) 개별환급제의 의미

개별환급제는 정액환급률표에 게기되어 있지 않은 물품을 수출하였을 때 그 물품생산에 소요된 각종 원재료의 종류와 수량을 소요량증명서에 의해 확인하고 그 원재료를 수입할 때 납부한 세액이 얼마인가를 수입면장에 의거 산출하여 그 세액을 환급하는 방법이다.

#### (2) 개별환급제의 유형

① 평균세액증명제도

수입업자가 수입하는 외화획득용 원료 또는 기재 등과 같은 복잡한 규격의 품목별 물량에 대하여 외화획득용 원료 또는 기재 등을 HS 10단위로만 구분하여 HS 10단위 내에 포함되는 모든 원재료는 동일한 것으로 간주하고 규격별로 각각 다르게 납부한 관세액의 평균치를 산정하여 평균세액증명서를 발급받은 자에게 그 평균치를 기준으로 환급하는 제도이다.

② 환급에 갈음하는 관세 등의 세율인하 제도

환급에 갈음하는 관세 등의 세율인하 제도는 국산화가 어려운 외화획득용 원료나 기재를 수입할 때에 관세를 사전에 인하하여 징수하는 방식이다. 환급에 갈음하는 관세 등의 세율인하 제도는 수출업자가 수출물품을 생산할 때에 원료나 기재의 국내조달이 불가능한 경우에는 외화획득용 원료나 기재를 반드시 수입하고 수출에 사용될 것이기 때문에 수입할 때 관세를 부과하였다가 수출할 때 관세환급을 하는 절차는 비효율적이기 때문에 사용한다.

③ 과소환급금의 환급제도

세관장은 지급한 환급금이 환급해야 할 금액보다 과소하게 환급한 사실을 알았을 때에는 지체없이 환급이 누락된 금액과 그 에 따른 이율을 포함하여 계산한 당해 금액을 지급하도록 하는 제도이다.

④ 사후정산제도

사후정산제도는 환급세액의 증명없이 수출면장만으로 미리 정해져 있는 환급률에 따라 일정액을 우선 지급하고 3개월 내에, 기초원재료납세증명서의 경우에는 6개월 내에 개별환급 신청서류를 작성하여 사후 정산하도록 하는 제도이다.

사후정산제도에서 세관은 일괄납부업체가 외화획득용 원료 또는 기재를 수입할 때에 일정기간 이내에 수출 등에 사용할 것을 조건으로 관세를 부과하지만 징수를 하지 않은 상태에서 통관시켜 물품을 생산하도록 하고 그 물품이 수출된 후 환급받아야 할 금액과 관세 등을 상계 처리하도록 한다. 외화획득용 원료 또는 기재의 수입에 따른 관세부담을 완전히 제거시켜 수출을 촉진하기 위한 제도이다. 일괄납부기간은 수출원재료의 수입신고일이 속하는 분기로 한다.

⑤ 자율소요량제도

자율소요량은 환급신청자가 수출물품 생산에 소요된 원재료의 소요량을 일정한 기준과 그 절차에 따라 자율적으로 산정하여 환급신청 전까지 환급신청 세관에 신고하고 환급을 받을 수 있는 제도이다.

자율소요량제도의 적용을 받는 업체들은 단위실량, 단위설계소요량, 수출 건별 총 소요량 산정방법, 자율소요량 산출방법 중에서 한 가지를 선택하여 환급금을 계산한다. 환급신청 전에는 세관장에게 동종의 수출물품별로 소요량 산정방법을 신고해야 하며 제조사양서 및 제조공정도와 같은 자율소요량 계산근거자료는 법에서 정하는 기간동안 보관, 관리해야 한다.

## 3. 관세환급의 신청과 지급

### 1) 관세환급 신청자와 신청기관

관세환급을 신청할 수 있는 자는 원칙적으로 환급을 받고자 하는 대상물품을 수출하였거나 이와 동등한 자격을 가진 자 또는 국내에서 외화를 획득하는 용도에 제공한 자가 된다. 따라서 수출대행인 경우에는 수출업자 이외에 수출을 위탁한 자도 환급신청자 될 수 있다. 관세환급 신청기관은 관세청장이 지정한 전국 세관과 세관출장소로써 관세환급 신청인의 제조장을 관할하는 세관장이다.

### 2) 관세환급 신청서류

정액환급을 신청하는 자는 환급신청서에 정액환급률표에서 정하는 수출사실을 증명하는 관계서류를 첨부하여 수출 등에 제공된 날로부터 2년 이내에 관세청장이 지정한 세관에 환급신청을 한다. 수출신고필증은 수출수리 신고일로부터 2년 이내이어야 한다. 그리고 선적이 확인된 것이어야 한다. 그러나 환급기관이 인정하는 경우에는 선장이 발행한 화물운송장으로 선적확인을 대신할 수 있다. 개별환급을 신청하는 자는 환급신청서에 소요량계산서, 수출신고필증 등을 첨부하여 환급신청을 한다.

### 3) 관세환급금 지급절차

#### (1) 관세환급금을 세관에 신청한 경우

관세환급 대상자가 관세환급금을 세관에 신청한 경우, 세관장은 이를 심사하여 관세환급액을 결정한다. 관세환급액이 결정되면 관세환급지시서를 환급신청인이 지정한 은행에 송부한다. 관세환급 신청인에게는 관세환급금 및 관세환급방법을 기재한 환급통지서를 교부한다. 환급신청인은 환급통지서를 지참하고 관세환급을 받기 위하여 본인이 지정한 은행에서 관세환급을 신청하면 은행은 관세환급 지시서와 대조, 확인한 후 관세환급 신청자에게 지급한다.

#### (2) 관세환급금을 환급은행에 신청한 경우

관세환급 대상자가 관세환급금을 환급은행에 신청한 경우, 환급은행의 장은 신청내용을 심사하고 환급액을 결정하여 신청인에게 지급한다.

〈서식 12-6〉 환급신청서

# 환 급 신 청 서 (갑)

(제 8-1호서식)

| | | | 처 리 기 간 기본(10품목):5일 |
|---|---|---|---|
| ① 환급신청자 주 소: 상 호: 성 명: | 사업자등록번호 | ③ 신청번호 | 기관부호 / 구분 / ※일련번호 |
| | | ④ 신청일자 | |
| ② 제조자 상 호: 성 명: | 사업자등록번호 | ⑤ 결정일자 | |
| | | ⑥ 신청자 구 분 | 1 수출업자 2 수 출 위탁자 3 완제품 공급자 |

| 수 출 사 항 | | | | 구분 / 세종 | ⑯ 정 액 | ⑰ 개 별 | ⑱ 합 계 |
|---|---|---|---|---|---|---|---|
| ⑦ 품명규격 | ⑫ HS | ⑭ 개별사유 | | | | | |
| ⑧ 신고번호 및 란 번 | ⑩ 형태 | ⑬ 수량 | 단위 | | | | |
| ⑨ 면허일자 | ⑪ 금액(FOBS) | ⑮ 물량 | 단위 | | | | |
| (1란) | | | | ⑲ 관 세 | | | |
| | | | | ⑳ 방위세 | | | |
| | | | | ㉑ 내국세 | | | |
| | | | | ㉒ 방위세 | | | |
| | | | | ㉓ 계 | | | |
| (2란) | | | | 관 세 | | | |
| | | | | 방위세 | | | |
| | | | | 내국세 | | | |
| | | | | 방위세 | | | |
| | | | | 계 | | | |
| ㉙ 지급은행 | 은 행 명 | | 합계(란) | ㉔ 관 세 | | | |
| | 코 드 번 호 | | | ㉕ 방위세 | | | |
| | 온라인구좌번호 | | | ㉖ 내국세 | | | |
| | | | | ㉗ 방위세 | | | |
| | | | | ㉘ 계 | | | |

환급특례법 시행령 제15조 제2항의 규정에 의해 환급신청하오니 승인하여 주시기 바랍니다.

| 수수료 | |
|---|---|
| 없 음 | |

# 제13장

# 화물의 선적과 양륙

## 제1절 화물의 선적

### 1. 개품운송계약 화물의 선적

#### 1) 선적과 서류

화물을 선적할 때에는 선박회사로부터 본선의 선장 앞으로 당해 화물의 선적을 지시한 선적지시서(shipping order: S/O), 선박회사의 화물인수목록(booking note), 부선의 경우에는 부선송장(cargo boat note) 등을 교부받고, 이것을 수출신고필증과 함께 본선의 승선 세관원에게 제시한다. 승선 세관원이 현물과 대조확인을 거친 후 적재 허가를 하면 선적한다.

선적이 종료되면 화물의 수령자인 일등항해사가 본선수취증(mate's receipt: M/R)을 발행한다. 즉 선박운항책임자인 일등항해사(chief mate)가 선장을 대리하여 선박회사에서 발급한 선적지시서와 대조하면서 화물을 수취한 다음 선창 내에 적치시킨다. 이때에 화물을 수취한 증거로서 본선이 발행하는 수취증을 본선수취증이라고 한다. 선적할 때에 화물상태의 이상 유무에 대하여 본선수취증의 적요란(remark)에 그 사실을 기재하고 기명, 날인하게 된다. 이상이 발생한 내역을 기재한 수취증을 고장 본선수취증(foul mate's receipt)이라 하고 이상이 없는 경우의 수취증을 무고장 본선수취증이라 한다. 화주는 무고장 본선수취증을 선박회사에 제시하여 선하증권을 발급받아 이것을 화물의 인도나 대금 결제를 할 때에 사용한다.

〈서식 13-1〉 선적지시서

HONG KONG SHIPPING CO., LTD.

SHIPPING ORDER

<table>
<tr><td colspan="4">① Shipper</td><td colspan="3">Date of issue</td></tr>
<tr><td colspan="4">② Consignee</td><td colspan="3" rowspan="2"></td></tr>
<tr><td colspan="4">③ Notify Party</td></tr>
<tr><td colspan="2">④ Vessel</td><td colspan="2">⑥ Voyage No.</td><td colspan="2">⑧ S / O No.</td><td>⑨ B / L No.</td></tr>
<tr><td colspan="2">⑤ Port of Loading</td><td colspan="2">⑦ Port of Discharge</td><td colspan="3">⑩ Final Destination</td></tr>
<tr><td colspan="7">⑪ Particulars are furnished by shipper.</td></tr>
<tr><td>⑫ Marks and Numbers</td><td colspan="2">⑬ No. & Kind of Pkgs.</td><td colspan="2">⑭ Description of Goods</td><td>⑮ Gross Weight</td><td>⑯ Measurement</td></tr>
<tr><td colspan="7">⑰ Remarks:</td></tr>
<tr><td colspan="7">Please receive on board the above mentioned goods<br><br>⑱ HONG KONG SHIPPING CO., LTD.<br><br>By ___(Signature)___</td></tr>
</table>

〈서식 13-2〉 본선수취증

HONG KONG SHIPPING CO., LTD.

MATE'S RECEIPT

TO CHIEF OFFICER S/O No.________________

PLEASE RECEIVE ON BOARD

S.S.________________ VOYAGE #________________ DESTINATION__________

SHIPPER ______________________________________________

CONSIGNEES______________________________________________

THE UNDERMENTIONED CARGO IN GOOD ORDER UNLESS OTHER WISE NOTED BELOW

| MARKS AND NUMBERS | NO. PACKAGES | DESCRIPTION | POUNDS | CUBIC FEET |
|---|---|---|---|---|
| | | | | |

THIS RECEIPT IS GIVEN SUBJECT TO ALL THE CONDITIONS OF STANDARD BILL OF LADING

RECEIVED ON BOARD

BY ______________________________________

NO. OF PACKAGES __________________________

STOWED IN JANG NO. ________________________

DATE ________________ BROWN STEAMSHIP CORPORATION, S/A AGENTS

(SIGNATURE HONG KONG SHIPPING CO., LTD. CHECKER)

BY ________________

NOTE: ANY PACKAGE NOT IN GOOD ORDER AND CONDITION MUST NOT BE RECEIVED

ON BOARD

ORIGINAL TO BE RETAINDE BY SHIP

### 2) 선적의 유형

#### 1) 선적 장소기준

선적작업이 이루어지는 작업장소를 중심으로 하여 선적하는 유형을 보면 접안 선적과 정박지 선적 등으로 구분된다. 선박이 항구에 접안을 하였으면 접안 선적을 할 수 있다.

그런데 선박이 접안을 하지 못하고 외항에 정박하고 있는 경우에는 정박지에서 선적해야 한다. 접안 선적의 경우에는 선박이 접안을 하면 육지 쪽으로 화물을 선적할 수도 있고 반대쪽으로 부선으로 운송하여 선적할 수도 있다. 정박지 선적의 경우에는 선박이 정박하고 있는 장소까지 부선으로 화물을 선박까지 운반하여 선적을 하게 된다.

#### 2) 선적 주체기준

선적하는 방법을 중심으로 하여 선적 유형을 보면 자가 선적과 일괄 선적 등으로 구분된다. 이것은 선적을 화주가 직접 하는가 혹은 운송업자가 인수한 후에 일괄하여 선적하는가에 대하여 관점을 두고 구분하는 것이다.

자가 선적은 화주가 직접 책임을 지고 하역업자를 지정하여 화물을 선측까지 운반하여 선적하는 방법이다. 일괄 선적은 화주가 선박회사의 창고 또는 선박회사가 지정한 제3자의 창고 또는 기타의 수령장소까지 화물을 운반하고 선박회사에 인도하면 선박회사가 지정하는 하역업자가 선측까지 운송하여 적재를 하는 방법이다.

## 2. 용선운송계약 화물의 선적

용선계약에 의한 선적은 일반적으로 자가 적재방식에 의한다. 본선의 입항검사가 끝나면 선장은 화주에게 하역준비완료 통지서(notice of readiness)를 교부한다. 용선운송계약에 의한 선적은 수출물품의 특성 때문에 보세구역에서 접안 선적이나 정박지 선적의 방식으로 선적하는 경우는 적다. 대부분은 보세구역 이외에서 이루어진다.

그러므로 용선계약에 의한 선적을 하는 경우에는 출장검사를 신청하거나 타소장치를 하고 있는 장소에서 선적에 대한 승인을 받아야 한다. 선적이 완료되면 정박일수 계산서(laytime statement)가 작성된다. 정박일수 계산서는 선박회사, 선주, 화주가 각각 서명하여 작성한 것으로 정박기간 산정의 기초자료가 된다.

# 3. 컨테이너 화물의 선적

## 1) 컨테이너 화물의 적입

컨테이너운송에서는 컨테이너 용기의 확보가 중요하다. 그러므로 컨테이너 화물의 선적은 선복의 신청이 우선되어야 한다. 선복을 신청할 때는 화주가 선박회사에 화물의 명세, 일반적 선적에 관한 사항, 컨테이너에의 화물 적입방법, 화물적입장소, 화물적입예정일, 컨테이너의 수, 컨테이너의 종류, 컨테이너 차용의 필요 유무, 컨테이너의 내륙운송을 위한 운송회사의 수배의 필요 유무에 대한 사항 등을 통지해야 한다.

컨테이너 화물에 대한 운송계약이 체결되면 화물인수목록을 기초로 선박회사의 지시에 따라 화물을 적입하게 된다. 그런데 만적화물(full container load: FCL)화물인가 혹은 부분적화물(less than container load: LCL)인가에 따라 다른 적입 절차를 밟는다. 만적화물(FCL)은 한 송하인의 화물이 컨테이너 하나에 만재되는 화물이다. 부분적화물(LCL)은 한 송하인의 화물이 컨테이너 하나의 수용량에 미달되는 화물이다.

## 2) 만적화물의 선적

수출화물이 만적화물(FCL)인 경우에는 화주가 컨테이너 적치장(CY) 운영요원(operator)에게 기기수도증(equipment receipt or interchange receipt: E/R)을 접수시키고 필요한 공컨테이너를 차용한다. 컨테이너를 확보한 화주는 화물 적입장소인 보세구역 또는 타소장치 허가를 받은 장소에서 세관원의 파견을 요청하여 통관절차를 거친 후 화물을 컨테이너에 적입하고 봉함한다.

만적화물의 적입이 종료되면 컨테이너 적치장(CY)에 반입한다. 이때 화주는 컨테이너 내의 화물의 명세를 기재한 컨테이너 적부표(container load plan: CLP)와 부두수취증(dock receipt: D/R) 또는 창고증권을 작성하여 세관의 수출허가인이 날인되어 있는 수출신고서 원본을 첨부한 후 컨테이너 적치장(CY) 운영요원에게 제출한다.

컨테이너 적치장(CY) 운영요원은 화물이 이상없이 인도되었음을 확인하면 화주가 제출한 부두수취증에 서명한다. 컨테이너 적치장(CY) 운영요원은 화주용 부두수취증을 화주에게 교부한다. 화주는 부두수취증을 선박회사에 제출하고 운임 및 제비용을 지급한 후 선하증권을 교부받게 된다. 부두수취증은 재래선의 본선수취증에 해당하는 것이다.

### 3) 부분적화물의 선적

수출화물이 부분적화물(LCL)인 경우에는 수출업자가 선복을 신청한다. 송하인은 선복 신청 후 직접 선박회사가 지정하는 컨테이너화물 집화소(CFS)까지 수출화물을 운송한다. 이때 화주는 부두수취증과 수출신고서 원본을 컨테이너화물 집화소(CFS) 운영요원에게 제출한다.

컨테이너화물 집화소(CFS) 운영요원은 컨테이너화물 집화소(CFS)에 반입된 화물을 인수하고 이상 유무를 확인한다. 확인이 종료되면 컨테이너화물 집화소(CFS) 운영요원은 부두수취증에 인수물품의 이상 유무에 대한 확인내용을 기재한 후 서명하여 화주에게 교부하여 준다.

컨테이너화물 집화소(CFS) 운영요원은 컨테이너화물 집화소(CFS)에 반입된 물품을 동일한 목적지로 향하는 다른 부분적화물(LCL)과 함께 컨테이너에 혼재하여 적입하고 봉인을 한 후에 컨테이너 적치장(CY)에 적치시키고 적부표를 작성한다.

화주는 컨테이너화물 집화소(CFS) 운영요원이 서명하고 교부하여 준 부두수취증을 선박회사에 제출하고 운임 및 제비용을 지급한 후 선하증권을 발급받는다.

## 4. 항공화물의 탑재

항공화물운송은 화주가 항공회사와 직접 교섭하여 운송하지 않고 항공운송대리업체와 운송계약을 체결하여 운송하는 것이 일반화되었다. 항공운송대리업체는 항공화물운송대리점과 혼재업자 등으로 구분된다.

항공운송대리업체(air cargo agent)는 항공회사를 대리하여 항공회사의 운송약관, 운송규칙, 항공운임률, 운항예정표 등에 의거하여 항공화물을 유치하고 항공화물운송장(air waybill)을 발행한다. 혼재업자(air freight forwarder)는 여러 화주로부터 화물을 인수하여 자기명의로 항공회사의 항공기를 이용하여 운송하는 것을 업으로 하는 자이다. 혼재업자는 자체 운송약관과 운임률표를 가지고 화주와 운송계약을 체결하고 혼재업자용 화물운송장(house air way bill)을 발행한다.

화주는 항공화물대리점이나 운송주선인으로부터 선적신청서를 받아 기재한 후 상업송장, 포장명세서, 수출승인서 등과 함께 제출한다. 항공화물대리점이나 운송주선인은 운송대상 화물을 화주로부터 인수한 후 공항의 항공화물터미널로 운송하여 보세창고에 반입한다. 보세구역에 반입된 화물은 검량업체의 검량을 받은 후 수출통관절차를 거쳐 항공기에 탑재된다.

# 제 2 절 화물의 양륙

## 1. 화물의 양륙과 선적서류

### 1) 선박입항의 확인

화물의 양륙은 본선의 입항으로부터 시작한다. 수입업자가 본선이 입항되었다는 사실을 확인하는 것은 착화통지서에 의하게 된다. 만약 신용장에 명시된 착화통지처가 신용장의 개설은행으로 되어 있는 경우에는 개설은행으로부터 화물의 도착 사실을 통보받게 된다.

### 2) 선적서류의 입수

수입업자가 화물을 인수하려면 선적서류를 입수해야 한다. 정상적인 절차인 경우라면 신용장에 의해 추심되어 온 대금을 결제한 후 선적서류를 은행으로부터 인수해야 한다.

만약 수입업자가 수입대금 결제가 어려운 경제적 사정이 발생하였다면 수입화물대도(trust receipt: T/R) 제도를 이용하고, 물품은 도착하였으나 서류가 도착하지 않아 화물의 입수가 어려운 경우에는 수입화물 선취보증서(letter of guarantee: L/G) 제도를 이용한다.

### 3) 화물인도지시서의 입수

수입업자는 추심되어 온 환어음을 취결하고 선적서류를 입수한다. 수입업자는 선적서류의 하나인 선하증권에 배서를 하고 선박회사에 제출함과 동시에 필요한 제비용을 지급한다. 선하증권을 제출한 후에는 선박회사가 본선 선장 또는 화물소재지의 책임자에게 기재된 화물을 인도할 것을 지시한 화물인도지시서(delivery order: D/O)를 입수해야 한다. 화물은 도착하였으나 선하증권이 도착하지 않은 경우에는 선박회사에 수입화물 선취보증서를 제출하고 화물인도지시서를 교부받는다.

화물인도지시서는 선박회사 또는 대리점의 책임자가 본선 선장으로부터 제출된 적하목록을 화주가 제출한 선하증권과 대조하여 확인한 후 기재된 화물을 화주에게 인도하라고 본선 선장 또는 현장책임자에게 지시한 서류이다.

## 2. 화물의 인수

### 1) 개품운송화물의 인수

본선이 입항하여 입항절차를 종료하면 하역작업을 할 수 있다. 화주가 선박회사로부터 화물을 인수하는 방법은 자가 양륙과 일괄 양륙으로 구분된다.

자가 양륙은 화주가 직접 하역업자를 지정한 후 부선을 이용하여 본선 선측에서 화물을 인수하는 방식이다. 즉 본선인도의 형태로서 선박회사에서 선장 앞으로 발행한 화물인도지시서를 교부받아 본선에 제출하고 화물을 인수하는 것이다.

일괄 양륙은 다음과 같이 진행된다. 선박회사가 지정한 하역업자가 모든 화물을 일괄하여 양륙한 후 보세구역에 반입하여 장치한다. 이후 세관의 물품검사가 종료되면 통관절차를 마치고 하역에 대한 비용을 지급하고 화물인도지시서와 상환하여 화물을 인수하게 된다. 즉 창고반입인도의 형태로서 화주가 하역업자의 창고에 가서 화물인도지시서와 상환으로 화물을 인수하는 것이다.

### 2) 용선운송화물의 인수

용선운송계약에 의한 화물의 인수는 계약조건에 따라 하역작업 내용이 다르다. 용선계약에서는 적양비용화주부담(F.I.O.) 조건 또는 양륙비용화주부담(F.O.) 조건이 많이 활용된다. 이런 경우 양륙비용을 선주가 부담하지 않게 된다. 용선운송계약에 의한 운송의 경우 선박의 입항시기에 맞추어서 화주는 선하증권 또는 수입화물 선취보증서를 선박회사에 제출하고 화물인도지시서를 입수해야 한다. 그리고 선박회사로부터 보내 온 적재도면(stowage plan)을 하역업자에게 제시하여 하역계획을 세우도록 한다.

본선이 도착하여 입항절차가 끝나면 선박회사 또는 그 대리점은 화주에게 선장명의의 하역준비완료 통지서를 2통 교부한다. 화주는 그중 1통에 날인하여 반송한다. 이에 의해 하역업자가 하역작업을 시작하면 매일의 작업상황을 본선의 일등항해사의 서명을 받아 화주에게 발송한다.

하역준비완료 통지서는 정박일수 계산서의 작성을 위한 기초자료로 사용한다. 하역이 완료되면 화주는 본선 책임자와 함께 선박회사 또는 그 대리점에 가서 선박회사가 미리 작성해 둔 정박일수 계산서를 검토하고 체선료 또는 조출료에 대한 부담여부를 가리게 된다.

### 3) 컨테이너 화물의 인수

컨테이너를 적재한 본선이 입항하여 양륙을 하게 되면 컨테이너는 즉시 컨테이너 적치장(CY)에 반입된다. 이때 만적화물(FCL)인가 혹은 부분적화물(LCL)인가에 따라 화물의 인수 방법이 다르게 된다.

만적화물(FCL)인 경우에는 컨테이너화물 집화소(CFS)에서 각각의 선박회사가 발행한 화물인도지시서와 상환으로 화물을 인수하게 된다. 부분적화물(LCL)은 다시 컨테이너화물 집화소(CFS)로 인계되어 적출된 후 수하인별로 분류한 후 인수하게 된다.

# 제3절 수입화물의 손상과 구상

## 1. 손해의 발생과 손해보상 청구

### 1) 책임에 대한 규명

수입업자는 수입물품에 손실 또는 손상 등과 같은 손해가 발생하면 손해의 발생시각 및 발생위치, 책임소재 등을 규명하기가 어렵다. 따라서 물품에 발생한 손해에 대하여 수출업자, 해상운송인, 보험회사에 손해가 발생하였다는 사실을 통보해야 한다. 조사를 통하여 손상에 대한 손해구상 대상자로 판명되는 경우에는 정식으로 구상할 것이라는 내용의 사고통지서를 서면으로 발송한다.

수출업자에게는 매매계약서에 합의된 상거래분쟁의 발생과 관련한 규정을 근거로 신속하게 통보해야 한다. 손해발생사실을 통보할 때는 손해에 대한 내용과 손해의 정도를 알려주어야 한다. 손해가 매매계약과 관련한 것인가의 여부를 판단하는 것은 매우 중요한 절차이다.

선박회사에도 해상운송계약을 전제로 한 책임관계를 규명하여 줄 것을 요청해야 한다. 해상운송인은 해상운송 도중에 발생한 상업과실에 대하여는 책임을 부담하지만 항해과실에 대하여는 면책이다.

보험회사에도 보험계약을 전제로 한 손해보상 문제를 조사하여 줄 것을 요청해야 한다. 보험자의 담보위험이면 보상을 받지만 면책위험이면 보상을 받지 못한다.

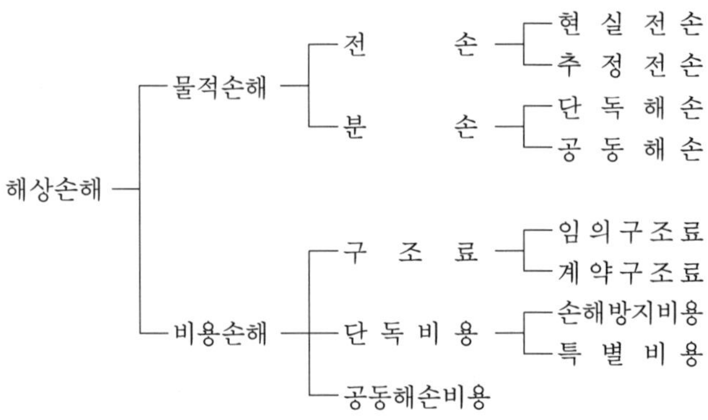


〈그림 13-1〉 손해의 종류

### 2) 손해의 구상대상

#### (1) 선박회사에 대한 구상

선박은 해상화물의 운송 도중에 다양한 위험과 조우하게 된다. 이에 따라 화물에도 다양한 위험이 발생하게 된다. 화물이 손상된 상태로 도착한 경우이거나 불착 또는 지연인 경우에는 선박회사에 서면으로 사고가 발생하였음을 통지하여 손해배상청구의 권리를 유보하고 있음을 알려 주어야 한다.

해상운송인의 귀책사유는 상업과실이고 면책사유는 항해과실이다. 그러므로 선박회사는 선하증권에 명시된 책임조항을 근거로 항변을 하게 된다. 만약 선박이 해난보고서를 작성하여 보유한 경우에는 근거자료가 되기 때문에 책임을 규명하기가 용이해진다. 무역업자도 책임소재를 규명할 수 있는 입증자료를 확보해야 하지만 쉬운 일은 아니다.

해상운송인이 면책되는 사유로는 해상 및 항행 가능한 물위에서의 위험 또는 사고, 전쟁, 폭동, 내란, 해적행위 및 기타 이에 준하는 행위, 재판상의 압류, 검역상의 제한 및 기타 공권력에 의한 제한, 송하인 또는 운송물의 소유자나 그 사용인의 행위, 동맹파업 및 기타의 쟁의행위 또는 선박폐쇄, 해상에서의 인명 및 재산구조행위 및 이를 위한 이로 또는 기타 정당한 이로, 포장의 불충분 또는 기호의 불완전, 운송물의 특수한 성질 또는 숨은 하자, 선박의 숨은 하자 등이다. 그렇지만 해상운송인이 주의의무를 다했다면 그 손해를 피할 수 있었음에도 불구하고 그 의무를 다하지 않은 것이 입증되면 책임을 부담해야 한다.

선박회사에 손해에 대한 구상을 할 때 필요한 서류는 손해배상청구서, 상업송장, 검정보고서, 기타 선박회사가 요구하는 서류 등이다.

### (2) 보험회사에 대한 구상

① 단독해손인 경우

㉠ 손해보상의 청구

손해가 발생하였을 때에 화물의 손상이나 멸실이 단독해손 보험사고로 확인되면 화물을 인수하기 전에 즉시 보험증권에 기재된 양륙지의 보험회사 또는 보험대리점에 통지하고 입회검사를 요구한다. 피보험자로부터 상거래분쟁을 통보받은 보험자는 상거래분쟁을 임시로 접수하고 손해검정인(Surveyor)을 지정하여 손해조사를 하게 된다.

손해검정인에 의해 손해에 대한 사정이 종료되면 보험회사에 청구서류를 준비하여 보험금을 청구하게 된다. 보험자는 상거래분쟁 신청서류를 검토하고 담보위험으로 인한 손해일 경우 보험금을 지급하고 피보험자를 대위하여 운송인 등으로부터 지급보험금을 회수하게 된다.

㉡ 보험금을 청구할 때의 구비서류

피보험자는 손해검정인의 손해조사 결과에 따라 보험금 청구서류를 구비하여 신청한다. 보험금 청구에 필요한 서류로는 보험금 청구서(letter of claim), 보험증권 원본[insurance policy(original)]을 기본서류로 하고 분손이 발생한 경우에는 선하증권 사본[bill of lading(copy)]을 첨부한다. 전손이 발생한 경우에는 선하증권 원본[bill of lading(original)], 상업송장 사본[commercial invoice(copy)], 포장명세서 사본[packing list(copy)], 해난보고서(sea protest) 등을 첨부한다. 추정전손인 경우에는 위부장(letter of abandonment), 운송인에 대한 상거래분쟁 청구서 사본 및 이에 대한 회신(letter of claim against carrier and their replay) 등을 첨부한다. 그리고 보험자가 요구하는 경우에는 손해검정인의 검정보고서(surveyor report), 선박회사가 송부하여 온 보상거부장, 제비용을 증명하는 서류 등을 제출해야 한다.

② 공동해손인 경우

㉠ 공동해손의 의미

공동해손은 공동해손 행위로 발생하는 손해로 단독해손에 대한 상대적 개념이다. 즉 적하에 단독으로 손해가 발생한 것이 아니라 운송과 관련한 해상운송인 및 기타의 화주가 관련된 손해이다. 그래서 공동해손은 선박 및 화물을 공동의 위험으로부터 벗어나게 해주기 위하여 선박 또는 화물을 선장이 고의로 손상시키는 행위에 의해 직접적으로 손해가 발생하거나 공동해손 행위의 간접적인 결과로 비용손해가 발생하기도 한다. 그래서 공동해손은 이해관계자의 공동부담에 속하는 분손이 된다.

㉡ 공동해손의 구분

공동해손은 그 발생하는 원인에 의해 공동해손 희생손해와 공동해손 비용으로 구분한다. 공동해손 희생손해는 직접 손해이며 공동해손 비용은 간접 손해이다.

공동해손 희생손해(general average sacrifices)는 해상운송 도중에 선박과 화물이 공동위험에 처한 경우 위험을 회피하기 위하여 선장의 공동해손 행위로 발생하는 직접 손해로써 피보험이익의 멸실 또는 감소를 초래한다. 공동해손 희생손해에는 투하, 소화행위로 인한 손해, 임의좌초로 인한 손해, 이초로 인한 손해 등이 해당한다.

공동해손 비용은 공동해손 행위에 기인하는 간접 손해로서 공동의 위험을 회피하기 위하여 보험의 목적에 관하여 지출한 이례적인 비용이다. 공동해손 비용에 해당하는 것으로는 화재가 발생한 경우 화재진압을 위하여 지출한 손해방지비용, 피난항으로 피항하는 과정 중에 지출된 비용 등이 있다.

㉢ 손해의 청구

공동해손이 발생하면 선박회사는 손해검정인을 선임하여 선박 및 적하에 대한 손해를 평가한다. 이를 위하여 선박회사는 화주에 대하여 공동해손의 발생사실을 통지하고 정산지의 지정, 정산인의 선정 등에 대하여 화주의 동의를 얻기 위하여 공동해손 계약서(general average bond)에 서명을 요구하여 온다.

선박회사는 공동해손 채권을 보전하기 위하여 여러 가지 조치를 취하게 된다. 이에 따라 선박회사는 공동해손을 정산할 때의 공동해손 분담가액 결정의 참고자료로 삼기 위하여 적하가격 보고서(valuation paper), 선하증권, 상업송장 등을 제출하도록 요구하여 온다. 또한 공동해손 공탁금(general average deposit)의 지급 및 공동해손 보증장(general average guarantee) 등도 요구하게 된다. 이러한 서류를 제출하면 선박회사는 화물인도지시서를 교부하여 준다. 수입업자는 화물인도지시서로 화물을 인수한다.

자기 화물에 손해가 없는 경우에는 보험회사에 신청하여 공동해손 분담보증장을 발급받고 공동해손 계약서, 적하가격 신고서 등을 선박회사에 제출하면 공동해손에 대한 모든 처리가 종료된다. 이때 화주가 보험금을 청구할 이유는 없다.

자기 화물에 손해가 발생한 경우에는 보험회사에 보증장의 발행을 신청하고 선박회사가 지정하는 손해검정인의 검사를 받는다. 이 검사에 의해 손해의 종류가 결정된다. 이를 근거로 보험금을 청구하게 된다. 보험자는 공동해손 희생손해에 대한 부담액을 화주에게 직접 보상하고 공동해손 정산서에 입각하여 공동해손 정산인으로부터 보상한 금액을 회수하게 된다.

## 2. 해상손해의 보상

### 1) 손해의 구분

#### (1) 전손

전손은 소유이익의 전면적 삭감으로 나타나는 물적 손해로써 해상보험에서 보상대상이 된다. 전손은 현실전손과 추정전손으로 구분된다.

전손에는 화재에 의한 소실, 충돌이나 폭발 등에 의한 전부 파괴, 폭풍에 의한 선박의 침몰 등과 같은 물리적 멸실, 곡물류가 해수류 즉 바닷물에 의해 식용으로 사용 불가능한 상태가 되는 물건 고유성질의 상실, 나포, 몰수에 의해 피보험자가 보험목적의 소유이익을 회복할 수 없는 상태인 회복불능의 상실 등이 해당한다.

#### (2) 분손

분손은 소유이익의 부분적 삭감으로 나타나는 물적 손해로써 해상보험에서 보상대상이 된다. 분손은 단독해손과 공동해손으로 구분된다.

분손에는 화재에 의한 반소, 좌초에 의한 선저파괴 등과 같이 보험목적물의 일부에 발생하는 물리적 손상, 곡물류가 해수류에 의해 혹은 벌레에 의해 일부가 부패한 것과 같은 물건 고유성질의 저하(低下), 보험목적의 일부를 회복할 수 없는 상실 등이 해당한다.

### 2) 손해의 보상원칙

#### (1) 직접 손해와 간접 손해의 보상원칙

해상보험에서는 손해보상의 원칙에 의해 전손과 분손을 구분하지 않고 물적 손해가 있으면 원칙적으로 보상책임을 진다. 그러나 법률 또는 약관에 의해 이 원칙의 적용이 면제될 수도 있다.

직접 손해 중에서 손해액이 일정액에 달하지 않는 소손해는 보상하지 않는다. 소손해 이외에도 특약에 의해 단독해손, 공동해손의 쌍방 혹은 단독해손만을 보상하지 않는 상황이 발생할 수도 있다.

간접 손해 중에서 손해방지비용, 손해조사비용, 책임이익의 손해에 해당하는 충돌손해배상액, 공동해손 분담액 등은 보상을 한다.

#### (2) 소손해의 보상원칙

무역거래에서 발생하는 소손해는 매우 다양하다. 보험자가 소손해를 모두 보상하기에는 업무적으로 비효율적인 면이 많이 발생한다. 그러므로 보험에서는 계약당사자가 일정금액 이하의 손해에 대해서는 보험자가 면책된다는 소손해 면책제도를 운용한다. 소손해 면책제도의 목적은 소손해 청구를 배제시키는 것이다.

### 3) 적하의 전손과 손해보상

#### (1) 적하의 전손

해상보험은 선박보험과 적하보험을 총칭하는 것이므로 선박과 적하와는 별개로 취급해야 한다. 선박이 침몰하여 선박 및 화물이 구조불능이 되거나 선박이 행방불명되면 상당기간을 경과한 후에 전손으로 취급한다. 그러므로 화주는 손해구상기간이 장기간 소요되기 때문에 불리하다. 이러한 점을 감안하여 일반적으로는 해상운송인이 작성한 해난보고서와 화주에 대한 사고발생의 사실관계를 조사한 후에 전손으로 인정하게 된다.

선박의 전손이 반드시 화물의 전손을 의미하는 것은 아니다. 왜냐하면 선박이 심해에 침몰한 경우와 비교적 얕은 바다에 침몰하는 경우도 있기 때문에 적하에 미치는 영향이 다르다. 즉 선박은 대파하여 전손이라고 할 수 있지만 화물은 구조가 가능한 경우가 있기 때문이다.

#### (2) 전손의 손해보상방법

전손에 대한 손해보상결정은 상황에 따라 다르다. 일반적으로 다음과 같은 보상방법을 따르게 된다.

① 보험금 지급전에 구조된 화물

해상운송 중에 보험사고가 발생하였는데 보험자가 보험금을 지급하기 전에 구조된 화물이 있는 경우에는 그 화물의 매각대금을 보험금액에서 공제한 전액을 보상한다. 그리고 해상운송 중에 보험사고가 발생하여 보험금을 보험자가 지급하기 전에 피보험자가 제3자로부터 그 화물의 전손사고에 대하여 해상운송계약에 따라 해상운송인으로부터 배상금을 받았다면 손해배상금액을 보험금액에서 공제하고 차액을 보상한다.

② 면책위험에 의해 분손을 입은 적하

면책위험에 의해 분손을 입은 적하에 대한 수선 또는 원상복구가 끝나지 않은 채 전손이 되었다면 미복구 분손액을 보험금액에서 공제한 금액을 보상한다.

③ CIP 거래규칙 및 CIF 거래규칙의 적하

수출업자가 매매계약에 의해 CIP 거래규칙이나 CIF 거래규칙을 선택한 경우에는 운송 화물에 대하여 보험부보를 하면 송자가격의 110%에 희망이익이 포함되어 적하보험에 부보된다. 그런데 운송인이 화물을 운송하는 중에 무역업자가 중간항 또는 중간 지점에서 매각하게 되면 희망이익은 실현될 수가 없다. CIP 거래규칙이나 CIF 거래규칙에 의한 보험부보의 조건은 목적지까지의 위험을 부보한 것이기 때문에 위험의 변경이 발생하게 되어 보험계약이 무효가 되기 때문에 희망이익을 구상할 수 없게 되는 것이다. 그래서 희망이익에 전손이 발생하였다면 매각하는 당시의 매각금액과 화물의 보험가액 차이에서 결정된다. 즉 매각대금이 화물의 보험가액을 초과하였다면 그 초과액은 희망이익에서 공제하고 보상한다.

#### (3) 전손금의 지급

화물에 전손이 발생하여 전손금을 지급하는 경우에는 그 이후로 운송을 하는 것이 불가능하다. 해상운송인은 운송할 의사가 있다고 하더라도 이미 화주로서는 화물 전체가 파손되어 목적지까지 갈 필요가 없게 된다. 그러므로 운송이 중단되는 경우에는 해상운송인의 운임이 문제가 돈다. 그러므로 보험자가 화주에게 전손금을 지급하는 경우에는 해상운송계약에 의해 해상운송인이 받아야 할 운임에 문제가 발생한다. 운임은 선급과 후급이 가능하다. 후급의 경우 화물이 목적지에 도착하기 전에 전손이 있으면 운임을 지급하지 않는 사태도 발생할 수 있다. 그래서 운송계약에서는 운송의 완결여부에 관계없이 선급운임을 취득하도록 계약하는 것이 일반적이다. 만약 화물의 전손으로 화주가 운임을 지급하지 않으면 그 해당액만큼 보험금에서 공제하여 지급하게 된다.

### 3) 적하의 분손과 손해보상

#### (1) 전부보험에서의 손해보상액 계산

① 전부보험의 손해보상액 결정기준

㉠ 적하의 분손 발생

해상운송 중에 보험사고가 발생하여 화물에 분손이 발생한 경우에는 해상보험계약을 체결할 때에 보험목적물이 되었던 화물의 1단위당 협정보험가액에 전체 화물에서 손상을 입은 화물의 멸실 수를 곱한 것이 손해액이 된다. 따라서 보험계약자 또는 피보험자는 해당화물에 대하여 전부보험에 부보한 경우이면 산정한 금액 전액을 손해보상액으로 받게 된다.

㉡ 손상된 적하의 도달

화물의 전부 또는 일부가 손상된 채 도달한 경우에는 분손계산법으로 손해액을 산정한다. 손해보험의 적용 직전부터 계산되는 것이라면 손해발생 직전의 정품 시가에서 손해화물의 손품 가액을 공제한 잔액이 손해액이 된다. 전부보험이면 이 금액이 손해보상액이 된다. 그러나 보험가액불변의 원칙에 의해 손해발생 직전의 정품 시가를 보험가액으로 하는 것은 아니다. 보험계약을 체결할 때에 협정한 보험가액을 원용하여 손해보상 기준으로 한다. 손해액을 근거로 정품 시가에 대한 손해율을 구하여 협정보험가액에 곱한 것을 손해보상액으로 한다.

#### (2) 양적 손해의 손해보상액 계산

화물이 분손을 입어 목적지에 도착한 경우 화물의 손해가 수량의 손해이거나 양적 손해인 경우에는 전체 수량에서 손해가 발생한 수량에 대해서 손해보상액을 계산하거나 전체 용량에서 손해가 발생한 용량에 대해서만 손해보상액을 계산하면 보상액 계산은 간단하다.

#### (3) 질적 손해의 손해보상액 계산

화물이 분손을 입어 목적지에 도착한 경우 질적 손해는 보험가액에서 손해를 입은 상태의 화물의 시장가격인 손품 가액을 공제한 잔액을 손해액으로 한다. 이 계산은 해상위험과 전혀 관계가 없는 시가변동의 영향에 의해 작용하는 것으로 해상위험을 원용할 수가 없다. 질적 손해는 다른 시간과 다른 장소에서의 가액을 비교함으로써 발생할 수 있다. 한 화물 또는 전부가 손상을 입어 도착한 경우의 질적 손해에 대해 화물 일부의 손해율을 계산하거나 전체의 손해율을 계산하여 손해보상액을 산출하는 방법이 주로 이용된다. 즉 질적 손해에 대한 보상은 목적지에 손상이 없이 도착하였을 때의 도매시장가액과 손상이 발생한 경우의 가액과의 차액인 감가액을 총정품가액으로 나누어 비율을 산정한 후 보험금액에 곱하여 산출한다.

### 4) 구조화물의 손해보상

#### (1) 구조화물 거래의 의미

화물의 해상운송 중 손상을 입은 경우 항해를 계속하여 목적지까지 운송하면 전손이 발생할 가능성이 있다. 즉 손해의 정도가 초기에는 약하였으나 계속된 항해로 인하여 손해가 더욱 커지는 경우가 있다. 그러므로 해상운송 중 손해가 발생한 적하의 상태를 점검하여 중간항에서 처분하는 것이 목적지에 도착하여 처분하는 것보다 손해를 감소시킬 수가 있다면 중간항에서 처분을 하게 된다. 이것을 구조화물의 거래라고 한다.

#### (2) 구조화물을 거래할 때의 손해액 계산

① 중간항에서 처분하는 경우의 계산원칙

해상운송 중에 손해가 발생하여 화주가 손해가 발생한 화물 중에서 구조한 화물을 매각하면 화주로서는 목적지에 정상적으로 도착하여 매각을 하는 것보다 불리하게 된다. 더구나 구조화물을 매입하려는 자는 구조화물에 대한 인식이 좋지 않을 뿐만 아니라 정상가격을 지불하려고도 하지 않을 것이다. 이러한 경우에는 화물이 목적지에 정상적인 상태로 도착한 경우에서 매각하는 것을 가정하여 손해액을 비례보상의 원칙에 따라 계산한다.

② 중간항에서 처분하는 경우의 계산

중간항에서 적하를 처분할 때는 총매각대금에서 매각비용, 구조료, 대리점 수수료 등을 공제한 순매각금을 손물품 시가로 하여 손해보상액을 계산한다.

### 5) 비용손해의 손해보상

#### (1) 손해방지비용

소유이익에 따르는 비용이익 및 책임이익은 부보되더라도 피보험이익에 관한 보험금을 받지 못한다. 그런데 손해방지비용과 같은 비용이익에 해당하는 손해인 경우에는 소유이익에 포함한 보험금액이 수령할 수 있는 전체의 보험금액이 된다.

비용손해는 손해를 방지하거나 경감시킬 목적으로 지출한 것이다. 협회적하약관 제2조의 공동해손약관에 적용되는 것이면 공동해손규칙인 Y.A.R.의 정산방식을 이용하여 처리하게 된다. 그러나 보험증권에 손해방지약관이 있는 경우에 비용이 손해를 방지하거나 경감시키기 위하여 지출되었다면 그 비용은 보험금액을 초과하더라도 보험자가 부담한다. 따라서 화물에 손해가 발생했을 때 손해방지를 위한 적절한 조치가 있었다면 손해방지 또는 경감되었다고 인정되는 금액을 계산하여 보험금을 지급한다.

#### (2) 특별비용

특별비용은 담보위험에 부수하여 발생하는 비용으로 인정하고 특별비용을 지출하는 자를 한정시키지 않는다. 특별비용은 화물자체의 손해와 합산하여 보험금액 한도 내에서 지급한다. 따라서 보험금액을 초과한 부분에 대해서는 보험자가 책임지지 않는다. 그러나 목적지에서 지출된 비용 등에 대해서는 손해액에 관계없이 보험자가 책임진다.

#### (3) 구조비

구조비는 특별비용 또는 공동해손 손해로 처리한다. 구조는 계약구조인가 또는 임의구조인가에 따라서 구조비에 대한 보상이 이루어진다. 계약구조인 경우에는 계약에 따라 구조비를 받으면 되기 때문에 문제가 없다. 계약구조를 하였을 때에 구조가 성공하였다면 구조에 투입된 실비 및 구조상의 난이도 등을 고려하여 보수를 제공하게 된다. 만약 구조에 성공하지 못하면 보수, 즉 구조료도 없게 된다. 임의구조는 예기치 않은 경우에 발생하기 때문에 구조받은 자가 구조받은 행위에 대하여 구조된 재산가액의 범위 내에서 구조비를 제공하게 된다.

선주가 공동해손으로 선언하면 구조된 화물의 가액에서 구조비를 분담하게 된다. 그리고 구조비가 단독해손, 특별비용과 합산하여 보험금액을 초과하면 보험금액에서 삭제하게 된다.

## 3. 위부와 대위

### 1) 위부

#### (1) 위부의 의미

추정전손이 발생한 경우 화주인 피보험자는 그 피보험화물에 대하여 갖는 일체의 권리를 보험자에게 이전하고 보험금액 전액을 청구하는 것을 위부(abandonment)라고 한다. 추정전손은 위부를 하는 경우에 있어서의 전손을 의미한다. 보험목적이 정당하게 유기되어진 경우가 이에 해당된다.

전손(total loss)은 피보험이익이 전부 멸실된 상태이다. 현실전손은 보험목적물이 현실적으로 멸실된 것으로 물리적인 전손상태이다. 추정전손은 현실적인 전손은 아니더라도 손해의 정도가 너무 심하여 종래의 상태로 복구하더라도 복구비용이 보험목적물의 가액을 초과하는 경우이다.

#### (2) 위부의 통지

위부의 사유가 발생하면 일정한 기간 내에 보험자에게 위부의 통지를 한다. 위부의 통지는 구두로 하여도 된다. 그러나 분쟁의 여지가 있기 때문에 서면으로 통지하게 된다. 추정전손이 발생하였음에도 불구하고 추정전손으로 결정하지 못하며 피보험자가 상당한 기간 내에 위부통지를 하지 않으면 위부권을 상실한다.

#### (3) 위부의 성립

위부의 성립을 위해서는 보험계약자 또는 피보험자가 먼저 위부에 대한 신청을 하여야 한다. 보험계약자 또는 피보험자가 이행하는 위부의 통지는 위부를 허가해 달라는 청약이기도 하다. 즉 보험계약자 또는 피보험자가 위부를 하면 보험자는 무조건 승낙을 함으로써 위부가 성립한다. 우리나라의 상법에서도 보험계약자 또는 피보험자가 위부의 통지를 하면 보험자의 승낙없이 위부가 성립한다.

#### (4) 위부의 효과

위부가 성립되면 보험자는 피보험자가 보험의 목적에 대하여 갖는 모든 권리를 취득한다. 피보험자는 보험금전액을 청구할 수 있다.

### 2) 대위

#### (1) 대위의 의미

대위(subrogation)는 보험자가 보험금을 지급한 경우 피보험자가 보험의 목적에 대하여 가지는 권리 및 제3자에 대하여 가지는 권리를 피보험자를 대신하여 보험자가 취득하는 것을 의미한다. 보험자의 대위는 잔존물 대위와 구상권 대위로 구분된다.

#### (2) 대위의 목적

대위는 손해를 입은 피보험자가 실손 이상의 보상을 받는 것을 방지하기 위한 조치이다. 보험자가 양도받는 대위권의 한계는 자신이 지급한 보험금 내이다. 따라서 대위를 통하여 자신이 지급한 보험금이상을 회수하게 된다면 그 차액은 피보험자에게 반환할 의무가 있다.

#### (3) 대위의 유형

① 잔존물 대위

보험자는 적하에 대한 손해보상금을 지급하면 손해가 발생한 화물에 잔존하는 일체의 이익, 즉 잔존물에 관하여 대위권을 행사할 수 있게 된다. 잔존물에 대한 소유권은 보험자의 재산권으로서 법적 보호를 받게 된다. 그런데 보험자가 잔존물을 취득하는 경우에는 잔해철거의무 등과 같은 부담이 발생한다. 적하에 손해가 발생하였을 때 이러한 의무가 잔존물에 부과되고 있거나 발생할 가능성이 있으면 보험자가 잔존물을 취득하지 않는 것이 일반적이다. 즉 잔존물에 대한 대위권을 취득할 때에는 신중한 판단이 요구된다.

적하에 손해가 발생한 후 잔존물이 없다면 보험금을 지급한 수준을 초과하는 권리가 보험자에게 이전되지 않는다. 이것은 보험자가 전손금 지급수준 이상의 권리를 행사하는 것은 정당하지 못한 까닭이다. 피보험자로서도 보험자로부터 보상을 받고 잔존물에 대한 처분권까지 행사한다면 손해액보다 많은 초과이득을 취할 수 있기 때문에 잔존물 대위가 필요하게 된다.

② 구상권 대위

보험계약을 체결한 자가 피보험자인 경우 제3자에 의해 손해를 당하였다면 피보험자는 제3자에 대하여 손해배상청구를 할 것이다. 그런데 보험계약을 체결한 조건에 의해 피보험자가 손해에 대한 보상금을 받았다면 제3자에 대한 손해배상청구권은 보험자에게 대위해야 한다. 피보험자가 보험자로부터 보상을 받고 제3자에 대한 구상권까지 행사한다면 손해액보다 많은 초과이득을 취할 수 있기 때문에 구상권 대위가 필요하게 된다.

# 제 14 장

# 선적서류

## 제 1 절 선적서류

### 1. 선적서류의 의의와 작성

#### 1) 선적서류의 의의

선적서류(shipping documents)는 수출화물의 선적 및 선적과 관련된 여러 가지 사실을 증명하기 위하여 수출업자가 수입업자에게 제공하는 여러 서류이다. 따라서 선적서류는 물품의 본선적재, 발송 또는 수탁을 증명하는 운송서류뿐만 아니라, 보험서류, 상업송장, 기타의 제반 서류들 까지도 포함한다. 신용장 거래의 경우에는 신용장에서 요구하는 서류들을 총칭하는 것이 선적서류이다. 즉 선적서류는 환어음을 매입할 때 제공되는 담보물인 선하증권을 비롯한 제반서류이다.

무역실무에서 선적서류와 혼용되어 사용되고 있는 운송서류(transport documents)는 운송인이 화주와 운송계약을 체결하고 화물을 본선에 적재, 발송 또는 수탁하였음을 증명하기 위하여 발급하는 서류이다. 따라서 운송서류의 종류는 운송방법 또는 운송수단의 종류만큼이나 다양하다. 실제로 국제무역거래에서 화물을 수송하는 방법은 해로, 육로, 공로, 내륙수로 및 이를 복합한 형식이 있다. 그 중에서 현재 가장 많이 이용되고 있는 방법은 선박을 이용한 해상운송이다.

### 2) 선적서류의 중요성

무역거래는 점두거래형태의 물품매매이기 때문에 수출업자가 수입업자에게 약정 물품을 인도하는 동시에 수입업자가 수출업자에게 대금지급을 하기가 어렵게 된다. 따라서 무역거래에 참여하는 상인들은 물품을 상징화한 선하증권과 같은 서류를 개입시켜 거래를 함으로써 이를 극복하였다. 즉 선하증권에 의해 나타난 물품의 추정적 점유 및 소유권의 이전을 가능하게 하는 관행을 상관습으로 정착시켰다.

이에 의해 무역거래에서는 수출업자가 계약화물을 선적한 후 수입업자 앞으로 환어음을 발행하고 여기에 환어음의 담보가 되는 서류를 첨부하여 외국환은행을 통하여 대금을 회수하게 된다. 따라서 수출업자는 계약상의 당연한 의무로서 계약물품의 인도를 입증한 서류와 기타 서류들을 준비하고 구비해야 한다.

신용장에 의한 대금 결제인 경우에 선적서류는 특히 중요한 역할을 한다. 신용장 거래는 독립추상성에 의거한 서류상의 거래이기 때문이다. 신용장 거래와 관련된 은행들은 수출업자인 수익자가 구비하여 제시하는 제반서류만을 심사하여 대금지급여부를 결정하게 된다. 따라서 무역거래에서 대금 결제와 관련된 가장 중요한 것은 적법한 선적서류의 구비 및 제시라고 할 수 있다.

### 3) 선적서류의 작성

#### (1) 선적서류의 작성 수

선적서류는 보통 각 서류마다 복수의 통수로 구성된다. 무역계약서 또는 신용장에 그 필요한 서류의 종류와 통수가 명시된다. 그러나 무역계약서 또는 신용장에 선적서류의 작성 수에 대하여 명시가 없을 때에는 3통이 1조가 되는 선하증권을 제외하고는 통상 각 2통이 정본으로 필요하다.

#### (2) 선적서류의 작성자

무역계약서나 신용장에서 요구하는 서류 중 수출업자 자신이 작성하는 서류는 상업송장, 환어음, 포장명세서 등이 있다. 관련기관인 선박회사, 보험회사, 기타의 관련기관 등에서 작성하는 서류는 선하증권, 보험증권, 원산지증명서, 세관송장, 영사송장, 검사증명서, 용적, 중량증명서 등이 있다.

## 2. 선적서류의 구분

### 1) 기본서류와 부속서류

#### (1) 기본서류

기본서류는 선하증권, 상업송장, 보험서류 등이다. 무역대금 결제를 할 때 환어음에 첨부되는 서류는 계약조건에 따라 다르다. CIF 거래규칙에서는 기본서류가 선하증권을 포함한 운송서류와 보험서류, 상업송장 등으로 구성된다. 이것은 CIP 거래규칙에서도 마찬가지이다. FOB 거래규칙에서는 매수인이 보험에 부보해야 하기 때문에 선하증권을 포함한 운송서류와 상업송장만으로 충분하다.

#### (2) 부속서류

부속서류에는 포장명세서, 영사송장, 세관송장, 검사증명서, 중량 및 용적증명서, 품질증명서, 원산지증명서 등이 있다. 부속서류는 수입업자가 자신의 필요에 따라 요구하는 경우와 수입국의 통관절차상 세관당국이 요구하는 경우로 구분할 수 있다. 따라서 부속서류는 수입업자가 무역계약서 또는 신용장에서 요구하고 있는 경우에만 준비하면 된다.

### 2) 원본과 사본

무역계약서나 신용장에는 수입업자가 요구하고 있는 서류의 명칭과 제출통수 및 기재내용이 명시되어 있다. 운송서류나 보험서류 등과 같이 관련기관에서 작성한 핵심서류를 제외한 기타의 서류는 신용장에서 여러 통을 요구할 경우 1통의 원본에 나머지는 사본으로 구비하여도 된다.

당사자가 직접 작성하는 서류는 서류자체에 원본이라는 표시와 함께 발행자의 서명이 있어야 한다. 서명은 육필, 천공, 스탬프, 기계 및 전자방법으로 하여도 관계없다. 이러한 조건을 갖추면 복사한 서류도 원본으로서의 효력을 인정받는다.

무역거래 관련기관에서 작성한 서류는 서류에 Original 또는 Negotiable이라는 표시와 함께 서명이 있으면 원본이다. Non-Negotiable이라는 표시가 있고 서명이 되지 않은 것은 사본이다. 또한 신용장에서 인증된 서류를 요구하는 경우에는 제출되는 조건을 충족시키는 서명, 표지, 날인 또는 부전이 첨부되어 있어야 한다.

# 제 2 절 선하증권

## 1. 선하증권의 의의와 종류

### 1) 선하증권의 의의

선하증권(bill of lading)은 선박회사와 송하인과의 해상운송계약에 의해 선박회사가 화물을 수령 또는 선적한 경우 송하인의 요청에 의해 해상운송인이 작성, 교부한 증권이다. 따라서 선하증권은 화물을 대표하는 증권이기 때문에 수출업자가 신용장 조건에 의한 수출대금 결제를 하는데 중요한 서류가 된다.

### 2) 선하증권의 특성

첫째, 선하증권은 해상운송인이 해상운송계약에 의해 화물을 선적하였거나 선적을 하기 위하여 수령하였음을 확인하는 것으로 발행하기 때문에 증거증권의 특성을 갖는다. 수출업자는 본선에 화물을 선적하고 본선수취증을 받아 선박회사에 제출하여 선하증권을 발행받는다. 따라서 선하증권은 운송화물의 수취증이라는 성격을 갖는다.

둘째, 선하증권은 해상운송인이 해상운송계약에 의해 화물을 운송대상 물품으로서 선적 또는 수령하였다는 원인에 의해 발행하기 때문에 요인증권의 특성을 갖는다. 즉 선하증권은 발행의 원인이 존재해야 한다.

셋째, 선하증권은 증권에 기재할 사항이 법적으로 정해져 있기 때문에 요식증권의 특성을 갖는다. 선하증권의 기재사항은 법적 기재사항과 임의기재사항이 있다.

넷째, 선하증권에 명시하고 있는 권리를 행사할 수 있는 자에게 선하증권을 양도한 경우에는 그 선하증권의 양도가 물품을 인도한 것과 동일한 효력이 발생하기 때문에 인도증권의 특성을 갖는다.

다섯째, 선하증권은 수출업자가 선적서류의 필요서류로서 은행에 서류의 매입을 의뢰할 은행으로서는 환어음의 발행에 따르는 채무가 서류와 상환으로 이루어지기 때문에 상환증권의 특성을 갖는다.

여섯째, 선하증권에 명시하고 있는 권리와 의무의 이행은 선하증권에 기재된 문언에 따라 결정되기 때문에 문언증권의 특성을 갖는다.

일곱째, 선하증권은 운송인이 화물을 운송계약조건에 따라 목적항까지 운송하고 선하증권의 정당한 소지인에게 증권과 상환으로 당해 화물을 인도할 것을 약속한 권리증권이다.

### 3) 선하증권의 종류

#### (1) 선하증권의 기본유형

① 선적 선하증권과 수취 선하증권 그리고 예정선하증권

선적 선하증권(shipped B/L, on board B/L)은 화물이 실제로 본선에 적재되었음을 나타내는 문언이 기재된 선하증권이다. 적재 전에 발행되었다고 하더라도 선적이 완료되었다는 문언과 선적일자를 기입하여 발행자가 서명한 경우에는 선적 선하증권이 된다. 컨테이너 선적의 경우에는 이런 형식을 취하는 경우가 많다.

수취 선하증권(received B/L)은 화물을 선적할 목적으로 해상운송인이 수취하였음(received for shipment)을 나타내는 문언이 기재된 선하증권이다. 이는 일종의 부두수취증이기 때문에 언제 선적될지는 모르게 된다. 그러므로 수취 선하증권을 받은 경우에는 실제로 선적이 이루어진 후에 선박회사에 수취 선하증권을 제출하여 선적사실을 기재하고 서명을 받아야 한다. 수취 선하증권의 경우 선적날짜의 증명은 원래 선하증권을 발급받은 날짜가 아니라 실제로 선적이 완료되고 선적필(on board notation)이라는 표시가 선하증권에 찍힌 날짜가 된다.

예정 선하증권(intended clause B/L)은 예정된 사항을 기재한 선하증권이다. 물품의 선적항구나 도착항구 등이 선하증권을 발급할 때에 확정되지 않은 채 항구의 명칭 앞에 indented라는 용어를 기재하여 발급한 선하증권이다 이러한 선하증권은 선적서류의 매입을 의뢰할 때 매입은행이 수리를 거절한다. 왜냐하면 선적과 관련된 제반사항, 즉 적재선박, 선적항, 양륙항을 확인할 수 없기 때문이다.

② 기명식 선하증권과 지시식 선하증권

기명식 선하증권(straight B/L, consigned B/L)은 수하인 란에 특정인을 기입한 선하증권이다. 그래서 기명식 선하증권에서는 화물의 소유권이 특정인에게 귀속되기 때문에 유통성을 제한받게 된다.

지시식 선하증권(order B/L)은 선하증권의 수하인 란에 특정인을 기입하지 않은 선하증권으로 유통성을 보장받기 때문에 원활한 대금 결제에 활용할 수 있다.

③ 해양 선하증권과 내국 선하증권

해양 선하증권(ocean B/L)은 해상운송을 전제로 하여 발행하는 선하증권이다. 내국 선하증권(local B/L)은 내수로 운송을 전제로 하여 발행하는 선하증권이다. 국내에서 해상운송을 하고 방행하는 선하증권이기도 하다.

④ 통과 선하증권과 복합운송증권

통과 선하증권(through B/L)은 선박회사 또는 그 대리인이 화물을 목적지에 도착할 때까지 동종 또는 두 가지 이상의 운송수단을 사용하여 운송하는 경우에 발행하는 선하증권이다. 통과 선하증권은 복합운송에서 각각의 운송수단별로 운송계약을 체결하는 번거로움과 비용을 절약하기 위하여 최초의 운송담당자가 발급한 단일 선하증권으로 전 항로를 책임지도록 한 선하증권이다. 즉 환적이 불가피한 경우 최초의 운송담당자가 발급한 단일 선하증권으로서 전 항로에 적용할 수 있도록 한 것이다.

복합운송증권(combined transport document)은 화물의 수취장소로부터 인도장소까지 두 가지 이상의 각각 다른 운송수단에 의해 운송되는 복합운송의 경우에 복합운송인이나 운송주선업자가 발행하는 운송증권이다. 복합운송증권에 의한 복합운송인의 책임은 단일책임원칙(uniform liability system)이고 복합운송증권의 발행인의 제한이 없다.

⑤ 무사고 선하증권과 사고 선하증권

무사고 선하증권(clean B/L)은 선적된 화물의 포장이나 수량 등에 대하여 특정한 단서가 기재되지 않은 선하증권이다. 사고 선하증권(foul or dirty B/L)은 본선에 화물을 선적할 때 화물의 포장, 수량 등에 고장 또는 하자(瑕疵), 파손, 수량부족, 누손(濡損) 등과 같은 손해가 발생한 경우 발행하는 선하증권이다.

### (2) 선하증권의 특수유형

① 양륙항선택부 선하증권

양륙항선택부 선하증권(optional B/L)은 양륙항에 대한 선택권을 표시한 선하증권이다. 선적을 할 때에 화물의 양륙항이 확정되어 있지 않고 화주가 수 개의 항구 중에서 양륙항을 선택할 권리를 갖고 있는 선택조건 화물(optional cargo)인 경우에 발행되는 선하증권이다.

② 환적 선하증권

환적 선하증권(transshipment B/L)은 화주가 운송을 의뢰한 화물을 운송 도중에 환적할 것임을 전제로 하여 발행한 선하증권이다.

### ③ 약식선하증권과 정식선하증권

약식선하증권(short form B/L)은 선하증권 뒷면에 선박회사에서 정하고 있는 인쇄약관이 생략된 채 앞면에 필요사항만 기재한 선하증권으로 부정기선을 이용할 때 많이 발행한다.

정식선하증권(long form B/L)은 선하증권 뒷면에 선박회사에서 정하고 있는 인쇄약관이 기재된 선하증권으로 정기선을 이용할 때에 발행된다.

### ④ 운송주선인 선하증권

운송주선인 선하증권(forwarder's B/L)은 해상운송주선인(forwarder)가 발행한 선하증권이다. 운송주선인은 자체 운송수단을 소유하지 않고 조직망만 가지고 운송업무를 담당하는 자이므로 원칙적으로 수리를 거절해야 한다. 그러나 복합운송이나 항공운송의 경우는 운송주선인 선하증권이라 할지라도 그 운송주선인이 자신의 이름으로 운송업을 영위하고 있는 해상운송인이거나 복합운송 운영요원 또는 이들 운송인이나 복합운송 운영요원의 대리인 자격으로 운송서류를 발급하면 모두 유효한 것으로 인정하여 은행이 수리하도록 하였다.

운송인의 대리인임을 표시하는 예

| Han Kook Freight Forwarder<br>as agent for<br>HONG KONG Shipping Co, Ltd<br>*HONG KONG* |
|---|

### ⑤ 제3자 선하증권

제3자 선하증권(third party B/L)은 선하증권의 송하인 란에 신용장상의 수출업자가 아닌 제3자를 송하인으로 표시한 선하증권이다. 완제품 내국신용장이 발행된 경우 완제품 공급업자가 직접 선적하거나, 양도가능신용장에서 원 신용장의 수익자가 선하증권의 송하인란에 기재되지 않고 직접 선적을 담당한 공급자 또는 제2수익자의 명의를 기재한 선하증권이다.

### ⑥ 집단 선하증권

집단 선하증권(group B/L)은 해상운송주선인이 여러 화주의 화물을 혼재하여 선박회사에 인도하고 발행한 선하증권이다. 집단 선하증권에서 집단이라는 의미는 여러 화주를 하나의 집단으로 보고 전체적인 입장에서 지칭하는 용어로 해석하면 된다.

⑦ 보험증권 겸용 선하증권

보험증권 겸용 선하증권(red B/L)은 선하증권이 보험증권의 기능을 겸하고 있는 특수한 선하증권인데 문언이 적색으로 인쇄되어 있다. 해상운송인이 직접 당해 화물을 보험에 부보한 경우에 발행되는 선하증권이다. 선하증권에 기재된 화물이 항해 중에 해상사고로 인하여 입은 손해에 대하여 선박회사가 보상해 주는 선하증권이기 때문에 선하증권의 기능에다 보험증권의 기능까지도 겸하고 있다.

⑧ 용선계약 선하증권

용선계약 선하증권(charter party B/L)은 용선운송계약을 체결하고 용선에 의해 화물을 운송하는 것을 전제로 발행하는 선하증권이다.

⑨ 범선 선하증권

범선 선하증권(carrying vessel propelled by sail B/L)은 범선으로 화물을 운송하기로 운송계약을 체결하고 운송회사가 발행하는 선하증권이다.

⑩ 지연 선하증권

지연 선하증권(delayed B/L)은 물품이 선적된 후에 발행된 선하증권이 21일 이상이 경과되어 매입은행에 제시된 선하증권을 의미한다. 그래서 지연선하증권을 시간경과 선하증권이라고도 하는데 선하증권 발행일 이후 21일이 지나 매입은행에 제시하면 은행은 수리를 거절하게 되는 것을 규정한 신용장 통일규칙의 규정을 반영한 선하증권이다.

## 2. 선하증권의 발행과 배서

### 1) 선하증권의 발행

#### (1) 기명식 발행

기명식 발행은 수하인 란에 특정인의 성명을 기입하여 선하증권을 발행하는 것이다. 특정인은 실명(Koung Mon)이나 회사명(Koung Won Trading Co.)을 기재한다. 이와 같이 기명식 발행은 그 사용을 특정인으로 한정하기 때문에 화물의 소유권도 특정인에게 귀속되어 선하증권을 유통할 수 없게 되어 선하증권이 유통증권이라는 본질을 활용하지 못하게 된다. 그러므로 선하증권의 유통성을 보장하려면 기명식 발행은 금지해야 한다.

### (2) 지시식 발행

지시식 발행은 수하인란에 특정인의 성명을 기입하지 않고 선하증권을 발행하는 것이다. 지시식 발행은 그 사용을 특정인으로 한정하는 것이 아니기 때문에 선하증권의 유통성이 보장된다. 지시식 발행은 기입방법에 따라 단순지시식 발행, 기명지시식 발성, 선택지시식 발행 등으로 구분된다.

단순지시식 발행은 수하인 란에 'order'로 기재하는 발행방식이다. 단순지시식 발행은 기명지시식 발행보다는 선하증권의 유통성이 더 보장된다.

기명지시식은 수하인 란에 'order of Kookmin Bank' 등으로 기재하는 선하증권의 발행방식이다. 이것은 제3자의 지시식 발행이기 때문에 사용이 일정범위로 한정되어 선하증권의 유통성이 제한을 받는 발행서식이다.

선택지시식 발행은 수하인 란에 'Kookmin Bank or order' 등으로 기재하는 것으로 기명식 발행과 지시식 발행을 겸비한 형태로 사용자가 선택을 할 수 있도록 한 선하증권 발행 형식이다.

## 2) 선하증권의 배서

### (1) 백지식 배서

백지식 배서(blank endorsement)는 배서란에 아무 것도 기재하지 않는 무기명 배서이다. 따라서 선하증권을 유통시키려는 경우에 이루어지는 배서에 따르는 조건이 전혀 없기 때문에 계속적 배서가 가능한 서식이다.

### (2) 기명식 배서

기명식 배서(full endorsement)는 피배서인 란에 특정인의 성명을 기입하고 배서인이 서명하는 배서이다. 피배서인 란에 'to the order of Koung Mon Co.,' 등으로 기재한다. 따라서 선하증권을 배서받는 사람만이 사용할 수 있기 때문에 선하증권을 유통시키려는 경우에는 적합하지 않다.

### (3) 지시식 배서

지시식 배서(order endorsement)는 피배서인 란에 'order of Koung Mon Co.,' 등으로 기재한다. 지시식 배서는 피배서인이 지시를 하는 것이기 때문에 선하증권을 유통시키려는 경우에 백지식 배서보다는 배서에 한계가 있다.

〈서식 14-1〉 선하증권

# HONG KONG SHIPPING CO., LTD.

## Bill of Lading

| | | |
|---|---|---|
| SHIPPER/EPORTER | | DOCUMENT NO.<br>EPORT REFERENCES |
| CONSIGNEE | | FORWARDING AGENT REFERENCES |
| NOTIFY PARTY | | POINT AND COUNTRY OF ORIGIN<br>DOMESTIC ROUTING/EPORT INSTRUCTIONS |
| RE.CARRIAGE BY | PLACE OF RECEIPT | ONWARD INLAND ROUTING |
| OCEAN VESSEL/VOYAGE/FLAG | PORT OF LOADING | FOR TRANSSHIPMENT TO |
| | | |
| PORT OF DISCHARGE | PLACE OF DELIVERY | FINAL DESTINATION FOR THE MERCHANT'S REFERENCE ONLY |

PARTICULARS FURNISHED BY SHIPPER

| MARKS AND NUMBERS | NO. OF CONT. OR OTHER PKGS. | DESCRIPTION OF PACKAGES AND GOODS | GROSS WEIGHT (KGS) | MEASUREMENT (CBM) |
|---|---|---|---|---|
| | | | | |

| FREIGHT AND CHARGES REVENUE TONS RATE PER | PREPAID | COLLECT |
|---|---|---|
| | | |

IN ACCEPTING THIS BILL OF LADING, the shipper, owner and consignee of the goods, and the holder of the bill of lading epressly accept and agree to all its stipulations, eceptions and conditions, whether written, stamped or printed as fully as if signed by such shipper, owner, consignee and/or holder. No agent is authorized to waive any of the provisions of the within clauses.
IN WITNESS WHEREOF, the master or agent of the said ship has affirmed to THREE(3) bills of lading, all of this tenor and date, ONE of which being accomplished, the others to stand void.

B/L NO. DATED AT ______________

BY ______________

## 3. 선하증권의 기재내용

### 1) 필수기재사항

선하증권에는 반드시 기재가 되어야 효력이 발생하는 법적 기재사항이 있다. 이를 필수기재사항이라고도 한다. 필수기재사항으로는 다음과 같은 것이 있다.

첫째, 선하증권에는 선박에 관한 사항이 기재되어야 한다. 선박에 관한 사항은 선박의 명칭, 국적과 톤수(the name & flag of the vessel and tonnage) 등이 해당된다.

둘째, 선하증권에는 선장에 관한 사항이 기재되어야 한다. 선장에 대한 기재사항은 선장의 성명(the name of her master) 등이 해당된다.

셋째, 선하증권에는 운송물품에 관한 사항이 기재되어야 한다. 운송물품에 관한 사항은 운송물의 종류, 중량 또는 용적, 포장의 종별, 개수와 기호(description, package, weight, measurement, marks & nos. of the goods) 등이 해당된다.

넷째, 선하증권에는 운송계약자에 관한 사항이 기재되어야 한다. 운송계약자에 관한 사항은 용선자 또는 송하인의 성명 또는 상호 등이 해당된다.

다섯째, 선하증권에는 수익자에 관한 사항이 기재되어야 한다. 수익자에 관한 사항은 수하인의 성명 또는 상호(name or title of the consignee) 등이 해당된다.

여섯째, 선하증권에는 선적에 관한 사항이 기재되어야 한다. 선적에 관한 사항은 선적항(port of shipment) 등이 해당된다. 선적항은 송하인으로서는 출발항이기 때문에 다른 서류와도 일치를 시켜야 한다.

일곱째, 선하증권에는 양륙에 관한 사항이 기재되어야 한다. 양륙에 관한 사항은 양륙항(port of discharge) 등이 해당된다. 양륙항은 송하인으로서는 도착항이고 수하인으로서는 계약화물의 인수항이 된다.

여덟째, 선하증권에는 운임에 관한 사항이 기재되어야 한다. 운임에 관한 사항은 운임률과 액수(freight rate & amount) 등이 해당된다. 운임의 결정은 운송대상물품의 수량과 용적 등으로 결정하게 된다.

아홉째, 선하증권에는 선하증권의 작성과 관련한 사항이 기재되어야 한다. 선하증권에는 작성장소와 작성 년, 월, 일(place & date of B/L issue) 등이 기재되어야 한다.

열번째, 선하증권에는 선하증권의 발행과 관련한 사항이 기재되어야 한다. 선하증권이 수통의 선하증권으로 작성하여 발행한 때에는 선하증권의 통수 등을 기재해야 한다.

### 2) 임의기재사항

임의기재사항은 선박회사와 화주가 합의해 임의로 기재하는 사항이다. 임의기재사항에는 다음과 같은 것이 있다.

첫째, 선하증권에는 출항에 관한 사항을 기재할 수 있다. 선박의 출항과 관련한 사항은 항해번호, 출항일자 등이 해당된다.

둘째, 선하증권에는 착화통지처(notify party)에 관한 사항을 기재할 수 있다. 착화통지처는 양륙항에 운송물품이 도착한 경우 도착한 사실을 알려줄 곳이다.

셋째, 선하증권에는 선하증권 자체에 관한 사항을 기재할 수 있다. 선하증권의 자체와 관련한 사항은 선하증권번호(B/L No.) 등이 해당된다.

넷째, 선하증권에는 선적 화물에 관한 사항을 기재할 수 있다. 선적 화물에 관한 사항은 본선수취증을 근거로 하여 기재되는 사고적요(remarks) 등이 해당된다.

다섯째, 선하증권에는 선하증권의 효력에 관한 사항을 기재할 수 있다. 선하증권의 효력에 관한 사항은 추인약관(stamp clauses) 등이 해당된다.

여섯째, 선하증권에는 약관에 관한 사항을 기재할 수 있다. 약관에 관한 사항은 일반약관(general clauses) 등이 해당된다.

### 3) 해상운송인의 책임사항

#### (1) 해상운송인의 책임원칙

선하증권에는 해상운송인의 책임에 관한 사항들이 있다. 해상운송인이 해상에서 적하에 발생한 모든 손해를 보상하여 줄 수는 없다. 해상운송인은 선원의 상업과실에 대해서는 책임을 지지만 선원의 항해과실에 대해서는 책임을 지지 않는다. 상업과실은 화물의 선적, 운송, 보관, 양륙, 인도와 관련한 과실이다. 항해과실은 선박자체의 관리에 관한 과실이다.

#### (2) 책임의 제외사항

선하증권에서는 위험이 거대하고 사고가 발생하는 경우에는 대규모의 손실이 우려되는 위험에 대해서는 운송인의 책임원칙에서 제외시키는 것들이 있다. 이에 해당하는 것으로는 천재(天災, act of god), 해난(perils of the sea), 전쟁, 제3자의 행위에 기인하는 위험 등이 있다.

### (3) 책임과 관련한 약관

#### ① 과실약관

과실약관(neglect clause)은 해상운송인은 상업과실에 대해서는 책임을 부담하지만 항해과실에 기인된 손해에 대해서는 면책된다는 내용을 명시한 약관이다. 해상운송인은 항해와 관련한 기술적인 사항까지 알 수 없기 때문에 항해과실에 대해서는 면책인 것이다. 해상운송인은 운송회사이기 때문에 항해 중에 발생하는 일들을 알지 못하기 때문이다.

#### ② 잠재하자약관

잠재하자약관(latent defects clause)은 선박에 잠재하자가 있는 경우에 발생한 적하의 손해에 대해서 해상운송인이 면책된다는 사항을 명시한 약관이다. 해상운송인은 선박의 발항당시에 감항능력을 갖추어야 할 의무가 있다. 그러나 해상운송인이 상당한 주의를 기울였지만 발견할 수 없었던 선체 기타 잠재적인 결함에 기인한 손해에 대해서는 면책된다.

#### ③ 이로약관

이로약관(deviation clause)은 이 인명, 재산 또는 선박구조나 그밖에 상당한 이유로 인한 이로에 대하여 해상운송인이 면책된다는 사항을 명시한 약관이다. 이로는 선박이 예정항로를 이탈하거나 예정 외의 항구에 기항하는 것을 의미한다. 정당한 이로에 대하여는 면책을 인정하고 있으나 정당하지 못한 이로에 대하여는 해상운송인의 책임을 부과하고 있다.

#### ④ 부지약관

부지약관(unknown clause)은 해상운송인이 송하인이 선적하는 화물에 대하여 선적할 당시에 포장된 내용물에 대하여는 알 수 없기 때문에 그 내용물에 손해가 발생한 경우 알지 못하는 사항, 즉 부지사항에 대하여는 면책된다는 내용을 명시한 약관이다.

#### ⑤ 고가품약관

고가품약관(valuable cargo clause)은 고가품이 취급하기가 어렵고 보관에도 특별한 조치가 필요한 화물이기 때문에 해상운송인은 화주가 고가품을 운송의뢰하면서 물품의 종류, 품질, 가격 등을 신고하지 않았을 경우, 그 고가품에 관련하여 발생하는 손해에 대해서는 일정 금액 이상을 배상하지 않는다는 내용을 명시한 약관이다. 따라서 고가품을 신고하지 않거나 고가품의 가격을 낮게 책정하여 신고한 경우에 손해가 발생하면 신고하지 않은 물품에 대해서는 운송규정에 명시한 일반물품과 동일한 기준에 의해 일정금액만을 보상하고, 금액을 낮게 책정하여 신고한 경우에 발생한 손해의 경우에는 신고가격을 기준으로 보상하게 된다.

⑥ 화물고유의 성질 약관

화물고유의 성질약관(nature of goods clause)은 화물고유의 성질이나 특성에 의해 발생한 손해에 대하여 해상운송인은 면책된다는 사항을 명시한 약관이다. 화물고유의 성질에 의해 변질, 부패, 누손, 폐사, 파손되기 쉬운 화물로는 액체화학화물, 어패류, 육류, 청과류, 도자기, 생동물 등을 들 수 있다.

⑦ 위험물약관

위험물약관(dangerous cargo clause)은 신고를 하지 않고 위험물을 선적한 경우에 해상운송인이 위험물을 처리할 수 있음을 밝히는 약관이다. 해상운송 도중에 위험물이 선적되었다는 사실이 밝혀지면 선장이 임의로 투하 내지 투기를 할 수 있다. 만약 기항지에서 위험물이 선적된 것으로 밝혀진 경우에는 강제 양육 내지 폐기 조치를 취할 수도 있다. 위험물로 인하여 손해가 발생하였다면 그 손해를 위험물의 화주가 부담해야 한다. 위험물 이외에 수출금지품, 전쟁물자금지품, 위법화물도 위험물과 동일한 조치를 적용한다.

⑧ 손해배상약관

손해배상약관(claim clause)은 화물손해에 대한 상거래분쟁의 제기방법, 손해배상의 시효 및 한도에 대한 내용을 명시한 약관이다. 만약 화주가 이 조항을 지키지 않았을 경우에 해상운송인은 그 손해배상에 불응할 수 있게 된다.

⑨ 기타약관

공동해손약관(general average clause)은 공동해손이 발생한 경우에 해상운송인이 취할 수 있는 조치와 손해보상관계를 명시한 약관이다. 공동해손 및 구조비는 외국에서 작성된 정산서에 의거하거나 또는 해상화물운송계약에 그렇게 규정되어 있으면 공동해손규칙(York Antwerp Rules: YAR)에 따라 정산한다.

뉴제이슨약관(new jason clause)은 공동해손 정산이 미국의 법 및 관행에 따르고, 해상운송인이 감항성 유지를 위하여 적절한 의무를 다했다면 항해의 전후에 관계없이, 해상운송인의 과실유무에 관계없이 사고가 발생하였다면 해상운송인은 법 또는 계약 또는 기타의 어느 것에 의해서도 그 사고에 대해서 책임을 지지 않는다는 사실을 명시한 약관이다.

쌍방과실충돌약관(both to blame collision clause)은 선박이 과실로 쌍방충돌한 경우에 발생한 손해에 대하여 해상운송인이 부담해야 할 책임분담관계를 명시한 약관이다. 쌍방과실충돌인 경우에는 자선과 상대선박 사이의 과실비율에 의해 해상운송인 사이의 책임범위가 결정되고 쌍방 선박에 적재된 화물의 화주에 대한 보상범위도 결정된다.

# 제3절 보험서류

## 1. 보험서류의 의의

보험서류는 보험계약을 체결하였을 때 보험자가 발행하는 서류이다. 보험서류는 수출업자가 신용장에 의한 거래를 하였을 때 신용장 조건에 일치하는 선적서류의 매입을 의뢰하는 경우 은행에 제출하는 기본서류이다.

## 2. 보험서류의 종류

### 1) 보험증권

보험증권(insurance policy)은 보험가입자가 보험목적물을 보험회사 및 보험업자와 보험계약을 체결할 경우, 보험회사나 보험업자가 발급하는 계약증명서류이다. 보험증권은 유가증권이 아니고 단지 증거증권으로서 배서나 인도에 의해 양도된다.

### 2) 보험증명서

보험증명서(insurance certificate)는 수출업자가 수출할 때마다 보험계약을 체결하는 번거로움을 피하고 보험비용도 절감하기 위하여 보험회사와 포괄보험계약을 체결한 후, 실제로 보험에 부보할 때마다 보험회사로부터 받는 보험서류이다.

### 3) 보험각서

보험각서(insurance cover note)는 보험가입자가 직접 보험회사를 상대하지 않고 보험중개업자(insurance broker)를 통하여 보험에 부보할 경우 보험중개업자가 발행하는 보험승낙서이다. 보험각서는 보험중개인이 발급한 것이기 때문에 실제로 보험계약을 체결하였는가는 보험계약자가 알지 못하게 된다. 또한 중개인이 보험각서를 발급한 후 보험회사로부터 보험증권을 발급받기 전에 사고가 발생하면 보상을 받지 못한다.

## 3. 보험서류의 조건

### 1) 보험서류의 서명인

보험서류의 서명인은 보험회사나 그 대리인이어야 한다. 보험중개사가 발행한 보험각서는 보험서류에 해당하지 않는다.

### 2) 보험서류의 부보일자

선적서류의 매입은행은 선하증권의 선적일자보다 늦게 발행된 보험서류는 수리할 수 없다. 왜냐하면 해당 화물이 보험으로 커버되지 않을 수도 있기 때문이다. 그러나 다음과 같은 경우에는 예외로 한다.

첫째, 부보일자가 늦은 보험서류라 하더라도 선적일 이전에 발행된 예정보험증권에 의한 것은 선적일부터 커버하는 것이 가능하기 때문에 수리한다. 이와 같은 보험서류가 수리 가능하려면 예정보험증권의 번호와 발행일자가 명시되어 있어야 한다.

둘째, 부보일자가 늦은 보험서류에 선적일과 같은 날 또는 그전 일자의 부보일자를 넣어 보험자가 담보한다는 표시가 있으면 수리한다.

셋째, 보험증권에 소급약관이 명시되어 있는 경우에는 보험자가 물품을 선적할 때부터 위험을 담보하는 것이기 때문에 수리한다. 이때는 부보일자와 관계없이 수리한다.

### 3) 보험서류의 부보통화와 부보금액

보험서류에 기재된 부보통화는 신용장에 기재된 부보통화와 일치해야 한다. 신용장에서 다른 통화를 사용한다는 명시사항이 있는 경우에는 예외로 한다. 보험서류의 부보금액은 무역운송 도중에 사고가 발생한 경우 손해를 보상받는 중요한 기준이 된다. CIP 거래규칙과 CIF 거래규칙에서는 계약가격의 110%로 부보하는 것이 국제무역관례이다.

### 4) 보험서류의 담보조건

보험서류에 명시된 담보조건은 무역업자와 보험자 사이에 합의한 내용이다. 그러므로 선적서류의 매입은행은 선적서류를 심사할 때에 담보조건을 이유로 거절해서는 안 된다. 즉 전위험담보조건(A/R)으로 부보를 하였다고 하여도 선적서류를 수리해야 한다.

〈서식 14-2〉 HONG KONG FIRE & MARINE INSURANCE CO.,LTD

| Assured<br>PASMINCO METALS PTY. LIMITED<br>LEVEL 7 ROYAL DOMAIN CENTRE<br>380 ST KILDA ROAD<br>MELBOURNE, 3004, AUSTRALIA | | Assured Reference<br>N00385 |
|---|---|---|
| Consignee<br>TO THE ORDER OF<br>THE EXPORT-IMPORT BANK OF KOREA | | Buyer (if not consignee)<br>GLOBAL AND YUASA BATTERY CO., LTD.<br>708-8 YEOKSAM-DONG, KANGNAM-KU<br>SEOUL, KOREA |
| Pre carriage by | Port of loading<br>PORT PIRIE AUSTRALIA | **MMI General Insurance Ltd.**<br>ACN 000 006 226 |
| Vessel/aircraft etc.<br>CAPE HOWE V09 | | |
| Port of discharge<br>BUSAN PORT, KOREA | Final destination<br>BUSAN PORT, KOREA | **Marine Certificate No. PAS 138711** |
| Insured value<br>United States | So valued<br>USD 75512.00 | Policy No. **310090543CMC** Issued at Melbourne |

Marks and Number: PLAIN

Interest:
HS NO. 7801.99-2090
CA LEAD INGOTS (D27)
CA 0.08-0.10 PCT
ORIGIN AUSTRALIA

BH229/9

L/C NO. M0901809EU00018
DUPLICATE

CLAIMS ARE PAYABLE IN KOREA
ALL RISKS

| Number Packages | Number of Bar/Ingots/Items | Nett Weight TONNES |
|---|---|---|
| 111 BUNDLES of 42 Ingot | 4662 | 104.058 |

Conditions: Subject to the company's standard form of Marine Policy and the Clauses and conditions stated.
Survey: In the event of loss or damage which may give rise to a claim under this insurance exceeding AUST$1,000 (or equivalent in other currencies) immediate notice should be given to -

HYOPSUNG SHIPPING CORP

Claims payable at: PUSAN
By: AS ABOVE

IN CASE OF LOSS OR DAMAGE SEE "IMPORTANT" INSTRUCTIONS

PAS0039A APR98 A WPCPRASAD

**CONDITIONS**

Against all risks of physical loss of or damage to the interest insured, including loss, damage or depreciation caused by explosion, fir and heating of cargo even when caused by spontaneous combustion or inherent vice and including risks of loading and unloading, but excluding unexplained loss or losses arising from dishonesty of the insured's employees. Subject to the following:

Institute Cargo Clauses(A), Institute CargoClauses(Air),InstituteWarClauses (Cargo), Institute War Clauses(Air Cargo), Institute War Clauses(Sendings by Post), Institute Strikes Clauses(Cargo), Institute Strikes Clauses(Air Cargo), Institute Classification Clause.

When the basis of valuation includes (within invoice price or as a separate item) the cost of packaging, claims at insured destination are recoverable in respect of cost of repacking goods when essential for purpose of storage or onward sale. In the event of loss or damage to the insured goods, Underwriters agree to pay cost of airfreighting the damaged part to manufacturers for repair and return or the airfreighting of replacement parts from the suppliers to destination notwithstanding that the insured goods were not originally despatched by airfreight. This insurance does not cover loss of or damage to the interest insured which is directly caused by any manufacturing process or application of any tool.

**IMPORTANT**

PROCEDURE IN THE EVENT OF LOSS OR DAMAGE WHICH MAY GIVE RISE TO A CLAIM.

**LIABILITY OF CARRIERS, BAILEES OR OTHER THIRD PARTIES**

It is the duty of the Assured and their Agents, in all cases, to take such measures as may be reasonable for the purpose of averting or minimising a loss and to ensure that all rights against Carriers, Bailees or other third parties are properly preserved and exercised. In particular, the Assured or their Agents are required
1. To claim immediately on the Carriers, port Authorities or other Bailees for any missing packages.
2. In no circumstances, except under written protest, to give clean receipts where goods are in doubtful condition.
3. When delivery is made by Container, to ensure that the Container and its seals are examined immediately by their responsible official. If the container is delivered damaged or with seals broken or missing or with seals other than stated in the shipping documents, to clause the delivery receipt accordingly and retain all defective or irregular seals for subsequent identification.
4. To apply immediately for survey by Carriers or other Bailees' Representatives if any loss or damage be apparent and claim on the Carriers or other Bailees for any actual loss or damage found at such survey.
5. To give notice in writing to the Carriers or other Bailees within 3 days of delivery if the loss or damage was not apparent at the time of taking delivery.
NOTE - The consignees or their Agents are recommended to make themselves familiar with the Regulations of the Port Authorities at the port of discharge.

**DOCUMENTATION OF CLAIMS**

To enable claims to be dealt with promptly, the Assured or their Agents are advised to submit all available supporting documents without delay, including when applicable :-
1. Original Certificate of Insurance
2. Original or copy shipping invoices, together with shipping specification and/or weight notes.
3. Original Bill of Lading and/or other contract of carriage.
4. Survey report or other documentary evidence to show the extent of the loss or damage.
5. Landing account and weight notes at final destination.
6. Correspondence exchanged with the Carriers and other parties regarding their liability for the loss or damage.

| Dated at MELBOURNE | On 17/09/98 |
|---|---|

Signed on behalf of the insurers

## 4. 보험서류의 양도

보험서류는 양도인의 서명만 있는 백지식 배서를 하는 것이 일반적이다. 백지식 배서는 CIF 거래규칙이나 CIP 거래규칙에서 보험금 청구권자에게 편리를 제공하기 위한 것이다. 즉 백지식 배서 조건을 명시하면 수출지에서 본선적재 이전에 사고가 발생하였다면 수출업자가 보험금 청구권을 행사할 수 있다.

또 본선적재 이후에 사고가 발생하였는데 수입업자가 대금 결제를 하지 않았다면 개설은행이 보험금 청구권을 행사할 수 있다. 그런데 수입업자가 대금 결제를 이행하였다면 수입업자가 보험금 청구권을 행사하게 된다.

## 5. 보험서류의 수리요건

### 1) 보험담보범위

보험서류에 기재된 담보범위는 신용장에 명시된 조건과 일치되어야 한다. 즉 신용장에 명시된 부보범위와 부보통화로 부보되어야 한다. 보험의 담보범위는 매매계약서에서 무역계약 당사자가 합의한 거래조건에 따라 결정되어진다. CIF 거래규칙이면 최소한의 담보범위인 FPA 조건 또는 ICC(C) 조건으로 부보해야 한다. 이에 따라 보험에 관한 사항은 'Insurance policy or certificate in duplicate blank endorsed for 110% of the currency contract covering Institute Cargo Clause(C).' 등과 같이 기재한다.

### 2) 보험서류의 수리요건

보험서류에 명시된 부보조건은 무역업자와 보험자 사이에 합의한 내용이다. 그러므로 매입은행은 선적서류를 매입할 때 부보조건을 이유로 거절하여서는 안 된다. 전위험담보조건(A/R)으로 부보를 하였다고 하여도 보험서류를 수리한다.

그러나 보험서류에 담보위험을 기재할 때 통상적 위험(usual risks)이나 관례적 위험(customary risks) 등과 같은 부정확하고 불명확한 용어를 사용해서는 안 된다. 만일 이러한 용어가 사용되었다면 은행은 아무런 책임없이 보험서류가 제시된 대로 수리해야 한다.

# 제 4 절 상업송장

## 1. 상업송장의 의의

상업송장(commercial invoice)은 수출업자가 직접 작성하는 서류이다. 신용장 거래에서 취급하는 기본서류 중 물품의 명칭과 규격 및 단가, 금액 등이 동일한 용지에 함께 표기되는 것은 상업송장뿐이다. 또한 수출업자의 수출과 관련한 모든 내용이 기재되는 서류이기도 하다. 이에 따라 상업송장은 신용장 거래의 내용 전부를 알 수 있는 조견표의 역할을 하기 때문에 신용장 거래에서 선하증권이나 보험증권과 같이 중요한 선적서류가 되고 있는 것이다. 그렇지만 상업송장은 선하증권이나 보험증권과 같이 구체적인 권리를 나타내는 서류는 아니다.

## 2. 상업송장의 기능

### 1) 물품명세서

상업송장은 수출업자가 물품의 명칭과 규격, 수량, 단가, 금액 등을 기재하여 수입업자 앞으로 송부하기 때문에 물품에 대한 명세서의 기능을 발휘할 수 있는 것이다. 따라서 수출업자가 상업송장에 기재하는 물품의 명세는 신용장에 기재된 물품의 명세와 엄밀하게 일치시켜야 한다. 실제적으로 수출업자는 수출물품에 대하여 가장 잘 알고 있는 사람이다. 그러므로 수출업자가 상업송장에 기재하는 내용은 수출업자의 신뢰를 바탕으로 정확하게 작성하는 것으로 보아야 한다.

### 2) 계산서

상업송장에 기재된 물품의 수량과 단가를 활용하면 총 청구금액을 알 수 있기 때문에 상업송장은 계산서의 기능을 갖게 되는 것이다. 또한 수입지 은행에서 수입화물대도(T/R)로 수입물품을 수입업자에게 인도할 때, 환어음의 담보물권이 되는 경우에는 담보물의 명세서나 계산서의 역할도 한다. 단 상업송장 금액은 신용장 금액의 범위 이내의 것이어야 한다.

### 3) 대금청구서

수출업자는 상업송장에 부대비용, 할인료, 지불방법, 지불시기 등을 기재하고 매입은행에 선적서류를 첨부하여 환어음의 매입을 의뢰하기 때문에 상업송장은 대금청구서의 역할을 한다. 그래서 신용장 수익자가 환어음을 발행할 때는 송장금액의 전액을 환어음의 발행금액으로 기재한다. 이 때 환어음의 발행금액과 상업송장의 금액은 반드시 일치시켜야 한다.

### 4) 증빙자료

수출업자는 상업송장을 CIF 거래규칙이나 CFR 거래규칙에서 선하증권이나 보험증권이 계약과 일치되었음을 증명하는 등 특정 거래계약의 존재 및 이행의 사실을 입증하는 선적서류의 하나로 환어음을 매입의뢰하는 데에 활용하고, 수입업자로서는 상업송장을 화물수취안내서와 수입물품의 진실성 및 정확성을 입증하기 위한 세관신고서류로 세관에 제시하여 과세표준액 산정을 위한 증빙자료로 활용하게 된다.

## 3. 상업송장의 종류

### 1) 상업송장

#### (1) 선적송장

① 매매송장

매매송장(sales invoice)은 가장 일반적인 송장이다. 수출업자가 수출품을 선적할 때 작성하기 때문에 수출송장(export invoice)이라고도 한다.

② 위탁판매송장

위탁판매송장(consignment invoice)은 위탁판매물품을 선적할 때 위탁자가 수탁자 앞으로 작성하는 송장이다. 즉 수출업자를 대리하여 물품을 판매하여 줄 것을 의뢰하며 물품을 송부할 때 작성하는 송장이다.

③ 견본송장

견본송장(sample invoice)은 수출업자가 수입업자에게 견본품을 송부할 때 작성하는 송장이다. 견본품에 대한 가격, 단가, 수량 등에 대한 상세한 내역을 기재한 송장이다.

〈서식 14-3〉 상업송장

# HONG KONG SHIPPING CO., LTD.

## COMMERCIAL INVOICE

<table>
<tr><td colspan="3" rowspan="2">Shipper / Eporter</td><td colspan="4">No. & date of invoice</td></tr>
<tr><td colspan="4">No. & date of L/C</td></tr>
<tr><td colspan="3">For Account & Risk of Messrs.</td><td colspan="4">L/C issuing bank</td></tr>
<tr><td></td><td></td><td></td><td colspan="4">Remarks :</td></tr>
<tr><td colspan="3">Notify party</td><td></td><td></td><td></td><td></td></tr>
<tr><td>Port of loading</td><td>Final destination</td><td></td><td></td><td></td><td></td><td></td></tr>
<tr><td>Carrier</td><td>Sailling on or about</td><td></td><td></td><td></td><td></td><td></td></tr>
</table>

| Marks and numbers of PKGS | Description of goods | Quantity/ Unit | Unit Price | Amount |
|---|---|---|---|---|
| | | | | |

<table>
<tr><td colspan="2">ITEM :<br>Q'TY:<br>DESTINATION:<br>NETW/T:<br>GROSSW/T:<br>MADEBY:</td></tr>
<tr><td>P.O. Bo<br>Cableaddress:<br>Telephone:<br>Fa:</td><td>Signed by</td></tr>
</table>

④ 매입위탁송장

매입위탁송장(indent invoice)은 매입위탁물품을 선적할 때 수탁자가 위탁자 앞으로 작성하는 송장이다. 즉 수입업자를 대리하여 매입한 물품을 매입의뢰한 자에게 송부할 때 작성하는 송장이다.

#### (2) 견적송장

견적송장(pro-forma invoice)은 수출업자가 거래를 유발하기 위하여 가상적으로 작성하여 발송하는 송장이다. 따라서 계약체결 후 실제 매매되는 물품에 대하여 발행하는 선적송장에 기재된 가격과는 차이가 발생한다.

견적송장은 수입승인이나 외화배정 등을 받기 위하여 수입업자의 요청으로 수입업자가 구매할 물품에 대해서 거래를 가상하여 작성하는 송장이다. 그래서 견적송장은 선적물품에 대한 증거가 될 수 없고 수출이 확정적으로 결정되지 물품에 대한 사전정보자료에 불과하다. 더구나 견적송장은 일종의 불확정청약이기 때문에 송장에 표시된 물품가격 등에 대하여 법적 구속력이 없다. 단지 수입업자의 신용장 개설을 위하여 편의상 형식을 갖추어 주는 송장에 불과하다.

### 2) 공용송장

#### (1) 영사송장

① 영사송장의 의미

영사송장(consular invoice)은 수출국에 주재하고 있는 수입국의 영사가 자국으로 향하는 물품의 수출업자에게 상업송장의 제출을 요구하여 화물 및 가격을 포함한 기재사항이 수출물품과 일치되는가를 확인하고 발행하는 송장이다.

② 영사송장의 특성

영사송장은 수출업자가 실제의 수출가격보다 높은 가격을 송장에 기재한 후 수출대금을 회수하였을 경우에 그 물품을 수입하는 국가의 입장에서는 실제 지불해야 할 무역대금보다 많은 외화를 지급하게 되어 외화가 불법으로 해외에 유출되는 일이 발생하게 되기 때문에 이를 방지하려는 것이다. 수입업자가 수입금액과의 차액을 외국으로 유출하고자 작성하는 것은 가격초과 송장(over-invoicing)이다. 수입업자가 수입가격보다 낮은 가격으로 송장에 기재하여 관세를 포탈하고자 작성하는 것은 가격미달 송장(under-invoicing)이다.

#### (2) 세관송장

① 세관송장의 의미

세관송장(customs invoice)은 수출업자가 수입국가 세관에 송장내용의 진실성을 입증시키기 위해 발행하는 공용송장이다. 세관송장은 수입업자가 세관에 수입신고를 할 때 필요하다.

② 세관송장의 특성

세관송장은 수입국가의 세관이 수입화물에 대하여 과세가격의 기준을 결정하기 위하여 발행한다. 또한 세관송장은 외국의 수출업자가 자국에 대하여 덤핑수출을 하고 있는가를 확인할 때도 필요하다. 그리고 세관송장은 쿼터품목의 통상기준량을 계산하거나 수입통계를 작성하기 위하여 사용된다. 세관송장은 국가별로 세관에서 요구하는 양식이 상이하기 때문에 해당국가에서 요구하는 소정의 양식에 따라 작성해야 한다.

# 제 5 절 부속서류

## 1. 부속서류의 의의와 구비

### 1) 부속서류의 의의

부속서류는 환어음의 매입을 의뢰하는 경우에 첨부하는 기본서류 이외의 모든 서류를 의미한다. 따라서 무역대금 결제에 반드시 필요한 서류가 아니고 수입업자나 수입국의 수입통관절차상 필요에 의해 요구하는 경우에만 준비하는 서류이다.

### 2) 부속서류의 구비

첫째, 수입업자 자신의 요구조건과 이익을 보다 확실히 보장받기 위하여 수출업자에게 요구하는 경우에 구비해야 한다. 이러한 부속서류에는 품질증명서, 수량증명서 등이 포함된다.

둘째, 수입국가의 외환, 관세 등 무역관련 법규에서 그 서류의 구비를 요구하는 경우에 구비해야 한다. 이러한 부속서류에는 포장명세서, 검사증명서, 분석증명서 등이 포함된다.

셋째 수입국가의 통관절차상 세관당국이 구비서류로 요구하는 경우에 구비해야 한다. 이러한 부속서류에는 영사송장, 세관송장, 원산지증명서 등이 포함된다.

## 2. 부속서류의 종류

### 1) 포장명세서

#### (1) 포장명세서의 의미

포장명세서(packing list)는 선적화물의 포장방법, 각 포장단위별 내용명세, 순중량, 총중량, 용적, 화인, 포장번호 등을 명시한 서류이다. 포장명세서는 포장, 운송, 통관상의 편의를 위하여 수출업자가 수입업자 앞으로 작성된다. 즉 송장에 기재된 화물의 포장방법, 단위포장 당의 개수 등에 대하여 취급상 주의가 요구되는 경우에 발행하는 서류이다.

#### (2) 포장명세서의 발행목적

포장명세서를 발행하는 목적은 선적화물의 포장 및 포장단위별 순중량, 총중량 그리고 화인 및 포장의 일련번호 등을 기재하여 포장과 운송, 통관상의 편의를 도모하려는 것이다. 즉 각종의 포장물이 혼합되어 있거나 하나의 컨테이너에 여러 품목이 혼재되어 있는 경우에 물품의 외부포장(outer packing)과 내부포장(inner packing)을 구체적으로 기록하여 다른 물품과 용이하게 구분하려는 것이 근본 목적이다.

#### (3) 포장명세서의 용도

포장명세서는 수출입 통관절차에서 심사자료로 활용된다. 그리고 양륙지에서 화물의 분류 및 판매단계에서 이용한다. 포장명세서는 검수 또는 검량업자가 실제 화물과 대조할 때 참조자료로 이용된다. 따라서 포장명세서는 개별화물의 사고발생에 대한 확인자료로 사용한다. 포장명세서에는 중량 이외에 각각의 용량이 표시되어 있기 때문에 선박회사가 운송계약을 체결할 때 일차적인 기준자료로 사용된다.

### 2) 원산지증명서와 일반특혜관세제도 원산지증명서

#### (1) 원산지증명서

① 원산지증명서의 의미

원산지증명서(certificate of origin)는 당해 화물이 확실히 그 수출국에서 생산 또는 제조되었다는 사실을 증명하는 공문서이다. 즉 원산지증명서는 수출물품의 원산지를 증명하는 국적증서의 성격을 가진 문서이며 적성국, 생산국 등에 관한 판별목적으로 이용되기도 한다.

② 원산지 표시의 효과

㉠ 소비자보호

원산지를 표시하는 것은 소비자를 보호하는 효과가 있다. 원산지가 표시되면 소비자가 원산지를 판단하여 양질의 물품을 선택할 수 있는 기회를 제공한다. 만약 원산지가 표시되지 않으면 열악한 품질 내지 저가의 물품을 국산품으로 오인하도록 포장하여 판매하는 경우에 소비자가 피해를 보게 된다. 이러한 피해를 방지하기 위해서 원산지를 표시하는 것이다.

㉡ 전염병 및 병충해 예방

동식물을 수입하는 경우에 원산지를 표시하는 것은 멸종 위기에 처한 동식물 등이 특정지역에서 반입되는 것을 규제하여 환경보호에 이바지하는 역할을 한다. 또한 특정국가에서 동, 식물에 전염병 내지 병충해가 발생한 경우 그 지역으로부터 수입되는 동, 식물에 대한 방역조치 및 검역조치를 강화하여 국내의 전염을 차단하는 자료로 활용할 수 있다.

㉢ 무역정책의 수행 자료

무역정책에 따라 원산지를 표시하는 것은 특정 국가나 지역으로부터 수입하는 특정 물품에 대하여 호혜적으로 관세양허 등 특혜 조치를 취할 때나, 저가로 수입되는 물품에 대하여 덤핑관세를 부과하거나 긴급수입 제한조치 또는 수입수량을 할당하는 조치를 취하기 위한 기준자료가 되기 때문에 중요하다.

③ 원산지 표시 면제물품

외화획득용 원료 및 시설기재로 수입되는 물품, 단순수입물품이나 개인에게 무상 송부된 탁송품이나 별송품 또는 여행자 휴대품, 및 외교관 면세대상 물품, 견본품 및 수입된 물품의 하자 보수용 물품 등은 원산지 표시가 면제된다. 실수요자가 수입을 한 후에 실질적 변형을 일으키는 제조공정에 투입되는 부품 및 원재료로써 직접 수입하는 경우의 물품, 판매 또는 임대목적이 아닌 물품제조에 사용할 목적으로 수입되는 제조용 시설 및 기자재 및 부분품 및 예비 부분품을 포함하여 직접 수입하는 경우의 물품, 연구개발용품으로 수입하는 경우의 물품 등은 원산지 표시가 면제된다. 보세운송, 환적 등에 의해 우리나라를 단순히 경유하는 통과화물, 재수출 조건부 면세대상 물품, 우리나라에서 수출된 후 재수입되는 물품 등은 원산지 표시가 면제된다. 관세청장이 수출입 주무기관의 장과 협의해 원산지 표시 면제대상으로 지정한 물품은 판매목적이 아닌 자선목적의 기부물품, 우리나라로 수입되기 20년 이전에 생산된 물품, 보세구역에서 국내로 반입되지 않고 외국으로 재수출되는 물품 등이다.

#### ④ 원산지증명서 제출 대상물품과 제출 면제물품

㉠ 원산지증명서 제출 대상물품

수입할 때에 원산지증명서를 제출해야 하는 대상물품은 통합공고에 의해 특정지역으로부터 수입이 제한되는 물품, 원산지 허위표시, 오인표시 또는 혼동표시 등을 확인하기 위하여 세관장이 필요하다고 인정하는 물품, 기타 법령에 의해 원산지 확인이 필요한 물품 등이다.

㉡ 원산지증명서 제출 면제물품

수입을 할 때에 원산지증명서를 제출하지 않아도 되는 대상물품은 외화획득용 원재료, 관세법에 의한 수입신고물품을 제외한 우편물품, 개인에게 무상 송부된 탁송품, 별송품 또는 여행자 휴대품, 우리나라를 단순히 경유하는 통과화물 등이다.

#### (2) 일반특혜관세제도 원산지증명서

일반특혜관세제도의 관세특혜를 받기 위하여 발급받는 일반특혜관세 원산지증명서(generalized system of preferences certificate of origin Form A: GSP/CO)는 특혜관세 공여국에 수출하는 특정물품에 대하여 해당 물품이 특혜수혜국에서 생산되었다는 것을 증명하는 서류이다. 일반특혜관세 원산지증명서의 발급기관은 특별시, 광역시, 시, 도이다. 공업단지 입주업체에 대해서는 공업단지 관리소에서 발급한다.

### 3) 검사증명서

검사증명서(inspection certificate)는 공신력 있는 검사기관이나 수입업자가 지정한 자가 수출화물을 검사하여 합격하였음을 증명하는 서류이다. 검사증명서는 수출업자의 부정을 방지할 목적으로 요구하는 경우가 많다. 신용장에서 검사증명서를 요구하고 있으면 수출품의 검사증명서를 첨부해야 한다. 신용장에서 검사증명서를 요구하면서도 사전에 특정검사기관을 지정하지 않았다면 수입업자의 대리인이 발행한 합격증이 있어야 한다.

### 4) 분석증명서

분석증명서(certificate of analysis)는 주로 광산물이나 의약품 등과 물품을 대상으로 하는 무역거래에서 요구되는 서류이다. 광산물은 그 순도가 물품의 가치를 좌우하게 된다. 따라서 광산물의 순도가 어느 정도인가에 대해 알기 위해서는 광산물에 함유되어 있는 성분에 대한 분석증명이 필요하다.

### 5) 위생증명서

위생증명서(certificate of health)는 식료품, 약품류, 화장품 및 육류 등을 수출하는 경우에 수입국가에서 규정한 기준에 합격된 무균, 무해임을 증명하는 서류이다. 위생상태의 점검이 필요한 물품의 수출입에서는 위생증명서를 세관송장에 첨부하도록 요구하고 있다. 미국, 브라질, 파나마 등으로 살아 있는 동식물을 수출하는 경우에는 위생증명서의 일종인 검역증(certificate of quarantine)이 필요하다.

### 6) 용적증명서와 중량증명서

용적증명서와 중량증명서(certificate and list of measurement and/or weight)는 화물의 용적 또는 중량을 입증하는 증명서이다. 선적지에서 공인검량업자가 발행한다.

용적증명서와 중량증명서는 상업송장상의 기재내용을 확인할 목적으로 요구하는 보충서류이다. 즉 용적증명서와 중량증명서는 수출화물이 선적업자의 집화장소에서 세관보세구역에 반입되면 등록검량업자에 의해 화물의 용적과 중량에 대한 검사를 받아 발급하는 증명서이다. 용적증명서와 중량증명서는 선적지시서 또는 선하증권 등에 그 수량이 기재되어 운임과 기타 제비용의 산출 근거가 되는 서류이다. 중량증명의 경우 신용장에서 검사기관을 별도로 정하지 않고 단순히 중량증명만을 요구하는 때에는 운송인에 의한 서류상의 중량표시 스탬프 또는 문자표기를 그 증명으로 갈음할 수 있다.

### 7) 품질증명서

품질증명서(certificate of quality)는 주로 농수산물의 무역거래에서 요구되는 서류이다. 농수산물의 경우, 같은 종류라도 그 품질이나 규격 및 중량 등이 각각 다르기 때문에 등급을 A등급, B등급, C등급으로 구분한다. 그래서 사과 A급, B급, 혹은 고등어 A급, B급, C급 등과 같이 등급에 의해 농수산물의 매매가 이루어질 경우 그 계통의 공인검사관(official grander)이 품질검사를 하고 품질증명서를 발급한다.

### 8) 검역증명서

검역증명서(certificate of quarantine)는 동식물을 수출입하는 경우에 전염병균이 묻혀 들어가는 것을 사전에 방지하기 위하여 당해 동식물을 고립된 장소에 일정 기간동안 장치한 후에 검역을 실시한 후에 그 결과에 대하여 발급해 주는 서류이다.

### 9) 수익자증명서

수익자증명서(beneficiary's certificate)는 수입업자가 무역계약과 관련하여 요구하는 사항 등에 대하여 수출업자가 이행하였음을 입증하는 서류이다. 그래서 수익자 증명서는 수출업자 자신이 발행하는데 정해진 특별한 서식은 없다.

### 10) 차변표와 대변표

차변표(debit note)는 전표의 발행자가 보유하고 있는 상대방 계좌의 수취계정에서 전표에 기재된 금액을 인출할 권리가 있음을 상대방에게 통지하는 전표이다. 상대방을 위하여 수수료를 입체한 경우에는 입체한 금액을 청구하면서 또는 견본대금을 청구하면서 수취계정에서 인출한다는 사실을 통지하는 차변표를 발행하게 된다.

대변표(credit note)는 전표의 발행자가 보유하고 있는 상대방 계좌의 지급계정에 전표에 기재된 금액을 입금해야 할 의무가 있음을 상대방에게 통지하는 전표이다. 대리점에 지급할 수수료를 계산하여 통지하는 경우 또는 오기로 인하여 비용이 잘못 이체되어 온 경우에 반환을 하기 위하여 지급계정으로 입금한다는 사실을 통지하는 대변표를 발행하게 된다.

# 제 15 장

# 무역대금 결제

## 제1절 외환거래

### 1. 외환의 의의와 종류

#### 1) 외환의 의의

거래를 할 때 이용되는 지급수단은 정부지폐, 은행권, 주화, 수표, 우편환, 신용장과 대통령이 정하는 환어음, 약속어음 기타의 지급지시 등이다. 외환은 대외지급수단, 외화증권 및 외화채권을 의미한다. 대외지급수단은 외국통화, 외국통화로 표시된 지급수단 기타 표시통화에 관계없이 외국에서 사용할 수 있는 지급수단이다. 외화증권은 외화로 표시된 증권 또는 외국에서 지급받을 수 있는 증권이다. 외화채권은 외화로 표시된 채권 또는 외국에서 지급받을 수 있는 채권이다.

외환은 수단이라는 측면에서 보면 대외지급수단으로 사용될 수 있는 외국통화표시의 은행권, 수표, 환어음, 예치금 잔고 등을 의미하고, 외환을 방법이라는 측면에서 보면 한 나라의 통화에서 다른 나라의 통화로 교환하는 과정 내지 제도를 의미한다. 그러므로 외환은 현금이나 금의 개입이 없이 국가 사이의 대금 결제에 사용되는 결제수단으로 정의할 수 있다.

### 2) 외환과 내국환

외환과 내국환을 몇 가지의 기준을 놓고 비교하여 본다면 다음과 같은 차이점이 있다.

첫째, 매매거래에서 대금 결제수단을 사용하는 매매거래당사자의 거주지를 기준으로 비교하면 외환은 사용하는 당사자의 일방이 외국에 있으나 내국환은 사용하는 양 당사자가 국내에 있게 된다.

둘째, 매매거래에서 대금 결제에 사용되는 매매자금의 이동범위를 기준으로 비교하면 외환은 자금의 이동범위가 2국 이상에 걸쳐 발생한다. 그러나 내국환은 자금이동범위가 국내로 한정된다.

셋째, 매매거래에서 이루어지는 대금 결제장소를 기준으로 비교하면 외환은 결제의 장소로 국제금융시장이 이용된다. 그러나 내국환은 특별한 시장의 존재가 없이 국내에서 이루어진다.

넷째, 매매거래에서 이루어지는 결제과정을 기준으로 비교하면 외환은 종류가 많기 때문에 결제과정이 복잡하다. 그러나 내국환은 동종의 화폐로 결제되므로 중앙은행이 이를 관장할 수 있어 결제과정이 복잡하지 않다.

다섯째, 매매지급수단의 교환에 따른 환율의 발생을 기준으로 비교하면 외환은 이종화폐 사이의 통화거래이기 때문에 환율이 발생한다. 그러나 내국환은 동종 화폐의 거래이기 때문에 환율이 발생하지 않는다.

### 3) 외환의 종류

#### (1) 매입환과 매도환

매입환은 외국환은행이 외환을 매입하는 경우에 통칭되는 개념이다. 매도환은 외국환은행이 외환을 매도하는 경우에 통칭되는 개념이다.

#### (2) 현물환과 선물환

현물환은 외환매매가 성립되는 동시에 실제의 환매매가 이루어지는 외환이다. 동시라는 개념에는 계약이 체결된 후 2 영업일 이내라는 의미가 포함된다. 따라서 현물환에서는 현재의 환율이 적용된다.

선물환은 환매매 계약이 체결된 후 실제매매거래가 일정한 시기에, 일정한 환율로 매매하기로 약정된 외환이다. 선물기간은 평균 1개월 내지 3개월 혹은 6개월 이내가 대부분이다. 따라서 선물환에서는 일정한 시기에 환거래 당사자 사이에 약속한 환율을 적용한다.

### (3) 보통환과 전신환

① 보통환

㉠ 송금수표

송금수표(demand draft: D/D)는 송금인이 개설은행으로부터 교부받은 송금수표를 직접 수취인에게 송부하고, 이를 받은 수취인은 송금수표에 기재되어 있는 지급은행에 지급 제시하여 그 송금대전을 수취하는 방법이다.

따라서 송금수표에 의한 송금방법은 송금인의 책임 하에 수취인에게 전달되므로 우편송금에 비하여 위험성이 높다. 송금수표는 해외시험 응시료, 외국서적 구입비 등과 같은 소액의 송금에 많이 이용된다.

㉡ 우편송금환

우편송금환(mail transfer: M/T)은 송금은행이 지급은행 앞으로 수취인에게 일정금액을 지급하여 줄 것을 위탁하는 지급지시서(payment order)를 발행하여 송금은행이 직접 우편으로 지급은행에 발송하여 주는 방법이다. 주로 시간을 다투지 않는 송금, 소액송금 등에 이용되는데 지로와 은행계좌이체 등과 같은 송금수단의 발달로 현재는 거의 이용되지 않고 있다.

② 전신환

전신환(telegraphic transfer: T/T)은 지시내용이 전신으로 전달된다. 이에 따라 전신환은 대금 결제에 긴급한 상황이 발생한 경우에 활용한다. 전신송금환은 거액 송금, 빠른 전달을 요하는 송금 등에 많이 이용되며, 현재 가장 보편적으로 이용되고 있는 방법으로서 신속하고 편리하나 전신료가 우편료보다 비싸기 때문에 그만큼 비용부담이 크다.

### (4) 송금환과 추심환

① 송금환

송금환은 국가와 국가 사이의 대금 결제에 있어 양국의 외국환은행 사이에 현금의 이동방향과 환어음의 이동방향이 일치하는 경우이다. 그래서 송금환을 순환이라고도 한다.

양국의 외국환은행 사이에 환 결제계약이 체결되어 있고 한국의 수입업자가 미국의 수출업자에게 대금을 지급하는 경우를 들면 다음과 같다. 한국의 수입업자는 미국의 수출업자에게 현금을 직접 송금하지 않고 서울에 있는 외국환은행에 결제상당액을 지급하고 받은 송금환을 미국의 수출업자에게 송부한다. 미국의 수출업자는 자국 내의 외국환은행으로 송금되어 온 결제자금을 송금환을 제시하고 지급받는다.

② 추심환

추심환은 국가와 국가 사이의 대금 결제에 있어 양국의 외국환은행 사이에 현금의 이동방향이 환어음의 이동방향과 반대인 경우이다. 그래서 추심환을 역환이라고 한다. 양국의 외국환은행 사이에 환 결제계약이 체결되어 있고 한국의 수입업자가 미국의 수출업자에게 대금을 지급하는 경우를 들면 다음과 같다.

미국의 수출업자는 무역계약조건에 따라 선적이 완료되면 무역계약조건에 일치하는 선적서류를 구비하여 외국환은행에 매입을 의뢰하는 환어음을 발행하여 무역대금 결제를 한다. 미국의 외국환은행은 선적서류가 첨부된 환어음을 매입한 후 한국의 수입업자가 거래하는 외국환은행으로 발송통지서와 함께 환어음 및 선적서류를 송부하여 대금추심을 의뢰한다. 그러면 한국의 수입업자가 거래하는 외국환은행은 추심되어 온 환어음 및 선적서류를 수입업자에게 제시하고 대금을 추심한다. 무역대금을 회수한 한국의 외국환은행은 미국의 외국환은행으로 무역대금을 송부하여 수출업자가 무역대금을 취결할 수 있도록 한다.

## 2. 환율

### 1) 환율의 표시

#### (1) 자국통화표시환율

환율은 자국통화표시환율과 외화표시환율로 표시되어 통용되고 있다. 자국통화표시환율은 외국 화폐 1단위를 기준으로 교환되는 우리나라 화폐와의 교환비율을 의미한다. 이를 직접표시법 혹은 지급계산법이라고도 하며 US ＄1: ₩1000으로 표시된다. 따라서 환율이 인상되었다면 자국의 화폐가치가 하락된 것으로 평가절하가 된다. 반대로 환율이 인하되었다면 자국화폐의 교환가치가 상승한 것으로 평가절상이 된다.

#### (2) 외국통화표시환율

외국통화표시환율은 우리나라 화폐 1단위를 기준으로 교환되는 외국 화폐와의 교환비율을 의미한다. 이것은 우리나라 화폐를 화폐교환의 기준으로 하고 우리나라 화폐 1단위와 교환되는 외국 화폐와의 교환비율인 것이다. 이는 간접표시법 혹은 수취계산법이라고도 하며 ₩1: US ＄ 1/1000으로 표시된다.

### 2) 환율의 형태

#### (1) 고정환율

고정환율(fixed exchange rate)은 통화에 대하여 일정한 평가를 설정하고 일정한 환율 또는 동 평가를 기준으로 일정한 범위 내에서 유지되는 환율이다. 즉 외환시장에서 정부가 환율의 변동에 대하여 간섭이나 규제를 가하는 환율이기 때문에 환율의 변동을 인정하는 경우에도 이러한 이유로 인하여 일정한 기준을 초과하거나 미달하는 경우가 발생하지 않는다. 고정환율제도에서는 환율이 고정되어 있기 때문에 국가와 국가 사이의 환율차이를 노린 투기적 단기자본의 이동을 방지할 수 있다.

#### (2) 변동환율

변동환율(float exchange rate)은 일정한 평가를 설정하지 않고 외환의 시세를 외환거래 시장의 자율조정에 맡기는 것이다. 즉 외환시장에서 정부가 환율의 변동에 대하여 간섭이나 규제를 하지 않고 외환시장의 수요와 공급에 의해 환율이 자유롭게 변동되어 결정되는 환율이다. 그러므로 변동환율제도에서는 국가와 국가 사이의 환율차이를 이용하여 환차익을 노리는 투기적 단기자본의 이동이 발생할 수 있다.

# 제2절 무역대금 결제유형

## 1. 무역대금 결제시점 기준

### 1) 선지급

선지급(advanced payment)은 물품이 선적이나 인도되기 전에 미리 대금을 지급하는 방법이다. 선지급은 사전지급이라고도 하는데 단순송금방식, 선대신용장 방식 등으로 구분된다. 단순송금방식은 주문과 함께 전신환 등을 송금하는 방법이다. 선대신용장방식은 수출업자가 신용장을 수취한 이후에 무역계약물품을 선적하기 전에 선적서류를 첨부하지 않고 환어음을 발행하여 무역대금을 결제하는 방법이다. 선대신용장 방식은 수출업자가 무역계약물품의 선적에 대한 담보가 보장되지 않기 때문에 소액거래에만 제한적으로 사용되고 있다.

### 2) 동시지급

동시지급(concurrent payment)은 물품을 선적하거나 인도할 때에, 또는 운송서류를 인도할 때에 대금 결제를 하는 방법이다. 동시지급은 현물상환 지급방식, 선적서류상환 지급방식, 일람지급방식, 지급인도방식 등으로 구분된다. 현물상환 지급방식(cash on delivery: COD)은 현물의 인도와 동시에 현금결제가 이루어지는 조건이다. 선적서류상환 지급방식, cash against documents: CAD)은 선하증권을 비롯한 선적서류의 인도와 동시에 현금결제가 이루어지는 조건이다.

### 3) 후지급

후지급(deferred payment)은 물품의 선적 또는 물품의 인도나 운송서류의 인도 후 일정한 기간이 경과되어야 대금 결제가 이루어지는 신용제공거래조건으로 연지급이라고도 한다.

후지급은 단기 연지급과 중장기 연지급 등으로 구분된다. 단기 연지급은 물품의 선적이나 물품의 인도 후 또는 운송서류의 인도 후 1년 이내에 결제가 이루어지는 방식이다. 중장기 연지급은 1년 초과 10년 이내 때로는 20년까지의 기간 내에 결제되는 방식이다.

### (4) 혼합지급

혼합지급(mixed payment)은 선지급과 동시지급 그리고 후지급을 혼합한 결제조건이다. 혼합지급의 대표적인 것은 누진지급(progressive payment basis)방식이다. 혼합지급방법은 대금을 일시에 결제하지 않고 계약할 때, 선적할 때, 도착할 때 등으로 분할하여 지급하거나 공정의 진척정도에 따라 분할지급(instalment payment)하는 방식이다.

## 2. 무역대금 결제수단 기준

### 1) 송금환결제

송금환결제는 우편환이나 전신환으로 송금하여 대금을 결제하는 조건이다. 송금환결제는 매매당사자 사이에 합의한 송금수단과 송금방법에 따라 이루어진다. 송금환결제에서는 수출업자가 수입업자에게 선적서류를 직접 송부한다. 송금환결제는 단순송금방식에 의한 수출입거래에서 사용하는 것이 대부분이다.

### 2) 현금결제

현금결제(cash payment)는 현금으로 수출입대금을 직접 결제하는 방식이다. 현금결제방식에는 주문동시 지급방식(cash with order: CWO), 현물상환 지급방식(COD) 그리고 선적서류상환 지급방식(CAD) 등이 있다.

주문동시 지급방식(CWO)는 물품의 구매를 위한 주문을 할 때 현금결제를 하는 방식이기 때문에 선지급방식과 같은 특성이 있다. 현물상환 지급방식(COD)는 물품을 인수, 확인한 후에 현금결제를 하는 방식이기 때문에 동시지급과 같은 특성이 있다. 선적서류상환 지급방식(CAD)은 선적서류를 인수한 이후에 현금결제를 하는 방식이기 때문에 선적서류를 기준으로 본다면 동시지급과 같은 특성이지만 현금결제를 하고 물품의 실체를 확인할 수 있다는 관점에서 본다면 선지급과 같은 특성이 있다. 이 밖에 물품수령증 상환신용장(payment on receipt L/C)에 의한 결제에서도 환어음의 발행이 없는 현금결제방식을 취하고 있다.

### 3) 환어음결제

환어음결제(draft payment)는 채권자인 매도인이 채무자인 매수인을 지급인으로 하는 환어음을 발행하고 은행에서는 이 환어음을 매입 또는 추심하여 수출대금을 회수하는 추심결제(collection basis)방식이다. 환어음결제에서는 담보 환어음과 무담보 환어음이 활용된다.

담보 환어음(documentary bill/draft)은 화환어음이라고도 하는데 무역거래에서 선하증권이나 보험증권 등과 같은 운송서류를 담보물로 첨부하여 환어음을 발행하여 대금을 결제하는 환어음이다. 담보 환어음은 은행으로서는 당해 환어음의 지급불능이나 지급거절 등과 같은 환어음 사고가 발생하였을 경우 선하증권으로 물품을 찾아 이를 매각하거나 보험증권으로 보험금을 찾아 보상을 받을 수 있는 환어음이므로 은행이 담보 환어음을 매입하게 되는 것이다.

무담보 환어음(clean bill/draft)은 무화환어음이라고도 하는데 운송서류를 첨부하지 않고 환어음만 발행하여 대금을 결제하는, 담보물이 첨부되지 않는 추심결제방식이 되기 때문에 은행이 매입을 할 때 여러 가지의 제약이 따르게 된다.

### 4) 물품결제

물품결제는 수출입 물품의 대가로 다른 물품을 수입 또는 수출하는 물물교환방식(barter trade system)에 이용되는 결제조건이다. 구상무역을 포함한 연계무역형태에서 물품결제방식이 자주 이용된다.

# 제 3 절 신용장 결제방식과 무신용장 결제방식

## 1. 신용장 결제방식

신용장 결제방식은 신용장 조건에 일치하는 선적서류와 상환으로 수출업자가 발행하는 환어음에 대하여 대금지급을 보증하는 것이다. 무역거래에서 대금 결제는 대부분 신용장에 의해 이루어지고 있다. 무역거래 당사자 사이의 대금 결제 관계를 공신력 있는 은행이 개입하여 지급을 보증함으로써 원활한 무역거래를 수행하는데 도움을 주고 있다. 그런데 수입업자와의 분쟁, 수입국가의 외환통제 및 신용장 개설은행의 파산, 고의적 결제회피 등과 같은 문제가 발생하는 경우에는 한계점이 노출된다.

## 2. 무신용장 결제방식

### 1) 송금결제방식

#### (1) 송금결제방식의 의미

송금결제방식은 수출업자가 무역계약물품을 선적하기 전에 수입업자가 수출업자에게 결제대금을 보내주는, 즉 송금하는 방식이다. 송금결제방식에서 수입업자가 수출업자에게 무역대금을 보낼 때는 송금수표, 우편송금환, 전신송금환 등과 같은 지급수단을 이용한다.

#### (2) 송금결제방식의 구분

① 선적 전 송금결제방식

㉠ 특징

선적 전 송금결제방식(remittance before shipment)은 수입업자가 무역대금 전액을 무역계약물품의 선적 전에 외화나 수표 등과 같은 지정영수통화로 표시된 대외지급수단을 수출업자에게 미리 송금하여 지불하고, 수출업자는 일정기간 이내에 이에 상응하는 물품을 선적하는 단순송금결제방식이다.

㉡ 장단점

선적 전 송금결제방식은 수출업자의 입장에서 보면 수출대금을 무역계약물품의 선적 전에 영수하기 때문에 거래조건이 상당히 유리하며 채권의 회수에서는 가장 완벽한 거래일 수 있다. 그러나 수입업자의 입장에서 보면 수입대금을 무역계약물품의 선적 전에 송금하기 때문에 자금 면에서 부담이 크고 수입물품의 인수에 대한 확실한 보장이 어렵다는 단점이 있다.

㉢ 송금방법

선적 전 송금결제방식에서의 송금방법은 당사자 사이에 매매계약을 체결할 때 우편으로 할 것인가 전신으로 할 것인가에 따라 결정된다. 무역결제대금을 우편으로 송금하고자 할 경우에는 수입업자가 직접 송금수표를 우송하는 방법과 거래은행에 지시하여 우편송금환을 우송하는 방법 또는 거래은행에 지시하여 전신환으로 전달하는 방법 등이 있다.

② 선적 후 송금결제방식

㉠ 특징

선적 후 송금결제방식(remittance after shipment)은 수출업자가 선적을 한 후에 수입업자가 물품을 직접 확인한 후, 또는 선적서류를 인수한 후에 무역결제대금을 송금하는 방식이다.

㉡ 현물상환 지급방식

현물상환 지급방식(COD)은 수출업자가 수출물품을 선적하고 구비한 선적서류를 주로 수입업자의 국가에 소재하는 자신의 대리인이나 해외지사 또는 거래은행에 발송하여 수입통관절차를 거치게 하고 수입업자가 직접 물품의 품질이나 수량을 검사한 후에 물품을 인도 받으면서 대금을 현금으로 결제하는 방식이다. 현물상환 지급방식의 수출은 주로 보석 등과 같은 귀금속류 및 가격이 고가인 물품 중 물품의 색상, 가공방법, 순도 등에 따라 가격의 차이가 많이 발생하는 물품의 거래에서 활용된다.

㉢ 선적서류상환 지급방식

선적서류상환 지급방식(CAD)은 수출업자가 물품을 수출하고 선적을 증명할 수 있는 선하증권, 상업송장 등과 같은 주요 선적서류를 수입업자에게 직접 또는 수출업자의 국가에 소재하는 수입업자의 대리점이나 거래은행에 제시하여 선적서류와 상환으로 무역대금을 지급받는 방식이다. 선적서류상환 지급방식은 원칙적으로 수출국에 수입업자를 대신하여 대금을 결제해 줄 대리인이나 은행이 있을 경우에만 가능하다. 더욱이 수입업자가 선적서류를 고의로 찾아가지 않으면 대금의 회수가 불가능한 경우도 있기 때문에 매수인의 신용이 분명한 경우에만 사용하는 것이 바람직하다.

## 2) 추심결제방식

### (1) 추심결제방식의 의미

추심결제방식에 의한 수출입은 특정은행이 무역대금의 지급을 보증하는 거래가 아니기 때문에 수출입업자 당사자 사이의 체결된 무역계약에서의 결제조건에 의해 발행된 환어음으로 대금 결제가 이루어진다. 따라서 수출업자가 물품을 선적한 후 선적서류를 첨부하여 환어음을 발행하여 추심은행을 경유하여 수입업자에게 제시하면 수입업자가 그 환어음에 대한 지급 또는 인수를 하는 결제방식이다. 추심결제방식에서의 추심은행은 단순히 무역대금의 추심 및 추심 의뢰업무만 수행하는 것이기 때문에 본점과 지점 사이 또는 장기간 계속적 거래관계가 있는 신용이 있는 거래처 사이에서 이용된다. 추심결제방식은 신용공여기간에 따라 인수인도조건(D/A) 결제방식과 지급인도조건(D/P) 결제방식으로 구분된다.

### (2) 추심결제방식의 구분

① 인수인도조건 결제방식

인수인도조건(documents against acceptance: D/A) 결제방식은 수출업자가 무역계약물품을 선적하여 보낸 후 선적서류를 첨부하여 환어음을 발행하고 거래은행을 경유하여 수입업자에게 제시하였을 때 수입업자가 환어음 대금을 인수하는 경우에만 선적서류를 인도하는 추심결제방법이다. 인수인도조건(D/A) 결제방식에서는 수출업자가 기한부 환어음(usance bill)을 발행하기 때문에 수입업자에게 환어음의 만기일까지 신용을 공여할 수 있다.

인수인도조건(D/A) 결제방식에서는 수출업자가 무역계약물품을 선적한 후 선적서류를 첨부하여 수입업자를 지급인으로 하는 기한부 환어음을 발행하여 거래하는 외국환은행에 추심을 의뢰하게 된다. 그래서 추심의뢰은행이 수입업자의 거래은행인 추심은행에게 서류를 발송하면 추심은행이 환어음 지급인에게 환어음의 인수와 동시에 선적서류를 인도하고 그 환어음의 지급만기일에 환어음 지급인으로부터 대금을 받아 추심의뢰은행에 발송하면 추심의뢰은행이 수출업자에게 대금을 지급하는 거래방식이다.

인수인도조건(D/A) 결제방식에서는 수입업자가 환어음을 인수한 후 무역계약물품을 수령하고, 환어음 만기일 전에 파산하거나 지급불능상태가 되면 수출업자는 대금회수가 불가능하게 된다. 또한 수입업자가 환어음의 인수 후 시황에 따라 수입물품에 대한 기대이익이 보장이 되지 않는 경우 환어음의 만기일에 무역대금을 지급하지 않는 경우도 있기 때문에 유의해야 한다.

### ② 지급인도조건 결제방식

지급인도조건(documents against payment: D/P) 결제방식은 수출업자가 무역계약물품을 선적하여 보낸 후 선적서류를 첨부하여 환어음을 발행하고 거래은행을 경유하여 수입업자에게 제시하였을 때 수입업자가 환어음 대금을 지급하는 경우에만 선적서류를 인도하는 추심결제방법이다. 지급인도조건(D/P) 결제방식에서는 수출업자가 일람출급 환어음(sight bill)을 발행하기 때문에 신용기간이 인수인도조건(D/A) 결제방식보다 단기간이다.

지급인도조건(D/P) 결제방식에서는 수출업자가 무역계약물품을 선적한 후 선적서류를 첨부하여 수입업자를 지급인으로 하는 일람출급 환어음을 발행하여 거래하는 외국환은행에 추심을 의뢰한다. 그래서 추심의뢰은행이 수입업자의 거래은행인 추심은행에게 선적서류를 방송하면 추심은행이 환어음 지급인에게 환어음 대금의 지급과 동시에 선적서류를 인도하여 주고 그 대금을 추심의뢰은행에 발송하면 추심의뢰은행이 수출업자에게 대금을 지급하는 거래방식이다.

지급인도조건(D/P) 결제방식의 경우 수출업자는 수입업자가 환어음 대금을 지급하기 전에는 추심은행이 선적서류를 인도하지 않을 것이기 때문에 화물에 대한 멸실여부는 걱정이 없다. 그러나 수입업자가 물품가격의 폭락 등을 이유로 계약할 때의 조건과 달리 서류를 인수하지도 않고 지급하지도 않는다면 손해를 입게 된다. 그런데 수입업자는 대금 결제를 한 후 선적서류를 받기 때문에 물품이 무역계약과 다른 경우에는 대책이 없게 된다.

### (3) 추심결제방식의 한계

추심결제방식은 수입업자의 무역대금결제에 대한 약속에 의하기 때문에 수입업자의 신용상태가 불량하거나 지급불능인 경우에는 수출업자가 대금회수를 할 수 없게 되는 위험이 있다.

추심결제방식은 수출업자가 무역계약물품을 선적한 후에 선적서류를 첨부하여 발행한 환어음을 수입업자에게 추심하여 대금을 지급받는 방법이다. 따라서 환어음 대금이 지급되더라도 그 추심기간 동안에는 대금지급의 지연이 발생하게 된다.

추심결제방식에서 추심의뢰은행이나 추심은행은 수출업자의 추심대리인에 불과하기 때문에 수입업자가 무역계약에 일치하지 않은 물품을 수령하였다고 하더라도 은행에 대하여 이를 항변할 수 없게 된다. 추심결제방식에서의 모든 환어음 행위는 추심에 관한 통일규칙보다 상업어음거래약정이나 행위지의 국내법이 우선적으로 적용된다. 따라서 무역거래 당사자 사이에 분쟁이 발생하는 경우에는 각국의 법이 우선하기 때문에 그 해결이 어렵게 된다.

## 3. 기타의 대금 결제방식

### 1) 국제팩토링 결제방식

팩토링(factoring)은 'factor + ing'의 개념이다. 즉 팩터로서 활동한다는 의미이다. 팩토링은 통상 수출업자(supplier)가 수입업자(debtor)에게 물품이나 서비스를 제공함에 따라 발생하는 외상매출채권(accounts receivable)을 팩토링회사(factor)가 수출업자를 대신하여 신용조사 및 지급보증, 매출채권을 기일관리, 대금회수 등의 업무를 제공하는 금융기법이다.

### 2) 포페이팅 결제방식

포페이팅(forfaiting)은 현금을 대가로 채권을 포기 또는 양도한다는 것을 의미한다. 수출업체가 연불수출과 관련하여 획득한 채권, 즉 약속어음 또는 환어음을 포페이터가 소구권 없이 할인하여 신용판매를 현찰판매로 환원시키는 금융기법이다. 그러므로 연불조건의 거래에서 연지급어음을 매입한 자는 이전에 환어음을 소지하였던 자에게 사후에 소구권을 행사할 수 없다. 따라서 수출업자가 취급금융기관인 포페이터를 통하여 수출대금을 영수하였다면 수입업자가 대금지급을 거절하거나 연기하여 발생하는 모든 위험들을 방지할 수 있다.

### 3) 선적통지 결제방식

선적통지 결제방식(open account)은 수출업자가 수출물품을 선적한 후 환어음의 발행 없이 선적서류를 직접 수입업자에게 발송하여 대금 결제를 하는 방식이다. 수출업자가 선적완료를 통지하는 시점에 수출채권이 성립된다. 수입업자는 선적서류를 수취한 후 무역계약서에 약정된 기간 내에 수입대금을 수출업자에게 송금하게 된다. 수출업자가 선적 후 선적서류 원본을 수입업자에게 직접 발송하고 수입업자의 동의를 얻은 수출채권을 외국환은행에 양도한다. 은행이 양도받은 수출채권을 매입하는 행위를 선적통지 결제방식 수출채권매입이라고 한다.

### 4) 인카소 결제방식

인카소(INKASSO) 결제방식은 수출업자가 환어음의 발행 없이 선적서류를 인수시키고 수입업자가 수입물품을 확인한 후에야 대금이 지급되는 방식이다. 인카소 결제방식은 러시아와 무역거래를 할 때에 활용하는 방식이다.

### 5) 자금이체 결제방식

자금이체(credit transfer) 결제방식은 수출업자와 수입업자 사이에 현금으로 직접 결제하지 않고, 당사자 사이에 은행의 구좌를 매개체로 하여 자금이체로 수출업자와 수입업자 사이에 자금결제를 행하는 것이다. 일반적으로 지로(giro) 혹은 은행지로라고 한다.

자금이체 결제방식은 지급이체(credit transfer) 결제방식과 추심이체(debit transfer) 결제방식으로 구분된다. 지급이체 결제방식은 대변이체 결제방식이라고도 하는데 수입업자가 상대방 계좌로 현금입금을 하거나 이체시키는 것을 전제로 한다. 추심이체 결제방식은 차변이체 결제방식이라고도 하는데 수출업자 계좌로 상대방이 입금을 해주거나 이체를 시켜 주는 것을 전제로 한다.

### 6) 상계무역 결제방식

상계무역 결제방식은 대금의 일부 또는 전부를 물품 또는 서비스와 같은 현물로 제공하는 결제방식이다. 상계무역은 수출업자가 물품을 공급하고 이에 대한 대가로 수입업자로부터 물품 등을 구매할 것을 약속하여 이루어지는 거래이다. 상계무역은 특정 물품의 수출업자와 수입업자 사이에 장기계약으로 이루어지는 경우가 대부분이다.

### 7) 청산 결제방식

청산 결제방식(open account)은 무역거래를 할 때마다 물품대금을 결제하지 않고 장부에서 상계하여 일정기간마다 그 차액을 청산하여 결제하는 방식이다. 청산계정(clearing account)은 국가와 국가 사이에서 또는 무역거래 당사자 사이에 일정기간의 거래에 대한 수출입대금을 상계하고 차액만을 결제하기 위하여 설정한 계정이다.

청산 결제방식은 무역결제상의 번거로움과 비용절약을 위하여 본점과 지점 사이에 이용된다. 청산 결제방식은 외화보유고가 적은 나라와 무역거래를 할 때나 정부와 정부 사이에 체결된 거래에서도 이용된다.

### 8) 유네스코 쿠폰 결제방식

유네스코 쿠폰(UNESCO Coupon, 국제연합교육, 과학, 문화기구 쿠폰) 결제방식은 국가와 국가 사이에 서적의 원활한 교환과 과학기자재의 원활한 구매를 보장하기 위하여 유네스코에서 발행한 쿠폰을 수출입대금의 결제에 활용하는 방식이다.

# 제 4 절 환어음의 발행

## 1. 환어음의 의의와 당사자

### 1) 환어음의 의의

환어음(bill of exchange or draft)은 국제거래에서 채권자가 채무자에게 그 환어음에 표시된 금액을 채권자의 지시인 또는 소지인이 일정한 기간 및 장소에서 제시한 경우 무조건 지급할 것을 위탁하는 유가증권이다.

수출업자는 수출의 경우 수출물품을 증권화한 선적서류를 준비한 후, 이것을 담보로 수입업자 앞으로 환어음을 발행하고 환어음 매매의 형식으로 외국환은행에 양도하여 그 대금을 수취하는 수단이다.

### 2) 환어음의 당사자

#### (1) 환어음 발행인

환어음 발행인(drawer)은 환어음을 발행하고 서명하는 자이다. 즉 수입업자에게 물품을 수출하고 무역대금을 받을 권리가 있는 채권자인 수출업자이다.

#### (2) 지급인

환어음 지급인(drawee)은 환어음에 기재된 금액을 지급할 의무가 있는 채무자이거나 환어음에 기재된 금액의 지급을 위탁받은 신용장 개설은행 또는 수입업자이다.

#### (3) 수취인

환어음 수취인(payee)은 환어음에 기재된 대금을 지급받을 자이다. 수취인은 발행인 자신이 될 수도 있고 발행인이 지정하는 제3자도 될 수 있다. 그러나 신용장을 근거로 환어음을 발행하여 외국환은행에 매입을 의뢰하는 경우, 수취인은 선적서류를 매입한 외국환은행이다. 이때에는 환어음의 소지인도 수취인이 될 수 있다. 그래서 완전하고 정규성이 있는 환어음을 소지한 자를 선의의 소지인(bona fide holder)이라고 한다.

## 2. 환어음의 종류

### 1) 일람출급 환어음

일람출급 환어음(sight bill)은 지급인에게 환어음을 제시한 날을 지급기일로 하는 조건으로 발행하는 환어음이다. 환어음이 지급인에게 제시되었을 때 즉시 지급되는 조건의 환어음이다.

### 2) 기한부 환어음

#### (1) 기한부 환어음의 의미

기한부 환어음(time bill, usance bill)은 발행 또는 제시 후 일정기간이 지난 후 지급하기로 약속한 환어음이다. 환어음의 지급은행은 환어음의 제시가 있으면 이를 인수하게 된다. 이렇게 인수가 이루어진 환어음을 인수필(引受畢) 환어음이라고 한다.

#### (2) 기한부 환어음의 유형

① 일람 후 정기출급 환어음

일람 후 정기출급 환어음(at~days after sight, after sight bill)은 환어음의 제시일, 즉 인수일로부터 기산하여 환어음의 만기일에 지급할 것을 조건으로 발행하는 환어음이다.

② 일부 후 정기출급 환어음

일부 후 정기출급 환어음(at~days after date of draft, after date bill)은 발행일로부터 기산하여 환어음의 만기일에 지급할 것을 조건으로 발행하는 환어음이다.

③ 확정일 후 정기출급 환어음

확정일 후 정기출급 환어음(at~days after date of B/L, at~days of negotiation)은 특정서류의 발행일이나 서류의 매입일로부터 기산하여 환어음의 만기일에 지급할 것을 조건으로 발행하는 환어음이다.

#### (3) 단수 환어음과 복수 환어음

단수 환어음(sole bill)은 정본 1부만 발행하는 환어음이다. 복수 환어음(set bill)은 정본과 부본으로 발행하는 환어음으로써 조(組)어음이라고도 한다. 복수 환어음은 분실 등을 대비하여 발행하는데 환어음은 대부분 이에 해당한다.

#### (4) 담보 환어음과 무담보 환어음

담보 환어음(documentary bill)은 화환신용장에 의해 발행되는 환어음이다. 환어음의 매입을 의뢰할 때에 선적서류를 담보로 하는 환어음이다.

무담보 환어음(clean bill)은 클린 신용장에 의해서 발행되는 환어음이다. 환어음의 매입을 의뢰할 때에 선적서류를 담보로 하지 않는 환어음이다.

#### (5) 은행 환어음과 개인 환어음

은행 환어음(bank bill)은 외국환은행이 환어음을 발행하고 환어음을 발행한 외국환은행이 직접 지급하는 환어음이다. 그리고 은행인수 환어음(bank acceptance bill)은 수출업자가 발행하고 외국환은행이 지급하는 환어음이다.

개인 환어음(private bill)은 수출업자가 발행하고 수입업자가 지급하는 환어음이다. 수출업자와 수입업자가 동일회사의 본점과 지점 사이라면 하우스 환어음(house bill)이라고 한다.

#### (6) 인수인도조건 환어음과 지급인도조건 환어음

인수인도조건(D/A) 환어음은 화환어음의 송부를 받은 수입지의 은행이 수입업자에게 환어음을 제시하였을 때 수입업자가 환어음의 대금을 지급하지 않고 인수만 하고 선적서류를 인도받는 조건의 환어음이다.

지급인도조건(D/P) 환어음은 화환어음의 송부를 받은 수입지의 은행이 수입업자에게 환어음을 제시하였을 때 수입업자가 환어음의 대금을 지급하고 선적서류를 인도받는 조건의 환어음이다.

## 3. 환어음의 발행과 배서

### 1) 환어음의 발행

환어음은 A가 B에게 채권이 있는 경우 A가 B에게 일정한 금액을 C에게 지급할 것을 위탁하는 유가증권이다. 이때 A는 발행인(drawer), B는 지급인(drawee), C는 수취인(payee)이라고 한다. 갑이 환어음을 작성하여 수취인 병에게 교부함으로써 병이 환어음에 기재된 금액을 수취할 수 있는 지위에 서게 하는 것을 환어음의 발행이라고 한다.

### 2) 환어음의 배서

#### (1) 환어음의 배서와 유통

갑이 환어음을 발행하였으나 을이 지급을 하지 않는 경우에는 A가 수취인인 C에 대하여 환어음 대금을 지급할 의무가 있다. 환어음의 배서는 C가 D를 지정하여 본인과 동일한 환어음상의 권리를 갖게 하는 행위이다.

환어음을 유통시키는 방법은 배서(endorsement)에 의한 방법과 교부(delivery)에 의한 방법으로 구분할 수 있다. 이를 위하여 우리나라는 어음 수표법 제10조 및 제12조에 의거 선택무기명식이나 소지인식은 인정하지 않는다. 우리나라에서는 환어음을 반드시 기명식 또는 지시식으로 발행하게 함으로써 유통성을 보장하고 있다.

#### (2) 환어음의 배서 유형

① 기명식 배서

기명식 배서(special endorsement, full endorsement)는 배서받는 자의 성명을 명시하고 배서인이 서명하여 배서하는 방법이다. 환어음을 유통시키기 위해서는 배서인의 배서가 필요하게 된다. 즉 환어음 유통의 각 단계마다 권리자가 환어음의 권리를 승계받을 자의 명칭을 환어음의 배서란에 직접 기재함으로써 유통성이 보장되지 않는 배서방법이다.

기명식 배서에서는 'pay to the order of Hankook Co.,' 등으로 피배서인의 명칭을 지정한 뒤 그 하단에 배서인이 서명을 하는 것이다. 즉 환어음이 A, B, C의 순서로 이전되었다면 최초의 환어음 작성자인 A가 'pay to the order of B'라고 배서하고, B는 다시 'pay to the order of C'라고 배서하는 방법이다.

② 백지식 배서

백지식 배서(blank endorsement)는 피배서인을 명시하지 않고 배서하는 방법이다. 백지식 배서에서는 'pay to the order'라고만 기재한 후 피배서인란은 공란으로 둔 채로 그 하단에 배서인이 서명하기 때문에 환어음의 발행인과 최종 양수인만 환어음에 기재되고 중간과정에서 있었던 환어음의 양수와 양도에 관련된 자는 환어음에 기재되지 않는다.

③ 조건부 배서

조건부 배서(conditional endorsement)는 일정한 조건을 단서조항으로 제시하여 배서하는 방법이다.

④ 추심위임 배서

추심위임 배서는 인수인도조건(D/A) 결제방식과 지급인도조건(D/P) 결제방식 등과 같이 환어음을 수입국가에 보내서 추심할 때 환어음에 'pay to the order of Koung Mon Bank for collection' 등과 같이 기재하여 배서하는 방법이다. 추심위임 배서에서 환어음에 기재된 수취인은 발행인을 위하여 지급인으로부터 대신 대금을 받아주는 역할만 한다. 따라서 수취인은 받은 대금을 반드시 발행인에게 송금해야 한다.

## 4. 환어음의 효력과 근거법

### 1) 환어음의 효력

무역거래에서 사용하는 환어음은 당사자가 2개국 이상에 걸쳐 있기 때문에 준거법을 무엇으로 하는가에 따라 당사자의 이해상관관계가 달라진다. 외국환어음에 따르는 환어음 행위의 효력은 원칙적으로 행위지의 법률에 의해 처리한다. 우리나라에서 발생한 환어음 행위는 우리나라 어음법이 적용된다. 외국에서 발생한 환어음 행위는 그 국가의 어음관계법을 따른다. 국가와 국가 사이의 환어음 거래는 1882년 영국에서 제정된 환어음법(Bill of Exchange Act 1882)과 국제상업회의소(ICC)에 의해 제정된 추심에 관한 통일규칙(Uniform Rules for Collections, 1995 Revision ICC Publication No. 522)에 의해 처리되고 있다.

### 2) 환어음법의 국제적 통일

#### (1) 제네바 통일조약과 영 · 미 환어음법

환어음의 국제결제와 관련하여 1930년에 제네바 통일조약이 성립되었다. 제네바 통일조약은 독일과 프랑스 법을 기초로 하고 있었기 때문에 대륙법계 국가들만 이를 수용하였다. 제네바 통일조약은 환어음 체계와 이론적인 구성을 중요시하여 간단하고 추상적인 내용으로 규정하고 있다. 우리나라도 제네바 통일조약에 근거하여 환어음법과 수표법을 제정하였다.

한편, 영미법계 국가들은 제네바 통일조약에 참가하지 않고 독자적인 환어음법을 발전시켜 왔다. 영국에서는 판례법을 바탕으로 1882년에 환어음법(Bill of Exchange Act: BEA 1882)을 제정하였다. 미국에서는 영국 환어음법을 바탕으로 하여 1896년에 통일유통증권법(Uniform Negotiable Act)을 제정하였는데 현재까지도 환어음에 관한 기본법으로 통용되고 있다.

### (2) 국제무역법위원회 환어음협약의 성립

제네바 통일조약과 영국과 미국의 환어음법은 환어음의 효력에 중요한 영향을 미치는 형식적 요건의 해석에 있어서 견해차가 크다. 또한 형식적 요건에 관한 취급에 있어서도 현격한 차이를 보이고 있다. 제네바통일조약을 채택하고 있는 국가와 국가 사이에도 법의 해석에 있어서는 다양한 차이를 보이고 있다.

이에 따라 1971년부터 국제무역법위원회가 중심이 되어 환어음법의 국제적 통일을 위한 작업에 착수하였다. 국제무역법위원회에서는 환어음법의 통일을 위하여 각국의 국내어음거래에는 영향을 주지 않고 국제적인 거래에만 적용될 새로운 환어음법을 모색하였다.

이에 의해 1988년 9월에 개최된 UN총회에서 국제환어음 및 국제약속어음에 관한 협약(Convention on International Bill of Exchange and Promissory Notes)을 제정하였다.

## 5. 환어음의 작성

### 1) 환어음 기재의 의미

환어음의 기재는 환어음의 형식요건에 맞추어 기재해야 한다는 점에서 중요하다. 즉 환어음은 요식증권이기 때문에 반드시 일정한 형식을 갖추어야 한다. 환어음상의 권리도 추상적인 것이기 때문에 다른 유가증권에 비하여 엄격한 형식이 요구되고 있다. 따라서 형식요건을 갖추어 기재해야 법적효력을 갖게 된다.

환어음의 기재사항에는 환어음이 법적으로 성립하는 데 필요하여 반드시 기재되어야 하는 필수기재사항과 이를 기재하지 않아도 환어음의 효력에 영향을 주지 않는 임의기재사항이 있다. 필수기재사항은 그 중 어느 하나라도 누락되면 환어음으로써의 법적 효력이나 구속력을 갖지 못한다. 필수기재사항에는 환어음문구, 발행일, 발행지, 발행금액, 무조건 지급위탁문언, 만기일, 수취인, 지급인, 지급장소, 발행인의 기명날인 등이 해당한다.

### 2) 환어음의 필수기재사항

① 환어음 문구

환어음임을 표시하는 환어음 문구인 'Bill of Exchange'는 필수기재사항이다. 국내에서의 환어음 결제는 1통만을 발행하는 단독 환어음 또는 단일 환어음으로 이루어진다.

### ② 환어음 발행일 및 환어음 발행지

㉠ 환어음 발행일

환어음 발행일은 필수기재사항으로써 외국환은행이 환어음과 함께 제시된 선적서류를 매입한 날짜인데 'Dated January 15, 2020'과 같이 기재된다. 환어음의 실제 발행일자보다 후의 일자를 발행일로 기재한 환어음을 선일자(先日字) 환어음이라고 하고 환어음을 발행한 일자보다 이전의 일자를 발행일로 기재한 환어음을 후일자(後日字)환어음이라고 한다.

환어음 발행일을 필수기재사항으로 하는 것은 일부 후 정기출급 환어음의 만기일 또는 일람출급 환어음과 일람 후 정기출급 환어음의 제시기간을 정하기 위하여 필요하기 때문이다.

㉡ 환어음 발행장소

환어음 발행지는 환어음이 발행된 장소로 필수기재사항인데 'Seoul, Korea' 등과 같이 환어음에 기재된다. 실제로 발행된 장소와 일치할 필요는 없다. 환어음에 발행지가 기재되지 않은 경우에는 원칙으로 무효이다. 그런데 환어음법에서는 발행지의 기재가 없는 환어음은 발행인의 명칭에 부기한 곳을 발행지로 보고 있다.

### ③ 환어음 발행금액 및 일정금액의 무조건 지급위탁문언

㉠ 환어음 발행금액

환어음 금액의 표시는 필수기재사항인데 문자와 숫자로 병기하되 반드시 일치해야 한다. 무역계약에서 별도 명시가 있는 경우를 제외하고는 환어음의 금액은 예약금으로 지급한 금액을 제외한 무역계약금액을 초과하지 않아야 하며 표기 통화는 무역계약서에 기재된 통화명과 일치해야 한다. 따라서 환어음의 금액은 상업송장 금액과 일치해야 한다.

㉡ 환어음 일정금액의 무조건 지급위탁문언

환어음은 지급위탁증권이기 때문에 지급위탁문구는 환어음의 필수기재사항이다. 그래서 일정한 금액을 무조건 지급할 것을 위탁한다는 의미의 문구를 기재할 것을 환어음법에서 요구하고 있는 것이다. 즉 환어음 금액을 지급하는 데에 무슨 조건을 붙이거나 지급 자금이나 지급 방법을 한정시키는 문언이 기재되어서는 안 된다는 뜻으로 일정한 금액을 무조건 지급하라는 조건없는 위탁문언(unconditional order in writing)이 표시되어야 한다.

즉 'Pay to Koung Mon Co., The Sum of Fifty Thousand only in U.S. Dollars' 등과 같이 기재하는 것이다. 즉 'Pay to' 다음에는 환어음 수취인을, 'The sum of' 다음에는 지급통화와 환어음 금액을 문자로 기재한다. 환어음 금액을 지급함에 있어 어떠한 조건을 붙이거나 지급 방법이 한정되어 있으면 이는 무조건 지급위탁문언이 될 수 없다.

#### ④ 환어음 만기

㉠ 환어음 만기의 의미

환어음 만기(maturity)는 환어음의 필수기재사항이다. 환어음법에서는 만기의 기재가 없는 환어음은 일람출급의 환어음으로 인정한다. 환어음에서는 'at ~'가 만기를 표시하는 문구이다. 따라서 환어음 만기는 환어음 금액이 지급될 날이기 때문에 환어음 만기일(date of maturity, due date) 또는 환어음 지급기일(date of payment)이라고도 한다.

그런데 환어음 만기는 지급을 할 날 또는 지급일과는 다른 의미이다. 환어음 만기와 지급을 할 날과는 일치하지만 환어음 만기가 법정휴일일 때에는 그 다음의 최초 영업일이 지급을 할 날이 된다. 따라서 환어음 만기일과 환어음 금액을 지급할 날과는 차이기 발생하게 된다. 환어음 지급일은 현실적으로 지급이 이루어진 날이다.

㉡ 환어음 만기의 표시

㉮ 일람출급 환어음

일람출급 환어음의 경우는 환어음 지급인에게 제시되는 즉시 지급한다는 의미로 환어음에 'at 60 sight' 등과 같이 만기일을 기재한다. 그런데 환어음에 일람출급 또는 기한부를 나타내는 환어음 만기일의 표시가 없는 것은 일람출급 환어음으로 본다.

환어음 금액의 분할지급은 우리나라에서는 무효이나 지급장소에서 허용하고 있으면 추심에 관한 통일규칙 제13조에 의거하여 유효한 것으로 인정한다. 즉 영국과 아일랜드가 지급장소로 되는 경우에는 만기일에 3일간의 유예기일, 일명 수혜일(grace period)이 인정되고 있다.

㉯ 일람 후 정기출급 환어음

일람후 정기출급 환어음은 환어음의 제시일, 즉 인수일로부터 기산하여 환어음에 기재된 일정기간 이내에 지급하는 것을 조건으로 발행하는 환어음이다. 일람 후 정기출급 환어음에는 'at 30 days after sight' 등과 같이 날짜를 기재한다. 통상의 일자는 환어음 지급인 또는 환어음 인수인이 인수의사를 표시한 일자로부터 30일, 60일, 90일에 만기가 되는 경우이다.

㉰ 일부 후 정기출급 환어음

일부 후 정기출급 환어음은 환어음의 발행일자로부터 기산하여 환어음에 기재된 일정기간 이내에 지급하는 것을 조건으로 발행하는 환어음이다. 환어음에는 'at 30 days after the date of ~' 등과 같이 환어음 만기일과 기준일을 기재한다.

㉱ 확정일부 정기출급 환어음

확정일부 정기출급 환어음은 특정서류의 발행일이나 서류의 매입일로부터 기산하여 환어음에 기재된 만기일에 지급하는 것을 조건으로 발행하는 환어음이다.

### ⑤ 환어음 수취인

㉠ 수취인의 의미

환어음 수취인(payee)은 필수기재사항인데 환어음 금액을 지급받을 자이다. 환어음에 수취인을 표시하는 방법은 환어음에 따라 다르다.

㉡ 수취인의 표시

㉮ 기명식 환어음

기명식 환어음인 경우는 'Pay to Koung Mon Bank, Ltd.' 등과 같이 환어음 금액을 수취할 특정의 은행명을 기재해야 한다.

㉯ 지시식 환어음

지시식 환어음인 경우는 확정된 장래의 특정 일자에 환어음 금액을 지급하라는 것이다. 'PAY To Koung Mon Bank or order', 'Pay to the order of Koung Mon Bank' 등과 같이 기재한다. 지시식 환어음은 환어음상의 배서와 인도에 의해 양도되는 유통성이 있다.

㉰ 지참인식 환어음 또는 소지인식 환어음

지참인식 환어음 또는 소지인식 환어음인 경우는 'Pay to bearer' 등과 같이 기재한다. 지참인식 환어음 또는 소지인식 환어음에서는 지참인이 지급청구권을 갖는다. 즉 지참인식 배서 또는 백지식 배서로 된 환어음을 소유하고 있는 지참인은 환어음을 양도할 수 있다.

㉱ 선택무기명식 환어음

선택무기명식 환어음의 경우는 'Pay to Koung Mon Bank or bearer' 등과 같이 기재한다.

### ⑥ 환어음 지급인

환어음 지급인(drawee)은 필수기재사항이다. 환어음은 지급위탁증권이기 때문에 지급인이 있어야 한다. 환어음 지급인은 신용장의 개설은행이나 개설의뢰인 또는 제3의 은행이 될 수 있다. 그런데 신용장 거래에서는 개설의뢰인 앞으로 환어음을 발행하는 행위를 규제하고 있다. 환어음의 지급인은 개인이나 법인이 될 수도 있으며 법인인 경우에는 상호만을 기재한다.

환어음 지급인은 환어음 하단 좌측에 'To Koung Won Bank' 등과 같이 기재한다. 신용장에서 환어음 지급인을 지시하는 문구는 'Documentary credit which is available by negotiation of your draft at sight drawn on ~'이며 이 문구 중에서 'drawn on ~' 다음에 기재된 자가 지급인이 된다. 신용장에 'drawn on us'라고 되어 있으면 신용장 개설은행이, 'on buyer' 또는 'on accountee'인 경우에는 신용장 개설의뢰인이 지급인이 되며, '~ on ~' 이하가 개설은행이 아닌 다른 은행인 경우에는 그 은행이 환어음 지급인이 된다.

⑦ 환어음 지급지

환어음 지급지는 필수기재사항으로 지급장소보다 더 광범위한 구역이다. 지급장소는 지급지에 포함되어 있는 지급이 이루어질 장소, 즉 지점이다. 환어음 지급지가 기재되지 않은 경우에는 지급인의 명칭에 부기한 지역에서 발행한 것으로 하여 환어음 효력을 구제할 수 있다. 환어음의 지급인이 표기된 'To The Bank of America' 다음에 기재하는 지급인의 주소, 즉 New York, U.S.A.가 지급지가 된다. 영미법에서는 지급지의 표시가 임의기재사항이다.

⑧ 환어음 발행인의 기명날인

환어음에 기재되는 발행인의 서명 또는 날인은 필수기재사항으로 환어음의 발행을 약정할 때 은행에 제출된 서명감과 일치해야 한다. 환어음은 행위지법을 따르기 때문에 환어음을 발행하는 자인 신용장의 수익자 또는 양도받은 경우에는 양수인이 반드시 환어음의 우측 하단에 기명, 날인해야 된다.

### 3) 환어음의 임의기재사항

⑨ 환어음의 일련번호

환어음에 표기된 일련번호는 특별한 의미가 없고 환어음 발행일 이후 참조할 문제가 발생할 때에 편리하게 확인하기 위해서 기재한다.

⑩ 환어음의 복본번호

무역대금결제에서 사용되는 환어음은 우송 중의 분실 또는 지연 등과 같은 환어음 유통 중에 발생하는 문제를 방지하기 위하여 항상 같은 내용으로 2통 작성한다. 즉 제1권(first bill of exchange)과 제2권(second bill of exchange)의 복수어음으로 발행한다. 복수어음으로 발행된 환어음은 각각 독립된 것으로 보기 때문에 시간적으로 먼저 제시된 환어음만 유효하게 된다.

제1권에는 운송서류의 원본(original)을 첨부하고 제2권에는 운송서류의 부본(duplicate)을 첨부하여 수출국에 소재하고 있는 은행이 수입국에 소재하고 있는 은행에게 각각 다른 항공편으로 발송한다. 복수어음이 이중으로 지급되는 것을 방지하기 위하여 제1권의 환어음본문에는 'second of the same tenor and date being unpaid'(동일한 환어음기한 및 발행일의 제2권이 지급되지 않은 경우에 한함)라고 인쇄되어 있고 또 제2권에도 'first of the same tenor and date being unpaid'라고 인쇄되어 있다. 각각의 환어음은 발행자가 임의로 부여한 고유번호를 표기할 수 있다. 이는 별다른 의미를 지닌 것은 아니고 1권이나 2권 중 어느 하나에 의해서 지급되면 다른 하나는 자동적으로 무효가 된다는 것을 표시한다.

⑪ 환어음의 복기금액

환어음에는 화폐의 종류 및 금액을 숫자로 표시하고 'The Sum of Fifty Thousand only in U.S. Dollars' 등과 같이 반드시 문자로 복기한다. 표시된 숫자 금액과 복기된 문자금액이 일치해야 한다. 그러나 불일치하는 경우에는 문자에 의한 금액이 우선한다. 그리고 일정한 화폐단위로 인쇄된 환어음을 지워서 다른 화폐 단위로 기재하면 무효가 된다. 또한 표시되는 통화의 종류는 완전하게 기재되어야 한다. 막연히 'Dollars($)'나 'Pound(£)'로 표시되어서는 안되며, 반드시 'U.S. Dollars(US$)', 'Sterling Pound(Stg £)'로 표시되어야 한다.

⑫ 환어음의 대가수취 문언

환어음의 대가수취 문언은 환어음 금액을 표시한 바로 다음에 'value received'라고 표시한 문언이다. 대가수취 문언은 환어음 발행인이 환어음의 대가를 영수하였으며 그 대가에 해당하는 환어음 금액을 신용장 개설의뢰인 계정에서 징수하겠다는 뜻이다. 대가수취문언은 'Value received and charge the same to account to Koung Mon Co., Ltd.' 등과 같이 기재한다. 그 중에서 'account of Koung Mon Co., Ltd.'의 'Koung Mon Co., Ltd.'는 신용장 개설의뢰인의 명칭이다.

⑬ 환어음의 차기문언

환어음의 'charge to account of' 문언은 은행이 지급인에게 지시하는 내용으로 사용되는 문구이다. 환어음의 지급인에 의해 결제되면 환어음 금액을 'account of Koung Mon Co., Ltd.'로 기재된 것과 같이 신용장 개설의뢰인의 계정에서 차기하라는 의미이다.

⑭ 환어음의 신용장에 관한 문언

환어음의 'Drawn Under ~' 이하에는 신용장과 관련한 사항 등을 기재한다. 즉 신용장에 의해 발행된 환어음인 경우에는 'Drawn under THE BANK OF AMERICA, NEW YORK, U.S.A. Irrevocable L/C No. 666, dated November 25, 20XX' 등과 같이 개설은행(Issuing Bank)을 기재하기도 하며, 인수인도조건(D/A)이나 지급인도조건(D/P) 등 무신용장방식의 경우에는 공란 또는 계약서에서 명시한 지정은행을 기재한다. 신용장에 요구가 있으면 T/S 번호도 같이 기재되며, 인수인도조건(D/A)이나 지급인도조건(D/P)인 경우에는 계약서 번호를 기재한다. 두 개의 신용장을 근거로 하나의 환어음을 발행해도 좋다는 문구(combined shipment with other credits are acceptable)가 있을 경우에는 'Drawn Under L/C No.~for US $~and Drawn Under L/C No.~for US $ ~' 등과 같이 표시한다.

⑮ 환어음의 환율문언

무역거래에 관계된 두 나라 통화의 교환 비율에 이의가 생기지 않게 환어음에 적용될 환율을 환어음에 기재하는 것이다. 이것은 환어음 발행자가 지급지의 통화로 지급받는 것을 꺼려서 발행국의 통화로 지급받기를 원할 때 기재하는 문언인데, 이중에도 특히 'payable with exchange and stamps as per endorsement'와 같은 문언이면 endorsement에 표시된 환율에 의해서 교환되는데, 이 경우 그 금액이 환어음에 표시된 환어음 발행국의 통화로 표시된 환어음 금액과 같이 된다는 것이다. 우리나라에서 발행하는 환어음에 원화로 기재되는 예는 거의 없고, 대개가 지급지의 통화 아니면 U.S. Dollar나 Sterling Pound 등 외화이므로 환율문언 자체에 대해서 신경 쓸 필요는 없다. 그보다는 어떻게 환위험을 회피하느냐가 어려운 문제이다.

⑯ 환어음의 이자문언

환어음의 이자문언(interest clauses)은 확정일부 정기출급 환어음 또는 일부 후 정기출급 환어음에는 사전에 이자를 계산하여 환어음 금액을 정하기 때문에 이자 문언의 기재가 필요가 없고, 다만 일람출급 환어음이나 일람 후 정기출급 환어음의 경우에만 이자 문언이 기재되며, 환어음에 기산일에 대한 표시가 없으면 환어음 발행일을 기산일로 간주하여 기산일로부터 지급일 사이에 이자율에 따라 이자를 지급인으로 하여금 지급하게 한 문언을 이자문언이라고 하는데, 이자문언이 기재된 환어음을 일명 이자 환어음(interest bill)이라고 한다.

① BILL OF EXCHANGE

⑨ No. 33 ② Date January. 15, 2020, Seoul, Korea
③ For U.S. $ 50,000
④ At 30 Days after Sight of ⑩ This First Bill of Exchange (Second of The Same Tenor and Date Being Unpaid) ⑤ Pay to Kookmin Bank Ltd, Head Office or Order.
⑪ The Sum of Fifty Thousand only in U.S. Dollars ⑫ value received and ⑬ charge the same to account of Wilson & Brother Co., Inc. N.Y. U.S.A.

⑭ Drawn under THE BANK OF AMERICA, NEW YORK, U.S.A.
Irrevocable L/C No. 666, Dated November 25, 2020

⑥ To The Bank of America ⑧ Koung Mon Co., Ltd.
⑦ New York, Koung Mon Kwon
U.S.A. General Manager

〈그림 15-1〉 환어음

⑰ 환어음의 상환청구불능 문언

환어음에 상환청구불능 문언(without recourse)이 기재되면 발행인은 무역대금 추심과정에서 그 환어음이 지급 거절을 당해도 상환 의무를 지지 않는다. 그런데 우리나라 환어음법에서는 환어음에 상환청구불능 문언이 기재되었다고 하더라도 어떠한 효력도 없다.

⑱ 환어음의 D/A, D/P 표시

환어음에 있는 지급인도조건(D/A) 혹은 인수인도조건(D/P)의 표시는 환어음 자체의 효력에는 어떠한 영향도 주지 않으나, 이를 기재하면 부속화물의 인도조건이 달라지므로 거래 당사자로서는 대단히 중요하다. 인수인도조건(D/A) 또는 지급인도조건(D/P)의 특별한 구별이 되어 있지 않으면 은행은 추심에 관한 통일규칙 제10조에 의거하여 지급인도조건(D/P)로 간주한다.

⑲ 기타 기재사항

수출업자가 환어음 금액의 전액을 아무런 문제가 없는 상태에서 지급받기 위하여 'payable without loss in exchange', 'payable with approved banker's check on London (or New York) for full face value' 등과 같은 문언을 삽입하기도 한다. 그러나 이런 까다로운 조항들은 지급인인 수입업자에게는 유리하지 못한 문언들이므로 될 수 있으면 피하는 것이 좋다.

## 6. 외국환은행의 환어음 매입

### 1) 신용장 결제방식 조건의 환어음 매입

신용장이 있는 경우에는 환어음 및 관계 운송서류 등을 구비하여 외국환은행에 매입신청을 한다. 은행에서는 제출된 선적서류와 환어음 및 기타 서류가 신용장 조건과 일치하는가를 확인하고 아무런 하자가 없으면 이를 매입하게 된다. 일람출금 환어음인 경우는 외국환은행에 제시하는 즉시 대금이 지급되며 기한부 환어음인 경우에는 만기일에 이르러 지급하게 된다.

### 2) 추심결제방식 조건의 환어음 매입

신용장이 없는 인수인도조건(D/A)의 환어음 또는 지급인도조건(D/P)의 환어음의 경우는 환어음에 인수인도조건(D/A) 또는 지급인도조건(D/P)이라고 표시하고 여기에 선적서류, 은행용 수출신고서 등을 첨부하여 은행에 제출하게 된다. 그런데 인수인도조건(D/A)의 환어음 또는 인수인도조건(D/P )의 환어음의 경우는 외국환은행의 환어음 매입에 대한 확약이 없다.

## 〈서식 15-1〉 선적서류 매입(추심)신청서

| 담 당 | 대 리 | 차 장 | 부점장 |
|---|---|---|---|
| | | | |

조흥은행　　　　년　　월　　일

| MAIL TO | 매 입 일 | |
|---|---|---|
| | 고객번호 | |
| | REF번호 | |

DRAFT/DOCUMENTS FOR

TENOR
LETTER OF CREDIT NUMBER　　　　ISSUED BY
DATED

ACCOUNTEE
BENEFICIARY
MERCHANDISE
VESSEL　　　　FROM　　　　TO

**DOCUMENTS ATTACHED**

| ENCLOSED | DRAFT | COMM INVOICE | CUST/CONS INVOICE | PKG LIST | W/M CERT | CERT ORIGIN | INSP CERT | INS POL/CERT | OCEAN B/L | AIRWAY BILL/ CARGO RECEIPT | STATEMENT | |
|---|---|---|---|---|---|---|---|---|---|---|---|---|
| ORIGINAL | | | | | | | | | | | | |
| DUPLICATE | | | | | | | | | | | | |

**매입대금처리신청명세**

| 명 세 | | 금 액 | | |
|---|---|---|---|---|
| 외화계정대체 | | | | |
| 원화계정대체 | | | | |
| 외화계정대체내용 | 무역어음대출 | | 계좌번호 | |
| | | | 계좌번호 | |
| | 재수입보증금 | | | |
| | 우편료 | 환가료 | 대체료 | |
| | 예금 | | 계좌번호 | |

위 내용의 선적서류(또는 수출환어음)를 기 약정한 바에 의하여 매입하여 주시고 동 매입대금을 좌기와 같이 처리하여 주시기 바랍니다.

년　　월　　일

인감대조

회사명
주 소　　　　인

### 조흥은행 앞　확　인　서

위 신용장(계약서)에 의한 수출환어음 또는 선적서류 매입을 신청함에 있어서 본인은 귀행에 아래와 같은 신용장(계약서)조건과의 불일치 또는 기타사유로 인한 하자사항을 확인하며 이로 말미암은 비용 및 손해는 따로 제출한 외국환거래약정서의 해당조항에 따라 부담하겠습니다.

※ 불일치 내용 :　　　　년　　월　　일

인감대조

회사명
주 소　　　　인

| | | | | | |
|---|---|---|---|---|---|
| 1. 구 분 | 1 : 매입 3 : 재매입 5 : 추심후매입<br>2 : 추심 4 : 재추심 | 13. 자금구상코드 | RENEGO매입 RENEGO추심 T/T구상 | 27. 선 적 일 자 | 29. E/L 추천기관 |
| 2. 고 객 번 호 | | 14. 우대SPREAD | 15. 환가료면제 1 : 면제 | 28. E/L 번 호 | |
| 3. 통 화 코 드 | 001 : US$ 002 : STG 003 : DM<br>005 : F·FR 007 : S·FR 020 : YEN | 16. 대 체 구 분 | 17. 무역구분 1 : 무역 2 : 무역외 3 : 자본 | 30. E/L유효기일 | |
| 4. 매입(추심)액 | | 18. 국 가 코 드 | 303 : 미국 124 : 영국 102 : 일본 | 31. E/L 금 액 | |
| 5. 외 화 대 체 | | 19. 본지사구분 | 1 : 외국상사 2 : 본지사<br>3 : 타회사해외점 4 : 해외교포 | 32. L/C 번 호 | |
| 6. 대체료대상금액 | | 20. 수 출 형 태 | 5 : 선수금 6 : 중계무역 7 : 착수금<br>8 : 중장기연불 9 : 분할영수 | 33. 실수요자번호 | |
| 7. 하 자 코 드 | 0 : 무 1 : 유 / 8. 우편료 | 21. 가 격 조 건 | 1 : FOB 2 : C & F<br>3 : C & I 4 : CIF | 35. 기 산 일 | 34. 거래코드 |
| 9. TENOR | 1 : A/S 2 : D/P<br>3 : U/S 4 : D/A | 22. H·S 번 호 | | 36. 추 송 일 | 0 : 일괄 4 : 정정 5 : 취소 |
| 10. USANCE 일수 | | 23. 통 관 일 | | 37. 연동계좌번호 | |
| 11. 확정일코드 | 1 : ~AFTER SIGHT 2 : FROM~DATE<br>3 : AFTER~DATE 4 : 확정일 | 24. 통 관 금 액 | | 38. 선 물 환 율 | |
| 12. 기산기준일 | | 25. 제 품 코 드 | 1 : 자사 2 : 타사 3 : 혼합 / 26. 타사실적금액 | 39. 선물환금액 | |

인수인도조건(D/A) 계약 또는 지급인도조건(D/P) 계약인 경우는 수출업자로부터 추심의뢰를 받은 수출국에 소재한 외국환은행이 환어음 대금을 추심하기 위하여 환어음과 담보물인 선적서류를 수입국에 소재한 외국환은행에 우송한다. 이때 추심은행은 인수인도조건(D/A)의 환어음 또는 지급인도조건(D/P)의 환어음을 직접 수입업자가 결제하여 줄 것을 요구한다.

## 7. 수입업자의 수입대금 결제

### 1) 수입대금 직접 결제와 수입화물대도 및 수입화물 선취보증서 이용

#### (1) 수입대금의 직접결제

수입업자가 화물을 인수하기 위해서는 선적서류를 입수해야 한다. 정상적인 절차인 경우라면 추심되어 온 환어음 금액을 일람 결제한 후 선적서류를 은행으로부터 인수해야 한다. 수입업자가 추심되어 온 환어음 금액을 일람 결제하기 위해서는 결제자금을 항상 준비하고 있어야 하기 때문에 결제자금 확보에 대한 부담이 크게 된다. 따라서 수입업자는 결제자금 부담을 최소화하기 위하여 노력을 기울이게 된다.

#### (2) 수입화물대도의 이용

수입화물대도(trust receipt: T/R)는 은행이 화물에 대한 담보권을 가진 채, 수입업자에게 화물을 대표하는 선적서류를 대여하여 수입업자가 환어음 금액 결제이전에 화물을 수령, 처분할 수 있도록 하는 방법이다. 무역거래에서는 선적서류와 화물이 도착하였으나 수입업자가 자금이 부족하여 수입절차를 적기에 실행하지 못하는 사례가 있다. 이러한 결제자금 부족의 문제를 해결해 주고자 채택된 것이 수입화물대도이다. 수입화물 대도를 할 때에는 은행도 그 담보권을 상실하지 않게 되어 수입절차를 원활하게 해준다.

#### (3) 수입화물 선취보증서의 이용

수입화물 선취보증서(letter of guarantee: L/G)는 수입화물은 도착하였으나 선적서류가 도착하지 않은 경우, 수입업자와 개설은행이 선적서류가 도착하면 선하증권을 선박회사에 차질이 없게 제출하겠다고 연대 보증하여 수입화물을 입수할 수 있도록 하는 보증서이다. 무역거래에서는 운송수단의 발달로 화물은 신속하게 운송되었으나 선적서류의 도착이 지연되는 경우 수입에 차질을 빚기도 한다. 이 때 수입화물 선취보증서를 선박회사에 선하증권 원본 대신에 제출하고 수입화물을 인도받는 것이다.

수입화물 선취보증서는 인수인도조건(D/A) 또는 지급인도조건(D/P)에서도 발급받을 수 있다. 인수인도조건(D/A)에서는 수입화물 선취보증서가 선하증권을 대신하는 것이기 때문에 수입화물 선취보증서의 발행을 의뢰받은 은행은 선적서류를 매입한 은행으로부터 선적서류가 이미 송부 중이거나 선적서류를 반드시 송부하겠다는 확약을 받아야 발행을 한다. 이때 수입업자는 환어음을 인수하고 수입화물 선취보증서를 인도받아 수입화물을 입수하게 된다. 지급인도조건(D/P)에서는 수입화물 선취보증서가 선하증권을 대신하는 것이기 때문에 수입업자는 환어음 금액에 대한 지급을 하고 수입화물 선취보증서를 인도받아 수입화물을 입수하게 된다.

### 2) 신용장 결제방식 조건의 환어음 결제

#### (1) 일람출급 환어음의 결제

일람출급 환어음의 결제에서는 환어음을 매입한 은행이 개설은행에 차변표를 송부한다. 개설은행은 차변표를 받는 즉시 수입업자에게 환어음 대금의 지급을 요구하게 된다. 이에 따라 수입업자는 즉시 무역대금을 결제하고 선적서류를 입수하게 된다.

#### (2) 기한부 환어음의 결제

기한부 환어음의 결제에서는 수출업자가 선적서류의 매입을 요구할 때 환어음을 인수하면 이 은행이 환어음 인수은행이 된다. 인수은행은 개설은행 앞으로 환어음 인수통지서(acceptance advice)를 송부한다. 개설은행은 환어음 인수통지서를 받으면 수입업자에 대하여 그 환어음과 동액, 동기일의 외화표시 환어음을 발행하여 인수시킨다. 환어음 만기일에 환어음 금액을 지급하면 개설은행계정에서 만기된 금액을 인출하고 개설은행에 차변표를 송부한다.

### (3) 추심결제방식 조건의 환어음 결제

인수인도조건(D/A) 또는 지급인도조건(D/P)에서 수입국에 소재한 외국환은행이 환어음 대금을 추심하기 위한 환어음과 담보물인 선적서류가 송부되어 오면 당일로 수입업자에게 환어음의 인수 또는 지급을 요구하게 된다. 인수인도조건(D/A)에서는 수입업자가 환어음의 배면에 accepted라는 문언과 인수일자를 기재한 후 서명하여 은행에 반송하고, 수입업자는 선적서류를 받아 선박회사로부터 화물을 수령한다. 이후 만기일에 무역대금을 결제하면 된다. 따라서 지급인도조건(D/P)에서는 수입업자가 환어음 금액을 지급해야 선적서류를 인도받기 때문에 수입업자가 무역결제자금을 풍부하게 확보한 경우에 사용할 수 있다.

## 8. 무역대금 결제 불능사유

### 1) 무역계약의 불이행

무역계약 당사자 중 일방이 계약을 불이행하거나 이행을 하더라도 불완전하게 이행하였다면 무역대금 결제는 이루어지지 않게 된다. 계약이 불완전하게 이행된 경우에는 불완전하게 이행된 부분에 대하여 완전한 이행을 요청해야 한다. 무역계약의 불이행사유가 발생하였음에도 불구하고 당사자가 이를 해결하려는 시도가 없다면 계약의 해제, 계약의 해지, 손해배상청구 등과 같은 절차를 거쳐 계약불이행으로 인한 손해를 보전해야 한다.

### 2) 외국환은행의 선적서류 수리거절

외국환은행은 선적서류의 매입을 의뢰받으면 신용장 조건과 매입을 의뢰한 선적서류가 일치하는가를 심사하고 신용장의 서류구비조건과 일치하지 않으면 선적서류의 수리를 거절한다.

외국환은행은 선적서류를 심사할 때에 하자가 발견되면 무조건적으로 수리를 거절하는 것이 아니다. 선적서류의 하자내용을 개설은행에 통보하여 매입여부를 타진하거나, 선적서류의 하자내용을 보완하도록 하거나 신용장의 조건변경 등을 통하여 선적서류 심사요건에 일치시키려는 시도를 한다. 만약 이러한 시도가 거절되면 외국환은행은 선적서류의 매입을 거절하게 되고 무역대금 결제는 이루어지지 않게 된다.

제4부

# 국제상거래분쟁과 해결

# 제16장

# 국제상거래분쟁과 해결

## 제1절 국제상거래분쟁의 발생과 유형

### 1. 국제상거래분쟁의 의의

무역거래에서 지칭하는 상거래분쟁(claim)은 무역계약 당사자의 일방이 계약의 내용을 충실히 이행하지 않았을 경우에 그로 말미암아 손해를 입은 당사자가 권리의 회복을 요구하거나 또는 손해의 배상을 청구하는 것을 의미한다. 즉 국제상거래분쟁은 무역계약 당사자 중 일방의 계약불이행이나 계약위반에 대하여 상대방이 제기하는 계약의 해제 또는 해지, 인도 또는 인수의 거절, 가격인하 요구 또는 손해보상의 요구 등을 말하는 것이다.

### 2. 국제상거래분쟁의 원인

#### 1) 언어의 이해부족

무역은 국가와 국가 사이의 교역이기 때문에 용어 해석에 따른 관념의 차이로 인하여 상거래분쟁이 발생하는 경우가 있다. 또한 무역서류의 취급에 있어 용어의 오역이나 상담 중에 용어에 대한 이해가 불충분하게 되면 본래의 취지가 잘못 전달될 가능성이 있다. 이로 인하여 상거래분쟁이 발생될 가능성이 높게 된다.

### 2) 신용조사 미비

무역업자의 신용조사 미비로 인하여 국제상거래분쟁이 발생할 수 있다. 해외시장조사에서 거래처를 선정한 후 실시하는 것이 신용조사이다. 거래처에 대한 신용조사의 불성실로 인하여 상거래분쟁이 발생하기도 한다. 신용조사가 미비한 경우 거래처의 불성실 및 자본 부족 등으로 인하여 대금지급지연, 대금지급거절, 무역사기 등이 발생하기도 한다.

### 3) 무역실무 지식 부족

무역에서는 무역실무 지식의 결여로 인하여 계약이행이 순조롭게 진행되지 않는 경우가 있다. 무역거래는 이행절차가 복잡하고 이행단계마다 서류의 법적 요건이나 당사자 사이의 법적 책임 등에 관한 사항들이 많다. 그러므로 무역실무 지식이 없으면 이행단계에 따른 상거래분쟁이 발생할 수 있다.

### 4) 계약조건 미비

무역계약 당사자가 무역계약을 체결할 때에 계약조건을 불확실하게 함으로써 상거래분쟁을 유발할 수 있다. 무역조건에 해당하는 품질조건, 수량조건, 가격조건, 거래조건, 운송조건, 보험조건 등과 같은 사항에 대하여 주의를 결여한 경우 발생하는 상거래분쟁도 있다. 계약조건에 이런 사항들을 분명하게 명시하지 못한 경우에는 무역계약 당사자 사이의 이해상관관계로 인하여 상거래분쟁이 발생하게 된다.

### 5) 국제상관습 이해부족

무역업자의 국제상관습과 국제조약에 대한 무지로 인하여 상거래분쟁이 발생할 수 있다. 국가마다 관습은 다르기 때문에 국경일이나 공휴일 등에 관한 사항을 소홀히 하여 적기에 선적을 하지 못하는 경우도 있다. 또한 항구나 관공서 등에서 특별한 행사가 있어서 업무를 한정된 시간으로 제한하는 경우에는 선적작업 및 서류작성 등에 지장을 받게 되어 계약대로 이행하지 못하는 경우도 있다.

무역거래와 관련한 국제조약 등에 무관심한 경우에도 상거래분쟁이 발생할 가능성이 있다. 국제무역환경의 급격한 변화에 대응하고자 각국에서는 국가와 국가 사이에 쌍무적으로 또는 지역별로 무역협정을 체결하거나 국제조약이 변경되는 경우도 많기 때문에 이에 신속하게 대처하지 못한 상태에서는 상거래분쟁이 발생할 가능성이 높다.

#### 6) 무역거래단계별 위험대응 미비

무역거래단계에서 발생하는 위험으로 야기된 손해에 대한 구상조치는 손해배상청구가 대부분이다. 그리고 무역운송 도중에는 운송수단에 따라 해상위험, 육상위험, 항공위험 등이 발생한다. 이와 같은 무역거래에서 발생한 손해를 무역업자가 보전하려는 조치를 취하고자 할 때 상거래분쟁을 제기하게 된다.

## 3. 국제상거래분쟁의 유형

### 1) 품질에 관한 상거래분쟁

#### (1) 원인

물품의 품질과 관련한 상거래분쟁은 품질계약조건 위반으로 발생한다. 품질계약조건을 위반하는 내용으로는 품질상위, 규격상위, 색상상위 등을 들 수 있다.

#### (2) 유형

① 품질상위

품질상위는 품질불량, 품질저하, 불량품 혼입(混入), 유사품 혼입, 품질손상 등이다.

② 색상상위

색상상위는 변색, 색조상위 등을 들 수 있다. 색상상위는 색상의 채도, 염색부족, 염색범위, 이중인쇄 등과 같은 것이다. 색상상위는 시각적으로 판단하는 경우가 많다. 품질 자체로 인한 문제도 있으나 색상에 대한 관념의 차이로 인하여 발생하는 경우가 있다.

③ 품질불량

품질불량은 제작상의 근본적 문제로 발생한다. 물품 제작을 할 때 원자재에 문제가 있게 되면 품질 자체의 신뢰도가 떨어지는 것은 당연하다. 품질불량은 계약상의 품질과 차이가 발생하기 때문에 계약당사자가 손해배상청구를 하게 되는 원인이 된다.

④ 규격상위

규격상위는 치수상위가 대표적이다. 그 이외에도 길이, 면적, 용량 등에 관한 상위가 있을 수 있다.

⑤ 품질변질

품질변질은 물품취급상의 문제로 발생하게 된다. 품질변질은 물품의 특성뿐만 아니라 운송방법, 포장방법, 적양방법 등과 관련이 깊다.

### 2) 수량에 관한 상거래분쟁

#### (1) 원인

물품의 수량과 관련한 상거래분쟁은 수량계약조건 위반으로 발생한다. 수량계약조건을 위반하는 내용으로는 수량부족, 중량부족, 용적상위, 면적상위 등을 들 수 있다.

#### (2) 유형

① 수량 부족

수량 부족은 계약할 때의 수량과 수령할 때의 수량차이에 의해 발생한다. 수량부족의 일차적인 기준은 계약을 체결할 때 적용하기로 한 도량 단위이다. 나라마다 도량 단위가 상이하기 때문에 적용할 도량 단위의 설정에 유의해야 한다. 선적할 때의 수량이 부족하였다면 계약을 불충실하게 이행한 본질적인 문제로 발생한 상거래분쟁이다. 그런데 양륙할 때의 수량이 부족하였다면 운송기간이나 운송방법 등과 관련이 있는 상거래분쟁이다. 양륙할 때의 수량부족은 도난, 좀도둑 등에 의해 발생할 가능성이 높다.

② 중량 부족

중량 부족이나 용적상위 등은 운송기간이나 선적할 때와 양륙할 때의 취급방법 등에 따라 발생하는 상거래분쟁이다. 그러므로 무역계약을 체결할 때 물품의 특성에 따라 과부족용인조건 등을 결정해야 한다.

### 3) 운송 및 선적에 관한 상거래분쟁

#### (1) 원인

운송에 관한 상거래분쟁은 운송계약조건 위반으로 발생한다. 운송계약조건을 위반하는 내용으로는 환적, 환적취급 불량, 분실, 도난 등을 들 수 있다. 선적과 관련한 상거래분쟁은 선적계약조건 위반으로 발생한다. 선적계약조건을 위반하는 내용으로는 화물의 선적과 관련한 선적 지연, 선적 불이행, 과잉 선적, 선적 불량 등을 들 수 있다.

#### (2) 유형

① 환적손

환적손은 무역화물을 운송하는 중에 환적하는 경우에 발생한다. 즉 환적을 하게 되면 파손 등과 같은 손해가 발생할 가능성이 높아진다. 따라서 환적에 관한 계약사항은 분명하게 명시해야 한다.

② 선적 지연

선적 지연은 생산의 차질이나 항구까지의 운송지연, 항구의 화물적체 등으로 선적이 지연되는 상황이다. 선적 지연이 발생하여 시장기회를 상실하게 되면 상거래분쟁이 발생하게 된다. 선적 불이행은 선적을 하지 않는 행위이다. 이것은 계약불이행에 해당하는 문제이다. 그러므로 무역업자에 대한 신용조사가 중요하다.

### 4) 포장 및 화인에 관한 상거래분쟁

#### (1) 원인

포장과 관련한 상거래분쟁은 포장계약조건 위반으로 발생한다. 포장계약조건을 위반하는 내용으로는 포장불완전, 포장파손 등을 들 수 있다. 화인에 관한 상거래분쟁은 화인에 관한 계약사항을 위반하여 발생한다. 화인에 관한 위반사항으로는 화인의 누락, 화인의 혼합, 화인의 위조 등을 들 수 있다.

#### (2) 유형

① 포장 불완전

포장 불완전은 물품을 포장할 때 물품의 특성을 고려하지 않고 포장을 하거나 포장의 재질을 부적합한 것으로 사용하여 발생하는 것이 대부분이다. 포장은 단위포장, 내부포장, 외부포장으로 이루어지는데 포장재료를 물품의 특성에 맞게 선택하여 포장해야 한다. 특히 외부포장은 충격흡수가 우선적으로 고려되어야 하지만 디자인과도 관련이 있기 때문에 외형상으로 원하는 포장이 아니면 상거래분쟁 대상이 된다.

② 포장 파손

포장 파손은 포장의 외형에 발생한 파손을 대상으로 한 상거래분쟁이다. 외부포장 자체가 파손되거나 훼손되어 제품을 보호하고 판매촉진기능을 발휘해야 하는 포장의 기능이 저하되거나 불능의 상태가 되면 상거래분쟁 대상이 된다.

③ 화인 누락

화인 누락은 포장에 필요한 화인이 없는 경우이다. 화인이 누락되면 물품취급상에 혼란이 발생할 수 있다.

### 5) 가격에 관한 상거래분쟁

#### (1) 원인

가격과 관련한 상거래분쟁은 가격조건 위반으로 발생한다. 가격계약조건을 위반하는 내용으로는 가격조정요구, 초과지급, 비용초과지출 등을 들 수 있다. 가장 많이 발생하는 것은 가격조정요구이다.

#### (2) 유형

① 대금 초과지급

대금 초과지급은 계약가격보다 많은 금액을 지급한 경우이다. 이에 따라 초과지급액을 반환 요청함으로써 상거래분쟁이 제기된다. 이런 경우는 계산상의 문제이기 때문에 정확한 계산을 하여 초과부분을 반환하면 된다.

② 가격조정 요구

가격조정 요구는 계약할 때의 가격을 계약 이후의 사정에 의해 인하 내지 인상을 요구하는 행위이다. 수입업자가 계약할 때의 가격보다 시장가격의 하락 폭이 커서 가격인하를 요구하는 경우가 있다. 또는 경쟁제품보다 높은 가격으로 계약이 체결된 데에 따른 항의성 가격인하 요구 등도 있다. 수출업자도 원자재가격 등의 상승으로 인하여 수출원가의 채산성이 하락하는 경우에 가격인상 등을 요구하는 경우가 있다. 또는 경쟁제품보다 낮은 가격으로 계약이 체결된 데에 따른 항의성 가격인상 요구 등도 있다. 그런데 무역계약을 체결할 때에 합의한 가격조건 조항이 분명했다면 가격조정 요구는 일고의 가치가 없다. 가격조정을 요구하는 것은 무역계약조건에 대한 인식부족이나 무역계약조건의 허점에 의해 발생하는 것이다.

③ 비용 초과지급

비용 초과지급은 계약을 체결할 때에 책정된 비용보다 과다하게 지급된 경우이다. 이에 따라 비용이 초과지급된 부분에 대한 책임문제로 인하여 상거래분쟁이 발생하게 된다. 비용의 부담기준은 일차적으로 인코텀스 거래조건에 의해 결정된다. 계약조건에 초과비용에 관한 사항이 없었다면 인코텀스 거래조건에 명시된 의무자가 부담한다.

### 6) 대금 결제에 관한 상거래분쟁

#### (1) 원인

대금 결제와 관련한 상거래분쟁은 대금 결제조건 위반으로 발생한다. 대금 결제에 관한 계약조건을 위반하는 내용으로는 대금 결제지연, 대금 결제거절 등을 들 수 있다.

#### (2) 유형

① 대금 결제 지연

대금 결제 지연은 대금 결제기간을 지연시키는 행위이다. 이는 무역업자의 성실성과 관계가 있다. 대금 결제기간을 지연시키는 경우에는 이행을 촉구하고 그 결과에 따라 손해배상청구를 하게 된다.

② 대금 결제 거절

대금 결제 거절은 수입업자가 결제를 거절하는 행위이다. 대금 결제 거절사유가 분명하지 않다면 대금 결제의 이행을 촉구한다. 대금 결제 거절사유에 타당성이 있다면 손해를 최소화하는데 노력해야 한다.

### 7) 서류에 관한 상거래분쟁

#### (1) 원인

서류와 관련한 상거래분쟁은 서류에 관한 계약조건 위반으로 발생하는 것으로 서류기재내용의 부실, 서류 기재사항의 상위, 구비서류의 부족 등을 들 수 있다.

#### (2) 유형

① 서류기재내용의 부실

기재내용의 부실은 기재한 내용이 누락되거나 불완전하게 작성하여 서류로써의 기능이 상실된 경우에 발생하는 상거래분쟁으로 서류에 책임자의 서명이 없거나 발행기관의 명칭 등이 없는 경우이다.

② 서류기재사항의 상위

기재사항의 상위는 기재는 했으나 계약내용과 일치하지 않아 발생하는 상거래분쟁이다. 상업송장이나 선하증권 등과 같은 선적서류의 내용이 서로 일치하게 작성해야 한다.

③ 구비서류 통수의 부족

구비서류 통수의 부족은 무역계약을 체결할 때 약정한 구비서류의 수와 일치하지 않아 발생하는 상거래분쟁이다. 구비서류의 수가 부족하면 무역대금 결제가 어렵게 된다.

#### 8) 계약에 관한 상거래분쟁

##### (1) 원인

계약과 관련한 상거래분쟁은 계약이행위반으로 발생한다. 계약이행을 위반하는 행위로는 계약 불이행, 계약 불완전이행, 계약 취소 등을 들 수 있다.

##### (2) 유형

① 계약불이행

계약불이행은 최초의 계약을 완전 이행하지 않는 행위이다. 계약불이행의 경우는 일정기간 계약의 이행을 종용한 후에 반응이 없게 되면 손해배상을 청구하게 된다.

② 계약취소

계약취소는 계약내용 이행에 대한 취소행위이다. 계약내용 전체를 취소하는 경우와 일부는 계약이행을 하고 잔여부분에 대하여 계약을 취소하는 경우도 있다. 전체취소의 경우에는 무역계약을 해약하고 손해배상을 청구하게 된다. 일부취소의 경우에는 무역계약을 해지하고 손해배상을 청구하게 된다.

## 제 2 절 국제상거래분쟁의 제기

### 1. 국제상거래분쟁 제기의 의의와 제기절차

#### 1) 국제상거래분쟁 제기의 의의

국제상거래분쟁을 제기할 때는 국제상거래분쟁 제기방법에 대하여 당사자가 약정을 한 경우에는 합의한 바에 따른다. 약정이 없는 경우에는 국제상거래분쟁의 당사자를 선정하여 국제상거래분쟁 발생 사실을 통지하고 국제상거래분쟁을 청구하게 된다.

### 2) 국제상거래분쟁의 제기절차

#### (1) 국제상거래분쟁 상대자의 결정

국제상거래분쟁의 사유가 발생하면 국제상거래분쟁을 제기할 상대자를 결정해야 한다. 국제상거래분쟁의 상대자는 무역거래에서 발생하는 문제에 따라 다르게 결정된다. 무역거래단계에서 이루어지는 각종의 계약유형에 따라 이해관계가 틀리기 때문이다. 국제상거래분쟁이 발생하면 무역계약관계에서는 매매당사자가, 운송계약에서는 화주와 운송인이, 보험계약에서는 보험자와 보험계약자가 국제상거래분쟁의 당사자가 될 수 있는 것이다.

#### (2) 국제상거래분쟁의 통지

① 국제상거래분쟁 통지기간

무역규칙에 따라 물품을 검사한 후 하자가 발생되면 가장 빠른 방법으로 국제상거래분쟁이 발생한 사실을 대상자에게 통보한 후에 서면으로 정식의 국제상거래분쟁을 제기한다.

② 국제상거래분쟁 통지내용

국제상거래분쟁이 발생하였다는 사실을 통지할 때는 국제상거래분쟁을 제기하는 이유, 국제상거래분쟁이 발생한 시간 및 장소, 국제상거래분쟁에서 제기된 손해의 정도, 국제상거래분쟁 당사자의 책임과 의무 등이다.

③ 국제상거래분쟁 입증서류

국제상거래분쟁 입증서류는 국제상거래분쟁 통지내용을 입증할 수 있는 서류이어야 한다. 따라서 국제상거래분쟁이 발생하면 검정인을 통하여 손해의 정도를 파악한 후에 전문가의 검정결과를 기록한 검정보고서를 중심으로 입증서류를 준비하는 것이 바람직하다. 국제상거래분쟁 당사자에게 손해배상청구에 따르는 국제상거래분쟁 당사자 사이의 거래사실관계, 국제상거래분쟁 발생경위, 손해배상청구내용 등을 입증하는 서류를 첨부해야 한다.

#### (3) 국제상거래분쟁의 처리

국제상거래분쟁의 모든 내용을 통보받은 상대자가 국제상거래분쟁의 정당성을 인정하면 합리적인 방법과 절차에 따라 국제상거래분쟁을 처리한다. 국제상거래분쟁이 발생하였다고 하여서 모두 손해배상으로 처리되는 것은 아니고 경우에 따라서는 계약내용의 추가이행 내지 대체이행 등도 가능한 것이기 때문에 국제상거래분쟁 당사자 사이에 협의해 처리하는 것이 가장 바람직하다.

## 2. 국제상거래분쟁의 대응

### 1) 국제상거래분쟁의 검토

국제상거래분쟁을 제기받은 경우에는 다음과 같은 사항을 검토해야 한다.

첫째, 국제상거래분쟁을 제기한 원인이 무엇이며 그 원인이 합당한 것인가를 검토해야 한다. 합당성이 인정되면 국제상거래분쟁에 대한 사항을 파악하고 대응해야 한다.

둘째, 국제상거래분쟁과 무역계약조건과의 상관성을 검토해야 한다. 무역계약과 관련된 국제상거래분쟁인지 아니면 무역계약 이외의 사항과 관련된 것인지를 파악해야 한다.

셋째, 국제상거래분쟁을 제기한 기간이 무역계약에 약정된 기간 내의 것인지를 검토해야 한다. 또한 무역물품을 인수한 후에 합당한 시간 내에 제기한 것인지도 파악해야 한다.

넷째, 국제상거래분쟁을 제기한 내용을 입증할 자료로서의 가치가 있는가를 파악해야 한다. 자료로 제시한 것은 객관적 근거를 토대로 작성한 것이어야 한다.

다섯째, 국제상거래분쟁이 물품과 관련한 것인 경우에는 검사기관의 인증성이 검증되어야 한다. 국가가 공인한 기관인 경우에는 문제가 없지만 민간기관인 경우에는 신중하게 대응해야 한다. 또한 검사방법과 검사에 따른 기간 등도 검토해야 한다.

여섯째, 국제상거래분쟁 제기에 따른 손해배상청구액이 합리적인 기초로 계산된 것인지를 파악해야 한다. 손해배상청구액이 적정선을 넘는 경우라면 철저한 조사가 있어야 한다.

일곱째, 무역계약의 특성을 고려한 국제상거래분쟁인가를 파악해야 한다. 무역거래에서 특정한 상황이 발생하는 것은 아닌가를 검토해야 한다.

### 2) 국제상거래분쟁의 대응

국제상거래분쟁을 제기 받은 당사자는 국제상거래분쟁 제기의 내용을 충분히 검토해야 한다. 이를 검토한 후 국제상거래분쟁 제기에 대하여 관계당사자로서 갖는 입장과 해결방안에 대하여 신속하게 상대방에게 의사를 전달해야 한다.

국제상거래분쟁이 제기된 경우에는 처음의 대응이 가장 중요하다. 국제상거래분쟁이 제기되었다고 해서 당황하게 되면 분별력을 상실하여 올바른 판단을 할 수가 없다. 국제상거래분쟁 피제소자는 무조건 상대방의 의사에 따라야 할 필요도 없다. 피제소자는 국제상거래분쟁의 제기이유, 제기시점 등을 면밀히 검토하여 대응해야 한다.

# 제 3 절 국제상거래분쟁의 해결

## 1. 직접 해결

### 1) 청구권의 포기

청구권의 포기(waiver of claim)는 국제상거래분쟁 제기자가 제기한 구상액이 소액이거나 다른 조건에 의해 제기되었던 국제상거래분쟁에 대한 불만 요인이 제거되어 국제상거래분쟁을 철회하는 것이다. 피해자가 상대방에게 청구권을 철회하거나 행사하지 않는 것이다.

청구권의 포기는 국제상거래분쟁을 제기받은 상대방이 즉각적으로 손해를 배상할 것을 약속함으로써 이루어진다. 청구권의 포기는 원만한 타협을 전제로 하여 이루어지는 것이 대부분으로 당사자 사이에 지속적인 거래관계를 유지하는데 기여한다.

### 2) 화해

화해(amicable settlement)는 당사자 쌍방이 직접 또는 중개인의 교섭을 통하여 청구액의 범위 및 구상방법을 합의하는 것이다. 당사자 사이의 자율적인 교섭과 양보로 분쟁을 해결하는 방법이다. 즉 직접적인 협의를 통하여 상호 납득할 수 있는 합의점을 찾는 방법이다. 화해의 경우에는 당사자 사이의 양보, 분쟁의 종결합의, 화해의 내용에 대한 약정 등이 필요하다.

## 2. 간접 해결

### 1) 알선

알선(intercession, intermediation)은 당사자 일방의 의뢰에 의해 상업회의소(chamber of commerce) 등과 같은 제3의 기관이 사건에 개입하여 해결방안을 제시하거나 조언하는 것이다. 당사자 사이의 비밀이 보장되고 거래관계를 지속할 수 있다는 장점이 있다. 알선은 쌍방의 협력이 있어야 한다. 알선은 강제력이 없다. 알선 수임기관의 역할이 가장 중요하다. 우리나라의 경우 대한상사중재원에 알선을 의뢰하여 해결되는 비중이 가장 높다.

### 2) 조정

조정(conciliation)은 양당사자가 공정한 제3자를 조정자로 선임하고 이러한 조정자가 제시하는 구체적인 해결안에 대하여 합의함으로써 국제상거래분쟁을 해결하는 것이다. 우리나라의 중재규칙에 의하면 중재신청 후 양당사자가 요청할 경우 상호 협의를 한 후, 조정자를 선정하여 조정을 할 수 있다. 조정안이 성립하면 조정결정은 중재판정과 동일한 효력을 가진다. 실패를 하는 경우에는 30일 이내에 조정절차가 자동적으로 폐기되도록 되어 있다.

### 3) 중재

#### (1) 중재의 의미

중재(arbitration)는 분쟁당사자 사이의 합의에 의해 사법상의 법률관계를 법원 소송절차에 의하지 않고 사인인 공정한 제3자를 중재인(arbitrator)으로 선임하고 이 중재인의 판정에 복종함으로써 국제상거래분쟁을 해결하는 방법이다. 상사중재는 중재의 신청, 중재의 수리 및 통지, 답변서의 제출, 중재인의 선정, 중재심판, 중재판정 등과 같은 중재절차를 거쳐 처리한다.

중재와 조정이 다른 점은 중재는 반드시 양당사자의 합의가 있어야 하나 조정은 일방의 요청으로도 가능하다는 것이다. 중재는 중재인의 중재판정에 절대적으로 복종해야 하지만 조정은 양당사자의 자유의사에 의한 해결방법이다. 다만 중재를 하는 과정 중에 조정이 되는 경우가 많이 있다.

#### (2) 중재의 특징

첫째, 중재제도는 민간인의 운영에 의한 자주적인 분쟁해결방법이기 때문에 소송절차를 통하여 국제상거래분쟁을 해결하는 것보다는 판정이 신속하고 소송비용이 저렴하다.

둘째, 중재절차에서 이루어진 사항은 중재절차에 참여한 중재인단과 중재 신청인과 피신청인 이외에는 알 수 없도록 비공개로 진행하기 때문에 기업의 비밀을 보장받을 수 있으며, 단심제로 운영되기 때문에 시간을 절약할 수 있다.

셋째, 중재절차에 중재 신청인과 피신청인이 참여하여 상호 견해를 밝힌 후에 거래실정에 밝은 중재인이 판정하게 되어 신뢰성이 있다.

넷째, 상사중재인의 판정은 효력이 법원의 확정판결과 동일한 효력을 가지게 된다는 점에서 소송보다도 효력의 범위가 넓고, 외국에서도 중재판정에 대한 집행보장이 이루어지기 때문에 국제적으로도 공신력이 있다.

### (3) 중재합의

중재합의는 매매계약서에 사전에 중재약관을 기재하여 분쟁이 발생하였을 경우 중재에 의해 해결하겠다는 내용이다. 사건발생 후에 중재를 의뢰하기로 합의하는 것을 부탁계약이라고 한다. 사건이 발생한 경우에는 불리한 당사자가 중재에 응하지 않을 것이므로 중재약관을 계약서에 기재하는 것이 좋다.

중재합의의 존재를 입증하기 위해서는 이용중재기관, 적용하는 중재규칙 또는 준거법, 중재가 행해지는 장소 등에 대한 합의 내용이 필수적이다. 따라서 일반적인 관점에서 분쟁은 중재로 해결한다와 같은 모호한 합의가 되어서는 안 된다.

### (4) 상사중재인

① 중재인의 선임

무역분쟁 당사자가 중재인을 선정하는데 도움을 주기 위하여 상사중재기관에서는 무역실무나 법률에 해박한 중재인의 명부를 준비하고 있다. 이를 명부중재인이라고 하는데 이 밖에서 중재인을 선정하여도 된다.

무역분쟁 당사자가 공동으로 단독중재인을 선임하는 경우도 있고 중재기관에 단독중재인을 선임 의뢰하는 경우도 있다. 소액사건의 경우에는 많이 이용한다. 그러나 국제무역거래에서 단독중재인을 선정하는 합의는 거의 없다.

일반적으로 무역분쟁 당사자가 중재인을 선임하는 경우에는 3인이 대부분이다. 무역분쟁 당사자가 각각 1인을 선임하고 중재기관에서 1인을 선정하는 경우이다. 우리나라에서는 상사중재원에서 중재인 후보자 10인을 각 당사자에게 선정하여 통보하면 당사자가 원하는 중재인을 희망하는 순서로 기재하여 상사중재원에 제출한다. 그러면 상사중재원에서 중재인을 선정한다.

② 중재인의 권리와 의무

상사중재인의 권리와 의무는 중재합의의 당사자 쌍방과 피선정자의 계약에 의해 발생한다. 이에 따라 중재인의 선임에 대하여 거절을 할 수 있다. 중재인의 선임을 수락하면 당사자의 의사에 따라 일정한 기간 내에 특정한 사항에 대하여 중재판정을 내릴 의무를 가진다. 단 당사자의 의사인 중재합의의 범위 내에서 의무를 이행한다. 중재인이 중재절차 중에 행하는 심문행위 및 최종 재결행위는 중재인이 일방적으로 행하는 것이다. 이 행위는 중재계약에 합의한 당사자의 의사에 의한 것이다.

### (5) 상사중재의 절차

① 중재계약

중재를 활용하여 국제상거래분쟁을 해결하기 위해서는 국제상거래분쟁 당사자 사이에 중재계약에 의해 상거래분쟁을 해결한다는 약정이 있어야 한다.

② 중재의 신청

중재는 대한상사중재원에서 담당한다. 국제상거래분쟁이 발생한 경우 중재신청인은 중재신청서, 중재계약을 증명하는 서류, 청구의 근거를 입증하는 서류, 대리인인 청구하는 경우에는 위임장 등과 같은 서류를 첨부하여 대한상사중재원에 신청한다.

③ 중재의 수리 및 통지

중재신청인이 중재신청에 관한 서류를 대한상사중재원에 제출하면 사무국에서는 중재신청요건에 대한 적정성 및 적법성 여부를 심사한 후에 그 사실을 당사자들에게 서면으로 통지하게 된다.

중재신청에 대한 수리통지를 받은 피신청인은 대한상사중재원 사무국으로부터 통지받은 상거래분쟁 사항과 관련한 답변서를 답변의 취지, 답변의 이유 및 입증방법 등과 같은 내용으로 작성하여 제출해야 한다.

④ 중재협의 및 중재인의 선정

중재인 선정은 본인이 직접 하거나 대한상사중재원의 사무국에서 선정을 하게 된다. 대한상사중재원 사무국에서 선정을 하는 경우에는 중재인 후보자명단을 당사자에게 보내어 당사자들이 희망하는 중재인을 표시한 후 반송한다.

대한상사중재원 사무국에서는 이를 근거로 중재인을 선정한다. 일방의 요구가 있으면 제3국인 중에서 선정할 수 있다.

⑤ 중재심문

대한상사중재원에서 중재판정부가 구성되면 사안의 파악 및 공정한 판정을 위하여 당사자의 심문, 증거조사, 검증 등과 같은 절차로 심문을 진행하게 된다. 심문의 순서, 일시, 장소 등은 중재판정부가 중재신청 당사자와 합의해 결정한다.

⑥ 중재판정

대한상사중재원 중재판정부의 중재판정은 중재인들의 다수결에 의해 결정된다. 대한상사중재원 중재판정부는 중재판정에 대한 판정문을 작성하여 중재신청 당사자들에게 통보한다.

⑦ 판정문의 법원 이송

대한상사중재원 중재판정부가 작성한 중재판정문은 상사중재원에서 1부를 보관하고 법원으로 1부를 송부하면 중재판정문은 법원의 확정판결과 동일한 효력을 발휘하게 된다.

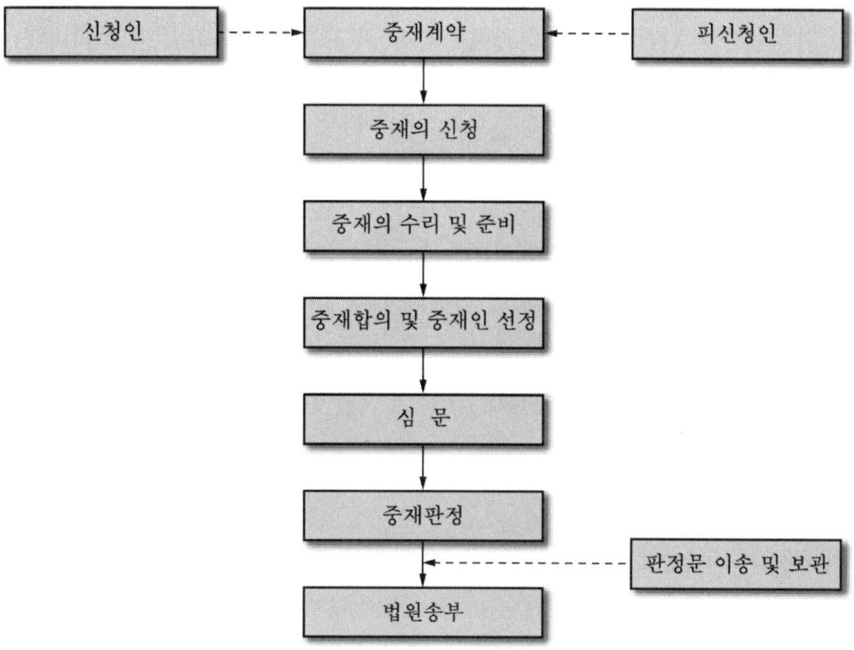


〈그림 16-1〉 중재절차

### (6) 중재와 국제협약

① 제네바 협약

제네바에서는 1923년 국제상거래분쟁의 국제적 해결을 위하여 외국중재에 판정의 집행에 관한 협약(Convention on the Execution of Foreign Arbitral Awards), 제네바의정서를 제정하였다. 제네바의정서는 장래의 분쟁에 관한 중재계약의 효력을 국제적으로 승인하는 것을 목적으로 하지만 외국중재판정의 승인과 집행이 보장되고 있지 않았다.

이러한 이유로 인하여 국제적으로 상거래분쟁에 대한 구속력이 보장되지 않았기 때문에 국제협약으로써의 가치가 없었다. 이와 같은 문제점을 해결하기 위하여 1927년에 제네바 의정서를 보완하여 외국중재판정의 집행에 관한 협약(Convention on the Execution of Foreign Arbitral Awards), 즉 제네바협약을 제정하였다. 제네바협약은 외국중재판정에 대하여 강제집행을 부여하는 것이 제정목적이었다.

② 뉴욕협약

뉴욕협약은 본질적으로 외국중재판정의 승인 및 집행에 관한 UN협약(United Nations Convention on the Recognition and Enforcement of Foreign Arbitral Awards)이라고 한다. 뉴욕협약은 제네바협약을 보완하여 1959년에 효력을 발생시켰다. 이 협약에 의해 상사중재의 계약의 효력은 뉴욕협약의 회원국 사이에 상호주의에 의해 보장받게 되었다. 우리나라는 1973년에 가입하였다. 뉴욕협약은 전문 16조로 되어 있다. 중재판정의 승인 및 집행 그리고 중재계약의 승인 및 집행에 관한 사항을 규정하고 있다.

③ UNCITRAL 표준국제상사중재법

국제연합은 국제무역법위원회(UNCITRAL)를 설치하여 국제유체동산매매, 국제결제, 보험, 운송과 함께 국제상사중재에 관한 통일법 제정에 대한 연구를 하여 1985년에 표준국제상사중재법을 제정하였다. 국제무역법위원회 중재법은 국제상사중재를 위한 특별법을 제정하여 이를 채택하는 국가는 중재에 관한 모든 국내법을 우선한다는 데에 목적을 두었다.

#### 4) 소송

소송(litigation)은 당사자의 일방이 상대방에게 강제를 가하기 위하여 국가기관인 법원에 제소하여 국가공권력 발동을 요청하는 것이다. 무역거래에서는 상대자가 법을 달리 하기 때문에 우리나라의 재판권이 미치지 못하게 된다. 만약 외국과의 사법협정이 체결되어 있지 못한 경우에는 소송에 의한 판결결정은 외국에서의 승인 및 집행을 보장받지 못한다.

## 제 4 절 국제상거래분쟁의 예방책

### 1. 무역업자의 자세

#### 1) 철저한 신용조사

무역업자가 거래처를 선택한 후에는 철저하게 신용을 조사해야 한다. 신용조사를 의뢰하는 경우에는 신용조사기관에 대한 신뢰성을 먼저 검토해야 한다. 거래은행이나 공적 신용조사기관을 활용한 신용조사 방법이 가장 바람직하다.

### 2) 무역실무지식 축적

무역업자는 무역상담 시작부터 최종 대금 결제에 이르는 모든 과정을 적법하게 이행해야 한다. 무역실무는 각종 법규와 관련이 있다. 무역현장에서 정확한 거래에 성실하게 임함으로써 상거래분쟁을 예방할 수 있다.

### 3) 능숙한 외국어 구사

무역업자는 상대국 언어에 대한 철저한 이해가 있어야 한다. 언어에 대한 관념적 사고방식을 이해하는 것이 가장 필요하다. 세계적으로 가장 많이 활용되고 있는 것이 영어다. 특히 동양적 관념과 서양적 관념이 상이하므로 같은 단어라도 사전에서 풀이하고 있는 해석보다는 서양적 문화방식에 입각하여 이해하도록 노력해야 한다.

### 4) 계약조건 숙지

무역업자는 무역계약을 체결할 때 매매계약서를 정확하게 작성해야 한다. 무역계약서에 명기된 조건의 타당성을 검토한 후, 합의된 사항은 무역계약서에 명기해야 한다. 무역계약 당사자가 무역계약을 체결할 때에는 매매계약서를 작성하면서 상거래분쟁의 해결방법에 관한 사항도 명시하는 것이 좋다.

## 2. 국제무역관습의 이해

### 1) 국제상관습의 이해

무역계약은 다른 국가에 존재하는 상대방과 체결되는 것이기 때문에 계약을 체결하기 전에 계약에 대한 특성을 이해해야 한다. 국제상관습 및 국제규칙은 무역을 이행하는 데에 있어서 중요한 영향을 주는 요인들이다. 각국의 상관습은 우리나라와 다르기 때문에 상대국의 상관습을 존중하는 태도로 무역거래를 이행해야 한다. 또한 국제운송계약 그리고 무역보험계약에서는 그 업계에서 준수하는 특유의 국제상관습이 존재하고 있기 때문에 운송업계와 보험업계에 존재하는 국제상관습에 대한 철저한 조사와 이해가 있어야 한다.

### 2) 국제조약 준수

무역계약은 국제조약 및 국제협약 등과 관련되는 경우가 많기 때문에 무역과 관련한 계약을 체결하기 전에 무역계약 당사자 사이의 책임 및 의무 등과 관련한 조약이나 협약의 내용을 검토한 후에 계약을 체결해야 한다. 그리고 무역거래를 할 때는 우리나라와 무역거래를 하려는 국가와 국가 사이에 어떠한 협약 내지 조약들은 체결되어 있는가에 대하여 조사를 하고, 양국 사이에 국제협약이나 국제조약들이 체결되어 있다면 이를 준수해야 한다.

# 참고문헌

1. 국내문헌
강이수, 『국제무역관습론』, 삼영사, 2007.
류해민, 『국제무역실무』, 피앤씨미디어, 2015
송선욱, 『국제무역실무』, 도서출판 두남, 2020.
이대우·양의동, 『국제무역실무』, 도서출판 두남, 2017.
이무원·박수홍, 『국제무역실무론』, 도서출판 두남, 2020.
최낙복, 『국제무역실무』, 도서출판 두남, 2017.
대한상공회의소, 『UCP600(제6차 개정 신용장통일규칙) 공식번역 및 해설서』, 2007.
____________, 『인코텀즈 Incoterms 2020』, 2020.
____________, 『인코텀즈(2020):국내 · 국제거래조건의 사용에 관한 ICC규칙』, 2019.
한국수출보험공사, 『수출보험제도해설 제1권』, 2009.
______________, 『수출보험제도해설 제2권』, 2009.

2. 외국문헌
龜井利明, 『マリン・リスクマネヅメントと保險制度』, 千倉書房, 1982.
_______, 『保險總論』, 同文館, 1987.
廣海孝一, 「保險論」, 中央經濟社, 1985.
姝崎義史, 石名坂邦昭, 武田久義, 『講案保險總論』, 法律文化史, 1984.
中村統太郎, 『損害保險の知識』, 日本經濟新聞社, 1981.
中村 弘, 『貿易契約の基礎』, 東洋經濟新報社, 1983.
東京銀行 編, 『新版 貿易と信用狀』, 實業之日本社, 1987.
東京海上火災保險株式會社編, 『損害保險實務講座(貨物保險)』, 有斐閣, 1987.
保險每日新聞社, 『貨物保險の查定實務』, 1986.
日本海技協會, 『海難の處理と海上保險』, 日本海技協會, 1982.

Blair, M. C., *Sale of Goods Act 1979*, London, Butterworths, 1980.
Branch, A. E, *Elements of Shipping*, 5th ed., London, Champamn and Hall, 1985.
_____, *Elements of Import Practice*, London, Chapman and Hall, 1985.
Caves, R. E. & Jones, R. W., *World Trade and Payments*, 4th ed., Boston: Little, Brown, 1985
Day, D. M, *The Law of International Trade*, London, Butterworths, 1981.
Goodacre, J. K., *Marine Insurance Claims*, 2nd ed., London, Witherby & Co., Ltd., 1981.
Gordon, J. S. & Arnould, J. R., *Profitable Exporting*, New York, John Wiley & Sons, 1988.
Greenaway, D., *Trade Policy and New Protectionism*, ST Martin's Press, 1983.
Mehr Robert I. & Cammack Emerson, *Principles of Insurance*, Irwin, 7th ed., 1980.
Sassoon, D. M. and Merren, H. O., *C.I.F. and F.O.B. Contracts*, 3th ed., London, Stevens & Sons, 1984.

Schmitthoff, C. M., *Schmitthoff's Export Trade*, 7th ed., London, Stevens & Sons, 1980.
Walker, A. G., *Export Practice and Documentation*, 3rd ed., London, Butterworths, 1987.
https://iccwbo.org/
ICC, Incoterms® 2020, 2019.
Incoterms® 2020 Pocket Guide,
ICC Model Contract - International Sale (Manufactured Goods), 2020
ICC, Incoterms 2000 introduction and Incoterms® 2010, 5.
ICC, Incoterms® 2010, ICC publication No. 715E, 2010.
ICC, International Standard Banking Practice for the Examination of Documents under Documentary Credits, 2002.
ICC, The Uniform Customs and Practice for Documentary Credits, 2007 Revision ICC Publication No. 600, 2007.
http://blog.naver.com/PostView.nhn?blogId=komec1&logNo
http://blog.naver.com/cleanpretty/221757175040
http://cafe.daum.net/trueloveethiopia/R1jX/70?docid=1JoPz|R1jX|70|20110209193003&q=car%20container%20ship
http://houstonpallets.com/products_new.htm
http://www.blog.naver.com
http://blog.naver.com/laputa9932/221705259311/
http://www.connectyou.com
http://www.customs.gov
http://www.keic.or.kr
http://www.kli.co.kr
http://www.kr.gobizkorea.com
http://www.lmalloyds.com
http://www.logiskorea.co.kr
http://www.metalland.co.kr
http://www.modalohr.com
http://www.nhic.co.kr
http://www.nmusd.k12.ca.us/depts/ee/Reading1st_files/3RD%20GRADE/Vocabulary
http://www.ofmi.or.kr
http://www.rhlg.com
http://www.rightquote.com
https://search.daum.net/search?nil_suggest=btn&w=img&DA=IIM&q
http://www.spide.go.kr
http://www.the.or.kr
http://www.tradegoods.com
http://www.tywell.com
http://www.veromarine.co.nz
http://www.zgsyb.com/GB/Article/ShowArticle.asp?Arti...

## [저자 약력]

[약력]
- 경제학박사(일본 마츠야마대)
- 한국무역학회 부회장
- 한일경상학회 부회장
- 한국관세학회 부회장
- 한국무역상무학회 부회장
- Matsuyama University 객원연구원
- University of Puset Sound(UPS) 방문교수
- 제주대학교 객원교수
- 경제 · 인문사회연구회 평가위원
- 산업통상자원부 무역위원회(KTC)전문가
- 문화체육관광부 전문경력관 채용 심사위원
- 기획재정부 제도운영위원회 평가위원
- 기획재정부 세제발전심의위원회 심의위원
- 관세청 특허심사위원회 심사위원
- 보세사 전형 출제위원
- 경기일보 집필진
- (현) 한성대학교 사회과학대학 무역학과 부교수

[저서]
- 무역실무테크닉90/물류개론/국제무역의 이해/글로벌무역문화론/무역시뮬레이션 등

[논문]
- A Study on Export Competitiveness between Korea and Japan in the ASEAN Maket
- A Study on the Regeneration and Development of Shipbuilding Industry through I-Shipping Strategy
- Empirical Analysis on Causation among Service FDI, Service Trade and Economic Growth: Evidence from Korea
- A Study on the Growth Rate Volatility in Regional Logistics Industry of Korea 외 다수

**국제무역실무론**

2020년 8월 25일 초판인쇄
2020년 8월 30일 초판발행

저 자 홍 승 린
발행인 유 성 열
발행처 **청 목 출 판 사**
서울특별시 영등포구 신길로 40길 20
전화 (02) 833-6091/849-2820
FAX (02) 849-0817
등록 제318-2005-000030호

파본은 바꾸어 드립니다.
값 23,000원

http://www.chongmok.co.kr



ISBN 979-11-5908-045-6

※ 저자와의 협의하에 인지는 생략합니다.